21世纪高等院校国际经济与贸易专业精品教材

中国对外贸易概论 第四版

Introduction to Foreign Trade of China 4th Edition

刘丽娟　洪 宇 主 编

东北财经大学出版社
Dongbei University of Finance & Economics Press
大连

图书在版编目（CIP）数据

中国对外贸易概论 / 刘丽娟，洪宇主编．—4 版．—大连 ：东北财经大学出版社，2025.8.—（21 世纪高等院校国际经济与贸易专业精品教材）．—ISBN 978-7-5654-5793-7

Ⅰ. F752

中国国家版本馆 CIP 数据核字第 2025LW0476 号

中国对外贸易概论

ZHONGGUO DUIWAI MAOYI GAILUN

东北财经大学出版社出版

（大连市黑石礁尖山街 217 号　邮政编码　116025）

网　　址：http://www.dufep.cn

读者信箱：dufep@dufe.edu.cn

大连东泰彩印技术开发有限公司印刷　东北财经大学出版社发行

幅面尺寸：185mm×260mm　字数：523 千字　印张：23

2025 年 8 月第 4 版　2025 年 8 月第 1 次印刷

责任编辑：孙　平　孟　鑫　责任校对：何　群

封面设计：原　皓　版式设计：原　皓

书号：ISBN 978-7-5654-5793-7　定价：56.00 元

教学支持　售后服务　联系电话：（0411）84710309

如有印装质量问题，请联系营销部：（0411）84710711

第四版前言

“中国对外贸易概论”是一门研究我国对外经济贸易的基础理论、基本政策和基本实践的课程。多年来，它是我国高等院校国际经济与贸易专业的重要基础理论课程，其教学受到广泛重视。

本书总结了中国对外贸易产生和发展的历史经验，探讨了中国由外贸大国迈向外贸强国的路径；诠释了中国对外贸易发展的战略；阐述了中国发展对外贸易的理论依据；讨论了中国发展对外贸易与经济增长的关系；论证了深化外贸体制改革和加强外贸管理的途径；研究了中国进出口贸易、资本流动、服务贸易、技术贸易的政策与实践；分析了针对不同的对外经贸国别（地区）对象的政策与原则。本书既强调国际贸易学科的基础理论、基本知识和基本技能技巧，又注重在理论和实践结合上开拓创新，以利于激发、培养学生的创新能力。

全书共十二章。第一章，中国对外贸易的发展；第二章，对外贸易发展战略；第三章，发展对外贸易的理论依据；第四章，对外贸易与经济增长；第五章，对外贸易体制改革；第六章，对外贸易立法管理；第七章，对外贸易经济调控手段；第八章，对外贸易行政管理；第九章，对外贸易与国际直接投资；第十章，服务贸易；第十一章，技术贸易；第十二章，中国对外经贸关系。

本书具有以下特点：

一是新颖性。中国加入WTO已近24年，中国的外贸体制、做法逐步与世界贸易组织要求接轨，中国对外经济贸易的战略、方针、政策以及对外经贸实际部门的工作都在不断发生变化，面对新的国际经济形势，特别是新质生产力赋能中国经济高质量发展背景下，需要探讨的新情况、新问题很多。本书的撰写和修订采用了最新的切入角度，运用最新的资料，针对中国对外经贸发展过程中的热点和焦点问题进行了探讨。

二是实践性。本书注重联系实际，强调从实际出发，针对当前我国对外经济贸易实践，分析对外经贸面临的国内外的新形势、新情况，注重解决实践中出现的新问题，以促进对外经济贸易更好更快地发展。

三是应用性。本书依据《中华人民共和国对外贸易法》和其他有关法律、法规，以及WTO规则、惯例，对外经贸业务的宏观和微观管理及运作进行了全面、具体的阐述和介绍，具有应用性和可操作性。

本书由吉林财经大学国际经济贸易学院刘丽娟教授、洪宇副教授负责主编和修订。硕士研究生安德铭、王馨晨、刘昊源、朱孟秀、章宜珺、宗芳竹参与了本书的修订。我们将新形势、新趋势、新数据适时加入本书，以使教学与中国对外贸易日新月异的发展相衔接。

本书是为了满足我国由外贸大国迈向外贸强国对大量外贸应用型人才的需求而编写的，既适合大学本科和研究生有关专业用来培养外贸应用型人才，也可作为实务工作者的参考用书。

本书在撰写过程中，参阅了大量国内外有关教材和著作以及许多网站的内容，并引用了其中的一些观点和材料，在此谨向原作者表示感谢。由于编者水平有限，疏漏和不足在所难免，恳请读者批评指正。

编　者

2025年7月

目　录

第一章　中国对外贸易的发展 / 1

学习目标 / 1
第一节　新中国对外贸易的建立和发展 / 1
第二节　对外开放政策与对外贸易发展 / 4
第三节　中国对外贸易的地位和作用 / 28
本章小结 / 31
关键术语 / 31
思考题 / 32

第二章　对外贸易发展战略 / 33

学习目标 / 33
第一节　出口商品战略 / 33
第二节　以质取胜战略 / 37
第三节　科技兴贸战略 / 41
第四节　出口市场多元化战略 / 48
第五节　进口商品战略 / 52
本章小结 / 54
关键术语 / 54
思考题 / 54

第三章　发展对外贸易的理论依据 / 56

学习目标 / 56
第一节　西方传统贸易理论 / 56
第二节　新贸易理论 / 67
第三节　马克思主义国际贸易理论 / 74
本章小结 / 80

关键术语 / 81
思考题 / 81

第四章　对外贸易与经济增长 / 82

学习目标 / 82
第一节　对外贸易与经济增长关系的理论 / 82
第二节　对外贸易促进经济增长的机制 / 92
第三节　我国对外贸易与经济增长的历史回顾 / 95
第四节　对外贸易促进中国经济增长的实证检验 / 104
本章小结 / 111
关键术语 / 112
思考题 / 112

第五章　对外贸易体制改革 / 113

学习目标 / 113
第一节　对外贸易体制的建立和发展 / 113
第二节　对外贸易体制改革的进程与效果 / 116
第三节　加入世界贸易组织与对外贸易体制改革 / 127
本章小结 / 133
关键术语 / 134
思考题 / 134

第六章　对外贸易立法管理 / 135

学习目标 / 135
第一节　对外贸易立法管理概述 / 135
第二节　中华人民共和国对外贸易法 / 144
第三节　货物贸易管理立法 / 148
第四节　技术贸易管理立法 / 154
第五节　服务贸易管理立法 / 157
本章小结 / 161
关键术语 / 162
思考题 / 162

第七章　对外贸易经济调控手段 / 163

学习目标 / 163
第一节　对外贸易经济调控手段概述 / 163
第二节　对外贸易税收 / 166
第三节　汇率与汇率制度 / 177
第四节　进出口信贷制度 / 183
本章小结 / 188
关键术语 / 189
思考题 / 189

第八章　对外贸易行政管理 / 190

学习目标 / 190
第一节　对外贸易行政管理概述 / 190
第二节　对外贸易经营权管理 / 192
第三节　货物进出口管理 / 194
第四节　进出口商品检验管理 / 199
第五节　海关管理 / 202
第六节　外汇管理 / 207
本章小结 / 220
关键术语 / 220
思考题 / 221

第九章　对外贸易与国际直接投资 / 222

学习目标 / 222
第一节　对外贸易与国际直接投资关系的理论 / 222
第二节　对外贸易与外商直接投资相互关系的实践 / 230
第三节　中国企业的海外投资 / 238
第四节　“走出去”战略 / 241
本章小结 / 246
关键术语 / 246
思考题 / 247

第十章　服务贸易 / 248

学习目标 / 248

第一节　国际服务贸易概述 / 248
第二节　国际服务贸易政策与措施 / 256
第三节　中国服务贸易 / 260
本章小结 / 278
关键术语 / 279
思考题 / 279

第十一章　技术贸易 / 281

学习目标 / 281
第一节　国际技术贸易概述 / 281
第二节　中国引进技术 / 284
第三节　中国技术出口 / 290
第四节　技术进出口管理 / 294
本章小结 / 297
关键术语 / 297
思考题 / 297

第十二章　中国对外经贸关系 / 299

学习目标 / 299
第一节　中国对外经贸关系概述 / 299
第二节　中国与欧洲联盟的经贸关系 / 304
第三节　中国与美国的经贸关系 / 310
第四节　中国与日本的经贸关系 / 318
第五节　中国与其他单独关税区的经贸关系 / 325
第六节　中国与东盟国家的经贸关系 / 340
第七节　中国与韩国的经贸关系 / 346
第八节　中国与俄罗斯的经贸关系 / 352
本章小结 / 358
关键术语 / 359
思考题 / 359

主要参考文献 / 360

第一章 中国对外贸易的发展

扫码查看课件

学习目标

通过本章学习，明确中国实行对外开放政策的客观必要性，了解对外开放政策的内涵与对外开放格局，进一步领会对外贸易与对外开放的关系；掌握中国各阶段，特别是改革开放后对外贸易发展的特点；正确理解和把握对外贸易在中国国民经济不同时期的地位和作用。

第一节 新中国对外贸易的建立和发展

一、新中国对外贸易的建立

中华人民共和国成立前，在帝国主义列强不断侵略下，旧中国除对它们割地赔款、开辟租界外，还给予它们在华驻军、领事裁判、协定关税、海关管理等军事、政治和经济特权。中国主权和领土完整遭到了严重破坏，对外贸易也丧失了独立自主的地位，完全依附于帝国主义，成为半殖民地性质的对外贸易。其主要特征是：对外贸易被帝国主义和官僚买办资产阶级所控制和垄断；进出口商品结构完全适应帝国主义掠夺资源、倾销商品的需要；贸易对象集中于少数帝国主义国家；对外贸易长期入超和不等价交换。

中华人民共和国成立后，立即废除了帝国主义在华的一切特权，收回了被它们长期霸占的海关，建立了人民的新海关，取消了它们对外汇、金融、航运、保险、商检等方面的垄断，摧毁了它们对外贸的控制，实行对外贸易国家统制，把对外贸易独立自主权牢牢地掌握在中国人民手中。同时，通过没收对外贸易中的官僚资本、建立国营对外贸易企业、改造私营进出口企业等三个步骤，全面建立起中国的社会主义对外贸易体系。

（一）没收对外贸易中的官僚资本

官僚资本是官僚资产阶级所拥有的资本。中华人民共和国成立后，人民政府接管了中央信托局、输出入管理委员会等旧政府的外贸机构，没收了“四大家族”官僚资本的外贸企业。人民政府对其进行了民主改造和重新组织，使之转变为社会主义的国营外贸企业。

对于外国在华的外贸企业，人民政府没有进行没收，允许其在服从我国政府法令的条件下继续经营。但是，由于它们都是依靠帝国主义特权起家的，因此，在特权被取消以后，特别是在美国及其他西方资本主义国家对中国实行封锁禁运以后，这些企业大都申请歇业，或者作价转让给中国政府。此后，外国资本在华开设的外贸企业，基本上停止了经营活动。

（二）建立国营对外贸易企业

由于官僚资本外贸企业的主要资产——外汇早已被席卷一空，新中国不可能依靠上述没收的外贸企业来进行对外贸易。中华人民共和国成立后，为了适应恢复国民经济、发展对外贸易的需要，新中国依靠国家政权和整个社会经济力量，在东北、华北、华东等解放区进行对外贸易的基础上逐步建立起由中央人民政府贸易部领导的国营对外贸易企业。除建立总公司外，还在各地建立分支公司。它们一经建立，就在对外贸易经营中占有绝对优势，起着主导作用。

（三）改造私营进出口企业

私营进出口企业是建立在生产资料私有制基础上的，国家对它们实行利用、限制和改造的政策，即利用它们与资本主义国家厂商的贸易关系，经营进出口业务的经验和专长，对资本主义市场的熟悉和了解，限制它们剥削和盲目经营，禁止它们从事投机违法活动，通过国家资本主义的道路，逐步把私营进出口企业改造成为社会主义对外贸易企业。

1956年，在全国公私合营高潮中，私营进出口企业也实行了全行业公私合营。合营后，根据社会主义对外贸易工作的需要，立即对原来的企业进行合并改组，参照国营对外贸易企业制度，按行业成立专业性的公私合营企业，也有少数企业直接并入国营对外贸易企业。这些企业的所有制发生了根本性质的变化，资本家原来占有的资产已经转由国家支配和使用，他们除了拿定息之外，已经不能支配这些资产。他们也不可能以资本家的身份去掌握经营管理权和人事调配权，合营企业已经基本上是社会主义性质的了。

从此，在我国对外贸易领域中，基本上完成了对生产资料私有制的社会主义改造，我国对外贸易已基本上是全民所有制。随着我国进入社会主义初级阶段，我国社会主义对外贸易也就全面确立了。

二、改革开放前对外贸易的发展

中华人民共和国成立后，进行了一系列重大的政治经济变革，建立了社会主义制度，在前30年计划经济条件下逐步发展了对外贸易，为我国改革开放新时期的外贸发展奠定了坚实基础。从中华人民共和国成立初期到党的十一届三中全会前的这段历史时期，我国的对外贸易发展经历了国民经济恢复时期、“一五”计划时期、“大跃进”和国民经济调整时期、“文化大革命”和拨乱反正时期。这几个时期，我国对外贸易发展有快有慢，各阶段呈现出不同特征，但由于我国经济总体上处于封闭状态，进出口始终在低水平上徘徊。1950年我国进出口总值仅为11.35亿美元，1960年为38.09亿美元，1970年为45.86亿美元，到1977年发展到148.04亿美元，1950—1977年对外贸易额增长了约12倍，年均增长约9.9%。

（一）国营对外贸易建立时期（1950—1952年）

在国民经济恢复时期，国营对外贸易的发展非常迅速。1952年国营对外贸易额比1950年增长了约1.3倍，国营对外贸易在整个对外贸易中的比重，1950年占66.8%，到1953年已上升到90%以上，占了绝对优势。

当时我国对外贸易伙伴主要是苏联和东欧社会主义国家，进口商品主要为大量恢复和发展工农业生产以及交通运输所必需的重要物资和原材料，如钢材、石油、化肥、车辆等，以及调剂供求、稳定市场所需要的棉花、食糖、纸张等物资。出口商品则是农副产品和一些原料产品，如大豆、桐油、茶叶、丝、钨砂等。我国进出口总额从1950年的11.35亿美元增长到1952年的19.41亿美元，增长了约71%，其中进口额从5.83亿美元增长到11.18亿美元，增长了约92%，两年内增长了近一倍，对恢复和发展我国国民经济、提高工农业生产能力、活跃城乡市场、改善人民生活等方面都起到了积极作用。

（二）第一个五年计划时期（1953—1957年）

从1953年起我国进入大规模经济建设时期，国家制订了第一个五年计划，其主要任务是：集中主要力量进行以苏联帮助我国设计的156个建设项目为中心的工业建设，建立我国社会主义工业化初步基础。据此，我国大力发展了同苏联、东欧国家的经贸关系，组织进口了苏联设计的156个大型项目和东欧国家帮助建设的68个重要项目的设备，以及社会主义工业化所必需的器材和原料等。同时，也发展了与东南亚和西方国家的贸易关系，进口了橡胶等一些重要物资。至1957年，生产资料进口的比重已高达92%，其中机械设备的进口比重就高达52.5%；出口商品除了传统的农副土特产品外，还增加了许多新商品，特别是发展了工业品出口，如棉纱、棉布、钢材，以及纺织、水泥、造纸、碾米等成套设备，其中有许多过去是要进口的。1957年，我国进出口总额达31.03亿美元。从1956年起，我国对外贸易扭转了几十年来的逆差局面。这一时期我国对外贸易的迅速发展和进出口商品结构的重大变化，为奠定我国社会主义工业化初步基础起到了重要作用。

（三）第二个五年计划和国民经济调整时期（1958—1965年）

这一时期，国民经济出现困难，对外贸易出现大幅度波动。1959年进出口贸易总额猛增至43.81亿美元，比1957年增长41.2%。而1960年起又连年大幅度下降，至1962年降为26.63亿美元，倒退到1954年的水平，比1957年下降了14.18%。1961年党的八届九中全会对国民经济提出“调整、巩固、充实、提高”的方针后，我国进入了调整时期。这一时期的对外贸易任务是：大量进口粮食和其他市场物资，切实改善人民生活；千方百计增加出口货源，扩大对资本主义市场出口，提前偿还对苏联的债款。为适应国际形势变化和克服国内经济困难，我国开始把贸易重点转向西方资本主义国家，进口了大量粮食、糖、化肥等支援国内市场和农业生产的重要物资。消费资料进口的比重从1959年的4.3%上升到1965年的33.5%（1962年、1963年、1964年分别为44.8%、44.0%、44.5%）。从1963年到1965年，平均每年递增约14.7%。我国不仅保持了国际收支平衡，而且还于1964年底提前1年还清了对苏联的全部债款。到1965年，我国已与世界上100多个国家和地区建立了贸易关系，这对渡过困难、稳定市场、保障人民生活需要起到了重大作用。

（四）“文化大革命”与拨乱反正时期（1966—1978年）

“文化大革命”时期，我国对外贸易发展基本处于停滞状态。这一时期我国大量进口了工业生产用的原材料，出口商品中工矿产品比重增加，主要是1973年开始出口石油。

随着我国社会主义工业化的发展，我国进出口商品的结构发生了巨大变化。1976年农副产品出口占全部出口的比重为28.4%，工矿产品占71.6%。我国生产出口的机床、五金工具、仪器仪表、柴油机、农业机械、医疗器械等，受到许多国家的欢迎。由于冶金工业生产系统的日益完善，我国除继续出口矿产品外，钢材、铝片、铜线等也有出口。由于石油和化工工业的发展，我国从1973年开始出口石油。我国出口的轻工业品、纺织品、自行车、缝纫机、热水瓶以及各种日用百货受到世界各地消费者广泛赞赏。

我国也进口了部分黑色有色金属、汽车、轮船、飞机、其他机械产品、橡胶、化肥、农药和纸浆等，特别是有计划地订购了一些化肥成套设备、合成纤维成套设备以及制氧、轧钢和发电设备等，对我国现代化建设起到了很大作用。

1977年11月召开的全国计划工作会议，对我国工业发展提出了很高的目标。当时列为重点行业的冶金、煤炭、化工等部门都提出了以引进项目为核心的发展规划。1979年，党中央及时调整了工业生产增长速度，停建、缓建了一些建设项目，其中也包括一些引进项目。

第二节　对外开放政策与对外贸易发展

对外开放，是使我国走向社会主义现代化的必要条件和基本国策。邓小平同志指出：“现在的世界是开放的世界，中国的发展离不开世界。”

对外开放是由现代化大生产发展规律所决定的。一是生产力的发展，特别是科学技术的发展，越来越具有国际性，现代科技既不是一国所创造，也不为一国所拥有，而是国际合作共同发展的结果。任何一个国家封闭起来，都无法达到世界先进水平。二是现代化大生产意味着生产规模的扩大和生产高度专业化，形成了全球性经济联系和世界市场。任何国家都不可能拥有所需要的所有资源，生产所需要的所有产品，消费自己所生产的全部产品。扩大对外开放，加强国际合作，则能扬长避短，在现代化进程中取得最大效益。对于我们这样一个发展中国家，通过对外开放，引进外国资金、先进技术和管理经验，尽快缩短与发达国家之间的差距，以使我们在现代化建设中减少代价，少走弯路，就显得更加必要。

一、对外开放政策

（一）对外开放政策的确立

党的十一届三中全会后，1980年6月，邓小平在接见外宾时，第一次将“对外开放”作为我国对外经济政策公之于世。他说，我国在国际上实行开放的政策，加强国际往来，特别注意吸收发达国家经验、技术，包括吸收国外资金，来帮助我们发展。在1981年11月召开的五届人大四次会议的政府工作报告中，进一步明确了实行对外开放政策，加强国际经济技术交流，是我们坚定不移的方针。1982年12月，对外开放政策写入我国宪法，我国的对外开放政策作为基本国策最终确立了。

（二）对外开放政策的基本含义

对外开放是与闭关锁国相对而言的。我国对外开放的基本含义是：要大力发展和不断加强对外经济技术交流，积极参与国际交换和国际竞争，由封闭型经济转变为开放型经济，以加速实现四个现代化建设事业。

对外开放是向世界上所有国家和地区开放，即不论是社会主义国家，还是资本主义国家，是发展中国家，还是经济发达国家，是穷国还是富国，是大国还是小国，我国都愿意在平等互利的基础上发展同它们的经济贸易联系。我国的对外开放，是要吸收世界上各个国家和地区的长处和优点，博采众长，为我所用。因此，我国的对外开放是向世界开放。

（三）对外开放政策的主要内容

对外开放政策的主要内容是：大力发展对外贸易，特别是扩大出口贸易；积极引进先进技术和设备，特别是有助于企业技术改造的适用先进技术；积极有效地利用外资；积极开展对外工程承包和劳务合作；发展对外技术援助和多种形式的互利合作；设立经济特区和开放沿海城市，带动内地开放。

实行对外开放的经济政策，主要是“要促进国内产品进入国际市场，大力发展对外贸易。要尽可能多地利用一些可以利用的外国资金进行建设，要积极引进一些适合我国情况的先进技术以促进我国建设事业”。由此可见，发展对外贸易、利用外国资金、引进先进技术和设备这三项是对外开放政策的最主要内容。这三项内容中，发展出口贸易是利用外资和引进技术的物质基础，是对外开放政策的最根本内容。因此，实行对外开放政策，必然使对外经济贸易在国民经济中处于重要的战略地位。

二、对外开放的格局

我国的对外开放，经过40多年的努力，在不断总结经验的基础上，由点到线，由线到面，由边缘向纵深，从南到北，从东到西，形成了全方位、多渠道、多层次的开放格局。对外开放基本格局的形成，显示了我国改革开放的巨大力量，为我国进一步利用国际分工、促进经济国际化、发展社会主义市场经济、进行社会主义现代化建设奠定了良好基础。

（一）1992年以前，重点开放沿海地区，逐步向内地开放

我国沿海地区包括长江三角洲、珠江三角洲、闽东南地区和山东半岛、辽东半岛等地区。实行对外开放，必须充分发挥沿海地区的优势，以沿海地区对外开放带动内地对外开放。因此，沿海地区是我国实行对外开放的前沿地带。

沿海地区具有有利于实行对外开放的特殊地理位置和自然条件，有18 000多千米的漫长海岸线，有许多深水泊位、港口。沿海地区工农业基础雄厚，工业门类齐全，骨干企业多，加工能力强，建立了机电、仪表、石油化工、钢铁、轻纺、能源等各种工业体系，是我国出口商品的主要基地。沿海地区的科学技术也比较发达，拥有相当数量的科研机构和人员，技术熟练的工人多，加工工艺水平高，消化、吸收能力强，为提高出口商品的竞争能力提供了较好的技术条件。沿海地区有着悠久的对外贸易历史，有与世界各国和地区进行广泛联系的经济专业人才，有比较丰富的组织管理对外经济贸易、国际金融等方面的经验，信息传递快，是我国进行国际经济技术交流的桥梁和纽带。早在实行对外开放初期，党中央和国务院就确定了“重点开放沿海地区，逐步向内地开放”的经济发展战略，先发展东部地区，带动中部和西部地区发展。按照此项战略，可以将我国地域的对外开放分为经济特区、沿海港口开放城市、沿海经济开放区、内地四个层次。

表1-1为中国对外开放进程表。

表1-1 中国对外开放进程表

开放层次	开放时间	地域范围
经济特区	1979年 1988年 1990年	深圳、珠海、厦门、汕头 海南省 上海浦东
沿海港口开放城市	1984年	大连、秦皇岛、天津、烟台、青岛、连云港、南通、上海、宁波、温州、福州、广州、湛江、北海
沿海经济开放区	1985年 1988年	长江三角洲、珠江三角洲、闽东南地区 山东半岛、辽东半岛
陆地边境市、镇	1992年	珲春、绥芬河、满洲里、黑河、二连浩特、伊宁、塔城、博乐、瑞丽、畹町、河口、凭祥、东兴

续表

开放层次	开放时间	地域范围
沿江开放城市	1992年	上海浦东及重庆、岳阳、武汉、九江、芜湖等沿长江港口城市
内陆、边境、沿海省会城市	1992年	太原、合肥、南昌、郑州、长沙、成都、贵阳、西安、兰州、西宁、银川等11个内陆省会（自治区首府）城市；昆明、乌鲁木齐、南宁、哈尔滨、长春、呼和浩特、石家庄7个边境、沿海省会（自治区首府）城市
进一步扩大西部地区的对外开放	1999年	四川、贵州、云南、西藏、陕西、甘肃、宁夏、青海、新疆、内蒙古、广西、重庆
对外开放进入历史新阶段	2000年以后	全方位、多层次、宽领域的开放，由以试点为特征的政策性开放，转变为在法律框架下的制度型开放

（二）1992年以后，逐步形成全方位的对外开放格局

党的十四大报告为中国对外开放格局确定了发展目标：对外开放的地域要扩大，形成多层次、多渠道、全方位的对外开放格局。因此，1992年以后，我国在继续开放经济特区、沿海开放城市和沿海经济开放区的基础上，进一步开放了陆地边境市、镇，开放了一些沿江（长江）城市和内陆省会（自治区首府）城市，使我国形成了全方位对外开放的新格局。

由此可见，我国的对外开放并没有采取全国同步开放的方针，而是采取多层次、滚动式、逐步向广度和深度发展的方针。这是由我国的国情所决定的。我国地区经济发展很不平衡，地理条件差异较大，特别是在长期实行计划经济体制、价格体系和产业结构同世界经济缺乏联系的情况下，不可能采取一刀切的办法，而只能采取由点到线、由线到面，由东到西、由南到北，逐步展开的方针，尤其是进一步扩大西部地区的对外对内开放。

1.西部大开发战略

20世纪80年代，当我国改革开放和现代化建设全面展开后，邓小平同志先后提出了“沿海开发”“长江开发”“中西部开发”的三个战略构想。20世纪90年代初，邓小平同志又明确提出了“两个大局”的构想：一个大局是，东部沿海地区加快对外开放，使之较快地发展起来，中西部要顾全这个大局；另一个大局是，东部地区发展到一定时期，就要拿出更多的力量帮助中西部地区加快发展，东部沿海地区也要顾全这个大局。

2.西部大开发与西部开放

实施西部大开发战略，加快西部地区发展，是我国现代化战略的重要组成部分，是党中央高瞻远瞩、总揽全局、面向新世纪做出的重大决策。为体现国家对西部地区的重点支持，国务院制定了实施西部大开发的若干规定。加快西部对外开放成为西部大开发的主要内容，以开放促开发、促发展，积极引导和推动西部地区参与国际经济合作与交

流，以加快中西部地区发展。为了推动西部地区的对外开放，国家给予了许多政策支持。

在吸引外资方面：一是进一步扩大外商投资领域。鼓励外商投资于西部地区的农业、水利、生态、交通、能源、市政、环保、矿产等基础设施建设和资源开发，以及建立技术研究开发中心；扩大西部地区服务贸易领域对外开放；一些领域的对外开放，允许在西部地区先行试点。二是进一步拓宽利用外资渠道。在西部地区可以进行以BOT方式利用外资的试点；允许外商投资项目开展包括人民币在内的项目融资；支持符合条件的西部地区外商投资企业在境内外股票市场上市；支持西部地区属于国家鼓励和允许类产业的企业通过转让经营权、出让股权、兼并重组等方式吸引外商投资；鼓励在华外商合资企业到西部地区再投资等。

在发展对外经济贸易合作方面：进一步扩大西部地区生产企业对外贸易经营自主权，鼓励发展优势产品出口、对外工程承包和劳务合作、到境外特别是周边国家投资办厂，放宽人员出入境限制；实行更加优惠的边境贸易政策，在出口退税、进出口商品经营范围、进出口商品配额、许可证管理、人员往来等方面，放宽限制，推动我国西部地区同毗邻国家和地区相互开放市场，促进与周边国家和地区区域经济技术合作的健康发展。

（三）进一步扩大对外开放，发展外向型经济

1.大力发展经济、技术开发的特别区域

从1992年到2002年3月，国务院先后三批批准设立了18个、15个和2个国家级经济技术开发区。目前，全国共设立了233个国家级经济技术开发区。此外，经国务院批准，全国还建立了178个国家级高新技术产业开发区（截止到2023年11月）、63个国家级出口加工区（截止到2010年7月5日）、15个国家级保税区（截止到1996年9月27日）和15个国家级边境经济合作区（截止到2011年9月6日）。2015年8月，《国务院办公厅关于加快海关特殊监管区域整合优化方案》提出要将符合条件的海关特殊监管区域逐步整合为综合保税区，对新设海关特殊监管区域统一命名为综合保税区。这些经济、技术开发的特别区域已成为所在地区经济发展的新增长点和吸收外商投资集中的热点地区，并像经济特区一样在中国扩大开放、发展外向型经济、调整产业结构等方面起到了窗口、辐射、示范和带动的作用。

专栏1-1

中国国家级经济技术开发区简介

2.“十五”期间的对外开放

“十五”期间，我国对外开放步入新的发展阶段，主要体现在以下三个方面：

（1）随着我国加入世界贸易组织，我国经济开始在更高程度上和更大范围内融入世界经济体系。这进一步扩大了我国对外开放的深度与广度，扩大了对外开放的领域和范围，由单方面自主开放，转变为我国与世贸组织成员之间的相互开放。

（2）随着国家实施“西部大开发”战略，我国开始转向更加平衡的全面开放。

（3）随着实施“走出去”的开放战略，我国以“引进来”为主的开放模式向“引进来”“走出去”并举的双向开放模式转换，我国将以更加积极的姿态参与国际竞争和合作。

3.“十一五”期间的对外开放

“十一五”期间，在对外开放的区域布局上，我国有以下战略考虑：

按照统筹国内发展和对外开放以及区域协调发展的要求，对外开放在区域布局上，形成东中西互动、分工合理、各具特色、优势互补、协调合作的新格局。具体来说，就是要构建“三海三陆”的开放新格局。其中，“三海”是指通过20多年的发展，已形成相当开放型经济规模的珠三角、长三角地区，以及“十一五”期间以天津滨海新区开发开放为中心的环渤海地区等三个沿海开放带。“三陆”是指东北、西南和西北等三个地区的沿边、沿陆开放。

4.“十二五”期间的对外开放

适应我国对外开放由出口和吸收外资为主转向进口和出口、吸收外资和对外投资并重的新形势，实行更加积极主动的开放战略，不断拓展新的开放领域和空间，扩大和深化同各方利益的汇合点，完善更加适应发展开放型经济要求的体制机制，有效防范风险，以开放促发展、促改革、促创新。其中具体包括：完善区域开放格局、优化对外贸易结构、统筹“引进来”与“走出去”、积极参与全球经济治理和区域合作。

专栏1-2

中国“一带一路”对外开放倡议

5.“十三五”期间的对外开放

以共建“一带一路”为统领，丰富对外开放内涵，提高对外开放水平，协同推进战略互信、投资经贸合作、人文交流，努力形成深度融合的互利合作格局，开创对外开放新局面。其中具体包括：完善对外开放战略布局、健全对外开放新体制、推进“一带一路”建设、积极参与全球经济治理、积极承担国际责任和义务。

专栏1-3

中国自由贸易试验区

6.“十四五”期间的对外开放

重点任务有：

（1）优化货物贸易结构优化国际市场布局，优化国内区域布局，优化进出口商品结构，优化经营主体。优化贸易方式，优化贸易促进平台。

（2）创新发展服务贸易优化服务进出口结构，加快服务外包转型升级，大力发展数字贸易，完善服务贸易发展机制。

（3）加快发展贸易新业态促进跨境电商持续健康发展，推进市场采购贸易方式发展，发挥外贸综合服务企业带动作用，加快海外仓发展，推动保税维修发展，支持离岸贸易发展。

（4）提升贸易数字化水平加快贸易全链条数字化赋能，推进服务贸易数字化进程，推动贸易主体数字化转型，营造贸易数字化良好政策环境。

（5）构建绿色贸易体系建立绿色低碳贸易标准和认证体系，打造绿色贸易发展平台，营造绿色贸易发展良好政策环境，扎实开展绿色低碳贸易合作。

（6）推进内外贸一体化完善内外贸一体化调控体系，培育内外贸一体化平台，增强内外贸一体化发展动能。

（7）保障外贸产业链供应链畅通运转保障粮食、能源和资源安全，支持加工贸易梯度转移，加快外贸转型升级基地建设，推动贸易和双向投资协调发展，加强国际营销体系建设，强化国际物流保障。

（8）深化“一带一路”贸易畅通合作加快贸易通道建设，积极发展丝路电商，升级贸易畅通平台，加强合作机制建设。

（9）强化风险防控体系健全贸易摩擦应对体制机制，提升贸易救济政策工具效能，完善现代化出口管制体系，加强技术进出口管理。

（10）营造良好发展环境扩大贸易领域开放合作，深化双边和区域合作，实施自由贸易区提升战略，积极参与国际经贸规则制定。

三、改革开放后对外贸易的发展

1978年底党的十一届三中全会以后，国家把工作重点转移到社会主义现代化建设上来，并实行对外开放的基本国策，国民经济持续迅速发展，对外贸易也进入新的发展时期。

（一）对外贸易规模不断扩大

1.对外贸易绝对值大幅增长

1978年以后，通过不断扩大对外开放领域，提高对外开放水平，促进了对外贸易快速增长。1978—2008年年均增长18.1%，平均增速比改革开放前28年提高了8.2个百分点。特别是2001年加入世贸组织以来，我国积极参与经济全球化进程，抓住国际产业转移的历史性机遇，成功应对各种挑战，对外贸易赢得了历史上最好最快的发展时期。2001年我国进出口总值为5 097亿美元，2004年首次突破1万亿美元大关，2007年再破2万亿美元大关，2008年达到25 616亿美元，比2001年增长了4倍多。2013年，中国货物进出口4.16万亿美元，增长7.6%，一举成为世界第一货物贸易大国，也是首个货物贸易总额超过4万亿美元的国家，创造了世界贸易发展史的奇迹。2023年我国进出口总值为59 359.8亿美元，比上年略有下降。

图1-1为1978年以来我国进出口增长曲线图。

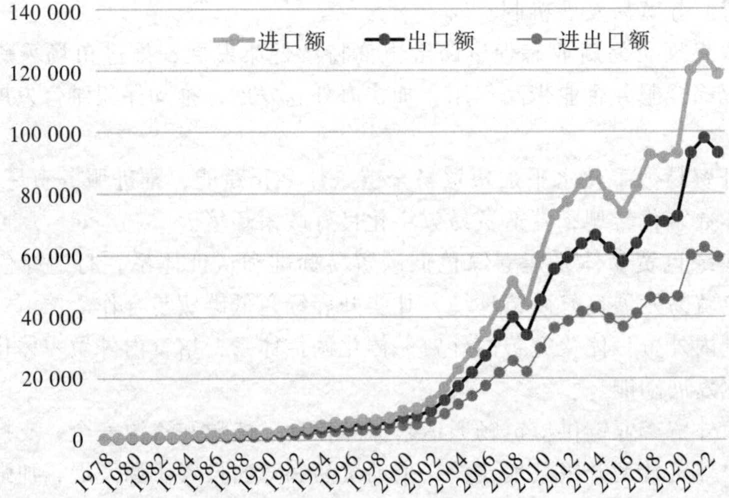

图1-1　1978年以来我国进出口增长曲线图（单位：亿美元）

资料来源：根据《中国统计年鉴2024》制作。

2.对外贸易顺差收窄

我国从小额逆差转变为巨额顺差，从外汇极度短缺发展成为官方储备全球第一。

1950—1977年，由于各年进出口规模较小，各年贸易差额也较小，其中中华人民共和国成立的头6年全部为逆差，平均每年逆差约8.5亿美元，其后年份为小额顺差或逆差。1978年以来，随着进出口规模迅速扩大和出口竞争力显著增强，相应顺差大幅增加。1995年贸易顺差首次突破百亿美元大关，达到167亿美元。2005年突破1 000亿美元，2007年突破2 000亿美元，2008年接近3 000亿美元（见表1-2）。货物贸易的大额顺差使国际收支经常项目出现了长期顺差状态，官方储备大幅增长。1980年我国官方储备-12.96亿美元，在2008年末达到1.9万亿美元，成为全球官方储备第一大国。截至2024年12月末，我国官方储备规模达到34 556亿美元，其中可兑换外币外汇储备为32 024亿美元（如图1-2所示）。

表1-2　　1978—2023年中国进出口贸易额及增长　　金额单位：亿美元

年份	进出口		出口		进口		差额
	进出口额	比上年增长（%）	出口额	比上年增长（%）	进口额	比上年增长（%）	
1978	206.4	39.4	97.5	28.4	108.9	51.0	-11.4
1979	293.3	42.1	136.6	40.2	156.7	43.9	-20.1
1980	381.4	30.0	181.2	32.7	200.2	27.7	-19.0
1981	440.3	15.4	220.1	21.5	220.2	12.6	-0.1
1982	416.1	-5.5	223.2	1.4	192.9	-12.4	30.3
1983	436.2	4.8	222.3	-0.4	213.9	10.9	8.4
1984	535.5	22.8	261.4	17.6	274.1	28.1	-12.7
1985	696.0	30.0	273.5	4.6	422.5	54.1	-149.0
1986	738.5	6.1	309.4	13.1	429.1	1.6	-119.7
1987	826.5	11.9	394.4	27.5	432.1	0.7	-37.7
1988	1 027.9	24.4	475.2	20.5	552.7	27.9	-77.5
1989	1 116.8	8.6	525.4	10.6	591.4	7.0	-66.0
1990	1 154.4	3.4	620.9	18.2	533.5	-9.8	87.5
1991	1 356.3	17.5	718.4	15.7	637.9	19.6	80.5
1992	1 655.3	22.0	849.4	18.2	805.9	26.3	43.6
1993	1 957.0	18.2	917.4	8.0	1 039.6	29.0	-122.2
1994	2 366.2	20.9	1 210.1	31.9	1 156.2	11.2	53.9

续表

年份	进出口		出口		进口		差额
	进出口额	比上年增长（%）	出口额	比上年增长（%）	进口额	比上年增长（%）	
1995	2 808.6	18.7	1 487.8	23.0	1 320.8	14.2	167.0
1996	2 898.8	3.2	1 510.5	1.5	1 388.3	5.1	122.2
1997	3 251.6	12.2	1 827.9	21.0	1 423.7	2.5	404.2
1998	3 239.5	−0.4	1 837.1	0.5	1 402.4	−1.5	434.8
1999	3 606.3	11.3	1 949.3	6.1	1 657.0	18.2	292.3
2000	4 743.0	31.5	2 492.0	27.8	2 250.9	35.8	241.1
2001	5 096.5	7.5	2 661.0	6.8	2 435.5	8.2	225.5
2002	6 207.7	21.8	3 256.0	22.4	2 951.7	21.2	304.3
2003	8 509.9	37.1	4 382.3	34.6	4 127.6	39.8	254.7
2004	11 545.5	35.7	5 933.3	35.4	5 612.3	36.0	321.0
2005	14 219.1	23.2	7 619.5	28.4	6 599.5	17.6	1 020.0
2006	17 604.4	23.8	9 689.8	27.2	7 914.6	19.9	1 775.2
2007	21 761.8	23.6	12 200.6	25.9	9 561.2	20.8	2 639.5
2008	25 632.6	17.8	14 306.9	17.3	11 325.6	18.5	2 981.3
2009	22 075.4	−13.9	12 016.1	−16.0	10 059.2	−11.2	1 956.9
2010	29 740.0	34.7	15 777.5	31.3	13 962.5	38.8	1 815.1
2011	36 418.6	22.5	18 983.8	20.3	17 434.8	24.9	1 549.0
2012	38 671.2	6.2	20 487.1	7.9	18 184.1	4.3	2 303.1
2013	41 589.9	7.5	22 090.0	7.8	19 499.9	7.2	2 590.1
2014	43 015.3	3.4	23 422.9	6.0	19 592.4	0.5	3 830.6
2015	39 530.3	−8.1	22 734.7	−2.9	16 795.6	−14.3	5 939.0
2016	36 855.6	−6.8	20 976.3	−7.7	15 879.3	−5.5	5 097.1
2017	41 071.6	11.4	22 633.7	7.9	18 437.9	16.1	4 195.5
2018	46 224.2	12.6	24 867.0	9.9	21 357.5	15.8	3 509.5
2019	45 778.9	−1.0	24 994.8	0.5	20 784.1	2.7	4 210.7

续表

年份	进出口		出口		进口		差额
	进出口额	比上年增长（%）	出口额	比上年增长（%）	进口额	比上年增长（%）	
2020	46 559.1	1.7	25 899.5	3.6	20 659.6	0.6	5 239.9
2021	59 954.3	29.9	33 160.2	29.8	26 794.1	30.1	6 366.1
2022	62 509.4	4.3	35 444.3	0.1	27 065.1	1.0	8379.3
2023	59 359.8	-0.1	33 790.4	-0.0	25 569.4	-4.6	8221.0

注：1981年以前的数据来自外经贸业务统计。因四舍五入，表中差额数据与出口额减进口额数据略有差异。

资料来源：中国统计年鉴2024。

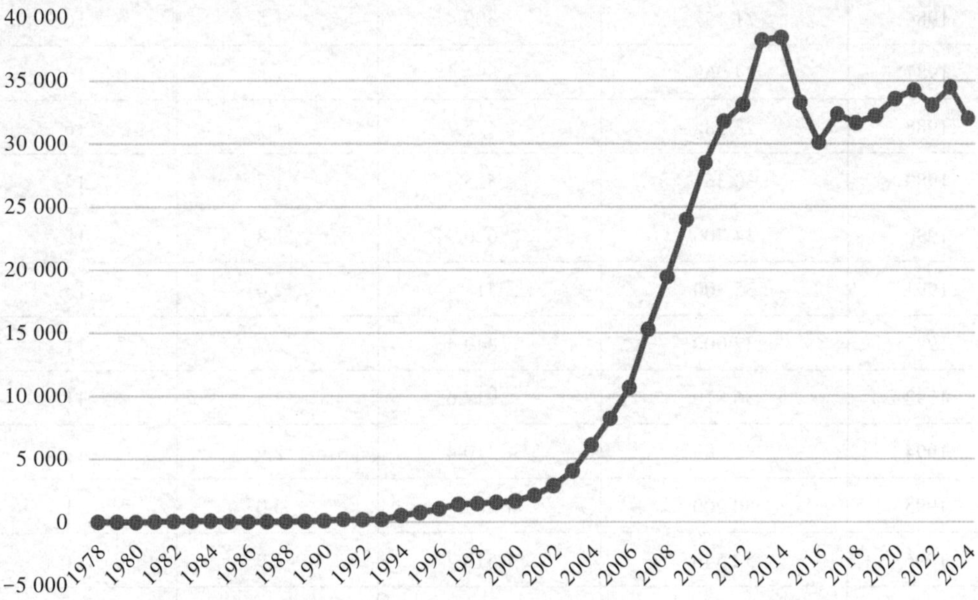

图1-2　1978—2024年我国官方储备（单位：亿美元）

资料来源：国家外汇管理局。

3.对外贸易在世界贸易中的地位显著提高

专栏1-4

首届中国国际进口博览会成功举办

中国对外贸易的持续增长，尤其是出口贸易的高速增长，使中国在世界贸易中的位次不断上升，中国对外贸易在世界贸易中的比例也不断提高，已进入世界贸易大国的行列。1950年我国进出口总值占世界进出口总额的0.9%，到2008年达到8%以上。其中，我国的出口总值在1950年全球排名列第27位，经过30年徘徊，到1980年上升到第26位，此后排名直线上升，1990年列第15位，2001年列第6位，2004—2006年稳居第3位，2007—2008年上升到第2位，2009年首次超过德国，位居世界第1位，我国已成为全球重要的制造业加工生产基地。2013年我国货物进出口总额4.16万亿美元，比上年增长7.6%。货物进出口总额突破4万亿美元，意味着2013年我国外贸规模首次超过美国，在全球排名由2012年的第二位跃升为第一大贸易国（见表1-3）。

表1-3　　中国历年货物出口额占世界货物出口总额的比重及位次表　　金额单位：亿美元

年份	世界货物出口总额	中国货物出口总额	比重（%）	位次
1978	975	97.5	1	32
1980	19 906	181.2	0.9	26
1981	19 724	220.1	1.1	19
1982	18 308	223.2	1.2	17
1983	18 078	222.2	1.2	17
1984	19 019	261.4	1.4	18
1985	19 277	273.5	1.4	17
1986	21 157	309.4	1.5	16
1987	24 969	394.4	1.6	16
1988	28 382	475.2	1.7	16
1989	30 361	525.4	1.7	14
1990	34 700	620.9	1.8	15
1991	35 300	718.4	2.0	13
1992	37 000	849.4	2.3	11
1993	36 870	917.6	2.5	11
1994	41 683	1 210.4	2.9	11
1995	50 200	1 487.7	3.0	11
1996	52 540	1 510.7	2.9	11
1997	54 550	1 827.9	3.3	10
1998	54 050	1 837.6	3.4	9
1999	54 600	1 949.3	3.6	9
2000	63 580	2 492.0	3.9	7
2001	61 624	2 661.0	4.3	6
2002	64 329	3 255.7	5.1	5
2003	74 820	4 383.7	5.9	4
2004	89 070	5 933.6	6.5	3

续表

年份	世界货物出口总额	中国货物出口总额	比重（%）	位次
2005	101 590	7 620.0	7.1	3
2006	120 830	9 690.8	8.0	3
2007	138 411	12 180.2	8.8	2
2008	158 000	14 285.5	8.9	2
2009	123 883	12 016.6	9.7	1
2010	152 380	15 777.5	10.4	1
2011	182 170	18 983.8	10.4	1
2012	183 230	20 487.1	11.2	1
2013	188 123	22 100.2	12.0	1
2014	184 469	23 427.5	12.7	1
2015	165 189	22 765.7	13.8	1
2016	160 287	20 974.4	13.1	1
2017	177 299	22 634.9	12.8	1
2018	182 618	24 874.0	13.6	1
2019	190 171	24 995	13.1	1
2020	171 878	25 891	15.1	1
2021	216 760	33 160	15.3	1
2022	235 451	35 936	15.3	1
2023	221 696	33 798	15.2	1

资料来源：世界贸易组织统计，联合国COMTRADE数据库。

4.国民经济发展对外贸依存度较高

外贸依存度（Foreign Trade Dependence，FTD），是指一定时期内一国或地区进出口总额（EX+IM）（EX和IM分别表示货物出口和进口总额）与GDP的比例，即FTD=（EX+IM）÷GDP。它反映一国或地区海关统计的货物输出输入与国民经济发展的关系，是判断一国或地区对外开放程度和该国或地区对国际市场依赖程度高低的重要指标之一，一定程度上能体现一国或地区经济中对外贸易的地位，以及该国或地区加入国际分工、世界市场的广度和深度。此外，产业结构会影响对外贸易依存度。与世界其他大国比较，中国外贸依存度较高，不仅高于印度、巴西等发展中大国，也比美国、日本等发达大国高。对外贸易依存度的提高，表明经济开放度提高，对外贸易在国民经济中的作用不断增强。

我国自2001年加入世界贸易组织以来，进出口外贸依存度迅速提升，2003年首次超过50%，达到51.9%，2006年达到最高的67%，2007年、2008年有所回落，但是均在50%以上。2009年世界贸易规模明显萎缩，我国外贸进出口则是1999年以来的首次下降，而国内生产总值却在全球范围内率先走出危机实现逆势增长，直接对我国2009年度的外贸依存度产生重大影响。2009年是我国进出口外贸依存度自2003年以来的7年间首次跌破50%的年份，为45%，比2008年减少了12.1个百分点，其中出口依存度减少了7.3个百分点，进口依存度减少了4.8个百分点，2015年进出口依存度在此大幅下降，至2024年，我国的出口和进口依存度分别为18.9%和17.6%（见表1-4）。

表1-4　　2001—2024年中国对外贸易依存度（%）

年份	进出口依存度	出口依存度	进口依存度
2001	38.5	20.1	18.4
2002	42.7	22.4	20.3
2003	51.9	26.7	25.2
2004	59.8	30.7	29.1
2005	63.9	34.2	29.7
2006	67.0	36.9	30.1
2007	66.2	37.1	29.1
2008	57.1	31.8	25.3
2009	45.0	24.5	20.5
2010	49.3	26.2	23.1
2011	48.8	25.3	23.3
2012	46.8	24.8	22.0
2013	45.4	24.1	21.3
2014	41.5	22.6	18.9
2015	34.9	20.1	14.9
2016	32.0	18.2	13.8
2017	32.8	18.1	14.7
2018	32.6	17.5	15.1
2019	31.4	17.1	14.2
2020	31.1	17.3	13.8
2021	33.0	18.3	14.7
2022	33.8	19.2	14.6
2023	32.3	18.4	13.9
2024	32.5	18.9	13.6

资料来源：根据国家统计局、联合国COMTRADE数据库计算而得。

一般来说，小国地域狭小，较高的外贸依存度有助于实现规模经济；大国由于具有比较广阔的国内市场，外贸依存度就较低。中国的外贸依存度低于小国经济，但与美国、日本等大国经济相比，外贸依存度较高。以2005—2009年的数据为例，世界主要经济体的外贸依存度从低到高大致可以划分为3档。一档是30%以内的：美、日、印、巴等4国；二档是50%以下的：法、英、意、俄等4国；三档是60%以上的：中、加、德等3国（见表1-5）。

表1-5 **2005—2009年世界主要经济体外贸依存度（%）**

年份	2005	2006	2007	2008	2009
世界平均	47.4	50.5	51.9	41.5	41.7
美国	21.3	22.4	23.0	24.0	18.8
日本	24.4	28.1	30.5	31.6	21.0
中国	63.9	67.0	66.2	56.7	45.0
德国	62.7	69.6	72.3	72.7	73.5
法国	45.3	46.2	45.6	45.9	64.2
英国	40.2	44.2	38.8	40.6	29.8
意大利	42.8	46.4	47.3	47.5	—
加拿大	60.3	58.7	61.0	58.3	70.9
俄罗斯	48.3	47.3	44.8	46.0	58.3
印度	30.0	32.3	30.9	39.0	32.5
巴西	22.2	21.9	21.9	23.3	24.2

资料来源：国家统计局。

（二）进出口商品结构不断优化

在进出口贸易规模迅速扩大的同时，中国进出口商品结构也得到持续改善，表明中国工业化水平不断提高，产业结构向高级化方向不断推进。

1.出口商品结构

（1）工业制成品与初级产品所占比重变化

通常以工业制成品在出口中所占比重的高低来衡量一国出口产业结构，以至整个产业结构的优劣程度。

中华人民共和国成立初期，我国出口商品的80%以上是初级产品，进口主要是机器设备等生产资料。直到20世纪70年代，初级产品出口占我国出口总额的比重仍在50%以上（见表1-6）。改革开放后，我国生产力水平飞速提高，出口商品结构发生了根本性变化，工业制成品出口比重逐步达到了90%以上，从根本上扭转了大量出口初级产品来换取工业品进口的被动局面（见表1-7）。

表1-6　　1953—1977年中国出口商品结构　　金额单位：亿美元

年份	出口总额	初级产品		工业制成品	
		金额	比重（%）	金额	比重（%）
1953	10.22	8.11	79.4	2.11	20.6
1957	15.97	10.15	63.6	5.82	36.4
1965	22.28	11.41	51.2	10.87	48.8
1970	22.60	12.10	53.5	10.50	46.5
1975	72.60	40.98	56.4	31.66	43.6
1977	75.90	40.65	53.6	35.25	46.4

资料来源：根据《中国对外经济贸易年鉴》各年数据整理。

表1-7　　1980—2023年中国出口商品结构　　金额单位：百万美元

年份	出口总额	初级产品		工业制成品	
		金额	比重（%）	金额	比重（%）
1980	182.7	97.6	53.4	85.1	46.6
1981	220.1	102.5	46.7	117.6	53.3
1984	244.2	121.8	49.9	122.4	50.1
1986	270.1	117.9	43.7	152.2	56.3
1988	406.4	144.5	35.6	261.9	64.4
1989	434.4	150.9	34.7	283.5	65.3
1990	620.9	158.9	25.6	461.8	74.4
1991	719.1	161.5	22.5	556.9	77.5
1992	849.4	170.0	20.0	679.4	80.0
1993	917.4	166.7	18.2	750.9	81.8
1994	1 210.1	197.1	16.3	1 013.3	83.7
1995	1 487.8	214.9	14.4	1 272.8	85.6
1996	1 510.5	219.3	14.5	1 291.4	85.5
1997	1 827.9	239.3	13.1	1 587.7	86.9
1998	1 837.1	206.0	11.2	1 631.3	88.8
1999	1 949.3	199.3	10.2	1 750.0	89.8

续表

年份	出口总额	初级产品		工业制成品	
		金额	比重（%）	金额	比重（%）
2000	2 492.1	254.6	10.2	2 237.5	89.8
2001	2 611.5	263.5	9.9	2 398.0	90.1
2002	3 255.7	284.8	8.7	2 970.9	91.3
2003	4 382.3	348.1	7.9	4 034.2	92.1
2004	5 933.3	405.5	6.8	5 528.2	93.2
2005	7 619.5	490.4	6.4	7 129.6	93.6
2006	9 693.8	529.3	5.5	9 161.5	94.5
2007	12 177.9	615.5	5.1	11 564.7	94.9
2008	14 285.5	778.5	5.5	13 507.0	94.5
2009	12 016.6	631.0	5.3	11 385.6	94.7
2010	15 777.5	817.2	5.2	14 962.2	94.8
2011	18 983.8	1 005.5	5.3	17 980.5	94.7
2012	20 498.3	1 005.5	4.9	19 495.6	95.1
2013	22 100.2	1 072.8	4.9	21 027.4	95.1
2014	23 427.5	1 127.1	4.8	22 300.4	95.2
2015	22 734.7	1 039.3	4.6	21 695.4	95.4
2016	20 976.3	1 051.9	5.0	19 924.4	95.0
2017	22 633.7	1 177.3	5.2	21 456.4	94.8
2018	24 874.0	1 350.9	5.4	23 520.2	94.6
2019	24 990.3	1 339.4	5.4	23 599.9	94.4
2020	25 906.5	1 154.7	4.5	24 751.7	95.5
2021	33 160.2	1 400.7	4.2	3 2229.5	97.2
2022	35 444.3	1 691.2	4.8	3 3914.2	95.7
2023	33 790.4	1 640.8	4.9	3 2149.7	95.1

资料来源：根据《中国统计年鉴》各年数据计算整理而得。

改革开放促使我国经济快速发展，原材料和机械设备的出口相应增长。整个20世纪80年代，工业制成品出口所占比重都有大幅度提高。1980年工业制成品出口接近出口总值的一半，达到46.6%，1989年上升到65.3%。2008年，根据世界贸易组织统计，由于工业制成品出口连续8年增幅达到25.2%，是德国的2倍，我国已经超过德国，成为世界第一大工业制成品出口国。

（2）资源、劳动、资本、技术密集型产品所占比重变化

①机电产品出口迅速增长

20世纪90年代，机电产品成为出口的主力商品。1990年机电产品出口110.9亿美元，占出口总值的17.9%；到1995年，机电产品出口扩大到438亿美元，占出口总值的比重达29.5%，成为我国出口第一大类商品，至今一直是中国第一大出口商品，目前占全部外贸出口超过半壁江山（见表1-8），其中超过四成是高新技术产品。这表明中国制造业在经济全球化的过程中成功地承接了国际制造业的转移，参与经济全球化的程度在不断加深。

表1-8 **1985—2023年我国机电产品出口统计**

年份	出口额（亿美元）	占全国比重（%）	同比增长（%）
1985	16.7	6.1	—
1990	110.9	17.8	—
1991	141.0	19.6	27.4
1992	195.0	23.0	38.5
1993	227.0	24.7	16.1
1994	320.0	26.4	40.9
1995	438.0	29.5	37.2
1996	482.0	31.9	9.8
1997	593.0	32.5	23.0
1998	665.0	36.2	12.2
1999	770.0	39.5	14.7
2000	1 053.0	42.3	36.9
2001	1 187.9	44.6	12.8
2002	1 150.8	48.2	32.3
2003	2 274.6	51.9	44.8
2004	3 234.0	54.5	42.3
2005	4 267.0	56.0	32.0
2006	5 494.2	56.7	28.7
2007	7 011.7	57.6	27.6

续表

年份	出口额（亿美元）	占全国比重（%）	同比增长（%）
2008	8 229.3	57.5	17.4
2009	7 196.0	59.9	−13.5
2010	9 334.0	59.1	30.9
2011	10 856.0	57.1	18.5
2012	11 794.2	57.5	8.6
2013	12 655.4	57.3	7.3
2014	13 100.0	55.7	3.6
2015	13 107.2	57.7	0.1
2016	12 090.6	57.6	−7.8
2017	13 214.6	58.4	9.3
2018	14 607.3	58.7	10.5
2019	17 237.3	58.4	10.8
2020	15 409.5	59.5	3.6
2021	19 850.9	59.9	28.0
2022	20 338.4	57.4	6.9
2023	19 773.7	58.5	−4.7

资料来源：根据中国海关统计编制。

②高新技术产品比重提升

2001年加入世贸组织以来，中国出口产品构成进一步发生变化，以IT产业为核心的高新技术产品出口高速增长。2002—2008年，高新技术产品出口平均增速高达36.8%；高新技术产品出口占我国出口总值的比重从2002年的20.8%上升到2008年的29.1%，2009年又升至31.4%（见表1-9）。2007年起我国高新技术产品出口已经居世界第一位，占工业制成品出口的比重为30%，超过德国的17%（德国居世界第三位）。

表1-9　**1991—2023年我国高新技术产品出口统计**

年份	出口额（亿美元）	占全国比重（%）	同比增长（%）
1991	28.8	4.0	—
1992	40.0	4.7	38.9
1993	46.8	5.1	0.2
1994	63.4	5.2	35.5
1995	100.9	6.8	59.2
1996	126.6	8.4	25.5

续表

年份	出口额（亿美元）	占全国比重（%）	同比增长（%）
1997	163.1	8.9	28.8
1998	202.5	11.0	24.2
1999	247.0	12.7	22.0
2000	370.4	14.9	49.9
2001	464.6	17.5	25.4
2002	677.1	20.8	45.7
2003	1 102.2	25.2	62.6
2004	1 655.4	27.9	50.1
2005	2 182.5	31.8	28.6
2006	2 814.7	29.0	33.3
2007	3 675.0	30.2	24.8
2008	4 156.1	29.1	13.1
2009	3 769.1	31.4	−9.3
2010	4 924.1	31.2	30.7
2011	5 488.0	28.9	11.5
2012	6 012.0	29.3	9.6
2013	6 603.3	30.0	9.8
2014	6 605.3	28.2	0.1
2015	6 552.1	28.8	−0.8
2016	6 035.7	28.8	−7.9
2017	6 674.4	29.5	10.6
2018	7 468.7	30.0	11.9
2019	7 307.1	29.2	−2.2
2020	7 762.5	30.0	6.2
2021	9 794.2	29.1	26.2
2022	9 466.9	26.7	6.9
2023	8 419.9	24.9	4.7

资料来源：根据中国海关统计编制。

③轻纺产品出口比重呈下降趋势

轻纺产品虽然仍是中国主要出口产品，但随着中国产业结构和出口商品结构的不断优化，其在外贸出口中所占比重呈下降趋势（见表1-10）。

表1-10　　1997—2023年我国纺织品服装出口统计

年份	出口额（亿美元）	占全国比重（%）	同比增长（%）
1997	455.5	24.9	31.1
1998	428.5	23.3	-6.0
1999	430.6	22.1	0.5
2000	520.8	20.9	20.9
2001	532.8	20.0	2.3
2002	617.7	19.0	15.7
2003	804.8	18.4	27.7
2004	973.9	16.4	21.0
2005	1 150.3	15.1	20.9
2006	1 439.9	14.9	22.5
2007	1 712.0	14.4	18.9
2008	1 852.2	13.0	8.2
2009	1 670.2	13.9	-9.8
2010	2 065.4	13.1	23.6
2011	2 479.6	13.1	20.1
2012	2 549.8	12.4	2.8
2013	2 839.9	12.9	11.4
2014	2 984.9	12.7	5.1
2015	2 838.5	12.5	-4.9
2016	2 672.5	12.7	-5.9
2017	2 668.6	11.8	-0.1
2018	2 767.3	11.1	3.7
2019	2 660.1	10.6	-3.9
2020	2 602.4	10.0	-2.2
2021	2 806.6	11.8	7.8
2022	2 976.3	11.3	4.1
2023	2 936.4	11.5	-0.01

资料来源：根据中国海关统计编制。

（3）中国出口商品结构有待于进一步优化中国对外贸易中的比较优势仍然集中在充足的廉价劳动力供应上，缺乏以资本集中所反映的规模经济优势和以高科技所反映的技术创新优势。出口商品仍以劳动密集型产品为主，即使是工业制成品出口也集中在相对较为低端的劳动密集型环节，出口商品的技术含量和附加值相对较低。因此，出口商品结构有待于进一步优化。

2.进口商品结构

进口商品结构是一国参与国际分工的体现，与其经济发展水平相适应，反映出一定时期内一国的进出口贸易政策。20世纪80年代以来，中国进口商品结构变化相对较小，初级产品和工业制成品比例较为稳定，初级产品进口占20%左右，工业制成品进口占80%左右，1986年创历史新高，达到85.1%。初级产品进口总量保持低速增长，其比重呈下降趋势，从1980年的35.4%下降到1986年的14.9%。“九五”时期，中国初级产品比重略有回升，最高年份2000年为20.8%，最低年份1999年为16.2%。

随着改革开放的深化，以及各项进口调整政策的实施，我国工业化建设的步伐加快，经济结构不断升级，进口商品结构进一步优化，特别是我国加强了加工贸易分类管理、取消了加工贸易中部分“两高一资”出口产品的优惠政策、对外资企业和内资企业实行平等待遇之后，进口产品结构更加优化，高新技术、原料和能源进口快速增加。同时，新的进口政策较好地满足了我国工业化发展对初级产品的需要，与我国所处的工业化中期发展阶段相适应，为初级产品进口创造了良好的条件。

2010年以来机电产品和高新技术产品进口增长加快，2014年我国进口商品结构进一步优化，先进技术设备进口快速增长，生物技术产品、航空航天技术产品、计算机集成制造技术产品等高新技术产品进口增速均在15%以上，为国内产业结构调整提供了支撑。消费品进口1 524亿美元，增长15.3%，占进口总额的7.8%，较2013年提高1个百分点，对满足多层次、多样化消费需求发挥了重要作用。

当前我国进口集中于资源型商品、关键技术部件及消费升级产品，主要支撑制造业升级与民生需求。

作为一个工业门类齐全的国家，我国高新技术、初级产品、能源等进口的增加，对优化产业结构、转变经济增长方式都可起到极其重要的推动作用（见表1-11）。

表1-11　**1980—2023年中国进口商品结构**　金额单位：亿美元

年份	进口总额	初级产品		工业制成品	
		金额	比重（%）	金额	比重（%）
1980	195.5	69.2	35.4	126.3	64.6
1981	220.1	80.3	36.6	139.9	63.4
1984	253.6	56.8	22.4	196.8	77.6
1986	330.8	49.3	14.9	281.6	85.1
1988	398.5	80.9	20.3	317.6	79.7

续表

年份	进口总额	初级产品		工业制成品	
		金额	比重（%）	金额	比重（%）
1989	391.4	101.3	25.9	290.1	74.1
1990	533.5	98.6	18.3	434.9	81.7
1991	637.9	108.3	17.0	529.6	83.0
1992	805.9	132.6	16.4	637.3	83.6
1993	1 039.6	142.2	13.7	897.3	86.3
1994	1 156.2	164.7	14.2	992.2	85.8
1995	1 320.8	244.1	18.5	1 076.7	81.5
1996	1 388.4	254.4	18.3	1 134.0	81.7
1997	1 423.7	286.2	20.1	1 137.4	79.9
1998	1 402.4	229.5	16.4	1 172.1	83.6
1999	1 657.0	268.4	16.2	1 388.7	83.8
2000	2 251.0	467.4	20.8	1 783.6	79.2
2001	2 436.1	457.7	18.8	1 978.4	81.2
2002	2 952.0	492.7	16.7	2 459.3	83.3
2003	4 127.6	727.6	17.6	3 400.0	82.4
2004	5 614.2	1 173.0	20.9	4 441.2	79.1
2005	6 601.2	1 477.1	22.4	5 124.1	77.6
2006	7 916.1	1 871.4	23.6	6 044.7	76.4
2007	9 558.2	2 429.8	25.4	7 128.4	74.6
2008	11 330.9	3 627.8	32.0	7 703.1	68.0
2009	10 056.0	2 892.0	28.8	7 163.5	71.2
2010	13 962.5	4 325.6	31.1	9622.7	68.9
2011	17 434.8	6 043.8	34.7	11 390.8	65.3
2012	18 184.1	6 346.1	34.9	11 832.2	65.1

续表

年份	进口总额	初级产品		工业制成品	
		金额	比重（%）	金额	比重（%）
2013	19 502.9	6 576.0	33.7	12 926.9	66.3
2014	19 602.9	6 474.4	33.0	13 122.9	67.0
2015	16 795.6	4 720.6	28.1	12 075.1	71.9
2016	15 879.3	4 410.5	27.8	11 468.7	72.2
2017	18 437.9	5 796.4	31.4	12 641.5	68.6
2018	21 356.4	7 016.1	32.9	13 339.9	67.1
2019	20 784.1	7 299.5	34.2	13 484.6	63.1
2020	20 659.6	6 869.1	32.2	13 790.5	64.6
2021	26 871.4	9 766.3	45.7	17 105.1	80.1
2022	25 850.7	10 891.5	51.0	16 204.3	75.9
2023	25 569.4	10 854.1	50.8	14 713.9	68.9

资料来源：根据中国海关统计数据整理。

（三）进出口市场不断拓展

20世纪80年代末我国提出了“市场多元化”战略，全方位发展对外贸易并将其作为国家战略予以实施。经过多年努力，市场多元化战略取得明显成效，我国贸易伙伴不断增加，我国已成为150多个国家和地区的主要贸易伙伴。

（四）对外贸易方式不断创新

改革开放前，中国只有一般商品贸易。改革开放以后，随着对西方国家和第三世界国家贸易的发展，在大力开展一般贸易基础上，我国采用了来料加工、来样加工、来件装配、补偿贸易和进料加工等灵活多样的贸易方式，极大地促进了我国对外贸易发展（见表1-12）。

表1-12　**1996—2023年中国对外贸易方式构成（%）**

类别/年份	出口			进口		
	加工贸易	一般贸易	其他	加工贸易	一般贸易	其他
1996	55.8	41.6	1.9	44.9	28.3	26.8
1997	54.5	42.7	2.8	49.3	27.4	23.3

续表

类别 年份	出口			进口		
	加工贸易	一般贸易	其他	加工贸易	一般贸易	其他
1998	46.8	40.4	2.8	48.9	31.2	19.9
1999	56.9	40.6	2.5	44.4	40.5	15.1
2000	55.2	42.2	2.6	41.1	44.5	14.4
2001	55.4	42.1	2.5	38.6	46.6	14.8
2002	55.3	41.8	2.9	41.4	43.7	14.9
2004	55.6	40.1	4.2	41.0	42.1	16.9
2007	50.7	44.2	5.1	38.5	44.9	16.6
2008	47.3	46.4	6.3	33.4	50.5	16.1
2009	48.8	44.1	7.1	32.1	53.1	14.8
2010	46.9	45.7	7.4	29.9	55.1	15.0
2011	44.0	48.3	7.7	27.0	57.8	15.2
2012	42.1	48.2	9.7	26.5	56.2	17.3
2013	39.0	49.2	11.8	25.5	56.9	17.6
2014	37.8	51.4	10.8	26.8	56.6	16.6
2015	35.1	53.4	11.5	26.6	54.9	18.5
2016	34.1	53.9	12.0	25.0	56.6	18.4
2017	33.5	54.3	12.2	23.5	58.8	17.7
2018	32.1	56.3	11.6	22.1	59.7	18.2
2019	27.7	57.2	3.8	29.4	57.8	0.0
2020	27.1	59.3	4.4	19.6	60.4	0.0
2021	24.6	60.9	4.7	18.2	62.4	0.0
2022	22.5	63.6	3.6	22.5	63.6	0.0
2023	20.6	64.6	3.6	15.0	65.1	0.0

说明：“加工贸易”包括“来料加工装配”和“进料加工”贸易；自2018年起，“补偿贸易”、“寄售代销贸易”和“易货贸易”纳入“其他”公布。

资料来源：根据中国海关统计数据整理。

专栏1-5
落实“一带一路”倡议助推外贸增长

专栏1-6
坚持推进高水平对外开放

（五）外贸经营主体多元化

改革开放前，我国外贸经营主体单一，只有全民所有制的国有外贸企业。改革开放后，随着不断下放外贸经营权，外贸经营主体实现多元化。从所有制结构看，包括国有企业、集体企业、民营企业、外商投资企业；从经营业务范围看，包括外贸专业公司、工贸公司、国际经济合作公司、大中型生产企业、科研院所、商业物资流通企业、外商投资企业等。

（六）沿海地区是我国对外贸易的主要基地

由于地理、交通、通信和社会经济文化等方面的差异，我国对外贸易发展的地区分布十分不平衡，沿海地区在我国对外贸易中始终具有举足轻重的作用。

第三节　中国对外贸易的地位和作用

一、对外贸易在我国国民经济中的地位

随着经济全球化趋势日益加强，世界上已经没有一个国家能够完全脱离与世界经济的联系而孤立地求得本国经济的迅速增长。任何国家都不可能拥有发展本国经济所需要的全部资源和技术，而必须通过对外贸易，互通有无，以取得所需要的资源、市场、技术、经验等，从而加速国民经济的发展。对外贸易在一国国民经济中处于十分重要的地位。

（一）党的十一届三中全会前外贸在国民经济中的地位

从中华人民共和国成立到党的十一届三中全会以前，对外贸易在我国国民经济中处于辅助地位。在该段历史时期里，由于种种原因，我国把对外贸易仅仅当作国民经济发展中调剂余缺的一种手段，使其在国民经济中处于并不十分重要的辅助地位。

（二）党的十一届三中全会后外贸在国民经济中的地位

党的十一届三中全会后，随着对外开放基本国策的推行，对外贸易在我国国民经济中的地位彻底发生了改变，由原来的辅助地位提高到重要的战略地位。同时，我国对对外贸易在国民经济中地位的认识也步步深入。

为了进一步发展生产力，我国各行各业都必须学会利用两种资源——国内资源和国外资源，要打开两个市场——国内市场和国际市场，要学会两套本领——组织国内建设的本领和发展对外经济关系的本领，同时，我国还要发展社会主义市场经济和实行对外开放政策，这就决定了我国的对外贸易在国民经济中应处于重要的战略地位。

我国的开放型经济，是建立在自力更生的基础上，充分发挥对外贸易的杠杆作用，

自觉地利用国外条件，是国内力量和国外力量有机结合、内循环和外循环有机结合、内向性和外向性统一的经济模式。也就是要通过对外贸易的杠杆作用，把中国的经济模式，从束缚生产力迅速发展的僵化模式，逐步转变为推动生产力迅速发展的充满生机和活力的经济模式。这种新型的经济模式，必将促进我国生产力的发展，推动我国经济结构和技术结构向先进方向发展，促进我国社会经济全面发展，实现许多国家在资本主义条件下实现的工业化和经济的社会化、市场化、现代化。

二、对外贸易在我国国民经济中的作用

在经济发展过程中，通过对外贸易可以优化生产要素的组合和经济资源的配置，可以转换商品的实物形态并使价值增值，因而对外贸易具有其他国民经济部门所不能代替的特殊职能，对我国国民经济起着补充、调剂、促进和推动的杠杆作用。

（一）促进国民经济协调发展

国民经济各部门之间必须保持平衡关系，经济才能得到发展。这不仅在价值形态上要求平衡，在实物形态上也要求平衡，这是不以人们意志为转移的客观经济规律。对外贸易具有促进实现这种实物形态平衡的特殊职能。通过国际范围的商品交换，转换使用价值形态，用本国的一部分产品到国外去换取国内所必需的另一部分产品，有计划地调剂国内供需的不足或过剩，改进国民经济协调发展所要求的实物结构，协调各部门的比例关系，以促进国民经济的顺利发展。

（二）支援国内市场

社会主义生产的目的是满足人民群众日益增长的物质和文化生活需要。满足人民的物质和文化生活需要，特别是基本生活必需品，当然主要依靠国内生产供应，但同时也要发挥对外贸易的作用。例如，进口人民基本生活必需的粮食，不仅有助于解决城市口粮和经济作物区的粮食供应问题，而且还可以减轻农民负担，使农村得以休养生息，促进经济作物较快发展。随着人民生活的改善和购买力的提高，国家还进口了一些电视机、电冰箱、录音机、小轿车等中高档耐用消费品，对繁荣国内市场，提高人民的物质和文化生活水平，也起到了一定作用。

（三）提高科学技术水平

引进先进技术，可以使经济技术落后国家在发展科学技术的道路上获得现成的、成熟的技术成果，不必再重复别人已经做过的研发工作，从而少走弯路，争取时间，用先进技术来装备国民经济，使生产建立在先进技术基础上，进而赶上发达国家的科学技术水平。我国工业技术设备落后，农业技术更落后，但是通过引进先进技术，逐步缩小了与科技先进国家的差距，有的还赶上了它们先进的科技水平。

（四）增加国家和地方财政收入

对外贸易影响着国家和地方财政收入的增长。同外贸直接有关的进出口关税，生产出口商品的国内税收和利润，进口物资投入生产后所产生的税利，都是国家和地方的重要财政收入。

（五）增加外汇储备

从1990年开始，我国扭转了进出口贸易长期处于逆差的状况，国家外汇储备逐年增加，2009年末已达2.4万亿美元，居世界第1位。这对防范金融风险和维护国家经济安全起到了极为重要的作用。

（六）扩大社会就业

世界上许多国家，都把发展对外贸易作为解决国内社会就业的一个重要手段。发展中国家如此，发达国家也是如此。中国是一个14多亿人口的国家，物质产品生产和劳动力生产存在严重失调。社会就业矛盾突出，影响到国家安全和政局稳定。从进口来看，通过进口国内短缺能源、原材料、设备等物资，使生产规模得以扩大，从而增加社会就业机会。从出口来看，可为社会就业提供更多的机会，我国出口商品的大多数属于劳动密集型产品，加工贸易在全部出口中已占一半以上，我国有些农副产品、土特产品和手工艺品，基本上或者绝大部分是提供出口的。据测算，我国平均每1亿美元出口可创造1.5万个就业岗位。

（七）推动对外经济关系的发展

利用外资，引进和出口技术，开展对外承包工程和劳务合作，做好对外经济技术援助，加强国际经济技术合作等，都与发展对外贸易有密切的联系。在考虑利用外资时，要同时考虑还债能力和出口扩大，以扩大出口所获取的外汇来偿还外债；引进国外先进技术、设备或出口技术，都要通过贸易方式来实现；开展对外承包工程和劳务合作时，要带动建材等物资出口；如果没有对方所需要的物资和技术出口，就谈不上对外经济技术援助；加强国际经济技术合作，必须考虑贸易的配合。因此，从这个意义上说，发展对外贸易是开展对外经济关系的中心环节。

（八）为国家建设和发展创造良好的外部环境

中华人民共和国成立70余年来，在平等互利原则的基础上，我国同世界上230多个国家和地区建立和发展了贸易关系。通过贸易往来，增进了我国同各国人民的相互了解和友谊，发展了同经济发达国家的联系，支援了发展中国家的经济建设，改善了同周边国家的睦邻友好关系，从而全面发展了同各国的友好关系，维护了世界和平，为我国社会主义现代化建设和国民经济发展创造了良好的外部环境。

专栏1-7

8大跨越，见证中国外贸铿锵步伐

此外，通过对外贸易还可以优化产业结构和经济结构，同时，通过对外贸易还可以大规模节约社会劳动，积累社会财富，使国家取得更好的宏观经济效益。

本章小结

中华人民共和国成立后，我国废除了帝国主义在华的一切特权，通过没收对外贸易中的官僚资本、建立国营对外贸易企业、改造私营进出口企业等三个步骤，全面建立起中国的社会主义对外贸易。

从中华人民共和国成立初期到党的十一届三中全会前的这段历史时期，我国的对外贸易发展经历了国民经济恢复时期、“一五”计划时期、“大跃进”和国民经济调整时期、“文化大革命”和拨乱反正时期。在这几个时期中，我国对外贸易发展有快有慢，各个阶段呈现出不同的特征。但由于我国经济总体上处于封闭状态，进出口始终在低水平上徘徊。

1982年12月，对外开放政策写入我国宪法，我国的对外开放政策作为基本国策最终确立了。我国的对外开放，经过40多年的努力，在不断总结经验的基础上，由点到线，由线到面，由边缘向纵深，从南到北，从东到西，形成了全方位、多渠道、多层次的开放格局。

1978年以后，通过不断扩大对外开放领域，提高对外开放水平，促进了对外贸易快速增长。2009年中国对外贸易进出口总值为22 072.7亿美元，同比下降13.9%。其中，出口12 016.7亿美元，下降16%；进口10 056亿美元，下降11.2%。全年贸易顺差1 960.7亿美元，下降34.2%。出口超过德国成为世界第一大贸易出口国，在进口方面仅次于美国、德国，是世界第三大进口国。2013年货物进出口总额突破4万亿美元，达到41 590亿美元，占世界的比重上升至11.0%，超过美国跃居世界第1位。

从中华人民共和国成立时起到党的十一届三中全会以前，对外贸易在我国国民经济中处于辅助地位。党的十一届三中全会后，随着对外开放基本国策的推行，对外贸易在我国国民经济中的地位彻底发生了改变，由原来的辅助地位提高到重要的战略地位。

在经济发展过程中，通过对外贸易可以优化生产要素的组合和经济资源的配置，可以转换商品的实物形态并使价值增值，因而对外贸易具有其他国民经济部门所不能代替的特殊职能，对我国国民经济起着补充、调剂、促进和推动的杠杆作用。

关键术语

对外开放政策　进出口商品结构　对外贸易方式　对外贸易伙伴　对外贸易经营主体　对外贸易依存度

思考题

1.改革开放后中国对外贸易的发展有何特点?
2.目前中国的对外贸易在国际上处于何等地位?
3.中国对外开放政策的内涵和内容是什么?
4.对外开放政策的实施给中国带来了哪些变化?
5.简述共建“一带一路”的内涵和意义。
6.简述中国自由贸易试验区设立的意义。
7.试论述对外贸易在国民经济中的重要作用。
8.中国对外贸易还存在哪些问题?如何解决?
9.试述发展进口贸易的战略意义。
10.结合实际分析贸易顺差对一国的影响。

第二章 对外贸易发展战略

扫码查看课件

学习目标

通过本章学习，明确中国制定对外贸易发展战略的依据及重要性，进一步领会对外贸易发展战略与对外贸易发展之间的关系；掌握中国各阶段对外贸易战略的内涵；正确理解和把握对外贸易战略在中国国民经济不同时期所发挥的作用。

改革开放以来，中国对外贸易发展取得举世瞩目的成就，这既是中国实行对外开放政策的结果，也是成功实施对外贸易发展战略的成果。对外贸易不再是在国民经济中处于“调剂余缺”的辅助地位，而是已经上升到对改革开放进程和经济增长起重大影响的战略地位。国家相关领域及部门的专家和学者，在把握世界经济和技术进步发展趋势的基础上，重视研究我国产品的比较优势，力争打造我国产品的竞争优势，对对外贸易进行战略性规划，对对外贸易总量、商品结构、商品质量和市场结构等方面进行了卓有成效的指导和调节。这对我国对外贸易的快速发展和结构升级起到了重要作用。

第一节 出口商品战略

出口商品战略是一国根据本国在一定时期内的比较优势、竞争优势以及国际市场的供求状况，对出口商品构成做出的战略性规划。一国要想使出口贸易持续、健康、稳定地发展，不能忽视出口商品结构的先进性和合理性。制定科学、先进的出口商品战略并采取相应的战略措施，对于增强出口商品国际竞争力、扩大出口创汇能力、提高出口贸易经济效益具有十分重要的意义。一国的出口商品结构不仅受国际经济环境的影响，而且也受国内经济发展水平、产业结构和经贸发展政策的制约。为此，我国在不同的历史时期制定了科学的出口商品战略。

一、“六五”计划时期的出口商品战略（1981—1985年）

（一）背景

“六五”计划时期，根据我国刚刚改革开放不久，产业结构和生产技术都还比较落后的实际情况，我国制定了符合国情的出口商品战略。

（二）内容

发挥我国资源丰富的优势，增加矿产品和农副土特产品出口；发挥我国传统技艺精湛的优势，发展工艺品和传统的轻纺产品出口；发挥我国劳动力众多的优势，发展进料加工；发挥我国现有工业基础的作用，发展各种机电产品和多种有色金属、稀有金属加工品的出口。

二、“七五”计划时期的出口商品战略（1986—1990年）

（一）背景

20世纪80年代以后，国际市场初级产品价格大幅下跌，初级产品贸易趋于萎缩，初级产品在世界贸易中的比重由1980年的43%下降到1989年的27%，而制成品贸易增长加速，市场份额提高。

（二）内容

针对国内外市场情况，我国在“七五”计划中提出了以实现“两个转变”为核心的出口商品战略：一是实现逐步由主要出口初级产品向主要出口工业制成品的转变；二是实现由主要出口粗加工制成品向主要出口精加工制成品的转变。

三、“八五”计划时期的出口商品战略（1991—1995年）

（一）背景

进入“八五”计划时期，从国际市场贸易量来看，机电产品在各类商品贸易中增长最快，成为贸易额最大的一类商品。从国内经济发展来看，随着改革开放的不断深入，一大批利用外资和引进技术项目建成投产并开始创造效益。

（二）内容

“八五”计划期间我国制定的出口商品战略是：逐步实现出口商品结构的第二个转变，即由以粗加工制成品出口为主向以精加工制成品出口为主的转变，努力增加附加价值高的机电产品、轻纺产品和高技术产品的出口，鼓励那些在国际市场上有发展前景、竞争力强的拳头产品出口。

四、"九五"计划时期的出口商品战略（1996—2000年）

（一）背景

进入"九五"计划时期，国际贸易中机电产品仍在迅速增长，尤其是高技术含量、高附加值的高新技术产品增长更快。从国内因素分析，我国出口商品结构虽然不断优化，但仍以粗加工、低附加值、低技术含量的劳动密集型产品为主，出口商品的总体竞争力较弱。

（二）内容

国务院《关于国民经济和社会发展"九五"计划和2010年远景目标纲要》指出："进一步优化出口商品结构，着重提高轻纺产品的质量、档次，加快产品升级换代，扩大花色品种，创立名牌，提高产品附加值。进一步扩大机电产品出口，特别是成套设备出口。发展附加值高和综合利用农业资源的创汇农业。"优化出口商品结构是贯彻"以质取胜"战略、转换外贸增长方式的关键，是实现外贸质量、效益型增长的根本途径。

五、"十五"计划时期的出口商品战略（2001—2005年）

（一）背景

进入21世纪，以信息技术为核心的科学技术发展，推动着技术密集型高科技产业和产品进一步快速发展。然而，我国出口商品结构总体上尚未实现第二个转变，即由以粗加工制成品出口为主向以精加工制成品出口为主的转变，出口产品中低技术、低附加值产品仍占主导地位。

（二）内容

我国"十五"计划提出的出口商品战略内容是：要继续贯彻"以质取胜"战略，重视科技兴贸，优化出口商品结构。应加快推进外经贸领域的两个根本性转变，基本实现外经贸发展从主要依靠规模扩张和数量增长向主要依靠质量和效益提高的根本性转变，增强我国外经贸的国际竞争力，努力保持对外经济贸易可持续发展。

六、"十一五"时期的出口商品战略（2006—2010年）

（一）背景

全球贸易持续增长，但竞争日趋激烈，国际知识产权壁垒、技术性贸易壁垒趋于强化，资源性产品价格趋涨，环境保护压力加大。我国对外贸易中有近一半是以加工贸易的方式完成的，中国在以跨国公司为主导的全球生产体系中所承担的主要是劳动密集型的加工环节，产品自主知识产权含量低，获得的附加值低，且资源耗费大，环境代价大。

（二）内容

根据“十一五”规划的指导精神，我国这一时期出口商品战略的内容是：加快转变对外贸易增长方式，促进对外贸易由以数量增加为主向以质量提高为主转变；扩大具有自主知识产权、自有品牌的商品出口；支持自主性高技术产品、机电产品和高附加值劳动密集型产品出口；控制高能耗、高污染产品出口；严格执行劳动、安全、环保标准，完善出口成本构成；提高加工贸易行业准入标准，引导加工贸易向高技术含量和高附加值产品发展，规范加工贸易管理，促进加工贸易健康发展。

七、“十二五”时期的出口商品战略（2011—2015年）

（一）总目标

优化对外贸易结构，继续稳定和拓展外需，加快转变外贸发展方式，推动商品出口从规模扩张向质量效益提高转变、从成本优势向综合竞争优势转变。

（二）具体发展目标

第一，保持现有出口竞争优势，加快培育以技术、品牌、质量、服务为核心竞争品出口，严格控制高耗能、高污染、资源性产品出口。完善政策措施，促进加工贸易从组装加工向研发、设计、核心元器件制造、物流等环节拓展，延长国内增值链条。

第二，进出口平稳增长，总额年均增长10%左右，2015年达到约4.8万亿美元，贸易平衡状况继续改善。扩大技术和资金密集型的机电产品、高新技术产品和节能环保产品出口。鼓励自有品牌、自有知识产权和高附加值产品出口。提高劳动密集型产品出口质量、档次和附加值。控制高耗能、高污染和资源性产品出口。

第三，大力发展服务贸易，促进服务出口，扩大服务业对外开放，提高服务贸易在对外贸易中的比重。在稳定和拓展旅游、运输、劳务等传统服务出口的同时，努力扩大文化、中医药、软件和信息服务、商贸流通、金融保险等新兴服务出口。大力发展服务外包，建设若干服务外包基地。

八、“十三五”时期的出口商品战略（2016—2020年）

（一）总目标

推动出口迈向中高端。

（二）具体发展目标

第一，运用现代技术改造传统产业。加大科技创新投入，积极采用国际先进质量标准，提升产品检测和认证体系，提升轻工、纺织、家电、建材、化工等出口产品质量、档次和技术含量。继续巩固和提升劳动密集型产品在全球的主导地位，提升农产品精深加工能力和特色发展水平。

第二，壮大装备制造业等新的出口主导产业。发挥我国装备产品性价比高的优势，强化电力、轨道交通、通信设备、船舶、工程机械、航空航天等装备制造业和大型成套设备出口的综合竞争优势，推动国内金融机构为大型成套设备出口项目提供融资保险支持，着力扩大资本品出口。

第三，鼓励战略性新兴产业开拓国际市场。强化双边高技术领域经贸合作机制，推动战略性新兴产业有关行业组织、地方、基地和企业间的合作，进一步提高节能环保、新一代信息技术、新能源等战略性新兴产业的国际竞争力，扩大高新技术产品出口。

九、“十四五”时期的出口商品战略（2021—2025年）

（一）优化进出口商品结构

推动环保、新能源等绿色低碳产品进出口，积极参与国际合作。研究制定绿色低碳产品进出口货物目录，逐步纳入进出口统计体系。大力发展高质量、高技术、高附加值的绿色低碳产品贸易。严格管理高耗能、高排放产品出口。

（二）完善现代化出口管制体系

实施出口管制法及其配套法规、规章。健全出口管制工作协调机制。优化出口管制许可制度，加强精准管控。加快出口管制合规体系建设。强化出口管制调查执法，有效打击出口管制违法行为。加强出口管制国际交流合作。推动发达国家放宽对华出口管制。妥善应对外国滥用出口管制等歧视性行为，维护和塑造国家安全。

第二节　以质取胜战略

以质取胜战略是原外经贸部根据党中央和国务院的战略决策，针对世界经济的发展趋势和市场的变化，以及我国外经贸工作中存在的突出问题，为确保我国外经贸持续稳定发展而提出的一项长期战略。

一、以质取胜战略提出的背景

20世纪90年代初期，我国外贸出口增长较快，1991年，我国外贸进出口总额达

1 357亿美元，比上年增长17.5%。其中出口额为719.1亿美元，比上年增长15.8%。但是，我国出口商品质量出现诸多问题：一是我国出口商品质量不稳定、包装不规范，国外客商投诉率偏高；二是边、地贸易中一些假冒伪劣商品涌入周边国家市场，造成不良影响；三是高技术含量、高附加值、高创汇率的出口商品所占比重小；四是质量管理工作薄弱。如何提高出口商品质量档次、优化出口商品结构、加强质量管理，以降低出口成本和提高经济效益，成为决定我国外贸出口持续增长的关键因素。

二、"以质取胜"战略的内涵

实施"以质取胜"战略，必须正确认识并处理好质量和数量、效益和速度、内在质量与外观质量、样品质量和批量质量，以及质量和档次等方面的关系，把出口商品本身的质量同国际市场的需要有机结合起来。具体来讲，"以质取胜"战略包括三个方面的内容：提高出口商品的质量和信誉、优化出口商品结构、创名牌出口商品。

三、实施"以质取胜"战略的重要意义

（一）实施以质取胜战略，是适应国际竞争机制的需要

当今国际市场上的商品有成千上万种，生产和销售同种商品的企业也很多，商品要获得消费者的青睐，必须有良好的声誉，高质量特别是名牌商品是良好声誉的具体表现。因此，提高质量和创造名牌是国际竞争和商战制胜的法宝。

（二）实施以质取胜战略，是节约资源和社会劳动，提高外贸经济效益的需要

我国的出口成本在不断提高，而国际市场价格并不因此而跟着提高，出口成本上涨已经成为扩大出口的重要障碍。固然，提高管理水平、努力降低成本是一种应有的思路，但通过塑造名牌，提高质量和售价则更是一种重要策略。特别是名牌的高价销售所获得的效益远远超过非名牌降低成本所获得的经济效益。

（三）实施以质取胜战略，是减少贸易摩擦，保持出口持续、稳定发展的需要

由于世界经济不景气和西方市场的萧条，西方国家贸易保护主义悄然兴起。它们对制成品的技术标准要求越来越严格，对农畜产品的检验检疫措施名目繁多，这对中国许多产品的出口无疑是一种巨大压力和挑战。我们只有按国际标准组织生产，强化质量管理和质量检验制度，使其向国际规范靠拢，才能突破形形色色的贸易壁垒，减少贸易摩擦，保持出口持续、稳定发展。

四、实施“以质取胜”战略的措施

（一）强化质量控制的立法与执法

加强质量方面的法律法规建设，强化执法力度，为实施“以质取胜”战略提供必要的法律环境。《中华人民共和国对外贸易法》《中华人民共和国产品质量法》《中华人民共和国进出口商品检验法》等配套法律法规的建设，对保证出口商品质量、维护对外贸易各方面的合法权益、维护国家信誉起到了重要作用。执法部门要把工作重点放在促进出口生产企业提高产品质量、维护国家信誉上。一方面，应发挥在技术、信息上的有利条件，及时为企业提供咨询服务，积极帮助企业生产符合国际市场质量要求的商品；另一方面，严格把好出口质量关，对假冒伪劣商品绝不姑息迁就。

（二）提高产品科技含量

当代科学技术迅猛发展，科技竞争已成为国际贸易竞争的重要方面，因此，产品科技含量与产品竞争力的关系日益密切。由于高新技术向产品转化的速度明显加快，新产品不断涌现，产品更新换代的周期越来越短。要在竞争空前激烈的国际市场上保持优势，根本出路在于加速科技进步，发挥科学技术在产品质量提高中的关键性作用。首先，要加强高科技产品的研制和开发，并加速科技产品在生产中的运用，使科技成果尽快实现商品化、产业化，提高我国出口商品的质量、档次和加工深度，形成国际竞争的综合优势。其次，要密切跟踪国际先进技术，通过引进先进技术和设备，推进技贸结合。

（三）推行与国际标准接轨的质量管理体系

我国出口产品与国外同类产品相比，在安全、健康、环境保护等方面的薄弱环节较多，常不符合国际标准，从而被进口国拒之门外。因此，积极推行国际标准化，是提高我国产品技术标准化水平、立足国际市场的必由之路。

第一，按照国际标准，建立健全企业质量保障体系认证标准。

第二，应积极宣传和推行ISO 14000环境管理标准系列。

（四）实施名牌战略

实施名牌战略，就是通过创名牌、保名牌，树立我国优质商品和知名企业在国际贸易中的形象和地位，以提高我国出口商品的国际竞争力和出口创汇能力。

创立名牌是贯彻以质取胜战略的重要内容，又是提高出口竞争力的重要途径。创立名牌更有利于促进企业建立质量效益机制，有利于促进出口增长方式从粗放型向集约型转变。创立名牌的过程，也是优化社会资源配置、加快企业优胜劣汰、推动企业重组、形成规模经营的过程。综观全球，经济强国无一不把提高产品质量和工艺、创立名牌作为一项国际竞争战略。

（五）加强全面质量管理

科技高速发展时代的质量观已演化为“全面质量观”。它不仅包括产品自身内在的质量，还包括产品外在的质量，即产品的生产质量、销售质量、服务质量等综合性的质量。

实施“以质取胜”战略，必须实现全面质量管理。首先要狠抓生产过程的质量管理，把“事后检验”放到“事先控制”上，即在产品设计和生产过程中，严把质量关，消除产生不合格产品的种种隐患。实行全面质量管理，还要加强流通领域中的质量管理。在流通领域中，既有商品收购、存储过程中的质量管理，也有商品运输、销售过程中的质量管理。

五、以质取胜战略取得的成效

通过全国上下一致努力，狠抓出口商品质量，以质取胜战略取得了显著成效。

（一）提高了质量意识

原外经贸部及现商务部通过监控我国出口商品状况，奖优罚劣，对已认定的出口产品有严重质量问题的企业和人员进行处罚，借助《国际商报》等媒体对伪劣商品进行曝光处理，举办了优劣出口商品对比展，形成全社会注重质量的良好风气。1991年以来，在对外经贸企业中推行ISO 9000系列质量体系认证，凡是通过了ISO 9000质量体系认证的企业都受益匪浅。

（二）优化了出口商品结构

优化出口商品结构包括：优化出口总体结构，即加大高附加值、高技术含量产品及大型成套设备的出口比重；提高传统出口商品质量、档次和水平，以适应不断变化的国际市场需求。1996年，在我国出口总额1 510.7亿美元中，机电产品出口额为482亿美元，占出口总额的31.9%；高新技术产品的出口额极少。到2009年，我国出口总额增至12 016亿美元，其中机电产品出口额为7 196亿美元，占出口总额的比重达到59.9%，首次超过德国，成为世界第一大机电产品出口国。高新技术产品出口额增至3 769.1亿美元，占出口总额的比重已高达31.4%。上述情况说明，我国出口商品结构有了很大改善。

（三）开展了创名牌出口商品工作

1999年4月之后，原外经贸部确定并陆续公布了包括家用电器、自行车、摩托车、纺织品和服装、轻工消费品、信息产品、机械、食品和药品等九大类重点支持和发展的名牌出口商品名单，共100多个品牌，并公布了一系列扶持政策。为重点培育我国的名牌出口商品，第95届广交会首次设立品牌展区，把展区主通道的显著展位给了302家参展企业的320个品牌产品。设立品牌展位不仅优化了参展展品和参展企业的结构，提高了广交会办会的质量和水平，更为重要的是，通过设立品牌展位，进一步强化和推动我国企业树名牌、创品牌的意识，做大做强自主品牌。

以质取胜战略的实施，取得了很好的成效。“十二五”期间，我国出口贸易持续稳定增长、出口商品结构优化，都有赖于以质取胜战略的深入贯彻实施。

专栏2-1

中国最具价值品牌前20名

（四）名牌商品企业已成为中国进出口商品交易会（广交会）出口成交的中坚力量

品牌能够吸引客户，品牌能够更多地赢得订单，因此，名牌商品企业已成为中国进出口商品交易会（广交会）出口成交的中坚力量。但是，从总体上看，我国出口商品中高技术含量、高附加值的出口商品所占的比重仍然偏小，因此，我国还要更好地实施以质取胜战略。

第三节　科技兴贸战略

党的十五大报告中明确提出实施科教兴国是我国的一项基本国策，把加速科技进步放在社会经济发展的更加突出的关键地位。为落实科教兴国战略，顺应经济科技全球化和知识经济蓬勃兴起的潮流，积极应对亚洲金融危机对我国外贸进出口的影响，进一步发挥外贸对国民经济发展的拉动作用，加快我国由贸易大国向贸易强国的转变，1999年初，外经贸部相应提出了科技兴贸战略。科技兴贸战略是科教兴国基本国策在外经贸领域的具体体现，是对我国外经贸跨世纪发展具有重大意义的战略。

一、实施科技兴贸战略的背景

（一）国际高技术产品贸易呈加速发展趋势

20世纪80年代以来，主要工业化国家高技术产品的出口增长速度均高于总出口增长速度。这表明，传统产品市场需求的增长已有限，高技术产品出口已成为国际贸易新的增长点。1985—1993年，世界高技术产业年增长率为14.3%，远远高于低技术产业，比中低技术和低技术产业出口年增长速度高5～6个百分点（见表2-1），由此推动了高技术产业出口的迅速增长。世界制造业出口结构也由此产生重大变化，高技术产业在制造业出口总额中的份额呈加速增长趋势，到2002年已占制造业出口总额的1/4；而中低技术产业和低技术产业的份额则呈下降趋势，从1985年的58%降至2002年的47%。高技术产品出口已成为各国扩大出口市场份额的制高点。

（二）高技术产品出口成为促进经济发展的重要因素

越来越多的发展中国家和地区也将发展高新技术产业及增加高新技术产品出口作为

战略重点或新的经济增长点。

表2-1　　世界制造业出口结构的变化（%）

产业 年份	高技术产业	中高技术产业	中低技术产业	低技术产业	全部制造业
1985	13.0	28.7	28.0	30.0	100
1993	17.7	28.8	24.2	29.0	100
2002	24.5	28.1	20.1	27.1	100
1985—1993年年增长率	14.3	9.9	8.0	9.4	9.9

资料来源：IEDB数据库中的联合国贸易统计。

（三）技术性贸易壁垒对国际贸易的影响越来越大

专栏2-2

技术性贸易壁垒

经过关贸总协定八轮谈判，各成员方关税壁垒已大幅降低，传统非关税壁垒如数量限制等也被大幅削减，但新型贸易壁垒尤其是技术性贸易壁垒对国际贸易的影响越来越大。技术性贸易壁垒涉及的产品种类繁多，而且名义合理、形式合法、手段隐蔽，对国际贸易尤其是对发展中国家的贸易产生的影响也与日俱增。加强技术性贸易壁垒的研究，提高产品技术标准，已成为发展中国家冲破技术性贸易壁垒、扩大出口市场份额的当务之急。

二、科技兴贸战略的内涵

科技兴贸战略主要包括两个方面内容：一是大力推动高新技术产品出口，在我国优势领域培育一批国际竞争力强、附加值高、出口规模较大的高新技术出口产品和企业。二是运用高新技术成果改造传统出口产业，提高传统出口产品的技术含量和附加值。我国选择出口额最大的机电产品和纺织品作为高新技术改造传统产业重点，初步完成我国出口商品结构由以低附加值、低技术含量产品为主向以高新技术产品为主的转变。

三、实施科技兴贸战略的重要意义

深入实施科技兴贸战略，对统筹国内发展和对外开放，促进国民经济持续、快速、协调、健康发展具有重要意义。

（一）确立了高新技术产品出口在我国对外贸易发展中的重要地位

长期以来，我国对外贸易一直把具有比较优势的劳动密集型产品作为出口支柱产品。世界高新技术产业和知识经济的发展使传统的比较优势、国际分工格局和国际贸易结构发生了重大变化，高新技术产品出口已成为国际贸易最富生命力的带动力量和各国必争的制高点。20世纪80年代，我国主要依靠纺织和轻工产品，出口上了一个大台阶。1989年出口额比1980年增加252亿美元，其中61%是由轻纺产品实现的。20世纪90年代，我国主要依靠机电产品，出口又上了一个大台阶。2000年出口额比1990年增加1 971亿美元，其中50%左右是由机电产品实现的。此后，实现进出口不断上新台阶，必须依靠高新技术产品来实现。

（二）提升我国在国际分工中的地位

我国已成功地迈入了世界贸易大国的行列，但是，与贸易强国相比还有很大差距。我国出口仍以劳动密集型产品为主，高科技含量、高附加值产品出口所占比重近些年虽有所提高，但远未成为出口主导产品。实施科技兴贸战略，必须依靠技术创新，建立我国出口产业和产品新的动态比较优势，从而在未来的国际分工和国际贸易中争取较为有利的位置，增强抵御各种外部风险与冲击的能力。

（三）改善我国产业结构和经济结构

国际高新技术产业正呈现跨越式发展态势，这为我国进行经济结构战略性调整提供了重大机遇。传统产业是我国国民经济的主体，传统产业结构性矛盾突出，生产技术和工艺装备落后，用高新技术和先进适用技术改造传统产业是实现工业化的紧迫任务。实施科技兴贸战略，可在扩展国际市场、提升国际竞争力的过程中，有力推动国民经济进行产业结构调整和产业升级。

（四）加快转变经济增长方式

在经济发展过程中，一些新的矛盾凸显出来。比如，一些行业和地区低水平重复建设较严重，导致生产能力过剩更加突出，尤其是一些企业延续消耗高、浪费资源等粗放经营方式，加剧了电力、煤炭、石油、水资源和运输能力的紧张状况。解决这些矛盾和问题，要重视通过深入实施科技兴贸战略，推动高新技术产业发展，提高高新技术对经济增长的带动作用；也要重视通过深入实施科技兴贸战略，加快改造传统产业步伐，促进产业结构优化升级，降低能耗，改善环境，提高经济增长的质量和效益。

（五）减少对外贸易摩擦

与此同时，世界传统产业生产能力继续过剩，贸易保护主义加剧，国际竞争空前激烈，各国纷纷加快发展高新技术，抢占国际竞争制高点。我们必须深入实施科技兴贸战略，增强自主科技创新能力和消化吸收国外先进技术的能力，提高产品的质量和档次，有效突破国外贸易壁垒，减少和化解对外贸易摩擦，实现国民经济和对外贸易稳定发展。

（六）实现由贸易大国向贸易强国转变

从当今国际市场发展趋势看，科技含量较低的资源类产品和劳动密集型产品的市场份额相对萎缩，而科技含量较高的技术密集型和资本密集型产品市场空间广阔，增长潜力很大。目前我国虽然已是世界贸易大国，但与美、欧、日等贸易强国（地区）相比还有差距。要实现由贸易大国向贸易强国的转变，实现外贸出口的可持续发展，就必须把实施科技兴贸战略摆在更加突出的位置。

四、科技兴贸的措施

我国在资金扶持、出口信贷、出口信用保险、便捷通关、检验检疫等方面初步建立起科技兴贸政策体系框架。

（一）在资金扶持方面

为促进高新技术产品的技术更新改造和研发创新，提高产品的国际竞争力，按照《技术更新改造项目贷款贴息资金管理办法》和《出口产品研究开发资金管理办法》，2002年7月正式启动高新技术产品技术更新改造项目贷款贴息工作，从2003年开始对高新技术出口产品的研发项目给予资金支持。

（二）在出口信贷方面

中国进出口银行曾对符合条件的企业提供高新技术产品出口卖方信贷，并执行最优惠的贷款利率。

（三）在出口信用保险方面

中国出口信用保险公司曾对符合条件的高新技术产品以及信息通信、生物医药、软件、航空航天、新材料等高新技术产业予以全面支持。在承保程序方面，对列入目录产品的承保给予“绿色通道”支持，对符合承保条件的客户，争取5个工作日内制作完成保单；在限额审批方面，同等条件下，限额优先保证列入目录产品的投保。在理赔速度方面，对符合理赔条件的案件，在收到索赔单证后3个月内完成理赔工作。

（四）在便捷通关方面

外经贸部与海关总署于2001年7月12日联合下发了《关于支持高新技术产业发展若干问题的通知》，接着又以外经贸部和海关总署令发布了《关于大型高新技术企业适用便捷通关措施的审批规定》，对高新技术企业提供通关便利。2004年3月，海关总署出台新措施：各地海关为出口额高、资信好的高新技术产品生产企业提供便捷通关的服务；对西部地区给予适当倾斜，西部地区高新技术产品年出口额在1 000万美元以上的生产企业可以享受便捷通关服务。

（五）在便捷检验检疫方面

2003年12月，质检总局出台国质检检〔2003〕482号文件：质检总局对高新技术产品出口额大、出口批次多、产品型号变动快、资信好的出口企业，给予免验或便捷检验检疫和绿色通道政策。

（六）在促进软件出口方面

我国先后下发了《国务院关于印发鼓励软件产业和集成电路产业发展若干政策的通知》（国发〔2000〕18号）、《关于软件出口有关问题的通知》（〔2000〕外经贸技发第680号）等，出台了一些发展软件产业、促进软件出口的优惠政策，如注册资金在100万元人民币以上的软件企业，享有软件自营出口权；参加GB/T19000-ISO 9000系列质量保证体系认证和CMM认证的软件出口企业，可向外经贸主管部门申请认证费用资助。

（七）在出口退税方面

2004年1月1日起我国对笔记本电脑、印刷电路等97种HS8位编码的高新技术产品继续实行17%的出口退税率，这些产品的出口额约占全部高新技术产品当时出口额的15%。

五、科技兴贸战略的成效

在上述措施的推动下，通过各方面的共同努力，科技兴贸工作取得了明显成效，主要体现在以下三个方面：

（一）高新技术产品出口迅猛增长

1999年实施科技兴贸战略后，高新技术产品出口在总出口中的比重稳步上升，1999年我国高新技术产品出口247亿美元，比上年增长46亿美元，增幅为23%，高于全国出口增幅约17个百分点，高新技术产品出口占外贸出口的比重达到12.7%，2000年高新技术出口继续保持高增长率，同比增长50%，高出全国出口增幅22个百分点，总金额370.4亿美元，占全国外贸出口的比重达到14.9%。与实施科技兴贸战略前的1998年相比，高新技术产品出口增长近1倍，占外贸出口的比重提高了将近4个百分点。“十五”期间我国高新技术产品出口年均增长43%左右，高出全国外贸出口增幅18个百分点；2005年高新技术产品出口达到2 183亿美元，是“九五”末期的6倍，占外贸出口比重达到28.6%，比“九五”末期提高13.7个百分点。2023年，高新技术产品出口额为8 425.4亿美元，同比下降10.8%（见表2-2）。2024年，高新技术产品出口总额达到45 462.12亿元人民币，同比增长6.1%。

表2-2　1997—2023年中国高新技术产品出口情况

时期	年份	金额（亿美元）	同比（%）	占外贸出口（%）
战略实施前	1997	163.1	28.8	8.9
	1998	202.5	24.2	11.0
战略实施后	1999	247.0	22.0	12.7
	2000	370.4	49.9	14.9
	2001	464.6	25.4	17.5
	2002	678.7	46.1	20.9
	2003	1 101.6	62.7	25.1
	2004	1 655.4	50.1	27.9
	2005	2 182.5	31.8	28.6
	2006	2 814.9	33.3	29.0
	2007	3 675.0	24.8	30.2
	2008	4 156.0	13.1	29.1
	2009	3 769.1	−9.3	31.4
	2010	4 924.0	30.6	31.2
	2011	5 488.0	11.5	28.9
	2012	6 012.0	9.6	29.3
	2013	6 602.2	9.8	29.9
	2014	6 605.3	0.1	28.2
	2015	6 552.1	−0.8	28.8
	2016	6 035.7	−7.9	28.8
	2017	6 674.4	10.6	29.5
	2018	7 468.7	11.9	30.0
	2019	7 307.1	−2.2	29.2
	2020	7 762.6	6.2	30.0
	2021	9 794.2	26.2	29.1
	2022	9 513.3	−2.8	26.5
	2023	8 425.4	−10.8	24.9

资料来源：根据海关总署统计数据整理。

（二）引进国外先进技术的步伐明显加快，促进了国内产业结构优化升级

“十五”期间引进国外先进适用技术累计金额730亿美元；2005年，以信息产业为主体的高技术产业规模达到3.3万亿元，增加值近8 000亿元，占GDP比重达到5.2%，高技术产业已成为我国国民经济的支柱产业。

当前技术引进正深度重塑国内产业结构。例如，通过引进集成电路、工业机器人等核心技术，推动制造业向全球价值链中高端跃升；技术引进与本土研发协同突破“卡脖子”环节，如量子通信干线网络建设和新能源材料研发；引入物联网、工业互联网技术重构生产流程，打造“灯塔工厂”集群；绿氢制备等技术引进推动钢铁、化工等高耗能产业脱碳。

（三）形成了若干个各具特色的高新技术产品出口“增长集群”

珠江三角洲已成为世界知名的IT加工组装中心和重要出口基地；长江三角洲已经成为现代通信、软件、微电子等领域的外商投资集中地带；环渤海地区的移动通信、航空航天和集成电路产业呈现迅速发展的态势。

（四）显著提升了企业国际竞争力和高新技术出口规模

一批有自主知识产权的知名品牌和著名企业迅速崛起，企业出口规模迅速扩大，2005年高新技术产品年出口额超过1亿美元的企业达到279家。

2024年我国高新技术产品出口额达62 792亿元，比上年增长6.0%。

六、科技兴贸“十一五”规划

指导思想是：深入贯彻全国科技大会精神，全面落实科学发展观，以建设创新型国家为目标，加快转变贸易增长方式，进一步优化出口商品结构，大力支持具有自主品牌和自主知识产权的高新技术产品出口，加强技术引进消化吸收再创新，增强企业自主创新能力，加快实现从“贸易大国”向“贸易强国”的历史性跨越。

七、科技兴贸“十二五”规划

深入实施科技兴贸战略，鼓励企业自主创新，促进先进技术向生产成果转化，推动传统产业升级。大力发展新兴出口产业，推动战略性新兴产业国际化。扩大技术和资金密集型的机电产品、高新技术产品和节能环保产品出口。鼓励自有品牌、自有知识产权和高附加值产品出口。提高劳动密集型产品出口质量、档次和附加值。

八、科技兴贸“十三五”规划

（一）加快提升出口产品技术含量

着力构建以企业为主体、市场为导向、产学研贸相结合的技术创新体系。加大科技创新投入，支持企业原始创新。鼓励企业以进口、境外并购、国际招标、招才引智等方式引进先进技术，促进消化吸收再创新。支持国内企业通过自建、合资、合作等方式设立海外研发中心。鼓励跨国公司和境外科研机构在我国设立研发机构。

（二）加快提升国际标准制定能力

支持企业、行业组织参与国际标准制定，大力推动我国标准国际化。支持大型成套设备出口，重点支持能够带动中国标准“走出去”的项目。

九、科技兴贸“十四五”规划

坚持数字赋能，加快数字化转型。紧紧抓住全球数字经济快速发展机遇，依托我国丰富的应用场景优势，激活数据要素潜能，促进数字技术与贸易发展深度融合，不断壮大外贸发展新引擎。通过加快贸易全链条数字化赋能、推进服务贸易数字化进程、营造贸易数字化良好政策环境，以提升贸易数字化水平。

第四节　出口市场多元化战略

出口市场多元化是发展对外经贸关系的内在要求，只要一个国家实行对外开放，就有实现市场多元化的本能。中国扩大出口规模，优化出口结构，必须有市场拓展作保证。任何市场的容量都是有限的，市场的分散和多元化成为市场扩展的主要方面。1991年，为加速我国外经贸的发展，我国在提出以质取胜战略的同时，还提出了出口市场多元化战略。

出口市场多元化战略就是根据国际政治经济形势的变化，充分发挥我国优势，有重点、有计划地调整出口市场结构，在巩固传统市场的基础上努力开拓新市场，改变出口市场过于集中的状况，逐步建立起我国出口市场合理的多元化总体格局。

一、我国出口市场格局的演变

中华人民共和国成立初期，由于美国等西方资本主义国家的封锁，在对外经济交往方面，我国只与苏联和东欧社会主义国家以及一些发展中国家交往，严重阻碍了我国对外经贸多元化市场的形成。

我国实施的对外开放政策极大地拓宽了我国对外经济贸易关系，对外贸易获得了巨大的发展，但对外贸易市场也越发呈现比较集中的格局。由于历史的原因，加之由于我国与发达国家要素禀赋差距较大，分工主要呈现垂直型，贸易形式主要以产业间贸易为主。我国主要向发达国家出口劳动密集型产品，比重迅速提高，而发达国家由于劳动力成本高昂，恰是劳动密集型产品的主要消费市场，所以我国对发达国家的市场形成了较高的依赖。到20世纪80年代末“七五”计划完成时，我国港澳地区、日本、美国和欧盟四大出口市场占我国总出口额的74.8%；20世纪90年代中期“八五”计划完成时，对这些市场的出口仍占我国出口总额比重的74.2%，与前期基本持平；“九五”计划时期，情况略有改观，但2000年“九五”计划完成时，以上四个主要出口市场所占比重仍高达71%。可见，从整体来看，我国出口市场格局变化不大，仍主要集中于发达国家和我国港澳地区。

二、实施出口市场多元化战略的必要性

（一）有利于减少贸易摩擦、规避市场风险

第二次世界大战以后，除苏联、东欧国家等社会主义国家之间形成的贸易集团外，世界市场形成了以欧、美、日为主导的多元化格局态势。在世界向多极化发展，国际经济区域化、集团化加速发展的背景下，实施市场多元化战略，有助于分散市场风险，减少贸易摩擦，提高外贸整体经济效益。尤其是在新贸易保护主义盛行、某些发达国家与我国贸易摩擦屡屡发生，与其他发展中国家之间的竞争日趋激烈的形势下，实施市场多元化，有利于我国摆脱对某些市场的过分依赖。

（二）有利于出口贸易持续、健康、稳定发展

市场多元化，有利于扩大我国传统商品的出口规模。我国的传统出口商品如轻纺产品等，主要出口到发达国家市场，其中有不少商品要受到数量限制，并不断招致进口国的反倾销指控。开辟新市场，可分流一部分产品，突破传统出口市场的限制，扩大出口规模，保持外贸出口的持续增长。

（三）有利于在国际贸易中争取有利的贸易条件

面对竞争激烈的国际市场，如果我国的出口贸易过于依靠少数几个国家和地区市场，容易使对方形成买方垄断，造成对我国出口商品市场和价格的控制，甚至附加一些不合理的要求。因此，只有实现市场多元化，才能有效地争取对等和公平的竞争条件，保证我国在国际交换和国际竞争中处于积极主动的竞争地位。

（四）有利于全面参与国际分工，提高在国际分工中的地位

出口市场高度集中于少数市场，容易受制于固有的国际分工模式，不利于提升我国在国际分工中的地位，影响我国贸易利益。例如，在相当长的时间内，我国与发达国家之间的国际分工类型主要是垂直型的，我国专业化分工处于低层次的劳动密集型产品和

生产环节。如果我国出口市场仍高度向这些市场倾斜，不能有效实现分散和拓展，则有被锁固在国际分工低层次的危险。出口市场的分散、多元化，有助于我国与不同经济发展水平、具有不同比较优势的贸易伙伴开展混合型和水平型等不同类型的国际分工，提升在国际分工中的地位。

三、实施出口市场多元化战略的对策措施

根据我国出口市场分布的现状，结合各个市场需求的特点，从总体上看，我国对发达国家市场的开拓要以商品结构的优化为重点，对新兴市场的开拓要适应不同的消费层次，针对不同国家和地区制定相应的出口政策，逐步实现以新兴市场为重点、以周边国家贸易为支撑、发达国家和发展中国家市场合理分布的市场结构。

具体来讲，市场多元化的重点是，向纵深拓展欧洲、北美市场，稳定和扩大亚洲市场，积极开发非洲、拉丁美洲市场，稳步扩大独联体和东欧市场。

（一）深度开发发达国家传统出口市场

发达国家市场是我国传统出口市场，这类国家的经济发展水平和消费水平较高，市场容量大，购买力强，是我国产品的主销市场。我国在这些市场已经建立了比较完整的经销网络。同时，这些国家市场也是我国所需资金、技术及重要物资的主要来源，我国应保持对这些国家的出口规模，否则将影响进口需求。因此，我国必须继续巩固和发展传统市场，并对其进行深度开发。

（二）稳定和扩大亚洲市场

亚洲尤其是东南亚市场在我国出口贸易中占据举足轻重的地位，中国香港、东盟、中国台湾等是我国重要的贸易伙伴，中国香港还是我国最重要的转口市场。东南亚地区是世界经济中最为活跃的区域之一，中国作为区域经济的重要一员，应加强与其他成员的经济合作，在竞争与合作中实现双赢、多赢。中国香港是国际贸易和国际金融中心，应继续发挥其作为内地出口商品中转站的作用，推动内地与香港的经济合作向更高层次发展。同时，要加强对我国港澳地区出口的管理和协调工作，维护对我国港澳地区出口的良好秩序，保证对我国港澳地区出口的稳定增长。

（三）开拓非洲、拉美发展中国家市场

发展中国家和地区，虽然进出口总额占世界贸易总额的比重较小，但其地域辽阔，资源丰富，人口众多，是一个很有潜力的整体大市场。一些发展中国家经过经济改革，在本国经济发展和参与国际经济合作方面取得了长足的进步，进口市场迅速扩大。我国实施出口市场多元化战略，必须加强同发展中国家和地区的经济贸易关系，推动我国产品更多地进入这一市场。

（四）积极扩大独联体、东欧国家市场

独联体、东欧国家市场是一个拥有众多人口的大市场，不少国家自然资源丰富，科技水平较高，消费需求总量较大。从长远看，该地区国家经济有巨大的发展潜力，其市场容量将进一步扩大。因此，开拓独联体、东欧国家市场是我国实施市场多元化战略的重要组成部分。我国开拓这一市场的有利条件是：一方面，有地缘优势，发展双边经贸往来有地理、交通上的便利；另一方面，我国与独联体国家经济结构、产业结构的差异，使双方在经济贸易上有广泛的互补性。独联体的核电、航天技术、机械设备、运输工具、钢材等重工业品及一些资源性产品是我国现代化建设所必需的，中国丰富的轻纺产品和食品等也很受独联体国家的欢迎。此外，这一地区国家政治经济体制改革已初见成效，都积极实行对外开放和发展对外经济关系，也为我国产品进入这一市场提供了机遇。

四、实施出口市场多元化战略的成效

实施出口市场多元化战略以来，我国出口市场格局发生了较大变化，归纳起来有以下几方面：

（一）出口市场集中度大幅下降

1991年，我国出口市场的集中度很高，日本、欧共体、美国、中国香港四大市场占我国出口总额的77.4%。至2009年，情况发生了变化，日本、美国、欧盟、中国香港四大市场的份额下降到60%。在之后的时间里，我国的出口市场集中度继续稳中有降。

（二）国际市场布局更加多元

1991年，中国香港市场占我国出口总额的44.7%，至2009年，这一比重降至13.8%，下降幅度较大。日本市场也有较大下降，从1991年的14.3%降至2009年的8.2%。与此同时，美国和欧盟的比重有较大上升，美国从1991年的8.6%上升到2009年的18.4%，欧盟从9.8%上升到21.8%，这样一来，四大出口市场的份额趋向均衡。

目前，中国出口市场已涵盖欧洲、东南亚、拉丁美洲和非洲等多个区域，出口多元化成效显著。

（三）新兴市场发展很快，但市场份额仍然不大

实施出口市场多元化以后，我国对东盟、拉丁美洲、非洲、大洋洲、中东以及独联体和东欧国家的出口市场份额有明显增加。但是由于新兴市场原有贸易额基数较低，所以，尽管发展很快，但其总体市场份额仍然不大。

总的来说，与世界主要贸易国家和地区的出口市场格局相比，目前我国出口市场集中度适中。今后，随着我国对有发展潜力的新兴市场的进一步开拓，出口市场多元化格局会更趋合理。

第五节　进口商品战略

进口商品战略是指根据国内生产、消费的需要，对一定时期进口商品的构成所作的战略性规划。进口贸易是国民经济的有机组成部分，因此，制定进口商品战略应结合国民经济的发展目标，以一定时期的生产和消费需求为主要依据。我国各个五年计划（规划）都对进口商品结构进行了科学规划。

一、“六五”计划时期的进口商品战略（1981—1985年）

“六五”计划对进口商品结构所作的规划是：引进先进技术和关键设备；确保生产和建设所需的短缺物资的进口；组织好国内市场所需物资和以进养出物资的进口；对本国能够制造和供应的设备，特别是日用消费品，不要盲目进口，以保护和促进民族工业的发展。

二、“七五”计划时期的进口商品战略（1986—1990年）

“七五”计划对进口商品结构所作的规划是：进口重点是引进软件、先进技术和关键设备，以及必要的、国内急需的短缺生产资料。

三、“八五”计划时期的进口商品战略（1991—1995年）

“八五”计划对进口商品结构所作的规划是：按照有利于技术进步、增加出口创汇能力和节约使用外汇的原则合理安排进口，把有限的外汇集中用于先进技术和关键设备的进口，用于国家重点生产建设所需物资以及农用物资的进口；防止盲目引进和不必要的引进；发展替代进口产品的生产，促进民族工业的发展；国内能够生产供应的原材料和机电设备争取少进口或不进口；严格控制奢侈品、高档消费品和烟酒、水果等商品的进口。

四、“九五”计划时期的进口商品战略（1996—2000年）

“九五”计划时期对进口商品结构所作的规划是：积极引进先进技术，适当提高高新技术、设备及原材料产品的进口比例，努力发展技术贸易和服务贸易。

五、“十五”计划时期的进口商品战略（2001—2005年）

根据“十五”计划时期我国社会经济发展目标以及我国产业结构和进口结构的现状，我国进口商品结构的重点应是引进先进技术和关键设备；保证重要资源和加工贸易物资的进口；按照我国对国际社会承诺的市场开放进程和国内市场的需求，扩大消费品进口。

六、“十一五”规划时期的进口商品战略（2006—2010年）

《国民经济发展和社会发展第十一个五年规划纲要》中指出，“十一五”规划时期积极扩大进口，具体包括实行进出口基本平衡的政策，发挥进口在促进我国经济发展中的作用。完善进口税收政策，扩大先进技术、关键设备及零部件和国内短缺的能源、原材料进口，促进资源进口多元化。

七、“十二五”规划时期的进口商品战略（2011—2015年）

《国民经济发展和社会发展第十二个五年规划纲要》中指出，“十二五”规划时期优化进口结构，积极扩大先进技术、关键零部件、国内短缺资源和节能环保产品进口，适度扩大消费品进口，发挥进口对宏观经济平衡和结构调整的重要作用，优化贸易收支结构。发挥我国巨大市场规模的吸引力和影响力，促进进口来源地多元化。

八、“十三五”规划时期的进口商品战略（2016—2020年）

《国民经济发展和社会发展第十三个五年规划纲要》中指出，“十三五”规划时期鼓励先进技术设备和关键零部件进口，稳定资源性产品进口，合理增加一般消费品进口。

专栏2-3

入世后我国进口管理政策调整及其影响

九、“十四五”规划时期的进口商品战略（2021—2025年）

优化国际市场格局。进一步优化进口来源地和出口市场。加强细分市场研究，继续深化与发达经济体贸易合作，积极拓展与亚洲、拉美、非洲等新兴市场贸易。综合考虑市场规模、贸易潜力、消费结构、产业互补、国别风险等因素，引导企业开拓一批重点市场、扩大进口来源。

专栏2-4

加快建设贸易强国

优化进出口商品结构。降低进口关税和制度性成本。促进自发展中国家特别是最不发达国家进口。鼓励优质消费品进口，扩大先进技术、重要设备、关键零部件进口，增加能源资源产品和国内紧缺农产品进口。

本章小结

改革开放以来，我国根据国内外经贸形势，对对外贸易作出了一系列战略规划，对对外贸易总量、商品结构、市场结构等进行了卓有成效的指导和调控。

一国的出口商品结构不仅受国际经济环境的影响，而且受国内经济发展水平、产业结构和经贸发展政策的制约。为此，我国在不同的历史时期，制定了各具特色的出口商品战略。

从我国外贸出口的长远发展出发，外经贸部决定自1991年起将“以质取胜”战略作为本领域贯彻实施《质量振兴纲要（1996—2010年）》、优化出口商品结构、转换增长模式的核心战略。

为落实“科教兴国”战略，顺应经济科技全球化和知识经济蓬勃兴起的潮流，加快我国由贸易大国向贸易强国的转变，1999年初，外经贸部相应提出了“科技兴贸”战略。“科技兴贸”战略是科教兴国基本国策在外经贸领域的具体体现，是对我国外经贸跨世纪发展具有重大意义的战略。

1991年，为加速我国外经贸的发展，我国在提出以质取胜战略的同时，还提出了出口市场多元化战略，目的在于根据国际政治经济形势的变化，充分发挥我国的优势，有重点、有计划地调整出口市场结构，在巩固传统市场的基础上努力开拓新市场，改变出口市场过于集中的状况，逐步建立起我国出口市场合理的多元化总体格局。

进口商品战略是指根据国内生产、消费的需要，对一定时期进口商品的构成所作的战略性规划。进口贸易是国民经济的有机组成部分，因此，制定进口商品战略应结合国民经济的发展目标，以一定时期的生产和消费需求为主要依据。我国各个五年计划（规划）都对进口结构进行了科学规划。

关键术语

出口商品战略　以质取胜战略　出口市场多元化战略　进口商品战略　科技兴贸战略

思考题

1. 简述我国出口商品战略的含义和作用。
2. 实施“以质取胜”战略的重要意义何在？
3. 简述实施“科技兴贸”战略的重要意义。

4.简述实施出口市场多元化战略的意义和成效。
5.优化进口商品结构的意义何在?
6.简要分析我国出口商品结构的改善方向。
7.哪些因素影响我国进出口商品结构?

第三章

发展对外贸易的理论依据

扫码查看课件

学习目标

通过本章学习，在掌握西方传统的国际贸易理论、马克思主义国际贸易理论、新贸易理论的基本概念、基本观点和基本原理的基础上，从理论高度认识中国发展对外贸易的客观必然性与必要性，以及上述理论基础对促进中国对外贸易发展与改革的积极作用。

国际贸易分工理论大体经历了三个发展阶段。第一阶段从亚当·斯密1776年发表的《国民财富的性质和原因的研究》中提出的“绝对成本理论”，到大卫·李嘉图1817年出版的《政治经济学及赋税原理》中建立以“比较成本理论”为基础的国际贸易学说总体系，这被称为古典国际贸易分工理论，是国际贸易分工理论的创立阶段。第二阶段从比较成本理论的创立到1933年瑞典经济学家俄林在《域际贸易和国际贸易》中提出的生产要素禀赋理论，这被称为新古典国际贸易分工理论，是国际贸易分工理论的发展阶段。第三阶段是第二次世界大战后西方经济学家对传统国际贸易分工理论的检验、补充和进一步发展，以及对新的国际贸易现象进行解释而产生了种种“新”的国际贸易分工理论。

第一节　西方传统贸易理论

古典贸易理论以亚当·斯密提出绝对优势理论为开端，后经大卫·李嘉图发展，形成了相对优势理论，继而赫克歇尔和俄林提出了要素禀赋学说，最后雷布津斯基、萨缪尔森等人在此基础上进一步完善和补充，形成了古典贸易理论体系。

绝对优势理论和相对优势理论从技术差异角度解释比较优势，而生产要素禀赋论则从要素禀赋差异角度解释比较优势。

技术差异论和生产要素禀赋论的共同点在于它们都是以各国生产同一产品的价格或成本差别作为国际贸易的原因或动力，因而两种理论的理论渊源没有根本性的变化，没有改变价格差作为贸易原因或动力的基本观点。

因此，我们将技术差异论和生产要素禀赋论统称为比较优势理论，从而构成古典贸易理论的内容。

一、绝对优势论

国际贸易理论的创始者、英国古典经济学家亚当·斯密，在1776年出版的《国民财富的性质和原因的研究》一书中，提出了“绝对优势”理论来论证国际贸易发生的基础。

亚当·斯密的绝对优势论，是建立在他的分工学说之上的。他用一国内部不同职业、不同工种之间的分工原理来说明国际分工。

亚当·斯密认为，分工可以提高劳动效率，增加社会财富，原因在于：分工可使劳动者从事专门的工作，提高熟练程度；分工可使劳动者从事固定的工作，节省与生产没有直接关系的时间，有利于发明和改进生产工具。分工以后，如果每个人都用自己擅长生产的东西去交换自己不擅长生产的东西，那对交换双方都有利。裁缝不必自己做鞋子，而是向鞋匠购买；鞋匠也不必自己缝衣服，而是向裁缝购买。每个人都应该发挥各自的优势，集中生产自己的优势产品，然后相互交换，这对任何一方都是有利的。

（一）基本原理

亚当·斯密的绝对优势论指出：“如果外国能以比我们自己制造还便宜的商品供应我们，我们最好就用我们自己有利的产业生产出来的产品的一部分来向它们购买。”[①] 如果各国都生产自己具有绝对成本优势的产品，并在国与国之间进行交换，那么贸易双方都是可以获利的。

那么，用什么标准来判断一国某种商品是否便宜呢？斯密认为应依据生产成本。一国应把本国生产某种商品的成本即生产费用与外国生产同种商品的成本即生产费用进行比较，以便决定自己生产还是从国外进口。这就是所谓的“绝对成本”。

如果一国某种商品的生产成本绝对地低于他国，那该国生产这种商品的产业就是具有绝对优势的产业；反之，就是处于绝对劣势的产业。

各国按照绝对成本差异进行分工，专门生产和出口本国具有绝对优势的产品，将会使各国的资源得到最有效的利用，从而大大提高劳动生产率并增进各国的物质福利。

（二）举例说明

假设有两个国家、两种商品和一种生产要素（劳动）。假定两国都生产葡萄酒和毛呢两种产品，生产情况如表3-1（a）所示。

---

① 斯密．国民财富的性质和原因的研究［M］．郭大力，王亚南，译．北京：商务印书馆，1979：425.

表3-1（a） 国际分工前

国家	酒产量（单位）	所需劳动人数（人/年）	毛呢产量（单位）	所需劳动人数（人/年）
英国	1	120	1	70
葡萄牙	1	80	1	110

在这种情况下可以进行国际分工、国际交换，对两国都有利，以表3-1（b）加以说明。

表3-1（b） 国际分工后

国家	酒产量（单位）	所需劳动人数（人/年）	毛呢产量（单位）	所需劳动人数（人/年）
英国	0	0	2.7	190
葡萄牙	2.375	190	0	0

假定分工后，英国以1单位毛呢交换葡萄牙1单位酒，则两国拥有产品状况如表3-1（c）所示。

表3-1（c） 毛呢与葡萄酒交换结果

国家	酒消费量（单位）	毛呢消费量（单位）
英国	1	1.7（+0.7）
葡萄牙	1.375（+0.375）	1

从表3-1（c）中可见，英、葡两国在分工生产的情况下，尽管劳动要素没有增加，产量却比分工前都提高了，通过国际贸易，两国人民的消费都增加了，同时也节约了劳动。

（三）主要内容

1.国际分工的基础

在有贸易的条件下，可以进行国际专业化分工，两个国家都将本国的资源转移至本国具有绝对优势的部门。

2.国际交换法则

双方进行贸易，可以用本国劳动生产率高、成本低，也就是具有绝对优势的产品去换取本国劳动生产率低、成本高，也就是处于劣势的产品。

3.国际贸易利益

双方进行贸易获利的源泉在于：由于国际专业化分工，双方都发挥了本国的绝对优势，提高了劳动生产率，增加了产量，降低了成本；由于国内价格和国际价格之间存在着差异，贸易就有了动力，交换后彼此都获得了贸易利益。

（四）绝对优势论的进步性和局限性

亚当·斯密的绝对优势论说明社会分工以及国际分工能使资源得到更有效的利用，

国际贸易并不像重商主义者所说的那样只能使交易的某一方获得利益，而是贸易双方都能获得利益。贸易利益的普遍性原则为自由贸易的政策主张奠定了基础。

这种强调绝对优势的理论隐含着一个前提，即贸易双方分工和贸易状况是吻合的。比如北美和南美，由于温带与热带的自然条件约束以及劳动力和技术上的差异，各自至少必须生产一种绝对低成本的商品，交换才成为可能，贸易各方才可以从这种贸易中获利。

但是，现实的情况往往是国际贸易中大部分产品，特别是工业制成品并不受自然地理条件的限制。如果一国经济不发达、技术落后，生产两种商品都处于劣势，这时会不会发生国际贸易？如果发生国际贸易，那么处于劣势的国家是否能从国际贸易中获得利益呢？对于这个问题，亚当·斯密的绝对优势论没有提出，也没有回答，大卫·李嘉图的比较优势论则给出了回答。

二、比较优势论

大卫·李嘉图（David Ricardo，1772—1823）是英国著名经济学家，是资产阶级古典政治经济学的完成者。

大卫·李嘉图继承和发展了亚当·斯密的绝对优势论，提出了比较优势论。

（一）基本原理

李嘉图的比较优势论认为：即使一国在两种商品的生产上都处于劣势地位，两者的不利程度也有所不同，相比之下总有一种商品的劣势要小一些，即具有相对优势。如果一国利用这种相对优势进行专业化生产，然后用其产品进行国际交换，进口劣势较大的产品，同样能从交换中获得利益。同理，两种产品的成本都处于绝对优势的国家，应专业化生产并出口优势较大的产品，进口优势较小的产品，从而可从交换中获利。

（二）举例说明

为说明这个理论，李嘉图沿用了斯密的英国和葡萄牙的例子，但对条件作了一些变化，现加以解释（见表3-2（a））。

表3-2（a）　　**分工前两国生产1单位两种产品的劳动耗费**

分工前	毛呢	葡萄酒
英国	100人/年	120人/年
葡萄牙	90人/年	80人/年
总产出	2	2

按照斯密的绝对优势论，在上述情况下，英、葡之间不会发生贸易，因为英国毛呢和酒的生产成本都比葡萄牙高，处于绝对劣势；葡萄牙毛呢和酒的生产成本都比英国低，处于绝对优势。英国没有什么东西可以卖给葡萄牙，而葡萄牙也根本不必向英国

购买。

但是，李嘉图认为，即使在这种情况下，两国仍能进行国际分工和贸易，并获得经济利益。他主张，各国不一定要生产出成本绝对低的产品，而只要生产出成本比较低或相对低的产品，就可进行贸易分工。或者说，在各种产品生产上都具有绝对优势的国家，应集中生产优势相对大的产品，而在各种产品生产上都具有绝对劣势的国家，应集中生产劣势相对小的产品，这样国际分工对贸易各国都有利，即“两优择其重，两劣取其轻”。

首先，按比较优势论进行分工，可以提高资源配置效率，增加产品产量。

在分工前，英、葡两国一年共生产2单位毛呢和2单位酒。在分工后，英国专门生产毛呢，220人劳动一年，可生产2.2单位毛呢。葡萄牙专门生产酒，170人劳动一年，可生产2.125单位酒。分工前后，两国投入的劳动总量不变，但两种产品总产量都增加了，这显然是专业化分工带来的资源配置效率提高的结果（见表3-2（b））。

表3-2（b） **分工后的两国总产出**

分工后	毛呢	葡萄酒
英国	（100+120）/100=2.2	0
葡萄牙	0	（80+90）/80=2.125
总产出	+0.2	+0.125

其次，通过国际贸易，两国各自的消费水平都提高了。

假设英国用一半的毛呢与葡萄牙交换酒，假设酒与毛呢的交换比例为1∶1，那么，英国毛呢和酒的消费量分别是1.1单位，都比分工前增加了0.1单位。而葡萄牙毛呢和酒的消费量分别是1.1单位和1.025单位，比分工前分别增加了0.1单位和0.025单位（见表3-2（c））。

表3-2（c） **两国交换的结果**

国际交换	毛呢	葡萄酒
英国	1.1（+0.1）	1.1（+0.1）
葡萄牙	1.1	1.025（+0.025）

最后，如果两国维持分工前的消费水平不变，英国只需用100人劳动一年生产1单位的毛呢与葡萄牙交换自己所需的1单位的酒，比自己生产节约了20人一年的劳动。葡萄牙只需用80人劳动一年生产1单位的酒与英国交换自己所需的1单位的毛呢，比自己生产节约了10人一年的劳动。可见按比较优势进行国际贸易分工，能节约双方的社会劳动。

从表3-2（c）中可见，按照“两优取其重，两劣取其轻”的分工原则，葡萄牙应分工生产葡萄酒，英国应分工生产毛呢，然后，双方进行交换。分工的结果是，两国总的劳动量投入未增加，但两种产品的总产量增加了。两国进行交换，对双方均有好处，也就是说，双方都获得了比较利益。

（三）主要内容

1.国际分工基础

在有贸易的条件下，可以进行国际专业化分工，两个国家都将本国的资源转移至本国具有比较优势的部门。

2.国际交换法则

贸易双方将出口本国具有比较优势的产品，进口本国处于相对劣势的产品。

3.国际贸易利益

双方贸易获利的源泉在于：由于两国进行国际专业化分工，发挥了本国的比较优势，提高了劳动生产率；由于国内价格和国际价格之间存在着差异，用本国相对优势的商品换取相对劣势的商品，贸易将使双方获利。

（四）比较优势论的局限性

李嘉图的比较优势论把复杂的经济情况高度简化了，他的古典国际贸易理论实际上以许多重要假设作为前提条件。正是这些假设条件，使得比较优势理论与实际情况之间存在很大的差距。

（五）几点说明

需要说明的是，亚当·斯密的绝对优势论和李嘉图的比较优势论的基础假定都是一样的，包括：

（1）世界上只有两个国家，它们只生产两种产品，只使用一种要素投入，因此这种分析方法也称为2×2×1模型；

（2）所有劳动都是同质的，没有熟练和非熟练的区别，产品成本（价格）以真实劳动成本（劳动时间）计量；

（3）生产是在成本不变的情况下进行的，其规模收益不变；

（4）不存在运输费用和交易；

（5）劳动力充分就业，并且在国内完全流动，而在国家间则完全不流动；

（6）生产要素市场和产品市场是完全竞争的市场；

（7）国际贸易不影响一国居民的相对收入水平，即收入分配没有变化；

（8）贸易方式是易货贸易；

（9）不存在技术进步和经济发展，国际经济是静态的。

三、生产要素禀赋论

李嘉图的比较优势论，是以劳动价值论为基础的，认为产生比较成本差异的原因是各国劳动生产率的差异。但是，如果各国劳动生产率相同，那么，产生比较成本差异的原因是什么呢？20世纪30年代形成的生产要素禀赋理论回答了这个问题。

生产要素禀赋论又称要素比例学说，或赫克歇尔-俄林理论（Heckscher-Ohlin Theory)，是著名的瑞典经济学家赫克歇尔（Eli Heckscher，1879—1952）和俄林（Bertil Ohlin，1899—1979）提出的国际贸易的理论。

赫克歇尔1919年发表了《对外贸易对收入分配的影响》这一著名论文，提出了生产要素禀赋论的基本论点。俄林继承了其导师赫克歇尔的论点，在1933年出版的《区际贸易与国际贸易》一书中提出了生产要素禀赋理论。

20世纪40年代，萨缪尔森（P.A.Samuelson）发展了赫克歇尔-俄林理论，提出了要素价格均等化学说，因此生产要素禀赋论又称赫-俄-萨（H-O-S）理论。

生产要素禀赋论突破了单纯从技术差异的角度解释国际贸易的原因、结构和结果的局限，从比较接近现实的生产要素禀赋差异来说明国际贸易的原因、结构和结果。

（一）相关概念

1.生产要素和要素价格

生产要素是指从事生产活动必须投入的主要因素或使用的主要手段。在考察生产要素时，“三要素”一般是指土地、劳动和资本；“四要素”除了以上“三要素”外，还包括企业家的管理才能。

要素价格则是指使用生产要素支付的费用或指要素参与生产本身应获得的报酬，即土地的租金、劳动的工资、资本的利息、管理的利润率。

2.要素禀赋和要素丰裕程度

要素禀赋是指一国拥有的各种生产要素的数量。要素丰裕程度则是指在国际要素禀赋的比较中，如果一国的某要素供给所占的比例高于别国同种要素的供给比例，那么该种要素的相对价格就应低于别国同种要素的相对价格。

有的国家资本相对雄厚，被称为“资本充裕”国家；有的国家人口众多，被称为“劳动充裕”国家。这里的“充裕”也是一个相对概念，用资本/劳动的比率（人均资本存量）来衡量（见表3-3）。例如，美国与中国相比，美国的人均资本存量高于中国，美国是资本充裕的国家，中国则是劳动充裕的国家。但如果中国与柬埔寨或孟加拉国等国相比，中国又该算“资本充裕”的国家。

表3-3　部分国家或地区1990年人均资本存量（以1985年国际价格计算）

国家或地区	人均资本存量（美元/人）
瑞 士	73 459
德 国	50 116
加拿大	42 745
澳大利亚	37 854
日 本	36 480
法 国	35 600
美 国	34 705

续表

国家或地区	人均资本存量（美元/人）
意大利	31 640
中国台湾	25 722
英 国	21 453
韩 国	17 995
墨西哥	12 900

资料来源：李坤望．国际经济学［M］．北京：高等教育出版社，2007：57.

3. 要素密集度和要素密集型产品

要素密集度是指产品生产中某种要素投入比例的大小，如果某要素的投入比例大，则称该要素密集度高。

根据产品生产所投入的生产要素中所占比例最大的生产要素的种类不同，可把产品划分为不同种类的要素密集型产品。如果产品生产投入的劳动比例高，则为劳动密集型产品；如果产品生产投入的资本比例高，则为资本密集型产品，以此类推。

（二）要素禀赋论的基本假设条件

要素禀赋论基于一系列假设前提，主要包括以下几个方面：

（1）两个国家，一个是劳动要素相对丰裕的国家，另一个则是资本要素相对丰裕的；两种产品，一种是劳动密集型产品，另一种是资本密集型产品；两种生产要素，即劳动和资本。

（2）两国的技术水平相同，即同种产品的生产函数相同。

这一假设主要是为了便于考察要素禀赋，从而考察要素价格在两国商品相对价格决定中的作用。假如大米在中国是劳动密集型产品，那么大米在美国也是劳动密集型产品，即不存在“生产要素密集型逆转”的情况。如果一定的人均资本在美国生产出某个产量的产品，同一资本劳动比例会在中国生产出相同产量的产品。

（3）每个国家的生产要素都是给定的。

劳动和资本可以在国内各部门间自由流动，但不在国家间流动。各国的资源禀赋和生产可能性曲线不变，但劳动和资本在国内可以自由地从低收益的地区和产业流向高收益的地区和产业，直到该国所有地区和所有产业的劳动收益相同，资本收益相同。另外，若没有国际贸易，两国的两种要素之间将存在收益上的差异。

（4）两国在两种产品的生产上规模收益不变，即增加某商品的资本和劳动使用量，将会使该产品产量以相同比例增加，或者说单位生产成本不随着生产量的增减而变化，因而没有规模经济效益。

（5）两国的消费偏好相同。这意味着表现两国需求偏好的无差异曲线的形状和位置是完全相同的。当两国的商品相对价格相同时，两国以相同的比率消费两种商品。

（6）完全竞争的商品市场和要素市场。

两国都有许许多多的两种商品的生产者和消费者，没有任何单个的生产者和消费者能够左右商品的价格，也没有任何单个的厂商或要素的拥有者能够决定要素市场的价格。完全竞争也意味着商品价格等于其生产成本，没有经济利润。

（7）没有运输费用，没有关税或其他贸易限制。

这意味着生产专业化过程可持续到两国商品相对价格相等为止。

（三）要素禀赋论的理论分析

要素禀赋论简称H-O定理，该学说主要通过对相互依存的价格体系的分析，用生产要素的丰缺来解释国际贸易的产生和一国的进出口贸易类型。

1.基本原理

根据H-O定理，同种商品在不同国家的相对价格差异是国际贸易的直接基础，商品价格差异则是由各国生产要素禀赋不同，从而要素相对价格不同决定的，所以要素禀赋差异是国际贸易产生的根本原因。

2.主要内容

（1）不同国家的要素禀赋不同，因此要素价格就会存在差异，即劳动力丰富的国家工资低，资本丰裕的国家利息率低，土地多的国家地租便宜。

（2）不同产品的要素投入比例不同。比如纺织品投入的劳动力多，电子产品投入的资本多。

劳动力丰富的国家生产劳动密集型产品价格低，具有成本优势，资本丰富的国家生产机械电子和高新技术产品价格低，具有成本优势。

（3）一国出口的产品是它的比较优势产品，即在生产上密集使用该国丰裕而便宜的生产要素的产品，而进口的产品是它在生产上密集使用该国相对稀缺且昂贵的生产要素的产品。

3.举例说明

按照要素禀赋学说，中国相对于美国而言劳动力丰裕而资本稀缺，中国就应向美国出口劳动密集型商品，而从美国进口资本密集型商品；相反，资本丰裕的美国应向中国出口资本密集型产品，从中国进口劳动密集型产品。这种分工和贸易模式可使中美贸易双方共同获利。

4.结论

各国要素禀赋的差异和不同商品要素密集度的差异，以及二者的相互作用，决定了国际分工格局与贸易类型。

决定两国生产与贸易模式的基础仍然是生产成本方面的比较优势，而这一比较优势是由要素配置而不是生产技术的差异决定的。这是要素禀赋论的核心与精髓。

（四）要素价格均等化学说

按照H-O理论的逻辑演绎，虽然各国要素缺乏流动性，使世界范围内要素价格存在差异，但商品贸易可以部分代替要素流动，弥补要素流动性的不足，国际贸易不仅会使贸易国之间商品价格差缩小，而且会使要素价格差缩小，趋于均等。

H-O理论认为要素价格均等只是一种趋势，而美国经济学家萨缪尔森于20世纪40

年代发表的一系列论文则论证了自由贸易导致要素价格均等是一种必然，而不仅仅是一种趋势。这一学说因而被称为赫-俄-萨（H-O-S）学说，它揭示了国际贸易对要素价格的影响。

1.基本原理

国际贸易不仅会使贸易国之间商品价格差缩小，而且会使要素价格差缩小，最终趋于均等，这就是要素价格均等化定理。

2.举例说明

根据要素价格均等化学说，国际贸易使各国同质要素获得相同的相对和绝对收入。

例如，国际贸易会使贸易各国间同质劳动获得等量工资，资本获得均等的利息，土地获得同样的地租。

假设只有两个国家：中国和美国。中国的劳动力相对丰富，资本却相对稀缺；美国正好相反，资本相对丰富而劳动力相对稀缺。这样中国的工资率相对低些，美国的利息率相对低些。两国发生贸易后，中国努力扩大劳动密集型产品的出口，而美国则努力增加资本密集型产品的出口，两国开始贸易。随着贸易的扩大，中国的劳动力从资本密集型产业转移出来，从事劳动密集型产品的生产，这样中国对劳动力需求的增长使劳动力要素逐渐变得越来越稀缺，价格开始上升；资本因为需求的减少而变得相对丰裕，价格开始下降。而美国正好相反。这样，由于两国间贸易的进行，生产要素的相对价格趋于均等。

3.结论

这一学说试图说明，国际贸易不仅可以合理配置资源，调整各国的经济结构，而且还可以改善各国收入分配不均状况，缩小彼此经济差距。因此，这个学说又被称为“要素报酬均等化理论”。

（五）里昂惕夫之谜

1.里昂惕夫的实证检验

1953年，美国经济学家、投入产出经济学的创始人、1973年诺贝尔经济学奖获得者里昂惕夫试图用美国的经验来验证赫克歇尔-俄林的要素禀赋论。

里昂惕夫用投入产出分析法对1947年美国的200个行业进行分析，把生产要素分为资本和劳动两种，然后选出具有代表性的一揽子出口品和一揽子进口替代品，计算出每百万美元的出口品和进口替代品所需要的国内资本和劳动量及其比例（见表3-4）。

表3-4 **每百万美元的美国出口品和进口替代品对国内资本和劳动力的需求额（1947年）**

项目	出口品	进口替代品
资本K（美元）	2 550 780	3 091 339
劳动力L（人工/年）	182 313	170 004
资本/劳动力（K/L）	13.991	18.184

资料来源：萨尔瓦多. 国际经济学［M］. 杨冰，译. 北京：清华大学出版社，2008：101.

里昂惕夫研究发现，美国进口替代品的资本密集程度反而高于出口品的资本密集程度（约高出30%），因而得出与要素禀赋论相反的结论："美国参加国际分工是建立在劳动密集型生产专业化的基础上，而不是建立在资本密集型生产专业化的基础上。换言之，这个国家是利用对外贸易来节约资本和安排剩余劳动力，而不是相反。"里昂惕夫的惊人发现引起了经济学界的极大关注，被称为"里昂惕夫之谜"。

里昂惕夫1956年又利用投入产出法对美国1951年的贸易结构进行了第二次检验，检验结果与第一次是一致的，里昂惕夫之谜仍然存在。里昂惕夫之谜激发了其他经济学家对其他国家的贸易格局的类似研究，以检验要素禀赋论，结果发现其他一些国家也存在着里昂惕夫之谜。

2.对里昂惕夫之谜的解释

对于里昂惕夫之谜，西方经济学界提出了各种各样的解释，这在一定程度上带动了第二次世界大战后西方国际分工和国际贸易理论的发展。

经济学家对里昂惕夫之谜有以下四种主要解释：

（1）自然资源

关于自然资源在贸易中作用的研究，的确有助于解释为什么会出现"里昂惕夫之谜"。

里昂惕夫发现，美国进口的产品之所以是资本密集型产品的一个原因，就是美国是大量矿产的进口国。这些产品既使用大量的自然资源，也使用大量的非人力资本。在出口方面，美国出口的农产品相对说来主要使用的是土地和大量的劳动力。从这个意义上来说，里昂惕夫之谜看来是一种幻景：美国进口的自然资源产品碰巧是资本劳动比率较高的，而出口的自然资源产品碰巧是资本劳动比率较低的，从而形成了美国进口资本密集型产品、出口劳动密集型产品的现象。

（2）技能和人力资本

在赫克歇尔-俄林的模型中，生产要素被简单地分为劳动、资本或土地，而并没有将这些要素再进一步细分。事实上，同一要素之间会有很大的不同。就劳动而言，劳动技能的高低在各国之间也像在个人之间那样有很大区别。

一般说来，熟练工人需要更多的教育和培训，大量科技人员的产生也需要大量的研究与开发（R&D）经费的投入，在这些劳动力投入的背后，实际上是大量的资本投入。

研究表明，美国出口行业的工人平均工资比进口竞争行业工人的平均工资要高15%，可见，美国出口行业的劳动生产率和包含的人力资本要高于进口竞争行业[①]。因此，简单地用美国的资本和劳动人数或劳动时间来计算美国进口产品的资本劳动比率可能没有反映出熟练工人和非熟练工人之间的区别以及美国人力资本与其他国家人力资本方面的区别。当使用每一工人的人力资本而不是简单地用劳动力人数或时间来重新计算里昂惕夫算出的结果时，美国出口商品的资本（包括人力资本）密集度的确比它进口竞争产业产品的要高。科技人员和熟练工人的技能相对来说是美国最充裕的

① KRAVIS.Wage and foreign trade［J］. Review of Economics and Statistics，1956（2）.

要素之一。

(3) 贸易壁垒

里昂惕夫之谜的产生也有可能是美国贸易保护的结果。在赫克歇尔-俄林的模型中，贸易被假定为自由的，而在现实中几乎所有的国家（包括美国）都或多或少实行一定程度上的贸易保护，尤其在第二次世界大战后初期。对于美国来说，保护程度较高的是劳动密集型产品。

另外，别的国家也可能对它们的缺乏竞争力的资本密集型商品进行较高的贸易保护，从而使得美国资本密集型商品的出口受到了一定程度的影响。因此，有人认为，如果是自由贸易，美国就会进口比现在更多的劳动密集型商品，或出口更多的资本密集型产品，里昂惕夫之谜就有可能消失。

(4) 生产要素密集型逆转

赫克歇尔-俄林贸易模型对生产要素密集型的基本假定是，如果按生产要素价格的某一比率，某一商品的资本密集度比另一商品高，那么，在所有的生产要素价格比率下，这一商品的资本密集度都比另一商品高。换句话说，如果在中国的相对工资下，玩具是一种劳动密集型商品，那么，在美国的相对工资下，玩具也是一种劳动密集型商品，尽管美国的相对工资会比中国的高。但是，事实的情况可能不是这样。假定在美国由于资本充裕而劳动相对稀缺，资本便宜而劳动力昂贵，美国可能在玩具生产中使用更多的资本而非劳动。这样的话，玩具在美国变成了资本密集型商品，而在世界其他国家，由于资本较贵而劳动力比较便宜，玩具仍然是劳动密集型商品。这就是生产要素密集型逆转的一种情况。在这种情况下，其结果可能是：美国出口商品A，它在别的国家是资本密集型的，但在美国是劳动密集型的；同时，美国进口商品B，它在别国是劳动密集型的，而在美国是资本密集型的。

里昂惕夫在计算美国进出口商品的资本劳动比率时，用的都是美国的投入产出数据。对于美国进口的商品，他用的也是美国生产同类产品所需的资本劳动比率而不是这一商品在出口国国内生产时实际使用的资本劳动比率。这样一来，就有可能出现美国进口“资本密集型产品”，出口“劳动密集型产品”的情况。

第二节 新贸易理论

一、新贸易理论的形成

（一）新贸易理论形成的背景

第二次世界大战后，特别是20世纪60年代以来，国际贸易出现了一系列新的变化：工业发达国家之间的贸易大幅增加，产业内部贸易迅速增长，跨国公司的内部贸易和对外投资增长迅速，一些新兴工业化国家借助对外贸易取得了经济的成功发展等等。封闭式的或近封闭式的国别经济系统已经不复存在，从而构成了一个全新的国际经济背景。面对这些新情况，传统的以比较优势为基础的贸易理论难以做出合理的解释。这就引发了对传统贸易理论的再思考。

传统国际贸易理论的前提是规模报酬不变和完全竞争的市场结构。这是一种完美的假设，正是由于这种假设，自由贸易理论才推导出逻辑严密、形式完善的结论。但是完美的假设并不意味着客观存在。

通过对现实经济的观察，人们发现生产厂商的边际生产成本往往随产出的增加而下降，大多数的市场结构又都是不完全竞争的。可见，由于传统贸易理论的假设前提存在问题，导致了其对现实解释的乏力。

（二）新贸易理论的主要代表人物

针对传统贸易理论的不足，新贸易理论应运而生。新贸易理论的主要代表人物包括A.迪克西特（A.Dixit）、W.埃西尔（W.Ethier）、P.克鲁格曼（P.Krugman）、E.赫尔普曼（E.Helpman）、G.格罗斯曼（G.Grossman）、B.斯宾塞（B.Spencer）和J.布兰德（J.Brander）等学者。

这些学者在理论研究中关注市场结构的重要作用，认为在现实经济中完全竞争状态并不是最优的，规模经济尽管对市场结构的竞争性有一定的损害，但仍是有益的。他们主张经济的有效竞争，认为要实现规模经济与市场竞争的有效结合，需要政府进行干预。

（三）新贸易理论的发展

1.创建时期

1977年，迪克西特和斯蒂格利茨（Stigliz）联名发表了论文——《垄断竞争与最优产品多样化》，建立了一个规模经济和多样化消费的两难选择的模型，首次打破完全竞争的假设，讨论规模经济与国际贸易的关系。

2.初步形成时期

1981年克鲁格曼发表了《产业内专业化分工与得自贸易的利益》这一著名论文，进一步对要素禀赋相似的国家之间的贸易、相似产品之间的贸易及贸易的收入分配效应等进行了考察，并建立了一个贸易模型。

克鲁格曼通过考察得出结论：当国家间越来越相似，市场结构从完全竞争变为不完全竞争，达到规模报酬递增阶段的时候，规模经济就取代了要素禀赋的差异，成为推动国际贸易的主要原因。

该模型从根本上打破了传统贸易理论中的完全竞争假定和规模收益不变假定，把新贸易理论提升到基础贸易理论的高度，使其适用性进一步增强。

3.最终形成时期

1985年，赫尔普曼和克鲁格曼合著的《市场结构和对外贸易》一书出版。它被誉为国际贸易理论的“重大突破”（迪克西特、巴格瓦蒂语）。

该书综合了各种新的贸易理论，提出了一个新的系统化的分析框架，在分析中广泛运用了产业组织理论来解释公司行为对国际贸易的影响，实现了新的贸易理论突破。该书的出版标志着新贸易理论的正式形成。

二、新贸易理论的主要内容

（一）技术差距论

1961年，M.A.波斯纳（M.A.Posner）发表的《国际贸易和技术变化》一文，运用技术创新理论修正了赫克歇尔-俄林的要素禀赋论，提出了技术差距论，并对“里昂惕夫之谜”进行了解释。

1.基本原理

技术差距理论，又称技术差距模型，是把技术作为独立于劳动和资本的第三种生产要素，探讨技术差距或技术变动对国际贸易影响的理论。由于技术变动包含了时间因素，技术差距理论被看成是对H-O理论的动态扩展。

技术差距论又称创新与模仿理论，它把国家间的贸易与技术差距的存在联系起来，认为正是一国的技术优势使其在获得出口市场方面占据优势。

由于各国对技术的投资和技术革新的进展不一致，因而存在着一定的技术差距。这样就使得技术资源相对丰裕的或者在技术发展中处于领先的国家，有可能享有生产和出口技术密集型产品的比较优势。

波斯纳把技术差距产生到技术差距引起的国际贸易终止之间的时间间隔称为模仿时滞时期，全期又分为反应时滞和掌握时滞两个阶段。

反应时滞是指技术创新国家开始生产新产品到其他国家模仿其技术开始生产新产品的时间。

掌握时滞是指其他国家开始生产新产品到其新产品进口为零的时间。

2.举例说明

G.C.胡弗鲍尔（G.C.Hufbauer）用图形形象地描绘了波斯纳的学说（如图3-1所示）。

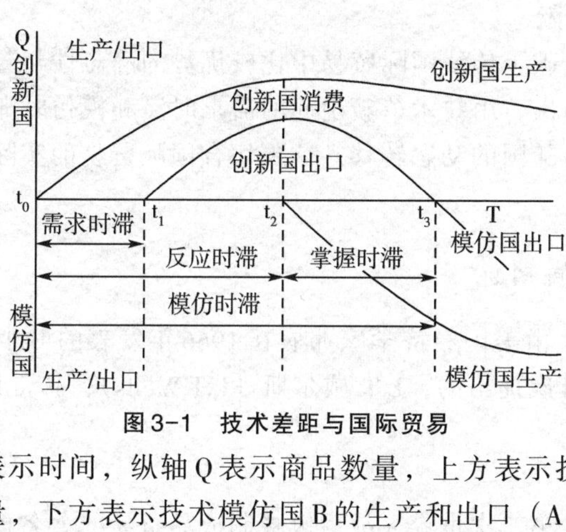

图3-1 技术差距与国际贸易

图3-1中横轴T表示时间，纵轴Q表示商品数量，上方表示技术创新国A的生产和出口（B国进口）数量，下方表示技术模仿国B的生产和出口（A国进口）数量。

从t_0起，A国开始生产新产品，t_0—t_1为需求时滞阶段，B国对新产品没有需求，因而A国不能将新产品出口到B国。

过了t_1，B国模仿A国消费，对新产品有了需求，A国出口、B国进口新产品，且随着时间的推移，需求量逐渐增加，A国的出口量、B国的进口量也逐渐扩大。

由于新技术通过各种途径逐渐扩散到B国，到达t_2，B国掌握新技术开始模仿生产新产品，反应时滞阶段结束，掌握时滞阶段开始，此时A国的生产和出口（B国进口）量达到极大值。

过了t_2，随着B国生产规模的扩大，产量增加，A国的生产量和出口量（B国的进口量）不断下降。

达到t_3，B国生产规模进一步扩大，新产品成本进一步下降，其产品不但可以满足国内市场的全部需求，而且可以用于出口。至此，技术差距消失，掌握时滞和模仿时滞阶段结束。

由此可见，A、B两国的贸易发生于t_1—t_3这段时间，即B国开始从A国进口到A国向B国出口为零这段时间。

为了论证这个理论，格鲁伯和弗农等人根据1962年美国19个产业的有关资料作了统计分析，其中5个具有高技术水平的产业（运输、电器、工具、化学、机器制造）的研究与开发经费占19个产业全部研究与开发经费总额的89.4%；这5个产业的技术人员占19个产业总数的85.3%；这5个产业的出口额占19个产业总出口额的72%。实证研究表明，美国在上述5个产业的技术密集型产品的生产和出口方面，确实处于比较优势。因此可以认为，出口技术密集型产品的国家也就是资本要素相对丰裕的国家。根据上述分析可以看出，美国就是这种国家。

3.结论

（1）技术领先国若能有效地反仿制，技术利益就能保持较长时间。

（2）两国技术水平和市场范围差距越小，需求时滞的时间越短，贸易发生就越早，贸易发展的速度也就越快。

（3）模仿时滞后，追随国的贸易利益取决于低工资成本。

4.技术差距论的贡献

（1）技术差距论打破了传统国际贸易中比较优势的静态性与凝固性。

（2）技术差距论指出，由技术革新引起的需求时滞和模仿时滞，能够导致比较优势从技术领先国向技术追随国的动态转移。这更切合国际贸易的实际，更能揭示国际贸易的特点。

（二）产品生命周期说

产品生命周期说是由美国经济学家弗农在1966年发表的《生命周期中的国际投资与国际贸易》一文中首次提出的，L.T.威尔斯（L.T.Wells）、赫希哲（Hirsch）等人对其进行了完善。

1.基本原理

产品生命周期说是第二次世界大战后解释制成品贸易的著名理论。

该理论认为，由于技术的创新和扩散，制成品和生物一样具有生命周期，一个新产品的技术发展大致有三个阶段：产品创新阶段、产品成熟阶段、产品标准化阶段。

在第一阶段，产品仍属新颖，技术上是新发明。除了发明国外，其他国家对这一项新技术知之不多，而且生产者对于新产品生产技术和市场反应还在不断摸索和改进。在这一阶段，发明国垄断该产品的生产，满足国内外消费者的需求。

在第二阶段，技术已经成熟，生产过程已经比较标准化，成熟的生产技术也随着产品的出口而转移。与此同时，国外的生产也已增加，发明国的出口开始下降，一些产品进口国能够迅速地模仿并掌握技术进而开始在本国生产该产品并出口到其他国家。

到了第三阶段，技术已不再是什么新颖和秘密的了，已经在世界范围内扩散。许多技术都已包含在生产该商品的机器（如装配线）中了。任何国家只要能够购买这些机器也就购买了技术，技术本身的重要性已经逐渐消失。至此，新产品的技术也完成了其生命周期。

2. 举例说明

威尔斯以美国为创新国为例，将产品生命周期通过图示说明，如图3-2所示。

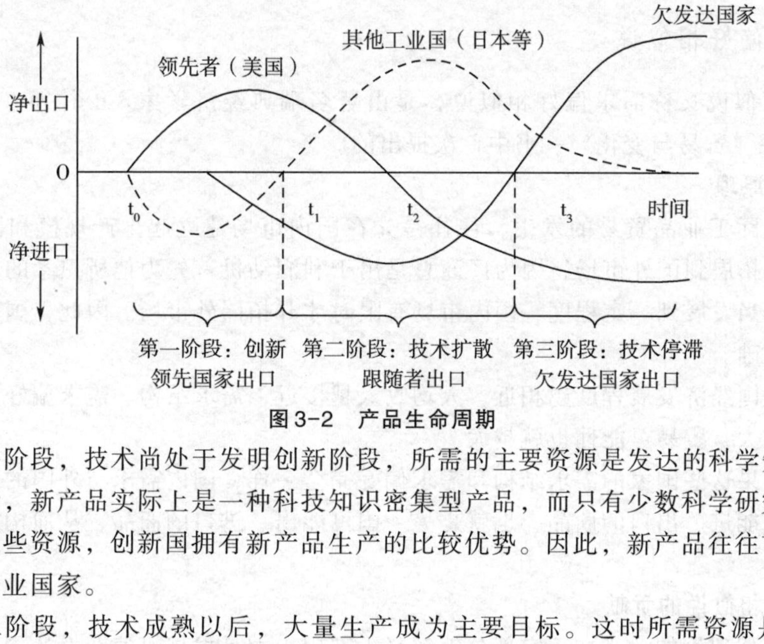

图3-2　产品生命周期

在第一阶段，技术尚处于发明创新阶段，所需的主要资源是发达的科学知识和大量的研究经费，新产品实际上是一种科技知识密集型产品，而只有少数科学研究发达的国家才拥有这些资源，创新国拥有新产品生产的比较优势。因此，新产品往往首先出现在少数发达工业国家。

到第二阶段，技术成熟以后，大量生产成为主要目标。这时所需资源是机器设备和先进的劳动技能。产品从知识密集型变成技能密集型或资本密集型。资本和熟练工人充裕的国家开始拥有该产品生产的比较优势，并逐渐取代创新国成为主要生产和出口国。

到第三阶段，一方面，产品的技术已完成了其生命周期，生产技术已经被设计到机器或生产装配线中了，生产过程已经标准化了，操作也变得简单了；另一方面，生产该产品的机器本身也成为标准化的产品而变得比较便宜。因此，技术和资本也逐渐失去了重要性，而劳动力成本则成为决定产品是否有比较优势的主要因素。此时，原来的发明国既丧失了技术上的比较优势，又缺乏生产要素配置上的比较优势，不得不开始进口，而发展中国家丰富的劳动力资源呈现出不可比拟的比较优势。

3.结论

从以上分析可见，由于技术的传递和扩散，不同国家在国际贸易中的地位不断变化，新技术和新产品创新在美国，而后传递和扩散到其他发达国家，再到发展中国家。

4.产品生命周期理论的贡献

产品生命周期用以解释工业制成品的动态变化具有一定现实意义，对解释国际贸易有重要的参考作用。

（1）它引导人们通过产品的生命周期，了解和掌握出口的动态变化，为正确制定对外贸易的产品战略、市场战略提供了理论依据。

（2）它揭示了比较优势是不断在转移的，每一个国家在进行产品创新或模仿引进或扩大生产时，都要把握时机。进行跨国经营时，就可以利用不同阶段的有利条件，长久保持比较优势。

（3）它还反映了当代国际竞争的特点，即创新能力、模仿能力是获得企业生存能力和优越地位的重要因素。

（三）偏好相似说

偏好相似说又称需求偏好相似说，是由著名瑞典经济学家S.B.林德（S.B.Linder）于1961年在《贸易与变化》一书中首次提出的。

1.基本原理

（1）国际工业品贸易的发生，往往是先在国内市场建立起生产规模和国际竞争能力，而后再拓展到国外市场，因为厂商总是出于利润动机首先为他所熟悉的本国市场生产新产品，当发展到一定程度，国内市场有限时才开拓国外市场。因此，国内需求是出口贸易的基础。

（2）两国经济发展程度越相近，人均收入越接近，需求结构、需求偏好越相近，相互需求就越大，贸易可能性也就越大。

（3）如果这些国家的需求结构和需求偏好完全一样，国内需求与外国的进口需求重叠，一国可能进、出口的商品，也就是另一国可能出、进口的商品，从而构成两国贸易的基础。

2.偏好相似说的贡献

偏好相似理论的意义在于它部分地解释了部门内贸易发展迅速及发达国家之间的贸易量远远超过发达国家与发展中国家之间贸易量的原因。

（四）产业内贸易理论

1.产业内贸易的含义

产业内贸易指的是贸易双方交换的商品属于同一产业部门，即贸易伙伴间既进口又出口属于同一部门的产品。

表3-5为1993年美国工业的产业内贸易指数。

表3-5 1993年美国工业的产业内贸易指数

无机化工产品	能源设备	电气设备	有机化工产品	药品及医疗设备	办公设备	通信器材	运输机械	钢铁	服装	制鞋
0.99	0.97	0.96	0.91	0.86	0.81	0.69	0.65	0.43	0.27	0.20

资料来源：克鲁格曼，奥伯斯法尔德. 国际经济学［M］. 海闻，等，校译. 北京：中国人民大学出版社，1998：128.

2.产业内贸易理论的基本原理

产业内贸易理论又称差异化产品理论，是指同一产业部门内部的差异产品的交换及中间产品的交流。

产业内贸易理论的发展经历了20世纪70年代中期以前的经验性研究和70年代中期以后的理论性研究两个阶段。

（1）经验性研究成果

20世纪70年代中期以前的经验性研究发现，发达国家之间的贸易并不是按赫-俄模式进行的，即工业制成品和初级产品之间的贸易，而是产业内同类产品的相互交换。研究认为产业内贸易现象背后必然存在一种新的原理。

（2）理论性研究成果

20世纪70年代中期以后的理论性研究发现，技术差距、研究与开发、产品的异质性和产品的生命周期的结合以及人力资本密集度的差异与收入分配差异（或嗜好的差异）相结合均可能导致产业内贸易；规模经济是产业内贸易的基本原因；各国的生产要素越相似，它们的产业结构的差异便越小，从而它们的贸易越具有产业内贸易特征。

（3）产业内贸易理论通过产品差异性、规模经济或规模报酬递增以及偏好相似等概念解释了产业内贸易形成的原因。

3.产业内贸易理论的贡献

产业内贸易理论虽然以发达国家的贸易为研究对象，但对已经初步实现工业化的发展中国家提升国际贸易竞争力也具有深刻的启发意义。

（1）发展中国家要在国际贸易中提高地位，仅仅依靠资源丰裕（甚至是资金或技术这样的资源）是远远不够的，必须从规模经济方面考虑提高国际竞争力。

（2）发展中国家对于发展规模效益显著的幼稚产业，由政府在产业政策、贸易政策方面的干预是十分必要的。

（五）国家竞争优势论

20世纪80年代到90年代出版的美国哈佛大学商学院教授迈克尔·波特（Michael Porter）的三本著作《竞争战略》《竞争优势》《国家竞争优势》，着眼点都是在竞争优势上，并联系了国际市场进行分析。

1.主要内容

（1）波特提出，一国兴衰的根本在于赢得国际竞争优势，而国际竞争优势取得的关键在于国家是否具有适宜的创新机制和充分的创新能力。

创新机制可分三个层面来分析：第一，微观竞争机制；第二，中观竞争机制；第三，宏观竞争机制。

（2）波特还提出了解释宏观竞争机制的决定因素的钻石模型。

钻石模型由四组基本决定因素和两组辅助因素组成。

四组基本决定因素是：生产要素、需求条件、相关产业和支持产业的表现，以及企业的战略、结构和竞争对手。四组因素结合成一个体系，共同作用决定国家竞争优势（如图3-3所示）。

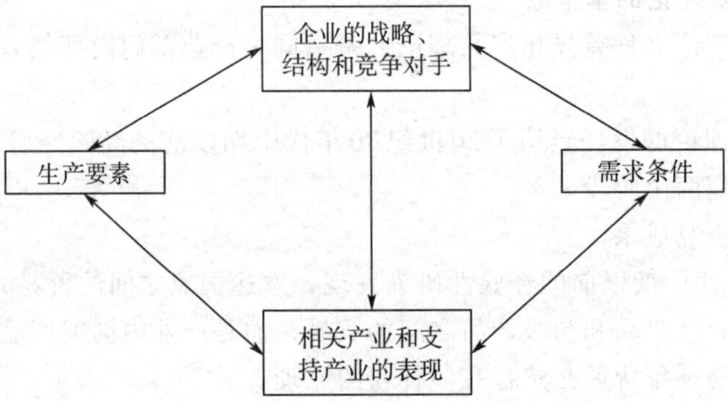

图3-3　国家竞争优势的决定因素

（3）波特认为，一国经济地位上升的过程就是其竞争优势增强的过程。

国家竞争优势发展可分为四个阶段：第一阶段为要素推动阶段；第二阶段是投资推动阶段；第三阶段是创新推进阶段；第四阶段是财富推动阶段。

2.波特的国家竞争优势论的贡献

波特的国家竞争优势理论弥补了其他国际贸易理论的不足，较圆满地回答了理论界长期未能解答的一些问题。

国际竞争优势论不仅对当今世界经济和贸易格局进行了理论上的归纳总结，而且对国家未来贸易地位的变化可提供一定的前瞻和预测。

第三节　马克思主义国际贸易理论

马克思考察资本主义经济制度时，首先从资本主义最简单的经济细胞——商品入手进行分析，深刻揭示了劳动和资本的关系及其不可克服的矛盾，尔后从国内到国外，分析了包括对外贸易在内的国际经济关系。

这种从抽象到具体、从国内到国外和历史的与逻辑一致的考证方法，既反映了马克思的辩证唯物主义和历史唯物主义的立场和方法，也十分清楚地展现了他把对外贸易始终放在对资本主义经济制度研究的关键地位。

一、马克思主义的国际分工理论

马克思以国际分工理论为理论依据，阐明了一国发展国际贸易的客观必然性与必要性。

（一）国际分工的含义

国际分工是指世界各国间的劳动分工，是国内分工超越国界的发展结果，是国际贸易的基础。

（二）国际分工理论的主要内容

1.国际分工是生产力发展的必然结果

马克思主义的国际分工理论指出，国际分工是客观的经济范畴，是人类生产力发展到一定阶段的必然产物，是生产力发展的结果，同时又为生产力的进一步发展提供了必要的前提。

人类历史上经历的三次科技革命，引起了生产力的巨大变革，从而从不同角度推动国际分工向前发展。

（1）国际分工的萌芽阶段

16—17世纪，手工业向工场手工业过渡，有了简单的机器生产，人类社会进入资本原始积累时期，出现了国际分工的萌芽状态，即宗主国与殖民地之间的最初的国际分工。

（2）国际分工的发展阶段

从18世纪60年代到19世纪末，以蒸汽机的发明为主要标志，人类历史上发生了第一次产业革命。

大机器生产把销售工业品的和输出原料的经济发展水平不同的国家都卷入到国际分工之中了。

这一时期的国际分工主要表现为工业国和农业国之间的分工，而且这一时期的国际分工是以英国为中心形成的。

（3）资本主义国际分工体系的形成阶段

19世纪末20世纪初，人类历史上发生了以电力的广泛应用为标志的第二次产业革命。

电动机和电力的广泛使用，促进了生产力的进一步发展，加速了资本的积聚和集中，垄断代替了自由竞争，使国际分工进一步发展。

这一时期的国际分工的主要特点是：宗主国与殖民地、半殖民地国家的分工日益加深；工业国与农业国之间的分工居主导地位；国际分工的中心从英国变为一组国家，经济部门之间分工占主导地位；形成了资本主义国际分工体系。

（4）国际分工的深化发展阶段

第二次世界大战后，人类历史上发生了以电子工业为核心的第三次产业革命，科学技术迅速转化为生产力，推动国际分工进一步向纵深发展：工业国与工业国之间的分工居主导地位；部门内部、企业内部分工的趋势加强；经济发达国家与发展中国家的分工格局发生变化；国际分工的形式呈现出多类型、多层次的特点；国际分工从有形商品领域向无形的服务业领域扩展；研究开发与生产制造之间的分工不断加深。

2.各国生产力水平决定了其在国际分工中的地位

在国际分工的各个历史阶段中，世界基本分成两大部分：一部分由生产力水平高的国家组成，在国际分工中居于主导地位；另一部分由生产力水平低的国家组成，在国际分工中居于从属地位。

这两类国家在资本主义发展初期表现为文明民族与野蛮民族的分工，在帝国主义时期表现为宗主国与殖民地的分工，在当代则表现为发达国家与发展中国家的分工。当然，这两类国家的地位是由各国生产力水平决定的。

3. 世界生产力的发展决定了国际分工的形式及内容

在国际分工形成和发展的初期阶段，由于生产力水平不高，分工的形式主要表现为工业国与农业国的分工，是一种工业国家进口原材料并向落后国家出口制成品的“垂直型”分工。

随着生产力水平的提高，国际分工变得更加深入和广泛，参与交换的商品越来越多，出现了生产力水平相近国家之间的“水平型分工”以及“垂直型”分工和“水平型”分工同时存在的“混合型”分工。

与此相应，国际分工也从产业间分工发展到产业内分工，再发展到产品上的分工，甚至同一零部件不同工序上的分工。

制造业分工的细化和深入，又带动了服务业分工的发展和服务贸易的扩张。

（三）中国利用国际分工理论发展对外贸易的必要性

1. 参与国际分工发展对外贸易，是大力发展社会生产力的客观要求

既然国际分工是人类生产力发展的必然结果，又可促进生产力的提高，而社会主义的根本任务就是大力发展生产力，我国就应该按照客观经济规律，积极参与国际分工，发展对外贸易，以加速经济的发展。

目前，我国正处在社会主义初级阶段，根本任务是通过大力发展商品生产和商品交换来发展社会生产力，而积极参与国际分工、发展对外贸易则是发展社会生产力的重要途径。因此，积极发展对外贸易，利用国内和国外两种资源，开拓国内和国外两个市场，就成了我国改革开放政策的主要内容和必然选择。

改革开放以来，我国对外贸易迅速发展，2024年我国货物进出口总值达到43.85万亿人民币，其中出口25.45万亿人民币、进口18.39万亿人民币。与此同时，社会生产力迅速提高，从以出口初级产品为主到以出口工业制成品为主，从以与发达国家产业间分工为主到以产业内分工为主。事实完全证明了马克思国际分工理论的正确性。

2. 参与国际分工、发展对外贸易应遵循的原则

在当前资本主义国际分工格局占主导地位的国际环境下，我国在参与国际分工、发展对外贸易时，必须坚持独立自主、自力更生、平等互利和符合国情等原则，以最大限度地抵消资本主义国际分工的剥削性、不平等性对我国的不利影响。

二、马克思的国际价值理论

马克思的国际价值理论从国际贸易可实现价值增值，从而实现互利的角度论证发展对外贸易的必要性。

马克思应用劳动价值论来考察世界市场，创立了“国际价值”的科学概念，这是马克思的国内价值理论的进一步发展。

（一）国际价值的含义

国际价值，即国际社会必要劳动时间，是生产某种商品的各国的平均劳动时间，它是所有进入世界市场的同类商品直接消耗的国内社会必要劳动时间的加权平均数。

（二）国际价值理论的主要内容

1.国际商品交换以国际价值为尺度

马克思的价值理论指出：“价值规律是商品生产和商品交换的经济规律，只要存在商品生产和商品交换，就必然存在价值规律的作用。商品的价值不取决于生产者的主观愿望，也不取决于商品生产者的个别劳动时间，而是取决于生产商品的社会必要劳动时间。当各国的产品相遇在世界市场时，商品交换的比例显然不能各按各的‘国民平均水平的强度’作为依据。各国互不相同的社会必要劳动时间，是以个别劳动时间的身份出现在世界市场上的，而在世界市场上考虑产品的劳动耗费时，它的计量单位是世界劳动的平均单位。”

鉴于各国劳动强度和劳动生产率各不相同，马克思得出结论：“因此，不同国家在同一劳动时间内所生产的同种商品的不同量，有不同的国际价值。”

商品在国际市场上进行交换，是以商品的国际价值为交换尺度的，而国际价值是由国际社会必要劳动时间决定的。

2.国内价值和国际价值的差异决定贸易利益

马克思在论述国内价值理论的基础上，进一步指出，国际社会必要劳动时间决定国际价值。这样，同一种商品具有国内价值和国际价值两种不同的价值尺度。商品在国内交换时，是以国内价值作为衡量的尺度；而在国际交换时，则是以国际价值作为衡量的尺度。

马克思指出，各种商品在这两种不同的价值尺度之间存在不同的比例关系，存在差异，这是价值规律发生作用的结果。由于商品的国内价值与国际价值存在差异，因此从理论上考察，在正常的、平等的贸易条件下，国际交换的双方都有可能获取利益。

马克思一方面充分揭露、批判宗主国通过贸易对殖民地附属国进行掠夺、剥削，进行不等价交换，使殖民地附属国成为帝国主义的销售市场、原料来源地和投资场所；另一方面，马克思又科学地指出，由于存在国内价值和国际价值的差异，在正常情况下，贸易双方都可能通过国际交换，实现以较少的劳动消耗获得较多的劳动产品。

商品要进入国际市场，意味着同一商品拥有两种价值尺度——国内（别）价值和国际价值，而且这两种价值尺度之间存在差异，即绝对差异和比较差异。

（1）利用绝对差异获取贸易利益

绝对差异指同种商品的国内价值高于或低于国际价值。

交换的两国各有一种商品的国内价值低于国际价值，即各有一种商品占优势，两国应分别专业化生产并出口国内价值低于国际价值的商品，进口国内价值高于国际价值的商品，这样就可以实现以较少的国内社会必要劳动时间换取较多的国际社会必要劳动时间，达到互利的目的（见表3-6）。

表3-6 **绝对差异**

商 品	国内价值	国际价值
铅笔	3 小时	6 小时
钢笔	6 小时	3 小时

（2）利用比较差异获取贸易利益

比较差异指不同商品的国内价值和国际价值的差异在程度上的不同（见表3-7）。

表3-7（a） **比较差异**

商 品	国内价值	国际价值	比较差异
甲商品	6 小时	3 小时	2 : 1
乙商品	3 小时	1 小时	3 : 1

表3-7（b） **比较差异**

商 品	国内价值	国际价值	比较差异
甲商品	3 小时	6 小时	1 : 2
乙商品	3 小时	4.5 小时	1 : 1.5

交换的双方有一国的两种商品的国内价值均低于国际价值，即该国在两种商品的生产上都具有优势，但优势程度不同。这时，该国应专业化生产并出口优势较大的商品，进口优势较小的商品，可以获得更多的贸易利益（见表3-7（b））。

另一国两种商品的国内价值均高于国际价值，即两种商品的生产论处于劣势，但劣势程度不同。这时，该国应专业化生产并出口劣势较小的商品，进口劣势较大的商品，利用绝对劣势中的相对优势，也可以获取经济利益（见表3-7（a））。

（三）中国应正确运用国际价值理论发展对外贸易

1.利用国际价值理论获取价值增值

马克思指出，落后国家与发达国家贸易时，在国际交换中“所付出的实物形式的物化劳动多于它所得到的，但是它由此得到的商品比它自己所能生产的更便宜”（《资本论》第三卷第265页）。这是由于国际贸易商品的价值实现不同于国内商品。

对于落后国家而言，以国际价值为标准同先进国家进行交换时，所输出的商品中包含的劳动时间虽然超过所得到的商品中实际耗费的劳动时间，然而在商品输入之后，还要按国内的生产条件再在市场上实现一次，进口商品不是国内不能生产，就是成本很高，因此，落后国家输入商品在国内市场上实现的价值，还是会大于或至少等于出口商品中实际耗费的劳动时间。落后国家参与国际贸易，仍然有利可图，

而且，在国际贸易中，落后国家还能看到与世界先进水平的差距，努力提高劳动生

产率，降低个别价值，争取在国际竞争中处于更有利的地位。

依据马克思主义的国际价值理论，我国作为一个发展中国家，应通过大力发展对外贸易，从而实现社会劳动的节约，实现国内价值的增值，取得贸易利益，以促进经济发展。

2.要兼顾当前利益和长远利益

我国的对外贸易绝不能仅仅以贸易利益为出发点，而应以国民经济发展的长远利益为重，即在保证全局的、长远的经济利益的前提下，充分利用国际市场条件，参与国际交换，获取贸易利益。

三、马克思的社会再生产理论

马克思的社会再生产理论从国民经济发展需保持各种比例关系的角度出发，论证了一国发展对外贸易的必要性。

（一）马克思的社会再生产理论的基本含义

马克思的社会再生产理论指出，社会生产各部类之间以及每个部类的内部必须保持一定的比例关系，包括第一部类——生产生产资料的部类和第二部类——生产消费资料的部类之间，农业、轻工业和重工业之间，农业生产内部，工业生产内部，都必须保持适当的比例关系，社会再生产才能顺利发展，取得较快的经济发展速度和较好的经济效益。

社会生产各部类之间及其内部的比例关系，不仅在价值形态上要求平衡，而且在实物形态上也要求平衡。

（二）在一国范围内不可能达到上述要求

由于各国的生产水平、经济结构、科学技术条件，以及资源和气候因素等的影响，各国社会总产品的实际实物构成往往与社会再生产的发展以及进行技术改造所要求的实物构成有差距。也就是说，在一国范围内，不可能在实物形态上达到社会扩大再生产的一切要求，任何一个国家都不可能生产自己发展经济所需要的一切。

（三）对外贸易能解决社会再生产对各种比例关系的需要

对外贸易的主要特点是可以同国外实现实物形态的转换，即可以把生产资料转换成消费资料，把消费资料转换成生产资料，或者在生产资料和消费资料内部实现转换。这是其他经济部门所无法做到的。

从这个意义上看，对外贸易是一个特殊的经济部门。通过对外贸易，可以用国内一部分产品到国外去换取本国社会再生产所需要的另一部分产品，即进行实物形态的转换，以调整第一部类与第二部类，农业、轻工业、重工业，以及它们的内部结构在实物形态上的比例关系，在较高的水平上实现综合平衡，从而取得社会经济发展的宏观经济效益。

通过对外贸易实物形态转换实现的这种社会再生产比例关系的客观要求，对一国经济的发展是具有战略意义的。

从这个意义上看，一国要想使社会再生产顺利进行，必须发展对外贸易，通过对外贸易实现实物形态转换，来满足社会再生产比例关系的需要。

（四）发展对外贸易可调剂余缺

发展对外贸易可以用长线资源交换短线资源，扩大经济规模，加速经济发展，提高国民福利水平。

如果不发展对外贸易，国民经济只能实现自我循环，国民经济运行只能建立在短线资源的基础上，势必会有一部分社会长线资源被闲置，无法发挥作用，从而使社会经济规模低于潜在可能。

（五）对外贸易在新的经济循环中必须起强有力的杠杆和推动作用

新的经济循环是指以国内资源和市场为主，国内外资源和市场有机结合。在这种新的经济循环下，国民经济有可能建立起超越本国经济内在力量的社会再生产规模，建立起高级的国民经济综合平衡，取得更快的经济发展速度和更好的经济效益。

而只有通过对外贸易，才能根据我国的需要和国外市场的可能，将国内外资源和市场适当有机地结合起来。

由此可见，依据马克思的社会再生产理论，作为一个经济落后的发展中国家，必须大力发展对外贸易，实现对外实物形态的转换，满足扩大再生产的要素比例要求，实现高水平的国民经济综合平衡，这是经济发展规律的客观要求。

本章小结

古典贸易理论以亚当·斯密提出绝对优势论为开端，后经大卫·李嘉图发展，形成了相对优势论，继而赫克歇尔和俄林提出了生产要素禀赋学说，最后萨缪尔森等人在此基础上进一步完善和补充，形成了古典贸易理论体系。绝对优势理论和相对优势理论从技术差异角度解释比较优势，而生产要素禀赋论则从要素禀赋差异角度解释比较优势。

第二次世界大战后，特别是20世纪60年代以来，国际贸易出现了一系列新的变化，从而构成了一个全新的国际经济背景。传统的以比较优势为基础的贸易理论难以做出合理的解释，这就引发了对传统贸易理论的再思考。针对传统贸易理论的不足，新贸易理论应运而生。新贸易理论的研究者关注市场结构的重要作用，认为在现实经济中完全竞争状态并不是最优的，规模经济尽管对市场结构的竞争性有一定的损害，但仍是有益的。他们主张经济的有效竞争，认为要实现规模经济与市场竞争的有效结合，需要政府进行干预。

马克思考察资本主义经济制度时，首先从资本主义最简单的经济细胞——

商品入手进行分析，深刻揭示了劳动和资本的关系及其不可克服的矛盾，尔后从国内到国外，分析了包括对外贸易在内的国际经济关系。马克思主义的国际分工理论以国际分工理论为理论依据，阐明发展国际贸易的客观必然性与必要性；马克思的国际价值理论从国际贸易可实现价值增值，从而实现互利的角度论证发展对外贸易的必要性；马克思的社会再生产理论从国民经济发展需保持各种比例关系的角度出发，论证了一国发展对外贸易的必要性。

关键术语

绝对优势　比较优势　要素禀赋　要素密集度　要素价格均等化定理　里昂惕夫之谜　国际分工　国际价值　技术差距论　产品生命周期　偏好相似说　产业内贸易　国家竞争优势

思考题

1.绝对优势论中指出的贸易基础和决定贸易双方获利的关键因素是什么？

2.比较优势论比绝对优势论有哪些发展？贸易双方获利的源泉何在？

3.简述生产要素禀赋理论的主要内容及其进步性。

4.你对里昂惕夫之谜是怎样理解的？

5.分析并说明国际分工与国际贸易的关系。

6.马克思的国际价值理论是如何从价值量方面，对经济发展水平不同的国家都能从国际贸易中获利做出解释的？

7.马克思的社会再生产理论是如何从实物形态平衡的角度，说明一国发展对外贸易的必要性的？

8.简述技术差距论的主要内容及其贡献。

9.简述产品生命周期理论的主要内容及意义。

10.偏好相似论的核心内容是什么？与传统贸易理论的不同点是什么？

11.什么是产业内贸易？其产生和发展的基础是什么？

12.按照波特的竞争优势论，一国的竞争优势由哪些因素决定？比较优势与竞争优势的关系如何？

第四章 对外贸易与经济增长

扫码查看课件

学习目标

通过本章学习，着重从经济机理出发，从深层次上把握对外贸易与国民经济发展的内在联系，揭示进出口贸易的发展与技术进步、工业化演进及经济发展之间的关系，从而进一步认识对外贸易在我国国民经济发展中的战略地位和作用。

第一节 对外贸易与经济增长关系的理论

经济增长在物质形态上是指一个国家在一定时间内生产的产品和劳务总量的增加，在价值形态上是指一定时间内国民收入的增加。而衡量一国经济增长的指标一般采用国民生产总值（GNP）或国内生产总值（GDP）的年均增长率。

一、自由贸易促进经济增长

（一）亚当·斯密的国际贸易和经济增长思想

亚当·斯密是英国古典经济学的创立者。斯密认为国际贸易对经济增长具有重大意义。首先，劳动分工能提高劳动生产率，一国劳动分工的深度受到一国市场大小的约束，对外贸易可以突破国内市场约束，扩大市场规模，从而使分工得到进一步发展。不同国家和地区间的专业化分工能够通过国际贸易促进各国劳动生产率的提高，从而有利于经济增长。其次，对外贸易可以使一国剩余产品实现其价值，从而鼓励人们去提高劳动生产率，努力增加其产量，使国民财富和收入都有所增长。再次，从事对外贸易的个别商人有时赚得的高额利润会使该国的一般利润率提高，这是因为其他生产单位的资本会转移到这项对外贸易中来，减少这些单位的商品供应，而在需求不变时，价格上涨，这些单位的资本家和外贸商人一样，可以得到更多利润。最后，对外贸易不仅能促进生产，还能增进消费者的利益，从而有利于国民经济的增长和发展。

（二）大卫·李嘉图的国际贸易和经济增长思想

大卫·李嘉图是古典政治经济学的集大成者。李嘉图根据他的经济理论论证了自由贸易可能带来的种种好处。首先，自由贸易能更有效地配置一国和世界的资源。其次，对外贸易可以抑制工资上涨，从而提高利润率，增加资本积累，促进国民财富的增长。由于土地数量有限和质量差异，农业生产的报酬会递减，它将导致工资的提高。而“工资不跌落，利润就绝不能提高”，利润率不能提高就无法进行资本积累，因此这种报酬递减规律对国民经济增长具有约束作用。他认为虽然技术进步能部分抵消这种递减趋势，但就农业而言，从长期来说，农业报酬递减是不可避免的。他认为随着对外贸易的扩大，劳动者的食物和必需品就可以按降低的价格送上市场，从而使劳动的自然价格下降，使工资持久地跌落，于是，利润率相对提高。

李嘉图主张自由贸易并提出比较优势学说，即每个国家都专业化生产和出口本国具有比较优势的产品，进口本国具有比较劣势的产品，这样各国都能从中得到利益。比较优势学说极大地发展了斯密的绝对优势学说，成为国际贸易理论的奠基石。

李嘉图的自由贸易理论同样是为英国新兴资产阶级服务的。他的理论比斯密的理论更为全面、更具有说服力。相对优势理论为包括落后国家在内的世界上所有国家都应参与国际贸易提供了理论基础，这完全符合当时英国的利益。李嘉图时期，英国已经实现产业革命，它所生产的制造品成本不仅相对而且绝对地下降，贸易自由可以使英国在国际经济格局中保持有利地位，即英国向其他国家输出工业制成品，而其他国家向英国输出原料而成为英国的经济附庸。①

（三）萨伊、西尼尔的国际贸易和经济增长思想

虽然萨伊、西尼尔都是19世纪被马克思称为为资本主义辩护的资产阶级庸俗经济学家，但他们在国际贸易对经济增长的作用方面有一些值得关注的论述。

萨伊认为活跃的国际贸易能大大激励国内产业，对外贸易给本国产品开辟了销路。根据“萨伊定律”，即所谓“供给创造需求”，他认为购买和输入国外货物绝不会损害国内或本国产业和生产，因为如果一国以本国产品来购买国外货物，那么对外贸易直接给本国的产品开辟了销路。如果以现金来购买外国货物，现金本身一定是用国内生产的产品换来的。所以，不管是用现金还是用本国产品偿付国外货物，对外贸易都有利于本国产品的销路。他和斯密一样是人口增长的乐观派，认为稠密的人口是扩大生产和经济增长的标志，而贸易可以维持人口的高增长。

萨伊认为在市场机制作用下，市场本身具有使总供给和总需求达到均衡的能力，他认为要促进经济发展就必须实行自由竞争、自由贸易政策。应该说，虽然萨伊的理论，特别是他的价值理论和分配理论带有庸俗成分，但他的国际贸易和经济增长思想非常接近斯密的思想，具有古典经济学的一些基本特点。

纳索·威廉·西尼尔（Nassau William Senior，1790—1864）是19世纪30年代英国

---

① 谭崇台. 西方经济发展思想史［M］. 武汉：武汉大学出版社，1995：48-59.

很有影响的经济学家。他是经济自由主义者，他把自由竞争和自由贸易看作经济增长的必要条件。他特别强调对外贸易摆脱农业报酬递减对经济增长的制约作用。对工业国来说，由于工业劳动报酬递增，这使工业发达国家不仅需要，而且能够进口农产品。

西尼尔继承和发展了李嘉图的自由贸易理论，提出了国际贸易对经济发展影响的许多新观点。他不仅论证了自由贸易给贸易国带来好处，还根据他的工农业的报酬递增和递减规律分析了工业国和农业国间的贸易可能存在的贸易条件问题，同时还指出贸易对农业技术进步的促进作用。

（四）俄林的国际贸易理论和经济增长思想

瑞典经济学家俄林（Berth Ohlin，1899—1979）于1933年出版了《地区间贸易和国际贸易》一书，提出了国际贸易要素禀赋理论，由于该理论受到赫克歇尔的影响，故也称为赫克歇尔-俄林理论。该理论已成为新古典贸易学说的代表，是现代国际贸易理论的奠基石。

俄林完全主张自由贸易，坚信自由贸易能够促进贸易国的经济发展。

首先，俄林认为国际贸易能使所有贸易参与国或地区得益。他说："在没有贸易的情况下，生产要素禀赋的巨大不平等意味着很大的损失。"[①]在生产要素不易在国家间流动的条件下，国际贸易作为要素流动的替代物具有优化要素配置的功能。那些某些要素丰富而其他要素贫乏的国家可以生产需要大量本国丰裕要素及小量稀缺要素的产品以供出口，进口那些需要大量本国稀缺要素及小量丰富要素生产的外国产品，这样就可以使资源得到有效配置，从而使该国总产品量增加。

其次，俄林认为国际贸易能够由于专业化而提高劳动效率。贸易使国际专业化产生，而专业化一旦形成，生产要素的质量差别将不断扩大，专门生产自己所擅长的产品的效率会更高。这样，贸易和专业化互相促进，劳动效率不断得到提高。

最后，俄林认为"对外贸易的发展是经济发展的一部分"。他说："简直不能想象，在过去的一百年中，如果没有国际贸易，经济发展会是什么样子。"俄林论证了在没有任何贸易障碍和要素不能跨国流动的前提下，国际贸易能增加国民收入。他认为贸易促使商品和要素的价格在国际上的均等化以及生产规模的扩大和专业化，从而使国民总产量增加。

要素禀赋理论受到后来许多贸易经济学家的推崇。许多经济学家对俄林的2×2×2模型进行理论扩展并实证检验，论证了该理论的有效性。实证检验中出现的"里昂惕夫之谜"引发了国际贸易理论的进一步发展。

要素禀赋理论在国际贸易理论中产生了深远影响。

二、贸易保护促进经济增长

（一）重商主义的贸易和经济增长思想

15世纪至17世纪中叶，西欧流行重商主义。重商主义认为货币是财富的唯一形态，

① 俄林．地区间贸易和国际贸易［M］．王继祖，等译校．北京：商务印书馆，1986：13.

取得货币财富的真正来源是发展对外贸易。他们认为对外贸易不仅是国家获取财富的源泉，同时也是利润的源泉。国家为了致富和防止贫困，必须发展对外贸易。

为了通过贸易来实现财富的积累，无论是早期重商主义的货币差额论还是晚期重商主义的贸易差额论，都主张贸易保护主义。

托马斯·孟认为："对外贸易是增加我们的财富和现金的通常手段，在这一点上我们必须时时谨守这一原则：在价值上，每年卖给外国人的货物，必须比我们消费他们的为多。"[①]托马斯·孟非常重视运费、保险、旅游开支、利息等这些服务贸易的差额，提出发展服务业和利用殖民地商品作为转口贸易的重要性。

为了扩大出口，达到贸易顺差，各国纷纷实行奖出限入的贸易保护主义政策，并主张国内生产应该服务于商品输出的需要，大力扶植和生产那些在国外能售出高价的商品，并通过压低工资等办法来发展工场手工业，这些都有力地推进了资本主义生产关系的发展。

重商主义学说在历史上有一定的进步意义。它促进了资本主义生产方式发展的必要前提的迅速完成，加速了资本主义的发展。但由于历史条件的原因，重商主义者错误地把金银同货币混为一谈，又把货币视为财富的唯一形态。重商主义认为对外贸易是财富的唯一源泉，他们把贸易顺差而积累的货币和在贱买贵卖中获得的利润通通归结为流通领域产生的，这是把流通领域和生产过程混为一谈，从而得出流通过程是社会财富和利润源泉的错误结论。

（二）德国历史学派的国际贸易和经济增长思想

19世纪中叶，由于德国当时经济较为落后，一些德国经济学家提出通过国家政权来保护本国工业的发展，主张贸易保护主义，在理论上形成了和古典学派相对立的历史学派。该学派直到第一次世界大战前一直在德国经济学界占据支配地位。

弗里德里希·李斯特（Friedrich List，1789—1846）是德国历史学派的先驱。李斯特于1841年在其代表作《政治经济学的国民体系》中提出了生产力理论。为了论证他的生产力理论，他提出了经济发展阶段论和贸易保护主义学说。他通过对贸易史的研究提出一国应根据不同发展阶段采取不同贸易政策的主张。他指出，在第一阶段，即原始未开化、畜牧业和农业阶段前期，经济落后国家应该同较先进国家进行自由贸易，使自己摆脱未开化状态并求得农业的发展，从而促进经济繁荣和文化进步；在第二阶段，即农业阶段后期和农工时期，应当实行贸易保护政策，来促进本国制造业、海运业和商业的发展；在第三阶段，即农工商时期，当本国制造业、农业、商业及整体经济实力有了高度发展后再逐步恢复到自由贸易，并且在国内外市场上同其他国家进行毫无限制的竞争，这样可以获得廉价工业原料及消费品。他认为当时英国已经达到农工商阶段，而德国和美国则处于农工时期，因此，它们应该实行国家干预政策和贸易保护政策来保护本国幼稚工业，发展本国生产力。

---

① 孟．英国得自对外贸易的财富［M］．顾为群，等，译．北京：商务印书馆，1965：13.

（三）凯恩斯的国际贸易理论和经济增长思想

约翰·梅纳德·凯恩斯（John Maynard Keynes，1883—1946）的理论主要关注封闭条件下的国民经济的均衡，他的国际贸易思想散落在他的著作中，其观点主要是为他的整体宏观理论服务的。根据他的宏观经济中“需求管理”思想，他认为在一定的约束条件下，贸易顺差有利于利率的下降，而利率降低能引致国内投资，从而扩大有效需求和增加就业。他肯定了重商主义的合理成分，不过他的贸易保护观相对较为温和，并不主张过多的贸易限制和过度贸易顺差。①

根据凯恩斯的国民收入决定恒等式GDP=C+I+G+（X-M），他认为进口对国民产出具有一种漏出作用，出口的增加就如同投资一样能增加国内产出和就业。而且和投资一样，出口对国民产出具有乘数效应。因此，凯恩斯主张奖出限进的贸易保护政策。

由于凯恩斯的国际贸易在经济增长中作用的理论推导是在存在国民经济“需求不足”下进行的，因此他的理论具有一定的局限性。通常情况下，只有当一国国内尚未达到充分就业，或在世界总进口值增加，或在一国需要扩大有效需求的情况下，增加出口的对外贸易乘数效应才能发挥出来。不过，他的观点有一定的辩证性。他虽然认为贸易顺差对一国经济发展和就业有益，但同时强调了过度顺差可能带来的消极影响。无论他的宏观经济理论还是与其相联系的国际贸易和经济增长的思想都对后来的经济学家产生了深远影响。

（四）发展经济学家刘易斯的国际贸易与经济增长思想

威廉·阿瑟·刘易斯（William Arthur Lewis）是发展经济学的开拓者和杰出代表。他在《劳动力无限供给下的经济发展》一文中探讨了“开放二元经济模型”，研究了贸易对经济增长，特别是发展中国家经济增长的作用。

首先，刘易斯认为国际贸易可以提高发达国家的利润率。在一个开放的世界中，在发展中国家存在二元经济结构和劳动力无限供给的条件下，发达国家通过国际贸易吸收发展中国家的剩余劳动力或输出资本来限制本国工资水平的上升，提高本国资本家的利润率，从而促进发达资本主义国家的经济发展。

其次，刘易斯认为“核心国”的工业增长能够通过初级产品的国际贸易，成为外围国家经济增长的发动机。那些缺乏工业基础的外围国家可以通过向“核心国”出口初级产品来促进自己的经济增长，为工业化创造条件。而那些已有一定规模的工业部门的国家可以通过模仿“核心国”直接进行工业革命。不过，刘易斯后来对于贸易是经济增长的发动机作出修正。他在《增长发动机的降速》一文中指出：“贸易只是润滑剂，而不是增长的发动机……贸易最大的优点在于它能为转向更有价值的选择创造条件，长期的增长的发动机是技术变革。”

刘易斯的二元经济发展理论在发展经济学上产生了深远的影响并激发了许多后续的研究。经济学家费景汉（John C.H.Fei）和古斯塔夫·拉尼斯（Gustav Ranis）将刘易斯

① 凯恩斯．就业利息和货币通论［M］．徐毓楠，译．北京：商务印书馆，1983：291.

的模型一般化、数量化和公式化并进一步发展了拉尼斯的理论，进一步论证了提高农业的劳动生产率和改善贸易条件仍然是顺利实现一国工业化的保证。这些理论对发展中国家通过贸易实现工业化战略有重大启示。

（五）新贸易理论和经济增长思想

20世纪80年代以兰开斯特、克鲁格曼、赫尔普曼等为代表的经济学家针对产业内贸易现象把不完全竞争和规模经济引入国际贸易理论的分析框架，创立了"新贸易理论"。

新贸易理论认为即使两国之间没有要素禀赋的差异，规模经济和垄断本身也是国际贸易的基础。在自给自足的情况下，规模经济和产品差异化是有矛盾的，国际贸易可以突破市场规模和资源的限制，各国可以专业化生产几种与其他国家具有差异化的产品并与他国进行产业内贸易，从而提高各国的社会福利。

新贸易理论认为贸易对一国经济增长有巨大的促进作用。因为在规模经济和不完全竞争条件下，不仅存在传统国际贸易理论中的比较优势，同时还存在其他一些利益。首先，如果贸易导致一国报酬递增产业扩张和规模报酬递减产业缩减，其总收益就会超过报酬不变情况下的收益。规模扩大可以看做一种提高经济效益的技术进步。因此，只要国际竞争具有竞争效应，使不完全竞争公司降低价格，提高产量，它就能使全球得益。其次，当存在外部规模经济和可竞争市场的情况下，国际贸易会导致每一个报酬递增部门集中在一个国家，这种集中导致了世界范围的生产规模比任何一个国家在自给自足下的生产规模更大。这样，报酬递增商品的价格就会下降，甚至使那些因贸易而不生产的国家也得益。再次，对于不完全竞争产业，贸易会增强竞争，减少垄断利润。如果企业能自由地进入和退出，那么在其他条件不变的情况下，会出现公司数目的减少和公司平均产出水平的增加，这在报酬递增情况下会提高生产率，从而使全球福利增加。最后，在相异产品存在报酬递增的情况下，国际贸易总是使消费者可得产品多样化并且使每种产品的生产规模扩大，而这一点在封闭经济中是无法实现的。如果人们能利用这种机会，国际贸易的收益将远远超过传统的比较优势带来的收益。这些收益甚至能够减弱或扭转贸易收入分配对生产要素的不利影响，因为所有的生产要素都能从贸易中得益。①

新贸易理论提出了战略性贸易政策，认为适当的政府干预能够改善市场运行，使一国贸易收益最大化。

J.A.布兰德（J.A.Brander）和B.斯潘塞（B.Spenser）从"利润转移"的角度研究了战略性出口政策和战略性进口政策的可行性。后来，阿维纳什·迪克西特（Avinash Dixit）、乔纳森·伊顿（Jonathan Eaton）、G.M.格罗斯曼（G.M.Grossman）、保罗·R.克鲁格曼（Paul R.Krugman）、E.赫尔普曼（E.Helpman）、维克多·诺曼（Victor Norman）、威尔弗雷德·埃瑟尔（Wilfred Ethie）等经济学家对这些理论进行了扩展和进一步研究，认为在不完全竞争的市场结构下，对那些通常具有外溢效应、规模经济和易形成"自然垄断"的行业，政府可以通过生产与研发补贴、出口补贴与进口关税等来保护国内市

---

① 刘厚俊，等．国际贸易新发展理论、政策、实践［M］．北京：科学出版社，2003：29-39.

场，扶植本国战略性产业的成长，培育和提升本国产业国际竞争能力，转移国外垄断厂商的超额利润，提高本国的福利水平。

新贸易理论在某种程度上进一步证明和强化了传统贸易理论的贸易利益说，同时集中探讨了贸易和规模经济以及不完全竞争下可能存在的贸易利益。

根据新贸易理论而提出的战略性贸易政策从理论上说明了在不完全竞争市场结构下政府干预贸易的理论依据。它对一国贸易政策具有十分重要的启示。不过，新贸易理论和战略性贸易政策也有一定的局限性。严格的理论假设影响了该理论的一般适用性，战略性贸易政策只有在特定条件下才有效，它容易导致贸易战和巴格瓦蒂所说的“非生产性寻租”，因此，该政策在实施过程中存在一定难度。

三、自由贸易、适度贸易保护与经济增长

（一）马尔萨斯的国际贸易与经济增长思想

托马斯·罗伯特·马尔萨斯（Thomas Robert Malthus，1766—1834）是另一位庸俗经济学家，以人口理论而著称。他提出了经济发展中所谓的“马尔萨斯陷阱”。

马尔萨斯根据他的经济理论体系分析了国际贸易对经济增长的作用。首先，马尔萨斯认为国际贸易能够增加有效需求。有效需求不足是阻碍经济增长的主要原因。他说：“国外贸易的自然趋势是可以直接增加由利润组成的那部分国民收入的价值，正是这种收入的直接增加，可以提供雇用较多劳动的能力和意愿，并且造成对劳动、产品和资本的活跃需求，而这种活跃需求是成功的国外贸易的一种显著和普遍的伴随物。”[①]其次，马尔萨斯认为对外贸易能够阻止利润率下降。对外贸易能激发新的欲望，形成新的爱好和提供足以使人辛勤劳动的新动机，而这些因素对于维持商品的市场价格和阻止利润率下降是绝对必要的。最后，马尔萨斯认为国际贸易有利于工农业的平衡发展，工业（商业）和农业可以互为市场。他说：“在一个工商业繁荣的国家里，土地产品总能在国内找到现成的市场；同时，制造业中机器的改良和资本的扩充以及对外贸易的繁荣会导致相对高的谷物价格，使农民能够用他的一定份额的谷物收入去交换很多本国和外国的便利品和奢侈品。”

马尔萨斯在对外贸易政策上，并不反对适当的贸易保护政策。他认为自由贸易是美好的，但却是难以实现的。他说：“我的确认为，对某一个别国家的利益来说，对外粮进口加以某种限制，有时也许是有利的，我更肯定地认为，对全欧洲的总体利益来说，如果给予谷物贸易和其他一切商品的贸易以最完全的自由，那就最为有利。这种完全的自由必然会带来更自由和更平均的资本分配，而这种资本分配虽然会大大地增进欧洲的财富和幸福，却毫无疑义会使欧洲的某些部分比它们现在更为贫困，人口更为稀少；并且也没有什么理由可以希望个别的国家能为了全世界的财富而乐于牺牲它本国国境之内的财富。因此，完全的贸易自由恐怕是一种永远不能实现的幻想。”[②]

① 马尔萨斯．政治经济学原理［M］．厦门大学经济系翻译组，译．北京：商务印书馆，1962：325.
② 马尔萨斯．政治经济学原理［M］．厦门大学经济系翻译组，译．北京：商务印书馆，1962：425.

马尔萨斯对贸易促进增长的理论更加接近现实，他认为国际贸易能够成为经济增长的必要条件，但同时强调一国之内的工农业平衡发展是经济持续发展的保证，一国不能完全依赖国外市场。

在国际贸易政策方面，马尔萨斯的观点也较为实际，他在某种意义上批驳并发展了李嘉图的观点，同意李嘉图的自由贸易会给全体国家带来福利的好处，但同时指出贸易利益在不同国家间的差异导致现实中贸易保护主义存在的合理性。

应该说，马尔萨斯的理论对当今各国国际贸易政策的政治经济分析仍然具有很大的启示。

（二）穆勒的国际贸易和经济增长思想

约翰·斯图亚特·穆勒（John Stuart Mill，1806—1873）是19世纪中叶英国最著名的经济学家。他在国际贸易理论上对古典经济学做出了巨大贡献。

穆勒全面系统地分析了国际贸易的利益，认为国际贸易会带来巨大直接利益和间接利益。直接利益体现在以下两个方面：一方面，国际贸易能够通过国际分工，使生产资源向效率较高的部门转移，更有效地运用世界的生产能力，提高产量和实际收入；另一方面，国际贸易能使本国获得自己不能生产的原材料和机器设备。间接利益则包括经济利益和社会利益。经济利益包括国际贸易可以导致市场的扩大、分工的发展、生产技术的改进，以及刺激未开化民族的消费需求及节蓄欲望以至引起一国的产业革命等。

穆勒还认为一个国家在发展初期通常受到资本的约束，引进外国技术和输入外国资本是解决资本约束的一种重要方法。这些措施即便不能使人们的实际生活状况有所改善，也会逐渐向人们灌输新思想以打破旧习俗的束缚，给本国人民一种刺激，使他们产生新的欲望和新的需求，更多地为将来考虑。

穆勒是一位折中主义者，但是他认为自由放任是经济发展的一般规律。他说："人民比政府更了解和更关心他们自己的事业和利益。"因此，他反对国际贸易中的贸易保护主义。不过，他同时也主张政府适度干预经济和贸易。

穆勒是资产阶级古典经济学中最为全面系统地论述国际贸易利益的经济学家，他第一次全面地从贸易的静态利益和动态利益角度分析贸易对经济增长的影响，其有关贸易的技术进步效应、观念效应给后来的经济学家很大的启发。

（三）萨缪尔森的国际贸易和经济增长思想

萨缪尔森（Paul A.Samuelson，1915—2009）是新古典综合学派创立者。

从本质上说，萨缪尔森是一个自由贸易论者，他信奉比较优势原则，他说："事实上，按照比较优势原则进行的贸易对所有的国家全都有利。""这一简单的原理为国际贸易提供了不可动摇的基础。"[①]

萨缪尔森认为相对于大国而言，"小国从贸易中获得的利益较多。这是因为它们对

---

① 萨缪尔森，诺德豪斯．经济学［M］．萧琛，等译．16版．北京：华夏出版社，2000：555-556.

世界价格的影响力最小，所以能按与国内价格非常不同的世界价格进行贸易”。

萨缪尔森主张自由贸易，认为绝大多数的贸易保护主义观点都是站不住脚的。

但作为凯恩斯主义者，萨缪尔森不是完全的自由贸易论者。

萨缪尔森看到了比较优势理论的局限性。

首先，萨缪尔森认为：“从理论上讲，比较优势理论的主要缺陷在于它的古典假定，即假定经济是一种平稳运行的竞争经济，价格和工资是灵活的，不存在非自愿失业。”他认为当经济处于衰退或价格体系不能正常运行时，我们不能肯定各国能从贸易中得利。

其次，萨缪尔森和斯托尔帕（Stolper）于1941年提出了著名的斯托尔帕－萨缪尔森定理，即如果实施关税等贸易保护政策，那么稀缺要素（例如，美国的劳动）密集型商品的价格将提高，从而有利于稀缺要素的价格和实际收入的提高。因此，他认为在一定条件下，关税可能使贸易条件对一国有利；对于有增长潜力的“幼稚产业”实行临时性关税保护，从长期看可能是有效率的；关税有时能帮助减少失业。

萨缪尔森对国际贸易理论和经济发展的思想也进行了“新古典综合”，本质上，他主张古典经济学的自由贸易理论，但同时也不同程度上受到凯恩斯的贸易保护主义的影响，认为在一定条件下有些贸易保护能促进一国经济发展。显然他是位折中主义者，他的国际贸易和经济增长思想不可避免地在一些问题上充满矛盾。

四、国际贸易悲观论

（一）发展经济学家劳尔·普罗维什的国际贸易和经济增长思想

劳尔·普雷维什（Raúl Prebisch，1901—1986）是著名的发展经济学家。他在1949年发表的《拉丁美洲的经济发展及其主要问题》和1959年发表的《欠发达国家的贸易政策》中提出了“中心-外围”论、发展中国家“贸易条件恶化”论以及进口替代工业化理论。

普罗维什认为世界由“中心-外围”（中心国家和外围国家）组成。中心国家的经济结构具有同质性和多样性，而外围国家的经济结构则存在异质性和单一化。这种结构的差异来源于中心资本主要国家的扩张。[①]

普罗维什认为中心国家是技术的创新者和传播者，他们得到技术进步的所有成果，外围国家不仅分享不到中心国家的技术进步，反而连自己的技术进步成果也几乎被中心国家所掠夺，外围国家的经济发展受到中心国家的控制。在“中心-外围”体系下的国际分工是中心国家出口工业制成品，而外围国家出口初级产品。由于技术进步的利益分配不均，初级产品的收入需求弹性小以及中心和外围国家工会力量的差异，发展中国家的初级产品贸易条件会不断恶化，即产生所谓的“普罗维什命题”。

普罗维什认为外围国家要摆脱贸易中心国家的控制，提高其在国际交换中的利益，必须通过进口替代战略实现工业化，摆脱对外经济依附性，发展民族经济。

① 董国辉．劳尔·普罗维什经济思想研究［M］．天津：南开大学出版社，2003：53-60.

第二次世界大战后，许多发展中国家，特别是拉美国家以普罗维什的“中心-外围”理论为指导，纷纷实行进口替代工业化战略，由于时代变化和具体政策在实施中的偏差，这些国家的经济表现不尽如人意。但是，这不能完全归咎于普罗维什的进口替代战略。

普罗维什的进口替代战略有一定的合理性，其理论对后来经济发展理论和一些国家的经济实践产生了巨大影响。

（二）克拉维斯的国际贸易和经济增长观点

J.B.克拉维斯（J.B.Kravis）（1970）通过历史统计资料的分析，发现从1870年到第一次世界大战前，工业国对外贸易和落后国家对外贸易每10年平均增长率非常接近，分别为40%和36%，19世纪后半期，印度、锡兰等地的出口增长率和北美、澳大利亚等新移民地区的出口增长率也相差无几，但后者经济增长率远远高于前者。因此，他认为贸易不是经济增长的发动机，而只是“经济增长的婢女”。只有技术进步使产品质量提高，成本降低，品种增多，出口扩大，经济才能增长。外贸既不是增长的充分条件，也不是必要条件，而且还不一定必然对经济增长有益。

显然，克拉维斯强调技术进步在经济增长中的作用是值得肯定的，但是，他认为贸易对经济增长不起作用，只是经济增长的伴随物的观点是值得商榷的。他未能意识到贸易对经济增长的各种静态和动态利益。

（三）“依附论”学派的国际贸易与经济增长观点

经济学界受到“中心-外围”理论影响最大的是依附论。依附论学派众多，较有代表性是安德烈·冈德·弗兰克（Andre Gunder Frank）和萨米·阿明（Samir Amin）的“不发达理论”、特奥托尼奥·多斯桑托斯（Theotônio Dos Santos）等人的“马克思主义依附理论”以及阿吉利·埃曼纽尔（Arghiri Emmanuel）的“不平等交换理论”。这些理论观点不尽相同，但基本上都认为外围国家和中心国家存在依附和支配关系，在当代国际条件下，发展中国家的现代化是根本不可能的。

安德烈·冈德·弗兰克认为外国投资、援助和贸易起着榨取剩余价值的渠道作用。

萨米·阿明认为“中心-外围”体系阻碍了外围国家的积累和发展，外围国家要获得发展就必须“斩断”与帝国主义的联系。

特奥托尼奥·多斯桑托斯认为地区间的矛盾和剩余价值的转移是外围国家不发达的核心原因。

阿吉利·埃曼纽尔认为工资差异和剩余价值率的不均衡是国际剥削的主要原因，他主张实行贸易保护主义，尽量减少进口，以摆脱对发达国家的经济依附。

这些依附论的观点曾经引发了激烈的争论。依附论在揭示发达国家和发展中国家的关系上有一定的科学性，但他们的观点过于激进，没有意识到发展中国家在和发达国家的贸易中可能获取的好处。他们所谓的“斩断”和发达国家的联系才能使发展中国家经济得到发展的主张无论在理论上还是在实践中都站不住脚。

第二节　对外贸易促进经济增长的机制

对外贸易，实质上是一揽子商品和劳务在国家间的转移和重新配置，其本身作为一种交易机制是一个包含技术、制度、资本和知识等诸多要素的综合体，对一国经济增长的影响也是多方面的。

具体来说，对外贸易可以通过推动技术进步、制度变迁、物质资本形成，以及吸引外商直接投资和加快人力资本积累等途径来推动经济增长。

一、对外贸易促进经济增长的途径

（一）通过推动技术进步促进经济增长

现代经济的增长在极大程度上依赖于科学技术的进步，这是当代经济发展的主要特征。

在现代经济中，技术进步主要通过提高生产要素的质量、合理配置利用资源、扩大规模经济、提高生产要素效率和改变经济结构与制度来促进经济增长。

对外贸易是一国获取先进技术的重要渠道，新技术的巨额开发费用使得最发达国家也不可能仅仅依靠本国自己的研发来满足本国所需的大量技术，而对于经济落后、技术水平低的发展中国家而言，对外贸易能够给予它们模仿技术前沿国先进技术的机会。具体来说，对外贸易主要通过物化型传递和外溢对技术产生影响，从而促进经济增长。

（二）通过推动制度变迁促进经济增长

新制度经济学认为经济增长的根本动力来自对工作、投资和创造性的激励，而激励机制的实施与成效又是由制度决定的。

经济增长的原因在于制度变迁，如果忽略了制度变迁的重要作用，对经济增长现象的解释就会出现偏差，如果没有制度变迁，经济增长是不可能实现的。

首先，对外贸易可以通过引进制度，扩大国内制度供给，节省制度创新的成本，也可以通过“边干边学”效应和“外溢”效应，不断改进交易制度，直接促进整个国家的制度创新；其次，对外贸易还可能导致市场和经济规模的增大，迫切需要制度创新以降低交易费用；最后，对外贸易把企业推向竞争激烈的国际市场，引起竞争强化，迫使国内企业积极进行制度创新，以提高组织运行效率和技术创新效率，从而提高自身的竞争力。对外贸易正是通过以上途径推动制度变迁来促进经济增长的。

（三）通过积累物质资本促进经济增长

物质资本是实现经济增长和发展的物质基础和条件。在哈罗德·多马模型中，一国的经济增长率取决于资本产出率和储蓄率。

资本产出率主要受技术因素影响，短期内不会有太大改变；经济增长率主要受储蓄率影响，而通常人们假定储蓄率可以全部转化为投资，所以可以说经济增长率主要由投资率或资本积累决定。物质资本作为非物质资本及其他一切经济增长要素的载体，以其不可替代性，对经济的增长发挥巨大作用。

对外贸易可以通过积累物质资本来促进经济的增长。对外贸易对资本的影响体现在对资本积累量的影响上。微观上，出口提高企业盈利的前景，进口则加剧市场竞争，因而会促使企业加大资本的投入；宏观上，出口可使一国的外汇储备和储蓄增加，扩大了可投入资本总量。

（四）通过吸引外国直接投资促进经济增长

一个国家对外贸易的程度直接反映了该国的对外开放程度。一个国家的贸易一体化程度提高，这个国家的国内投资环境就会趋于改善和提高，这无疑有利于该国吸引国际投资；反之，一国参与国际贸易程度越低，则其产品进入他国市场的难度越大，对吸引出口导向型外国投资是不利的。这样看来，国际投资和贸易之间可能存在较强的相关性，而这种相关性表明，外国直接投资与东道国对外贸易之间可能存在相互促进、相互带动的关系。

（五）通过加快人力资本积累促进经济增长

人力资本是蕴含于人自身中的各种生产知识与技能的存量总和。从各国发展现实来看，人力资本丰裕的国家比人力资本贫瘠的国家的经济增长速度更快，人力资本的投资与恰当运用对经济增长具有举足轻重的作用。

对许多国家而言，提高本国人力资本水平的一条重要途径就是进行国际贸易和国际投资。首先，通过国际贸易实行专业化的分工生产时，由于边干边学效应的作用，专业化生产有利于一国人力资本等资源禀赋的增长。其次，直接从国外引进新技术可以节约本国的研发费用，增加国内的资本积累，同时知识与人力资本的溢出效应能够促进本国的人力资本积累，并提高劳动生产率。

对外贸易可以通过上述影响机制来促进一国的经济增长。然而不同国家由于所处经济发展阶段的不同和经济结构的不同，其经济增长的决定因素，以及受贸易影响的机制也会有很大差异。

二、贸易推进措施

对外贸易对经济增长具有积极的促进作用，但是我国的对外贸易在促进经济增长的过程中仍存在一系列问题，比如对外贸易产品结构不合理，贸易方式单一，出口产品缺乏自己的品牌等。这些问题都影响了我国对外贸易对经济增长促进作用的发挥，如果不能稳妥地解决，将成为影响经济增长的隐患。因此，我国对外贸易的发展需要探讨新战略并做出相应的政策选择，以利于更好地发挥我国对外贸易对经济增长的促进作用。

（一）确立进口与出口并重的理念

自改革开放以来，由于国际收支约束观念的影响，我国在发展对外贸易时很长一段时间都采取重视出口而限制、忽视进口的政策，过于追求扩大出口、多创汇，而忽视了进口对经济增长的重要作用。

在重出口、轻进口的理念指导下，虽然我国通过对外贸易换取了大量外汇，但是外汇作为对外的一种债权具有极大的汇率风险。例如，美联储通过大肆发行美元购买美国国债导致美元贬值、美国国债收益率下降，使得我国蒙受了巨大的损失。

因此，我国在对外贸易发展中不应只重视出口而忽略了进口，而应坚持进口和出口平衡发展的原则，使进口与出口相得益彰、相互促进，进而充分发挥进出口对我国经济增长的带动作用。

（二）培育劳动密集型产业的竞争优势

我国出口劳动密集型产品能够发挥我国劳动力要素丰富的比较优势，促进要素禀赋结构的提升，进而促进我国的经济发展。然而我国劳动密集型产品的出口目前还只是依靠价格取胜，没有形成产业方面的优势。

要使我国劳动密集型产业在国际市场上的竞争力长久不衰，进一步增强劳动密集型产品出口对我国经济发展的促进作用，就必须实现从比较优势向竞争优势的转变。

一方面，应尽快推动沿海发达地区的劳动密集型产业向内陆和西部地区转移，以充分利用内陆和西部地区的廉价劳动力，降低生产成本；另一方面，应提高传统劳动密集型产业的质量和技术层次，使出口商品从粗加工向精深加工转变，创造国际名牌，提高出口产品的附加值。

与此同时，我们还要充分发挥竞争效应，打破地区行业垄断，组建出口企业集团，规范竞争秩序，以防止低价竞销和不正当竞争，并采取积极措施，规避外国不合理的反倾销，积极培育我国劳动密集型产业在国际市场上的竞争优势。

（三）提高高新技术产品在出口中的比重

我国出口的工业制成品中，大多数产品是呈现出二低一高（低附加值、低加工、高劳动投入）特点的产品，这些产品的出口对我国经济增长的促进作用有限。

为了进一步发挥工业制成品出口对我国经济增长的带动作用，当前我国外贸出口的主要任务应是努力提高工业制成品出口的技术构成，促使工业制成品出口产业在国际竞争的压力下实现由粗放型增长方式向集约型增长方式的转变，从而实现工业制成品向以高科技、高资本含量产品为主的方向迈进。

我们应大力推动机电产品的出口，支持优质品牌和高新技术产品扩大出口；提高加工贸易产品的加工程度，延长加工贸易的产业链条，引导其向高技术、高附加值方向发展；积极推行国际质量标准认证，提高出口商品的质量和档次，增强出口后劲，逐步实现出口产品结构的战略性调整，以保证出口贸易对我国经济增长产生长期、持续的促进作用。

第三节　我国对外贸易与经济增长的历史回顾

中华人民共和国成立后，我国对外贸易进入了一个新的阶段。

我国完全恢复了对外贸易的自主权，并随着历史环境的变化越来越关注贸易在经济增长中的作用。

对外贸易作为国民经济的一个组成部分，它的发展与我国国民经济增长息息相关，我国贸易战略转变、贸易制度改革、贸易发展以及对外贸易对国民经济本身的作用是与我国社会主义市场经济体制改革和对外开放相联系的。

总体而言，改革开放前，对外贸易在国民经济发展中的地位并未得到确立；改革开放后，对外贸易在国民经济发展中的战略地位逐渐凸显并得到充分发挥。

20世纪90年代后，随着社会主义市场体制的确立，对外贸易得到突飞猛进的发展，已经成为我国经济增长中不可或缺的三驾马车之一。

一、中华人民共和国成立初期到1978年我国的对外贸易与经济增长

（一）对外贸易对经济增长的总体贡献非常有限

中华人民共和国成立初期到1978年，我国计划经济体制和闭关自守的对外政策决定了我国对外贸易在国民经济中的从属地位。

中华人民共和国成立初期，一方面，我国面临着非常困难的国内外环境。多年战争严重地损害了我国工农业基础，整个经济处于崩溃边缘，同时，西方国家对新生的社会主义国家实行“禁运”和经济封锁；另一方面，苏联高度集中的计划经济体制以及当时国际上流行的内向型经济发展战略都在一定程度上影响了我国经济体制和发展战略。

在各种主客观因素作用下，我国实行了高度集中的计划经济体制并在对外经济关系上强调自力更生。这就决定了我国对外贸易在经济中的地位仅仅是“互通有无，调剂余缺”。外贸管理体制也实行行政性计划体制，由国家实行高度集中管理、高度垄断经营，外贸价格实行国家统一定价。对外贸易本身市场化程度低，基本上不是按照比较优势来参与国际分工和国际交换。这样，对外贸易对经济增长的总体贡献非常有限。

（二）实行完全内向型的进口替代工业化战略

与我国计划经济体制相一致，在工业化道路上，我国实行的是完全内向型的进口替代战略。

在这种战略下，我国贸易和其他经济政策都偏向国内市场而歧视出口，通过高关税、高估汇率和复杂行政管理程序来控制进口，以保护我国幼稚产业，通过进口一些关键机器设备和生产资料来建立我国自己的工业体系。

（三）对外贸易规模小

在高度集中的计划经济体制下实行的内向型进口替代战略决定了我国这一时期对外贸易的规模。

1950年我国对外贸易总额为11.35亿元，1976年达到134.33亿元。虽然从自身增长率来看还是比较高的，但是总体规模偏小，与我国作为一个发展中大国极不相称，更与这一时期的世界经济和贸易发展存在很大差距。我国世界贸易地位不断下降，从1953年的第17位下降到1976年的第34位。①

（四）进出口商品结构落后

在高度集中的计划经济体制下实行的内向型进口替代战略决定了我国这一时期对外贸易的商品结构。

在进口商品结构上，我国这一时期主要进口工业制成品，特别是技术含量高的机械和运输设备等生产资料以及其他重要物质资料，如钢材、化工原料、橡胶、机床、拖拉机、车辆、船舶、化肥、石油等。到1957年，我国生产资料进口比重高达92%，其中机械设备比重为52.5%。1959年、1962年、1963年、1964年和1965年我国消费资料进口比重分别为4.3%、44.8%、44%、44.5%和33.5%。应该说，我国这一时期进口的大部分为生产资料。20世纪60年代初消费资料的大量进口是由于自然灾害等原因导致国内生活资料的短缺，这些消费资料主要有粮食、糖、动植物油、棉花等。这种进口结构充分体现了我国贸易战略和对外贸易在经济中的调节余缺的作用。

就出口商品而言，我国这一时期主要出口商品为初级产品，但是工业制成品的出口比重明显呈上升趋势。1953年初级产品出口额占总出口额的比重为79.4%，而工业制成品出口额占总出口额的比重只有20.6%。1977年初级产品出口额占总出口额的比重下降到53.6%，工业制成品出口额占总出口额的比重则上升到46.4%。

就具体出口商品而言，早期出口商品主要为一些农副产品和工矿原料产品，如大豆、茶叶、桐油、猪鬃、蚕丝、钨砂、水银等。后期，在工业制成品出口额占总出口额的比重上升的同时，其出口结构也发生了一些变化。1953年，工业制成品中轻纺工业品占12.3%，重工业品占8.3%。1957年轻工业品占22.7%，重工业品占24.3%。到1965年，除皮件、闹钟、搪瓷制品等传统轻工业品外，我国已经能够出口部分化工产品、拖拉机等产品，而这些商品以前是进口品。因此，进口替代战略使我国出口商品结构有所优化，有利于我国建立比较完整的民族工业体系，提高了工业品国产化程度。

但是，由于进口替代战略不是以比较优势为原则来发展对外贸易，而且高度集中的计划经济体制使企业缺乏竞争意识和效率观念，我国这一时期的对外贸易无法起到优化资源配置的效应，无法获取国际贸易的各种静态利益。贸易的竞争效应、效率效应、技术进步效应和制度效应等更无从谈起。

---

① 黄汉民．中国对外贸易［M］．北京：中国财政经济出版社，2006：17.

二、改革开放后我国的对外贸易与经济增长

（一）对外贸易对我国经济增长的贡献越发凸显

1978年底党的十一届三中全会后，我国开始渐进式的改革开放。

我国实行了一系列经济体制改革，从商品经济和计划经济相结合、有计划的商品经济到社会主义市场经济的确立，中国市场化改革不断深入，市场机制不断完善。

在对外开放上，我国从沿海开始逐步向全国铺开，实现了从点到线，再由线到面的全方位、多层次的开放格局。

经过40多年改革开放，我国国民经济得到持续发展，人均收入不断提高，对外贸易规模急剧扩大。随着外部环境的改善和内部体制的完善，对外贸易对我国经济增长的贡献越发凸显。

（二）我国对外贸易战略和政策发生了巨大变化

随着我国改革开放的不断深入，我国对外贸易战略和政策发生了巨大变化。在改革开放初期，原来封闭性的进口替代战略越来越不适应新的历史条件。

首先，我国外部环境开始不断改善，越来越多的西方国家开始与我国建立经贸往来。

其次，封闭性的进口替代战略本身已经越来越不适应我国本身的经济体制的变化。随着市场化改革的深入，封闭式的进口替代战略的各种弊端更为突出，例如，进口替代中汇率高估不但无法有效抑制我国进口增长，同时也不利于出口增长，从而导致我国外汇短缺。鉴于此，我国外贸战略开始慢慢地转向了开放型的轨道。我国开始实行进口替代和出口导向相结合的复合型贸易战略。一方面，我国仍然实行一定程度的进口替代，不过市场机制在进口替代战略的实施过程中发挥更大作用，政府干预减少了，例如，20世纪80年代末，政府取消了进口替代清单；另一方面，我国出台了一系列鼓励出口的政策，例如，放松外贸经营权、实行外汇留成和调整制度、实施出口补贴和一定的汇率调整等。

20世纪90年代后，在全球化浪潮下，我国市场经济体制改革实现了根本性转变。1992年，邓小平南方谈话和党的十四大召开，指明了我国社会主义改革开放的方向。我国对外贸易战略也相应地作出调整，提出了“大经贸”战略构想，即大开放、大融合和大转变。

此后，我国越来越偏向于出口导向型贸易发展战略。特别是2001年我国正式加入世界贸易组织后，经济和贸易更加融入世界经济体系，贸易自由化不断深入。这些战略转变符合世界经济发展潮流和我国自身经济体制的变化，是及时有效的，对我国对外贸易发展及经济增长起到了巨大的促进作用。

随着我国贸易战略的转变，我国贸易政策越来越趋向自由化。

20世纪80年代，由于实行混合型贸易战略，虽然我国贸易激励制度越来越多地

鼓励出口，但总体关税和非关税保护水平还是比较高。例如，1982年、1985年、1988年和1991年的平均关税水平分别为55.61%、43.34%、43.77%和44.05%。由于我国在改革开放前基本没有使用国际上常用的诸如许可证、配额、自愿出口限制、政府采购以及各种技术标准等非关税壁垒，因此，改革开放初期，这些非关税壁垒措施不降，反而逐步提高。

20世纪90年代后，我国关税水平开始大幅度下降，非关税壁垒措施逐步被取消。1992年、1993年、1995年、1997年、2001年，我国平均关税税率分别为43.2%、36.4%、23%、17%、15.3%。1992年，中国实行出口主动配额管理的商品达227种，出口发证约412亿美元，占当年出口总额的48 %；2001年出口配额许可证管理商品减少到66种，出口金额为204亿美元，占当年出口总额的7.7%。进口许可证也不断减少，1992年进口配额许可证管理的商品为53种，1995年减少到36种；1995年进口发证金额为211亿美元，占总进口额的24%；到了2001年进口配额许可证进口额为198亿美元，占总进口额的8%。2001年11月我国加入世界贸易组织后，关税壁垒和非关税壁垒再次降低。目前我国平均关税总水平为7.3%，低于9.8%的入世承诺。我国已取消了大部分进口配额和非关税壁垒，并在银行、保险、旅游和电信等服务业方面进行大幅度开放。

（三）开放的对外贸易战略和政策极大地促进了经济增长和贸易发展

1.对外贸易和国民经济增长加速

我国改革开放以及对外贸易战略和政策的转变大大地促进了我国经济增长和贸易发展。改革开放以来，我国国民经济年均增长率达到10%左右，我国对外贸易平均增长速度在15%以上。对外贸易规模不断扩大，贸易依存度不断上升。我国对外贸易规模从1978年的206.4亿美元扩大到2021年的60 501.70亿美元（见表4-1）。中国在全球贸易中的排名从1978年的第32位上升到目前的第1位，贸易大国地位日益巩固。

表4-1　**2004年以来中国进出口总体情况**　金额单位：亿美元

年份	进出口		出口		进口		差额
	总额	增速（%）	总额	增速（%）	总额	增速（%）	
2004	11 545.54	35.7	5 933.26	35.4	5 612.29	36.0	320.97
2005	14 219.06	23.2	7 619.53	28.4	6 599.53	17.6	1 020.01
2006	17 604.39	23.8	9 689.78	27.2	7 914.61	19.9	1 775.08
2007	21 765.72	23.6	12 204.56	26.0	9 561.16	20.8	2 643.40
2008	25 632.60	17.8	14 306.93	17.3	11 325.67	18.5	2 981.26
2009	22 075.35	-13.9	12 016.12	-16.0	10 059.23	-11.2	1 956.89
2010	29 740.01	34.7	15 777.54	31.3	13 962.47	38.8	1 815.07

续表

年份	进出口		出口		进口		差额
	总额	增速（%）	总额	增速（%）	总额	增速（%）	
2011	36 418.64	22.5	18 983.81	20.3	17 434.84	24.9	1 548.97
2012	38 671.19	6.2	20 487.14	7.9	18 184.05	4.3	2 303.09
2013	41 603.08	7.6	22 090.00	7.9	19 499.90	7.2	2 590.20
2014	43 030.37	3.4	23 422.90	6.0	19 592.40	0.5	3 830.60
2015	39 530.30	−8.1	22 734.70	−2.9	16 795.60	−14.3	5 939.00
2016	36 855.60	−6.8	20 976.30	−7.7	15 879.30	−5.5	5 097.10
2017	41 071.60	11.4	22 633.70	7.9	18 437.90	16.1	4 195.80
2018	46 230.40	12.6	24 874.00	9.9	21 356.40	15.8	3 517.60
2019	45 778.90	−1.0	24 994.80	0.5	20 784.10	−2.7	4 210.70
2020	46 559.10	1.7	25 899.50	3.6	20 659.60	−0.6	5 239.90
2021	60 501.70	29.9	33 630.20	29.8	26 871.40	30.1	6 758.80

资料来源：中国海关统计（http：//www.stats.gov.cn/sj/ndsj/2022/indexch.htm）。

2.外贸依存度上升

随着我国对外贸易规模不断扩大，我国贸易依存度不断上升，从1982年的14.9%上升到1990年的29.8%，2000年达到39.6%。20世纪80年代和90年代期间虽然有些波动，但总体呈不断上升趋势。

我国加入世界贸易组织后，外贸依存度更是连年攀升。这表明我国经济发展的外部依赖性不断增强，在我国经济增长中的地位不断提升。

3.商品结构优化

改革开放以来，我国贸易商品结构不断优化（表4-2显示了2001—2021年中国出口商品结构的具体数据）。

1980年，我国初级产品出口额占当年商品出口总额的50.3%，工业制成品出口额占当年商品出口总额的49.7%。

1992年，我国工业制成品出口比重已达80%以上。

2020年，我国工业制成品出口额占商品出口总额比重高达95.54%，已绝对占据出口主导地位。

20世纪90年代开始，我国机电产品和高新技术产品出口比重不断增大。1995年机电产品出口额占我国出口总额比重为29.5%，取代纺织品和服装成为我国第一大类出口商品，标志着出口商品开始从以劳动密集型为主向以资本技术密集型为主转变。

表4-2　　2001—2021年中国出口商品结构　　单位：亿美元

商品构成（按SITC分类）	2001	2002	2003	2004	2005	2006	2007
总值	2 660.98	3 255.96	4 382.28	5 933.26	7 619.53	9 689.78	12 204.56
初级产品	263.38	285.40	348.10	405.50	490.39	529.25	615.47
食品及活动物	127.77	146.21	175.33	188.70	224.81	257.22	307.51
饮料及烟类	8.73	9.84	10.19	12.14	11.83	11.93	13.96
非食用原料	41.72	44.02	50.33	58.43	74.85	78.62	91.54
矿物燃料等	84.05	84.35	111.10	144.76	176.21	177.76	199.44
动、植物油脂及蜡	1.11	0.98	1.15	1.48	2.68	3.73	3.03
工业制成品	2 397.60	2 970.56	4 035.60	5 528.18	7 129.60	9 161.47	11 564.68
化学品及有关产品	133.52	153.25	195.86	263.68	357.72	445.31	603.56
按原料分类的制成品	438.13	529.55	690.30	1 006.54	1 291.26	1 748.36	2 198.94
机械及运输设备	949.01	1 269.76	1 878.88	2 682.91	3 522.62	4 563.64	5 771.89
杂项制品	871.10	1 011.53	1 261.01	1 563.93	1 941.91	2 380.29	2 968.53
未分类的其他商品	5.84	6.48	9.56	11.12	16.09	23.88	21.76

商品构成（按SITC分类）	2008	2009	2010	2011	2012	2013	2014
总值	14 306.93	12 016.12	1 577 7.54	18 983.81	20 487.14	221 00.19	23 427.47
初级产品	778.48	630.99	817.17	1 005.52	1 005.81	1 072.83	1 127.05
食品及活动物	327.64	326.03	411.53	504.97	520.80	557.29	589.18
饮料及烟类	15.30	16.41	19.06	22.76	25.90	26.08	28.83
非食用原料	113.46	81.56	116.02	149.78	143.41	145.7	158.28
矿物燃料等	316.35	203.83	267.00	322.76	310.26	337.92	344.53
动、植物油脂及蜡	5.74	3.16	3.56	5.26	5.45	5.84	6.23
工业制成品	13 506.98	11 385.64	14 962.16	17 980.48	19 483.54	21 027.36	22 300.41
化学品及有关产品	793.09	620.48	875.87	1 147.87	1 136.29	1 196.59	1 345.93
按原料分类的制成品	2 617.43	1 847.75	2 491.51	3 196.00	3 331.68	3 606.53	4 003.75
机械及运输设备	6 733.25	5 904.27	7 803.30	9 019.12	9 644.22	10 392.46	10 706.32
杂项制品	3 346.06	2 996.70	3 776.80	4 594.10	5 357.18	5 814.48	6 221.74
未分类的其他商品	17.15	16.45	14.68	23.39	14.17	17.29	22.67

续表

商品构成（按SITC分类）	2015	2016	2017	2018	2019	2020	2021.1-10
总值	22 734.68	20 976.31	22 633.71	24 874.0	24 990.3	25 906.5	27 011.4
初级产品	1 039.27	1 051.87	1 177.33	1 350.9	1 339.4	1 154.7	1 129.8
食品及活动物	581.54	610.98	626.26	654.7	649.9	635.5	557.2
饮料及烟类	33.09	35.39	34.68	37.1	34.8	24.8	21.5
非食用原料	139.17	131.02	154.40	180.2	172.2	159.2	178.6
矿物燃料等	279.02	268.73	353.89	468.1	470.9	321.1	354.3
动、植物油脂及蜡	6.45	5.75	8.10	10.7	11.5	14.0	18.2
工业制成品	21 695.41	19 924.44	21 456.38	23 520.2	23 599.9	24 751.7	25 881.6
化学品及有关产品	1 295.80	1 219.29	1 412.93	1 675.3	1 617.8	1 691.9	2 104.3
按原料分类的制成品	3 910.18	3 512.45	3 685.64	4 047.5	4 067.7	4 342.3	4 344.6
机械及运输设备	10 591.18	9 842.12	10 823.29	12 080.6	11 955.0	12 583.1	12 931.9
杂项制品	5 874.45	5 294.88	5 476.92	5 658.1	5 835.3	5 848.9	6 155.7
未分类的其他商品	23.81	55.70	57.60	58.7	124.1	285.5	345.1

资料来源：商务部综合司（http：//zhs.mofcom.gov.cn/article/cbw/？2）。

与出口商品结构相类似，我国进口商品结构也从初级产品进口逐步向工业制成品转变（表4-3显示了2001—2021年中国进口商品结构的具体数据）。

1980年，我国商品贸易进口额中初级产品进口额的比重为34.8%，工业制成品进口额的比重为65.1%，1985年这两个指标分别为12.4%和87.6％，2020年分别为4.46%和95.54%。在大部分时间里，我国初级产品进口比重不超过20%。

从20世纪90年代开始，资本、技术密集型产品进口比重呈不断上升趋势，成为我国进口的主导产品。

1990年机电产品进口额的比重只有40.2%，1995年增加到44.8%，2009年则达到48.9%。2024年我国机电产品进口额占全国进口总额的比重约为38.1%。高新技术产品1995年进口额的比重为16.5%，2009年则达到30.8%。2023年我国高新技术产品进口占进口总额的比重约为26.6%。

4.对外贸易对国民经济增长的功能发生巨变

（1）按照比较优势原则参与国际分工

与改革开放前我国国际贸易主要以“互通有无，调剂余缺”相比，改革开放后我国对外贸易对经济增长的功能发生了根本性变化。

我国开始按照比较优势原则参与国际分工，充分利用我国劳动力比较优势，生产并出口我国具有比较优势的劳动密集型产品，同时进口一些我国生产中紧缺的原料、中间产品以及机械、设备等资本、技术密集型产品。

表4-3　　2001—2021年中国进口商品结构　　单位：亿美元

商品构成（按SITC分类）	2001	2002	2003	2004	2005	2006	2007
总值	2 435.53	2 951.70	4 127.60	5 612.29	6 599.53	7 914.61	9 561.16
初级产品	457.43	492.71	727.83	1 173.00	1 477.10	1 871.41	2 429.78
食品及活动物	49.76	52.38	59.59	91.56	93.88	99.97	114.97
饮料及烟类	4.12	3.87	4.91	5.48	7.82	10.41	14.02
非食用原料	221.27	227.36	341.19	553.78	702.12	831.64	1 179.09
矿物燃料、润滑油等	174.66	192.84	292.14	480.03	639.57	890.02	1 048.26
动、植物油脂及蜡	7.63	16.25	30.01	42.14	33.70	39.38	73.44
工业制成品	1 978.10	2 459.00	3 400.53	4 441.23	5 124.09	6 044.72	7 128.41
化学品及有关产品	321.04	390.36	489.80	657.44	777.42	870.79	1 074.99
按原料分类的制成品	419.38	484.89	639.05	740.72	811.59	869.60	1 028.67
机械及运输设备	1070.15	1 370.10	1 928.69	2 526.24	2 906.28	3 571.08	4 125.08
杂项制品	150.76	198.01	330.17	501.55	608.72	712.95	875.04
未分类的其他商品	16.76	15.64	12.82	15.29	20.08	20.30	24.65
商品构成（按SITC分类）	2008	2009	2010	2011	2012	2013	2014
总值	11 325.67	10 059.23	13 962.47	17 434.84	18 184.05	19 502.89	19 602.90
初级产品	3 627.76	2 892.02	4 325.56	6 043.76	6 346.05	6 576.01	6 474.40
食品及活动物	140.50	148.24	215.66	287.65	352.62	416.99	468.23
饮料及烟类	19.20	19.54	24.29	36.85	44.03	45.10	52.18
非食用原料	1 672.08	1 408.22	2 111.18	2852.55	2 696.15	2861.43	2 701.11
矿物燃料、润滑油等	1 691.09	1 239.63	1 887.04	2 755.60	3 127.97	3 149.06	3 167.95
动、植物油脂及蜡	104.88	76.39	87.40	111.11	125.27	103.42	84.93
工业制成品	7 703.11	7 163.53	9 622.72	11 390.82	11 832.21	12 926.87	13 128.50
化学品及有关产品	1 191.95	1 121.24	1 496.36	1 811.44	1 792.69	1 902.98	1 933.74
按原料分类的制成品	1 071.59	1 077.32	1 311.13	1 503.28	1 459.00	1 482.92	1 724.18
机械及运输设备	4 419.18	4 079.99	5 495.61	6 303.88	6 527.50	7 103.50	7 244.51
杂项制品	976.19	851.92	1 135.26	1 277.09	1 365.29	1 390.11	1 398.43
未分类的其他商品	44.20	33.06	184.37	495.13	687.74	1 047.36	827.64

续表

商品构成（按SITC分类）	2015	2016	2017	2018	2019	2020	2021.1-10
总值	16 795.64	15 879.26	18 437.93	21 356.4	20 771.0	20 556.1	21 905.0
初级产品	4 720.57	4 410.55	5 796.38	7 016.1	7 289.4	6 770.7	7 988.9
食品及活动物	505.01	491.56	543.14	648.0	807.3	981.9	1 019.6
饮料及烟类	57.74	60.96	70.28	76.7	76.6	62.1	60.1
非食用原料	2 097.10	2 025.45	2 610.00	2 722.1	2850.6	2944.8	3 628.1
矿物燃料等	1 985.89	1 765.26	2 496.17	3 491.6	3461.1	2675.4	3 160.1
动、植物油脂及蜡	74.83	67.32	76.78	77.8	93.8	106.5	121.0
工业制成品	12 075.07	11 468.71	12 641.55	14 340.2	13 435.0	13 785.4	13 916.2
化学品及有关产品	1 712.66	1 641.17	1 937.31	2 236.8	2 187.7	2 133.3	2 158.7
按原料分类的制成品	1 330.11	1 219.20	1 351.47	1 514.5	1 400.4	1 682.8	1 689.5
机械及运输设备	6 824.18	6 578.25	7 348.65	8 395.2	7 865.1	8 285.9	8 175.7
杂项制品	1 346.92	1 261.41	1 343.32	1 437.6	1 442.1	1 460.1	1 406.0
未分类的其他商品	861.20	768.68	660.79	756.1	539.8	223.3	486.2

资料来源：商务部综合司（http：//zhs.mofcom.gov.cn/article/cbw/？2）。

比较优势原则上的国际分工和交换使我国能够通过对外贸易获得贸易静态利益和动态利益。特别是劳动密集型产品出口有利于扩大市场和扩大就业，这对于一个拥有14亿多人口并存在大量农村剩余劳动力的国家来说尤为重要。国际市场的扩大更加有利于我国实行刘易斯所说的“劳动力无限供给下”的工业化发展道路。

（2）对外贸易对我国工业化道路起到重要促进作用

首先，1992年以前，出口提高了我国闲置资源的利用率、优化了资源配置并增加了就业，有利于我国资本积累，提升资本要素水平。不过，这一时期对外贸易带来了更多的是贸易静态效应。1992年后，随着出口导向贸易战略的实施以及市场化改革不断深入，我国出口所带来的竞争效应、规模经济效应和效率效应更为突出。面对激烈的国际竞争，我国出口企业通过技术创新、管理创新、组织创新等创新活动提高自身要素生产率，同时通过产业前后向联系溢出到非出口部门。例如，包括海尔、长虹等在内的一些家电企业通过参与国际市场竞争进行不断创新，使我国的电视机、冰箱、空调等一大批产品具有较强的国际竞争力，有些机电产品的国际市场占有量已超过50%。

其次，我国作为一个人均资源短缺、资本和技术较为缺乏的国家，进口原料、生产资料以及资本、技术密集型的机械设备打破了我国要素供给约束，使我国国内剩余资源得到更好的利用。1992年以前，我国以进口替代为主要贸易战略，商品出口主要是为了获取外汇来源，以便进口经济发展所需的商品和生产资料。这个时期进口对我国经济增长具有极大的推动作用。20世纪90年代后通过引进技术和进口技术含量较高的资本品，不仅对我国传统产业进行了技术改造，还使进口企业通过“干中学”、技术模仿、技术创新实现了技术进步。这一时期进口带来的技术进步动态效应更为明显。

再次，我国对外贸易对产业结构升级起到促进作用。产业结构是贸易结构的基础，随着我国工业化进程不断深入，工业制成品成了我国最主要的出口商品。对外贸易反过来也影响我国产业结构变动，我国企业在国际分工和国际交换中随着自身要素以及国际市场变化对资源配置做出及时调整，在企业市场行为以及我国政府必要政策引导下，我国产业结构随着我国资源禀赋变化以及外部市场环境变化不断调整和升级。我国主要出口产品从初级产品向工业制成品、劳动密集型产品再向资本技术密集型产品转变，充分体现了我国自身要素禀赋变化和国际市场变动趋势。

最后，我国对外贸易有利于我国制度变迁。我国是经济转型中的最大发展中国家。由于改革开放前长期实行计划经济，人们对市场经济不仅存在观念和认识上偏差，同时对市场规律和市场运作也不甚了解。通过对外贸易，人们不断地进行商品交流、人员交流和学习，随着对市场认识越发深入，经济体制转型会更为顺利。改革开放后，特别是我国加入世界贸易组织后，我国必须遵循世贸组织规则，它对我国产生一种“强制性制度变迁”，在对外贸易中，我国市场化程度越来越高，经济体制越来越和国际接轨。

第四节　对外贸易促进中国经济增长的实证检验

对外贸易与经济增长的理论分析表明：对外贸易的静态利益促进经济增长，是一种直接作用；对外贸易的动态利益促进经济增长，是通过技术进步、产业结构升级和制度创新等途径来间接实现的，因而在许多正式的理论模型中，例如索罗-斯旺增长模型（Solow-Swan Model of Growth），认为技术进步等动态化结果只是一种过渡性现象，模型将最终达到一种稳态水平，实现经济长期增长。[①]因此，不管是贸易的静态利益促进经济增长，还是贸易的动态利益促进经济增长，就最终影响的对象来讲，都是国内生产总值（或国民收入），因此，在实证分析对外贸易与中国经济增长的关系时，我们只讨论对外贸易与中国经济增长的直接因果关系，而不再讨论对外贸易与中国的技术进步、与中国的产业结构升级以及与中国的外贸体制创新的关系。

一、对外贸易对中国经济增长作用的测定

中国学者经常使用“外贸依存度”“外贸贡献度”等概念来测定对外贸易对经济增

① 宋立刚．国际贸易理论的最新进展［G］．//江小娟，杨圣明，冯雷．中国对外经贸理论前沿II.北京：社会科学文献出版社，2001：359.

长的作用。

（一）外贸依存度

外贸依存度是指一国外贸额（进出口总额、出口额或进口额）与国内生产总值（GDP）的比值，它用于衡量该国经济对国际市场依赖程度的高低。进出口依存度即进出口总额与国内生产总值的比率，出口依存度即出口额与国内生产总值的比率，进口依存度即进口额与国内生产总值的比率。

外贸依存度是通过把贸易量的扩大同GDP的增加相对比，来说明国际贸易对经济增长的作用的。当对外贸易依存度增加时，说明一国的对外贸易对经济的增长起到了更大的促进作用；反之，则说明对外贸易的促进作用减小了。

（二）外贸贡献度

外贸贡献度是指对外贸易对经济增长的贡献程度。

国内学者在“究竟是出口、进口还是净出口拉动经济增长”这个问题上的看法不尽一致[①]，基于中国经济发展情况的特殊性，必须综合考虑三种因素在不同阶段对中国经济增长的促进作用。因此，外贸贡献度既包括传统的出口贡献度和净出口贡献度，也包括进口贡献度。

出口贡献度是指出口增长率占GDP增长率的百分比；同理，净出口贡献度是指净出口增长率与GDP增长率的比值，进口贡献度是指进口增长率与GDP增长率的比值，用公式表示为：

1. 出口贡献度

出口贡献度=X/Y

2. 净出口贡献度

净出口贡献度=NE/Y

3. 进口贡献度

进口贡献度=M/Y

式中：Y、X、M分别为国民收入、出口和进口的增长率；NE=X-M，为净出口的增长率。

二、中国对外贸易与经济增长的实证分析

改革开放以来，中国的对外贸易发展取得了举世瞩目的成就，对外贸易以高于国内生产总值的速度增长，成为拉动国民经济增长的主要因素之一。

（一）对外贸易依存度与中国GDP增长

中国对外贸易与经济增长运行轨迹的趋势基本一致，或者说是平行的。但是，日本

---

① 冯雷．对外贸易领域的理论研究［G］．//江小娟，杨圣明，冯雷．中国对外经贸理论前沿Ⅱ.北京：社会科学文献出版社，2001：5-8.

经济学家小岛清认为，从更长时期的经济增长过程来看，如果贸易量的增加同国民经济的增长是平行的，这并不能说明贸易的扩大带动了经济增长，经济增长不一定是贸易的特殊贡献。要揭示贸易对经济增长所起的作用，把贸易量的扩大同国民经济的增长加以对比更为合适。因此，从对外贸易依存度的变化趋势可进一步揭示对外贸易与经济增长的相互关系。

通过1978—2021年的相关统计数据（见表4-4）可验证对外贸易对经济增长的这种拉动作用。

表4-4　　中国外贸依存度与经济增长率（%）

项目 年份	进出口依存度	出口依存度	进口依存度	GDP增长率
1978	9.80	4.62	5.18	—
1979	11.27	5.25	6.02	11.4
1980	12.62	6.00	6.61	11.9
1981	15.12	7.56	7.56	7.6
1982	14.57	7.82	6.75	8.9
1983	14.49	7.39	7.11	12.1
1984	16.75	8.10	8.65	20.8
1985	23.05	9.02	14.03	25.0
1986	25.29	10.61	14.69	13.8
1987	25.78	12.29	13.49	17.3
1988	25.60	11.83	13.77	24.8
1989	24.58	11.57	13.01	13.3
1990	29.98	16.10	13.88	9.7
1991	33.43	17.10	15.72	16.6
1992	34.24	17.55	16.68	23.2
1993	32.54	15.26	17.28	30.0
1994	43.59	22.29	21.30	35.0
1995	40.19	21.29	18.89	25.1
1996	35.55	18.53	17.03	16.1
1997	36.22	20.36	15.86	9.7
1998	34.28	19.44	14.84	5.2

续表

项目 年份	进出口依存度	出口依存度	进口依存度	GDP 增长率
1999	36.43	19.69	16.74	4.8
2000	43.91	23.07	20.84	9.0
2001	43.98	22.96	21.02	7.3
2002	48.85	25.62	23.23	8.1
2003	60.11	30.95	29.16	11.5
2004	59.8	30.7	29.1	9.5
2005	63.9	34.2	29.7	10.4
2006	67.0	36.9	30.1	11.6
2007	66.2	37.1	29.1	13.0
2008	57.1	31.8	25.3	9.0
2009	45.0	24.5	20.5	8.7
2010	50.57	27.47	24.28	10.3
2011	50.10	26.10	24.00	9.2
2012	47.00	24.90	22.10	7.8
2013	45.40	24.11	21.29	7.7
2014	41.53	22.61	18.92	7.4
2015	35.90	20.60	15.20	6.9
2016	33.10	18.76	14.31	6.7
2017	33.86	18.68	15.24	6.9
2018	34.43	18.50	15.90	6.6
2019	31.99	17.47	14.52	6.1
2020	31.79	17.69	14.10	2.3
2021	34.18	19.00	15.18	8.1

资料来源：根据《中国统计年鉴》相关数据计算而得（http：//www.stats.gov.cn/sj/ndsj/2022/indexch.htm）。

从表4-4可以看出，中国自改革开放以来，国内生产总值和对外贸易增长具有高度的相关性，对外贸易作为经济增长的动力机的作用明显。

凡是中国国民经济发展速度高的年份，对外贸易依存度也高，经济增长与对外贸易间的关系很紧密。

2006年外贸依存度高达67.0%，比1978年的9.80%提高了57.2个百分点。2006年出口依存度和进口依存度分别达到36.9%和30.1%，比1978年的4.62%和5.17%分别提高了约33个百分点和25个百分点。可见我国自改革开放以来，国内经济建设已经在相当大的程度上依赖着国际交换的扩大，国民经济的增长与对外贸易的发展密不可分。但2006年后我国的进出口依存度开始明显下降，2021年我国的外贸依存度降至34.18%，出口和进口依存度分别为19%和15.18%，这也反映了中国经济向国内、国际双循环过渡的趋势特征。

总之，在开放经济条件下，一国经济总量的增长离不开对外贸易。我国自改革开放以来，通过发展对外贸易，在充分利用国内、国外两种资源，改善国内资源配置，推进经济发展等方面，已取得了举世瞩目的成就，对外贸易作为经济增长的动力机的作用明显。

（二）对外贸易对GDP增长的贡献度

1.净出口对GDP增长的贡献度

如果通过国内生产总值恒等式来简单地计算净出口对国民收入的影响，1981—2000年，我国GDP增长率的简单平均值约为9.66%，但净出口对经济增长贡献率的简单平均值却只有0.19%。按照这种“贡献度”水平，对外贸易变化似乎对整个经济增长影响不大。

2.出口对GDP增长的贡献度

通过国内生产总值恒等式来简单地计算净出口对国民收入的影响，这种方法没有区分进口与出口在经济运行过程中所发挥的不同作用，因而倾向于低估外贸对经济增长的影响作用。

为了准确地衡量对外贸易对经济增长的影响，我们必须考虑如下两个原则：第一，必须考虑到出口和进口在经济运行过程中所发挥的不同作用；第二，必须考虑到变量之间的相互影响，以便全面地衡量对外贸易对经济增长的影响作用。

由于出口在很大程度上可以被看作一个外生决定的变量，而进口则主要是一个内生变量。

出口对经济增长的影响作用包括两个方面：

（1）直接影响

按照国民收入恒等式，出口是国民收入的一个组成部分。出口的增长必然直接导致国民收入的增长。

（2）间接影响

由于出口增加会刺激消费、投资和进口增加，而消费、投资的增加会导致国民收入增加，进口增加则会导致国民收入减少，因此，我们在考虑出口变动对经济的全部影响时必须综合考虑它通过对消费、投资和进口变量的影响而对国民收入造成的影响。

表4-5给出了我们运用近年来的实际数据运算的结果。

表4-5　　三大需求对国内生产总值增长的贡献率和拉动

年份	最终消费支出		资本形成总额		货物和服务净出口	
	贡献率（%）	拉动（%）	贡献率（%）	拉动（%）	贡献率（%）	拉动（%）
1979	85.1	6.4	18.1	1.4	-3.2	-0.2
1980	77.5	6.1	20.7	1.7	1.8	0.1
1981	88.7	4.6	-1.1	-0.1	12.4	0.6
1982	56.4	5.1	22.9	2.0	20.7	1.9
1983	75.7	8.1	32.4	3.5	-8.0	-0.9
1984	69.7	10.6	41.3	6.3	-11.0	-1.7
1985	71.2	9.6	80.0	10.8	-51.2	-6.9
1986	49.5	4.4	15.2	1.3	35.3	3.2
1987	41.1	4.8	26.5	3.1	32.4	3.8
1988	43.2	4.9	56.0	6.3	0.8	0.1
1989	83.5	3.5	-16.8	-0.7	33.3	1.4
1990	92.6	3.6	-62.0	-2.4	69.4	2.7
1991	61.7	5.7	37.9	3.6	0.4	0.0
1992	56.0	8.0	52.3	7.5	-8.3	-1.2
1993	57.8	8.1	52.5	7.2	-10.3	-1.4
1994	34.2	4.5	36.6	4.8	29.2	3.8
1995	46.2	5.1	46.9	5.1	6.9	0.8
1996	62.6	6.2	34.5	3.4	2.9	0.3
1997	43.2	4.0	14.6	1.3	42.2	3.9
1998	64.8	5.1	28.4	2.2	6.8	0.5
1999	87.1	6.6	20.4	1.6	-7.5	-0.6
2000	78.2	6.6	21.4	1.8	0.4	0.0
2001	49.3	4.1	65.3	5.4	-14.6	-1.2

续表

年份	最终消费支出		资本形成总额		货物和服务净出口	
	贡献率（%）	拉动（%）	贡献率（%）	拉动（%）	贡献率（%）	拉动（%）
2002	57.6	5.2	38.1	3.5	4.3	0.4
2003	35.8	3.6	69.6	6.9	-5.4	-0.5
2004	43.5	4.4	61.9	6.2	-5.4	-0.5
2005	56.0	6.4	33.0	3.6	11.0	1.3
2006	42.7	5.4	42.6	5.4	14.7	1.9
2007	46.1	6.5	43.6	6.2	10.3	1.5
2008	44.7	4.3	51.8	5.0	3.5	0.3
2009	57.7	5.3	87.1	8.0	-44.8	-4.1
2010	46.9	5.0	66.0	7.0	-12.9	-1.4
2011	62.7	6.0	45.2	4.3	-7.9	-0.8
2012	56.7	4.4	42.0	3.2	1.3	0.1
2013	48.2	3.7	54.2	4.2	-2.4	-0.2
2014	50.2	3.7	48.5	3.6	1.3	0.1
2015	59.7	4.1	41.6	2.9	-1.3	-0.1
2016	66.5	4.5	43.1	2.9	-9.6	-0.7
2017	58.8	4.1	32.1	2.2	9.1	0.6
2018	64.0	4.3	43.2	2.9	-7.2	-0.5
2019	58.6	3.5	28.9	1.7	12.6	0.7
2020	-6.8	-0.2	81.5	1.8	25.3	0.6
2021	65.4	5.3	13.7	1.1	20.9	1.7

注：(1) 本表按不变价格计算。三大需求指支出法国内生产总值的三大构成项目，即最终消费支出、资本形成总额、货物和服务净出口。(2) 贡献率指三大需求增量分别与支出法国内生产总值增量之比。(3) 拉动指国内生产总值增长速度分别与三大需求贡献率的乘积。

资料来源：国家统计局（http://www.stats.gov.cn/sj/ndsj/2022/indexch.htm）。

改革开放以来，我国经济有了突飞猛进的发展，GDP每年都以8%左右的平均速度快速增长，由表4-5中数据可以看出，三个要素消费、投资、出口都对GDP增长有不同程度的影响，消费和投资对GDP的贡献的波动不是很明显，差不多都以一个比较平均的水平增长，与GDP增长关系相对于出口不是很大，出口对经济增长的贡献程度就有比较明显的增加，尤其是2001年底加入WTO对我国经济尤其是出口贸易的影响非常大。

3.进口对GDP增长的贡献度

从国民收入核算恒等式出发，考察净出口或出口对GDP增长的贡献度，存在一定偏颇性。因为净出口测度法虽然考虑了进口因素，但是它却只是简单地把进口当作国内生产总值的一个减量，而出口测度法只考虑出口的因素而未考虑进口的因素。显然，上述两种方法对中国进口对经济增长的作用考虑不够。

我国从1978年改革开放以来，经济发展以1994年为界，大体经历了供给不足和供给过剩（有效需求不足）两个阶段。

1978—1994年我国宏观经济供给不足，需求旺盛，对1979—1994年的相关样本数据进行最小二乘回归分析，可以得出结论：进口生产资料每增加10%，GDP将增加1.01%，说明该时期进口对国民经济的增长有很强的促进作用。

1995—2001年，我国经济开始出现供给过剩、有效需求不足的状况。在这一期间，进口和出口的作用已经开始发生很大的转变，此时的进口消费品和进口工业品对经济增长的作用体现为漏损，故在此阶段用进口增长率和出口增长率来解释GDP的增长率，1995—2001年间的进口和经济增长呈负相关关系，进口每增长10%，经济的增长会降低0.56%。

2025年上半年，我国进口增速与GDP增长呈现同步增长趋势，但进口增速略高于GDP增速。

本章小结

经济增长在物质形态上是指一个国家在一定时间内生产的产品和劳务总量的增加，在价值形态上是指一定时间内国民收入的增加。衡量一国经济增长的指标一般采用国民生产总值（GNP）或国内生产总值（GDP）年均增长率。

西方经济学家有关国际贸易对经济增长的观点大致可以分为四种：自由贸易促进经济增长；贸易保护促进经济增长；自由贸易、适度贸易与经济增长；贸易悲观论。

对外贸易对一国经济增长的影响也是多方面的。具体来说，对外贸易可以通过推动技术进步、制度变迁、物质资本形成，以及吸引外商直接投资和加快人力资本积累等途径来推动经济增长。

对外贸易对经济增长具有积极的促进作用，但是我国的对外贸易在促进经济增长的过程中仍存在着一系列问题，影响了我国对外贸易对经济增长促进作用的发挥，因此，我国对外贸易的发展需要探讨新战略以及做出相应的政策选择，以利于更好地发挥我国对外贸易对经济增长的促进作用。

改革开放前，对外贸易在国民经济发展中的地位并未得到确立，改革开放后，对外贸易在国民经济发展中的战略地位逐渐凸显并得到充分发挥。20世纪90年代后，随着社会主义市场体制的确立，对外贸易得到突飞猛进的发展，贸易已经成为我国经济增长中不可或缺的三驾马车之一。

对外贸易与经济增长的理论分析表明：对外贸易的静态利益促进经济增长，是一种直接作用；对外贸易的动态利益促进经济增长，是通过技术进步、产业结构升级和制度创新等途径来间接实现的。不管是贸易的静态利益促进经济增长，还是贸易的动态利益促进经济增长，就最终影响的对象来讲，都是国内生产总值（或国民收入）。中国自改革开放以来，国内生产总值和对外贸易增长具有高度的相关性，对外贸易作为经济增长的动力机的作用明显。国内经济建设已经在相当大的程度上依赖于国际交换的扩大，国民经济的增长与对外贸易的发展密不可分。

关键术语

经济增长　自由贸易促进经济增长　贸易保护促进经济增长　自由贸易　适度贸易保护与经济增长　国际贸易悲观论　外贸贡献度

思考题

1. 自由贸易促进经济增长的理论有哪些？
2. 简述亚当·斯密的国际贸易和经济增长思想。
3. 简述大卫·李嘉图的国际贸易和经济增长思想。
4. 简述俄林的国际贸易和经济增长思想。
5. 贸易保护促进经济增长的观点有哪些？
6. 简述发展经济学家劳尔·普罗维什的国际贸易和经济增长思想。
7. 简述对外贸易促进经济增长的机制。
8. 简述改革开放后我国对外贸易与经济增长的关系。

第五章 对外贸易体制改革

扫码查看课件

学习目标

通过本章学习，在了解改革开放前我国对外贸易体制特点及历史性作用的基础上，把握改革开放以来对外贸易体制改革的路径与成效，并进一步掌握入世后我国对外贸易体制改革的成果与方向。

改革开放以来，我国的对外贸易体制改革取得了巨大成果，成为推动我国对外贸易迅猛发展的主要推动力之一。

本章将研究和分析我国对外贸易体制的建立、发展与改革。在分析改革开放前我国对外贸易体制特点及历史性作用的基础上，对改革开放后我国对外贸易体制改革的路径与成效进行重点说明与评估，并进一步阐明我国对外贸易体制改革的方向。

第一节 对外贸易体制的建立和发展

一、对外贸易体制概述

（一）对外贸易体制的含义

对外贸易体制是指对外贸易的组织形式、机构设置、管理权限、经营分工和利益分配等方面的制度。它是经济体制的重要组成部分，同经济体制的其他组成部分有着密切关系。

（二）对外贸易体制的性质

对外贸易体制和其他经济体制一样，属于上层建筑的范畴，是由经济基础决定并为经济基础服务的。因此，随着经济基础的发展变化，应相应地变革对外贸易体制，使其更好地适应国民经济与对外贸易发展的需要。

二、改革开放前我国对外贸易体制的特征

我国对外贸易体制是在实行对外经济贸易统制政策下建立起来的。中华人民共和国成立初期，我们面临的国内外环境是：国民经济亟待恢复和重建，美国等西方国家对我国实行封锁禁运。为了集中资源，充分发挥对外贸易对国民经济的促进作用，我国政府通过废除帝国主义在我国的各种特权，没收国民党政府和官僚资本的进出口企业，建立了国营对外经济贸易企业。同时，在中央人民政府设立了对外贸易部，集中领导和管理全国对外贸易活动。在此基础上建立了由对外贸易部统一领导、统一管理，由国营对外贸易企业统一经营的高度集中的我国对外贸易体制。

这一时期的对外贸易体制的主要内容包括对外贸易计划、财务、经营、管理等方面。

（一）对外贸易计划体制

它是原有对外贸易体制的核心，包括出口收购、进口调拨、出口、进口、外汇收支等计划的编制、下达和执行等，是一种单一的指令性计划体制。

出口计划的编制实行外贸行政系统和专业公司系统双轨制。进口计划以原国家计委为主，外贸部门参与编制。各项计划批准下达后，各专业公司严格按计划实施。

（二）对外贸易财务体制

它是原有对外贸易体制赖以维持和运转的基础，其特点是各外贸专业公司将本公司系统的进出口盈亏一律上报对外贸易部，对外贸易部统一核算和综合平衡后上报给财政部，盈利统一上缴财政部，亏损也由财政部负责补贴，对外贸易公司和生产供货单位不负责进出口盈亏，无资金存留，其流动资金也由财政部统一核拨。

（三）对外贸易经营体制

1956年以后，我国的对外贸易业务实行国营进出口公司统一经营，即进出口经营权授予各外贸专业总公司及其所属口岸分公司，由它们按经营分工统一负责进出口贸易的对外谈判、签约、履约等业务活动，其他任何机构都无权经营进出口业务，到1978年，全国外贸公司仅130多家。

对内实行出口收购制和进口拨交制。出口商品的生产企业及进口商品用户与国际市场不发生联系。外贸公司以买断方式购进出口商品，向国际市场出口，并按照原国家计委、对外贸易部下达的货单完成进口订货、承付、托运等对外业务后，将进口商品调拨转交给用货单位。

（四）对外贸易管理体制

外贸专业总公司及其分支机构根据对外贸易部下达的货单和通知开展进出口业务活动，行政命令成为国家管理和控制对外贸易的重要手段。

（五）对外贸易价格体制

由于国内外经济体制的不同，外贸经营亦不以营利为目标，因而国内外市场价格不存在有机联系，实行国内外市场价格隔断制度。出口商品货源按国内计划价格收购，进口商品的内销按国内调拨价供应用户，出口商品的外销和进口商品的购进则按国际市场价格作价。

（六）贸易外汇分配和管理制度

国家对进出口贸易的外汇实行集中管理、统一经营，即外贸公司的出口收汇一律上缴国家，各地方、各部门和各企业进口所需外汇，根据原国家计委进口用汇计划统一拨付。

所有与进出口有关的外汇业务都由国家特许的外汇专业银行——中国银行统一经营。[①]

三、对改革开放前我国对外贸易体制的评价

改革开放前高度集中的对外贸易体制是在一定历史条件下形成的，是同我国当时的经济体制和国际条件相适应的。

面对西方国家的经济封锁、资源的严重短缺、亟待恢复的国民经济和社会主义工业化的启动需求，由国家统制对外贸易活动，有利于统一对外、有利于集中有限的资源，从而顶住外国压力、有计划地恢复和发展国民经济。这种对外贸易体制对于建立独立、完整的工业体系和国民经济体系起到了巨大的推动作用。当然，这种体制也存在许多弊端。

（一）积极作用

1.有利于集中调度资源，提高产品国际竞争力，扩大出口

在物资供应短缺、产品供不应求普遍存在的条件下，这种对外贸易体制能从国内消费中“挤”出一部分货源，以满足出口创汇之需，并可集中组织面向国际市场的生产，保证出口创汇。

2.有利于统一安排进口，保证国家重点建设需要

在外汇短缺而国内经济建设又急需进口大量技术、设备、原材料的情况下，这种对外贸易体制有利于统筹安排进口用汇，保证重点建设之需，使有限的外汇发挥更大效益。

3.有利于统一对外，捍卫国家的政治和经济独立

在当时特殊的国际环境下，这种外贸体制有利于加强与友好国家的经济合作，配合外交斗争，同外国经济压力进行有效斗争，捍卫国家的政治和经济独立。

---

① 当代中国丛书编委会．当代中国的对外贸易［M］．北京：当代中国出版社，1992：67-68.

（二）严重弊端

1.独家经营，产销脱节

国家通过外贸专业公司统一经营对外贸易，贸易渠道和经营方式单一，阻断了各地方、各生产部门和企业与国际市场的联系，造成工贸（农贸、技贸）隔离、产销脱节，不利于生产企业生产适销对路的出口产品，不利于对外竞争力的提高。

2.高度集中，统得过死

国家通过指令性计划和行政干预，对企业限制太多，造成政企职责不分，企业缺乏经营自主权，难以积极主动地参与国际竞争。这种体制严重制约了我国对外贸易的进一步发展。

3.统包盈亏，缺乏利益激励机制

国家统包盈亏，没有兼顾国家、企业、个人三者的利益，不利于调动各方面的积极性，不利于提高经济效益。

1978年党的十一届三中全会召开，我国开始进入改革开放的发展时期。随着对外开放政策的推行，原有外贸体制的弊端日益暴露，对外贸易体制改革势在必行。

第二节　对外贸易体制改革的进程与效果

党的十一届三中全会决定实行对外开放、对内搞活的方针政策，国内逐步转向有计划的商品经济，党的十四届三中全会正式确立了走中国特色社会主义市场经济道路。

在此形势下，原有的对外贸易体制已不适应新的历史时期经济建设和对外贸易发展的要求，随着经济体制改革和对外开放方针的实施，对外贸易体制也逐步进行了改革。

一、我国对外贸易体制改革的进程

（一）初步改革阶段（1979—1987年）

这一阶段的主要特征是放权让利，由计划控制到商业控制、由隐性保护到显性保护。

1.下放对外贸易经营权

（1）打破专业外贸公司独家经营的格局，国务院批准有关部委成立各自领域的进出口公司，分别经营原由外贸部所属专业公司经营的一些进出口商品。

这些公司一般在各地设有经营性分支机构，并在国外设有派驻机构和创办独资、合资企业，这样就扩大了贸易渠道，增强了产销结合。最早建立的有中国机械设备进出口总公司（现中国机械进出口（集团）有限公司）、中国航空技术进出口公司（现中航技进出口有限责任公司）等。

国务院还批准成立了一些综合性贸易公司，其经营范围较大，除经营本系统内的进出口业务外，还经营某些商品和代理国内单位的进出口业务，如中国国际信托投资公司、光大实业公司等。

此外，科技、教育、文化、卫生、体育等部门以及有关学会、协会、团体等也成立了经营某些类别的商品进出口业务的公司和从事对外广告、展览、咨询服务等服务性业务的公司。

（2）党中央和国务院对广东和福建两省实行特殊政策，相应扩大其外贸经营权，除极个别产品外，全部由省外贸公司自营出口。

（3）批准京、津、沪、辽、闽等省市分别成立外贸总公司，在不同程度上增加了外贸自营业务，主要经营本地方自产的部分商品出口和地方生产、建设所需的物资及技术的进口业务，还批准成立了一批经济技术开发公司，负责经营本地区的技术引进和开发新技术、新产品的出口业务。陆续批准一批大中型生产企业经营本企业产品的出口业务和生产所需产品的进口业务。

据统计，从1979年到1987年，全国共批准设立各类外贸公司2 200多家。中外合资经营、中外合作经营、外商独资经营的生产企业也拥有本企业产品出口和有关原材料进口的经营权。

2.下放商品经营权

这段时期内，为适应外贸事业发展的需要，扩大地方经营权，确定对出口商品实行分级管理、分类经营。

（1）中央管理一类出口商品由原外贸部（1982年3月改为对外经济贸易部，简称经贸部；1993年改为对外贸易经济合作部，简称外经贸部；2003年3月，根据第十届全国人民代表大会第一次会议审议通过的《国务院机构改革方案》，组建商务部，不再保留对外贸易经济合作部）所属各外贸专业公司经营，其中某些商品，经国务院批准，也可由有关部门的进出口公司经营出口。这类商品均是少数大宗的、重要的、国际市场上竞争激烈的出口商品以及有特殊加工、整理、配套、出运要求的商品。

（2）对各地、各部门交叉经营的、国外市场竞争比较激烈的，以及国外对我国商品有进口配额、限额限制的两类出口商品，在外贸专业总公司组织协调下分别由经营出口的省、自治区、直辖市自行对外成交，出口任务归各地；对尚不能自营出口的省、自治区仍维持原调拨办法不变。

（3）地方管理的三类出口商品，凡是有条件的地区，由省、自治区、直辖市经营出口。

3.开展工贸结合试点

针对长期以来工贸分家、产销脱节造成的出口产品不适销对路、质量差、花色品种陈旧、包装装潢落后等问题，我国开展了多种形式的工贸结合的试点，设立了各种形式的工贸公司。

（1）外贸公司与工业公司专业对口，实行“四联合，两公开”，即联合办公、联合安排生产、联合对外洽谈、联合派小组出国考察；外贸的出口商品价格对工业部门公开，工业生产成本对外贸部门公开。这是最初形式的工贸结合，其特点是工贸双方的机构、人员、任务、财务、供销等方面都不做变动，简便易行。

（2）工贸、技贸结合公司，即工业企业、科技单位和外贸企业共同出资，直接结合，共同经营，如北京抽纱公司、北京地毯公司等。

① 全国性的工贸联合公司，如1982年2月成立的中国丝绸公司即属于这类公司。它把工商贸、产供销紧密结合起来，将原属纺织部、外贸部、商业部和全国供销合作总社等三部一社管理的，全国的麻、生丝和丝织品的收购、生产、内销、外销业务统由该公司经营和管理。同年5月成立的中国船舶工业公司，也属于这类公司。它是机械行业中第一个打破部门和地区界限，按行业实行改组和联合的专业化公司。

② 地方性的工贸联合公司，如1982年4月成立的青岛纺织品联合进出口公司即属于此类公司。它由青岛市9个国营纺织厂联合建立，试行从纺织、印染到针织、服装生产“一条龙”，工贸结合、进出口结合。

（3）生产同类产品的企业和企业联合为经营实体的外贸公司，直接对外经营出口业务。这种形式的公司有原机械工业部所属的中国轴承、磨具磨料、电线电缆、电瓷等出口联营公司。

工贸、技贸公司可以做到在进出口业务上密切配合、互相合作、合理分工、各有侧重，充分发挥各方面的优势，共同为提高出口商品在国际市场上的竞争力、提高经济效益而努力。

4.推行出口代理制

出口代理制是指外贸企业提供各种服务，收取手续费，盈亏由委托代理出口的生产企业负责。

实行出口代理制，有利于提高出口产品的竞争能力，有利于提高生产企业的出口积极性，有利于搞好工贸结合，有利于提高对外履约率，有利于提高外贸企业的经营管理水平和服务质量。

5.建立海外贸易机构

为了大力组织商品的对外销售，外贸专业公司积极“走出去”做生意，在主要国外市场设立常驻贸易机构。

1980年，原经贸部在日本东京、英国伦敦、法国巴黎、德国汉堡设立了中国进出口公司代表处，各代表处的常驻代表由各有关外贸专业总公司派出的业务人员组成，成为外贸专业总公司驻国外的联合办事机构。各公司代表在业务上由各派出公司直接领导，接受国内各派出公司交办的各项任务。

1982年12月，原经贸部在美国纽约、阿联酋迪拜分别设立了纽约中国贸易中心和迪拜长城贸易中心。

1984年8月，原经贸部在巴拿马设立了拉美中国贸易中心。

1985年2月，原经贸部在德国汉堡设立了西欧中国贸易中心。

这四个贸易中心是原经贸部直接投资和领导的，由各外贸专业总公司、工贸总公司和地方贸易公司联合组织的有限责任公司。

贸易中心成立后，国内有55个公司和单位先后加入，设立了各自的商品部和地方部。它们在法律上属于贸易中心的一个部门，业务上自主经营，财务上单独核算、自负盈亏。

此外，我国还在海外设立了贸易公司，主要开展对外推销、进口订货、市场调研、建立与客户的联系等工作。

6.简化外贸计划内容

简化外贸计划内容主要是缩小指令性计划范围，扩大指导性计划范围，发挥市场调节的作用。

自1984年起，对部分中心城市的外贸计划在国家计划中实行单列，视同省一级计划单位，享有省级外贸管理权限。

自1985年起，原经贸部不再编制、下达外贸收购计划和调拨计划，缩小指令性计划范围，扩大指导性计划范围，注意发挥市场调节的作用。

在出口计划方面，国家只下达出口总额指标和属于计划列名管理的主要商品出口数量指标。前者是指导性计划，后者是指令性计划。其余出口商品，除了履行政府间贸易协定必须保证交货者外，都由生产企业和外贸企业根据国内市场情况自行确定。

在进口计划方面，由中央外汇进口的少数几种关系国计民生的大宗商品、大型成套设备和技术引进项目，以及同协定国家的贸易，由原经贸部根据国家计划按商品（项目）下达计划，并指定公司经营。这部分是指令性计划，其余进口均不再下达分商品的进口计划。

7.加强宏观调控体系

在计划管理手段弱化的同时，我国恢复和实施了进出口许可证管理、配额管理等行政管理手段，加强了关税管理，并开始运用汇率、外汇留成、出口补贴、出口退税等手段鼓励出口贸易发展。

8.实行出口承包经营责任制

为了打破统负盈亏的“大锅饭”财务体制，我国1987年对原经贸部所属外贸专业总公司实行出口承包经营责任制。

承包的内容包括：承包企业向国家承包出口总额、出口商品换汇成本、出口盈亏总额三项指标。实行超亏不补，减亏留用，增盈对半分成，并按三项指标完成情况兑现出口奖励。

承包的方式是：由原经贸部发包，外贸专业总公司总承包后再按公司系统逐级分包到各分公司、子公司。各类外贸公司内部的发展和职工的利益挂钩。同时，适当扩大承包的外贸专业总公司的经营自主权和业务范围，允许它们引进技术和关键设备，开展进料加工、来料加工、补偿贸易，在生产领域举办中外合资经营企业；向出口商品生产企业参股、联营；开展期货贸易、租赁、咨询等业务。

这些改革措施一方面继续对进口贸易严格控制，但管理的手段与国际惯例接轨，使贸易保护由隐性变为显性；另一方面对出口贸易的鼓励降低了传统贸易体制对出口的歧视，有利于发挥比较优势，打破了国内市场与国际市场长期隔绝的状况。

（二）深化改革阶段（1988—1990年）

我国对外贸易体制经历了一段时间的探索性改革后，虽取得了一定的成效，但由于外贸体制改革十分复杂，与整个经济体制的改革有密切的联系，在前一段时间的改革中，有些改革措施因不能配套而无法有效实施，甚至带来一些新的问题。

从总体上看，外贸体制中一些根本性的问题尚未解决，改革还未取得突破性进展。

其主要问题是：尚未彻底改变实行了几十年的统收统支的财务体制；政企形式上已分离，但是职责有待分清；外贸公司尚未真正实行企业化管理；在外贸宏观管理和微观搞活方面，还缺乏有效的措施和自我约束机制，有些应该实行统一政策的未能实行，助长了各类外贸企业在不平等条件下的盲目竞争；宏观管理仍以直接控制为主，经济调节体系还很薄弱；工（农、技）贸结合的问题在体制上也没有真正解决。

1987年10月，党的十三大报告指出："为了更好地扩大对外贸易，必须按照有利于促进外贸企业自负盈亏、放开经营、工贸结合、推行代理制的方向，坚决地、有步骤地改革外贸体制"，从而为深化外贸体制改革指明了方向。

外贸企业自负盈亏、放开经营、工贸结合、推行代理制，就是要彻底改变统收统支的财务体制，实现外贸企业经营的自负盈亏，在此基础上，对大部分商品实行放开经营，充分调动各方面出口的积极性；在外贸公司继续收购出口产品的同时，进一步推行进出口代理制，推动有条件的出口生产企业、企业联合体、企业集团自营出口，推动工（农、技）贸结合、进出结合；实行政企职责分开；更多地运用政策、法规和科学的经济调节机制来加强对外贸易的宏观管理；建立相应的机制，加速出口新产品开发和国际市场开拓，进一步发展我国对外贸易。

1988年2月，国务院发布了《关于加快和深化对外贸易体制改革若干问题的规定》，对加快和深化外贸体制改革做了认真部署，推动了外贸体制进一步改革。

这一阶段的主要特征是中央补贴基础上的外贸承包，并进一步加强出口鼓励政策。

其基本内容和主要措施是：

1.全面推行外贸承包经营责任制

由外贸总公司、工贸总公司及地方政府分别向中央政府承包出口收汇、出口换汇成本和盈亏三项指标，承包指标一定三年不变。

各外贸专业总公司和部分工贸总公司的地方分支机构与总公司财务脱钩，同时与地方财政挂钩，把承包落实到外贸经营企业和出口生产企业，盈亏由各承包单位自负。完成承包指标以内的外汇收入，大部分上缴国家，小部分留给地方和企业。其留成比例，由于地方不同、行业不同、商品不同而有所差别。

超过承包指标的外汇收入，一般商品的外汇大部分留给地方和企业，其留成比例基本上拉齐，以利于外贸企业的平等竞争；小部分上缴国家。出口机电产品超过承包指标的外汇实行全额留成。地方、部门和企业分得的留成外汇，可以按照国家的规定，自主使用。

国家在各省、自治区、直辖市、计划单列市、经济特区和沿海重要城市建立了一批外汇调剂中心，地方、部门、国营和集体企业、事业单位、外商投资企业均可在外汇调剂中心买卖外汇。调剂价格按照外汇供求状况，实行有管理的浮动。

2.实行自负盈亏改革试点

为将企业尽快推向自负盈亏的发展轨道，对出口补贴加以限制，扩大出口留成比例，我国在轻工、工艺、服装三个外贸行业实行自负盈亏的改革试点。这三个行业外贸企业的出口收汇，大部分留成给外贸企业、生产企业和地方，小部分上缴国家，外贸企业实行自负盈亏。三个行业的试点改革，在各地方承包的前提下自行组织实施。

3.深化改革外贸机构

原经贸部按照转换职能、下放权力、调整机构、精减人员的原则，进行了机构改革。

外贸专业总公司设在各地方的分支公司、地方外贸公司和自属生产企业，除保留统一经营的分支机构以外，都在计划、财务、机构、编制和劳动工资等方面与总公司脱钩，下放地方作为独立的经济法人，按照国家统一政策进行管理。

外贸专业总公司逐步转变职能，由管理型转为经营型，实行企业化经营，朝着综合型、集团型、多功能、国际化企业的方向发展，集中更多的精力开拓国际市场，为扩大我国进出口贸易服务。

4.深化改革进出口经营体制

（1）深化改革进口经营体制

对于少数关系国计民生的、大宗的、敏感性的重要进口商品，由国家指定的外贸总公司及其直属的分公司统一经营；对于少数国际市场集中、价格敏感的大宗进口商品，由有该类商品进口经营权的各类外贸公司联合成交；其他绝大部分进口商品，由各类外贸公司放开经营。无论哪一类进口商品，凡实行进口许可证管理的，均按进口许可证管理制度执行。

我国还加速推行进口代理制，由外贸企业提供各种服务，代订货部门办理进口业务，收取一定的费用，盈亏由进口商品用户自负。实行进口代理制后，除指定的外贸专业公司统一订货的进口商品外，对其他绝大多数商品，用户都可以根据公司经营范围进行选择，自由委托。这样价格同国际市场挂钩，可以促进经济核算，鼓励用户使用国内产品，有利于节约外汇和保护国内生产。

（2）深化改革出口经营体制

对于少数关系国计民生的、大宗的、资源性的重要出口商品，我国实行指令性计划，由国家指定的一家或几家外贸公司统一经营；对于少数国际市场容量有限、有配额限制、市场竞争激烈、比较重要的出口商品，实行指导性计划，由部分有该类商品经营权的各类外贸公司联合统一经营。

无论哪一类出口商品，凡实行出口配额和出口许可证管理的，均按出口配额和出口许可证管理制度执行。

同时，我国进一步加强工贸结合，推行出口代理制，由外贸企业提供各种服务，代生产部门办理出口业务，收取一定的费用，盈亏由出口商品生产企业自负。

实行出口代理制，除指定的外贸专业公司统一经营的重要出口商品外，其余商品可由地方分支公司、有外贸经营权的公司，或者组成的联营公司代理出口，外贸专业总公司也可以代理出口。这不仅有利于组织适销对路的产品出口，提高出口商品在国际市场上的竞争能力，还有利于调动外贸企业经营的积极性。

5.深化改革外贸管理体制

外贸行政管理实行归口管理和分级管理的原则，原经贸部根据国务院授权，行使全国外贸行政归口管理的职能。

各地方经贸厅（委、局）行使本地方的外贸行政归口管理的职能。原经贸部逐步转变职能，在外贸管理方面由以直接控制为主转向以间接控制为主，综合运用法律手段、经济手段和必要的行政手段，调节市场关系，引导企业行为；集中更多的精力对外贸进行宏观管理，主要负责研究制定并组织实施我国对外贸易的发展战略、方针政策、法规条例。

原经贸部向地方下放了若干项外贸行政管理权力，其中适当下放了部分外贸企业的审批权限，各省、自治区、直辖市、计划单列市可以批准成立经营本地区进出口业务的外贸企业，具备条件的大、中型生产企业以及生产企业集团可以经营本企业产品的出口业务和生产所需的进口业务，仅在1988年4月至7月期间，新批准成立的就有2 000多家。

同时，从1988年起，经原经贸部批准，先后成立了食品土畜、纺织服装、轻工工艺、五矿化工、机电、医药保健品六个进出口商会及若干商品分会，以加强外贸企业之间的协调服务工作。

6.深化改革外贸计划体制

随着外贸承包经营责任制的全面推行，外贸计划体制发生了深刻的变化，主要表现在进一步缩小了进出口商品指令性计划的范围，扩大了指导性计划和市场调节的范围。同时，还表现在出口计划中以地方为主承包经营的出口任务占大部分，属指导性计划，实行单轨制编报下达；统一经营和实行统一成交、联合经营的出口商品占小部分，属指令性计划，实行双轨制编报下达。

在进口计划中，自1988年起，地方和部门自有外汇进口所占比重超过中央外汇进口。

7.深化改革外贸财务体制

全面推行外贸承包经营责任制后，实行承包经营的企业，其增盈资金在1987年的基础上扩大了使用范围，即经过批准可将其中一部分最高不超过25%的金额，专用于职工集体福利，重点是购建职工宿舍。

同时，在轻工、工艺、服装三个行业实行自负盈亏试点的企业，其利润收入的55%用于补充自有流动资金，其余的45%，一半用于发展生产，另一半用于职工福利和奖金。

原实行全额利润留成的企业，1988年大部分改为承包上缴利润基数，实行增盈全留；还有一部分实行承包基数内和超基数利润按不同比例留成。

总体来看，这一时期的出口鼓励措施明显强化，但与此同时，抑制出口的本币高估问题依然未能解决，据推算，1987—1990年间官方汇率高估了32%。

（三）完善外贸承包经营责任制阶段（1991—1993年）

这一阶段外贸体制改革的主要特征是自负盈亏的承包制及贸易保护程度的下降。

1.取消对外贸企业的亏损补贴

1988年开始的第一轮承包，已在一定意义上打破了由中央财政统负盈亏的财务体制，但是当时的承包是在接受中央财政定额补贴基础上的承包经营。

对外贸易承包制作为体制改革的过渡措施存在诸多缺陷，较突出的如企业的短期行为等，但由于我国走出承包制的条件尚不成熟，只能在3年承包的基础上，使之进一步健全和完善。

1990年12月9日国务院发布了《关于进一步改革和完善对外贸易体制若干问题的决定》(以下简称《决定》)，进一步深化外贸体制改革，以加快改革开放的总进程，因而从1991年开始我国开展了新一轮的外贸承包。该轮外贸承包经营责任制最显著的特征是取消了国家对外贸企业的出口补贴，实行全行业的自负盈亏改革。

《决定》在调整汇率的基础上，取消国家对外贸出口的财政补贴，完善外贸承包经营责任制，各省、自治区、直辖市及计划单列市人民政府和各外贸、工贸专业进出口总公司及其他外贸企业等向国家承包出口总额、出口收汇和上缴中央外汇（包括收购）额度任务。

外贸企业实行自负盈亏，这是向社会主义市场经济体制前进中的一个重要步骤。外贸企业只有在自主经营、自负盈亏的前提下，才有可能建立和完善自我发展、自我约束的经营机制，才能在激烈的国际竞争中，既有改善经营管理的压力，又有增强自我发展的动力和能力。

2.改革外汇留成办法

由过去按地区实行的差别外汇留成改为按大类商品实行统一比例留成，以消除地区间的不平等竞争。

3.加快进口管理体制改革

首先是降税。1991—1993年，我国多次调低进口关税税率。1991年降低了43个税号的进口商品税率；1992年采用新的海关税则时，又降低了225个税号商品的进口关税；1992年4月1日，又取消了进口调节税；1992年底调低了3 371个税号商品的进口税率；1993年11月，我国又大幅度调低进口关税，涉及2 898个税号的商品。

其次是缩小进口许可证管理的商品范围。我国1991年实行进口许可证管理的商品有53种。根据1992年10月达成的《中美市场准入谅解备忘录》的有关规定，我国采取措施，逐步放宽进口限制，到1997年取消大部分进口许可证，仅保留7类特别需要保护的幼稚工业产品的进口许可证管理。

再次是进口方面的商品检验、动植物检疫管理等要按国际惯例进行。

最后是增加进口管理的透明度。

（四）有管理的贸易自由化改革阶段（1994—2001年）

1994年，我国的改革开放进入新的历史阶段——用建立国民经济新体制代替旧体制，主要任务是构筑起社会主义市场经济的四大框架：一是转换国有企业经营机制，建立现代企业制度；二是培育和发展市场体系；三是转变政府职能，建立健全宏观调控体系；四是建立合理的个人收入分配和多层次的社会保障制度。要推进财政体制、金融体制、投资体制、外贸体制和国有资产管理体制的五大改革。

1994年后的改革具有一系列新特点：从过去侧重突破旧体制转向侧重建立新体制；从过去注重单项推进转向突出综合配套；从过去主要依靠政策推动转向主要依靠法律推动。因此，广度、深度、力度、难度，均有历史性的突破。

1994年后的外贸体制改革正是在国民经济综合配套改革中进行的，是国民经济改革的一个重要组成部分。

外贸体制的改革方向是尽快建立适应社会主义市场经济发展的、符合国际贸易规范的新型外贸体制。

1994年后外贸体制改革的基本内容包括下述三个方面：

1.深化外贸宏观管理体制改革

通过深化外贸管理体制改革，在我国建立起以法律管理手段为基础、经济调节手段为主，辅之以必要行政管理手段的外贸宏观管理体制。

第一，强化经济手段。进行汇率并轨，实行以市场供求为基础的、单一的、有管理的浮动汇率制度；降低进口关税水平，取消部分进口减免税；改革所得税制，由包干制改为分税制；完善出口退税制度，出口退税全部由中央财政承担；实行鼓励出口的信贷政策等。

第二，加强立法手段。1994年5月12日我国颁布了对外贸易基本法——《中华人民共和国对外贸易法》，并制定了与之相配套的《反倾销和反补贴条例》等法规，标志着我国对外贸易的发展进入法治化轨道。

第三，改革外贸行政管理手段。我国按国际经济通行规则完善配额、许可证等行政管理手段，使其做到规范化和制度化。

2.深化外贸经营体制改革

第一，进行企业制度改革。通过建立现代企业制度，实行企业股份制改革，转换企业经营机制。

第二，进行经营制度改革。从单纯追求创汇数额，转向重视效益；从商品经营转向资产经营；从单一经营转向一业为主、多种经营；从传统的收购制度转向服务型的代理制；从分散经营转向规模经营。

3.建立、健全外贸协调服务体系

充分发挥进出口商会的协调、服务、纽带职能；发挥研究咨询机构和学会、协会的信息指导和服务功能；完善金融、保险、运输等配套体系。

二、我国外贸体制改革效果的评价

（一）下放对外贸易经营权，扩大地方政府对外贸易自主权

通过下放外贸进出口总公司的经营权，扩大地方的对外贸易经营权，同时扩大地方政府对引进技术、进口商品的审批权，给地方政府一定比例的外汇留成等，在一定程度上改变了对外贸易的中央高度集权，加速了我国对外贸易的发展。

（二）扩大对外贸易经营渠道，打破垄断经营

1979年以后的对外贸易体制改革，在引入其他所有制成分、发展各类外贸企业、扩大外贸经营渠道、打破垄断经营方面取得了巨大进展。

1.行业集中度大幅下降（见表5-1）

表5-1　　十大外贸公司在我国进出口贸易中的比重（%）

年份	出口	进口	年份	出口	进口
1981	81.3	76.6	1987	64.3	30.3
1982	78.5	71.5	1988	21.8	19.1
1983	77.9	60.6	1989	20.2	17.8
1984	74.0	51.0	1990	19.3	14.7
1985	76.7	42.3	1991	21.6	9.8
1986	65.7	37.6	1992	16.9	10.0

注：十大外贸公司为机械、五矿、化工、技术、粮油食品、纺织、土畜、轻工、工艺、仪器进出口总公司。

资料来源：转引自林桂军. 人民币汇率问题研究［M］. 北京：对外经济贸易大学出版社，1997.

2.形成多种所有制结构（见表5-2、图5-1）

表5-2　　国有和外资企业进出口额占贸易总额的比重（%）

所有制结构	1990	1997	1998	1999	2000	2001	2002	2003
国有企业	81.90	56.18	52.67	47.88	45.42	42.53	38.23	32.95
外资企业	17.43	46.95	48.68	50.78	49.91	50.83	53.19	55.47

资料来源：商务部网站及《中国统计年鉴》。

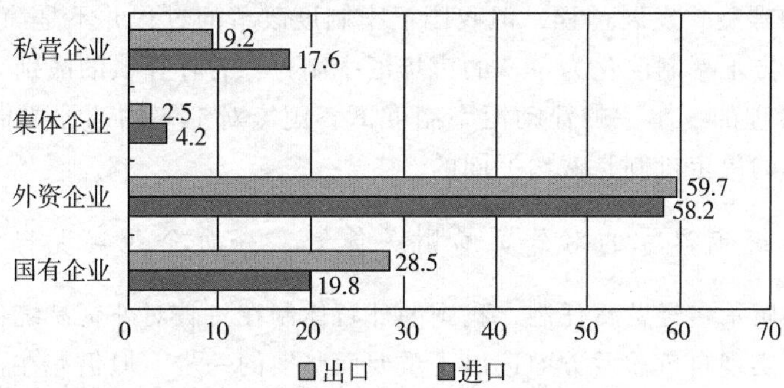

图5-1　2006年各类企业进出口额占贸易总额的比重（%）

资料来源：根据中国海关统计编制。

3.我国仍保留了对外贸易经营权的许可、审批制度

该制度是与国际贸易体制相冲突的，不符合公平竞争、自由贸易的原则，因而被国

际社会认为是我国最为核心的贸易壁垒之一，应在一定的过渡期后予以取消，向进出口权自动登记制度过渡。我国政府承诺，在入世后的3年内完全实行进出口权自动登记制度。

（三）工贸结合，推行代理制，密切产销关系

工贸多种形式的结合，密切了产销关系，使国内部分生产企业能直接面向国际市场，经受激烈的国际竞争的考验，这对提高我国出口商品质量、增强产品的国际市场竞争力有十分积极的作用。对外贸易专业进出口公司也逐步将部分产品的出口收购制改为出口代理制，并开始开展代理进口业务。

（四）逐步缩小外贸计划控制范围，启用关税与非关税手段

1.1988年以后，实行指令性计划、指导性计划和市场调节三种管理形式

到1994年，对外贸易领域全部取消了指令性计划，只有少数极重要商品由指定外贸公司经营。

2.逐步降低关税水平，调整关税结构

20世纪90年代以来，我国平均进口关税开始不断下调，2003年平均关税水平已降为11%。关税结构呈递升分布，已有很大改善，但仍然较突出，即关税水平从原材料，到中间产品，再到最终产品是逐步递升的，保护重点仍是最终产品。

3.启用和规范非关税壁垒

从20世纪80年代开始，随着计划的削减，我国逐步开始采用非关税措施，如许可证、配额、指定经营等措施。

1992年以后，随着外贸体制改革步伐加快，许可证、配额管理范围逐步缩小，并实行制度化与规范化管理。

（五）改革外汇管理体制，发挥汇率杠杆对外贸的调控作用

改革开放以后，我国汇率在逐步纠正汇率高估的进程中，走过了单一汇率—双重汇率—单一汇率的螺旋式发展过程，但我国汇率制度改革的过程并不是简单的循环往复，而是从单一的官方汇率制演化为单一的市场汇率制，二者存在质的区别。在以市场供求为基础的、有管理的、单一的浮动汇率制度下，国家对汇率的调控要借助间接调控手段，与官方汇率的决定机制是截然不同的。

（六）改革统包盈亏的对外贸易财务体制，外贸企业实现自负盈亏

通过实行外贸承包经营责任制，我国的外贸体制在打破对外贸易统包盈亏的大锅饭体制、外贸企业实现自负盈亏方面迈出了重要而坚实的一步，但仍存在一些问题，如承包额度缺乏科学性、外贸企业的经营活动仍受地方政府的行政干预、汇率调整还没有到位等。

客观上讲，对外贸易承包经营责任制并不符合社会主义市场经济的本质要求，而只是计划经济体制向社会主义市场经济体制转轨的过渡性体制形式。

第三节　加入世界贸易组织与对外贸易体制改革

2001年12月11日，我国正式成为世界贸易组织的成员。我国加入世贸组织，是我国实行改革开放总方针的要求，也是我国经济同世界经济接轨的重要途径。

一、我国加入世贸组织的历程和意义

（一）我国与关贸总协定的历史关系

1947年10月30日，我国签署了关贸总协定的最后文件，1948年5月21日正式签署了《关贸总协定临时适用议定书》而成为总协定的缔约方。1949年10月中华人民共和国成立，美国政府指使我国台湾当局撤回对总协定的适用。我国台湾当局遂于1950年3月以我国名义退出总协定。当年曾和我国举行关税谈判的十余个缔约方相继撤回它们对我国的关税减让承诺。当时，我国政府对我国台湾当局盗用我国名义退出总协定未能作出反应。

1978年底党的十一届三中全会后，确定以现代化建设为目标，以改革开放为基本国策，从此开辟了我国与关贸总协定关系的新历史阶段。以后，我国政府派团以观察员身份列席了1982年的关贸总协定部长级大会及1983年的关贸总协定缔约方大会。1984年11月，我国获准作为观察员出席关贸总协定理事会及其附属机构的会议。

20世纪80年代初，党中央、国务院决定开始我国恢复关贸总协定缔约方地位的准备工作，并于1984年正式参加了关贸总协定主持签订的《多种纤维协议》。经过几年的准备，我国政府于1986年7月正式申请恢复关贸总协定缔约方地位。

1987年2月13日，我国政府向关贸总协定提交了《中国对外贸易制度备忘录》，涉及内容主要有：我国经济体制改革，对外开放政策，对外贸易政策，外贸体制改革，海关关税制度，商品检验制度，进出口许可证制度，进出口商品的作价方法，外汇管理制度，经济特区和沿海开放城市，我国参加的国际经济贸易和金融组织及有关的国际条约。

1987年3月，关贸总协定理事会决定成立专门工作组审议我国的申请。

1987年6月工作组成立，所有缔约方均可派员参加工作组的工作。工作组的职责是：（1）审议我国的对外贸易制度；（2）草拟一份关于我国在关贸总协定中权利和义务的议定书；（3）安排我国与关贸总协定缔约方的关税减让谈判；（4）就我国的关贸总协定缔约方席位向理事会提出建议报告。

1988年以后，我国政府派团参加关贸总协定中国问题工作组的历次会议。由经贸部组团，先后有外交部、海关总署、原国家计委、财政部、原国务院特区办公室、原国家经济体制改革委员会、国家外汇管理局、原国家物价局、原国家质检总局、国家统计局等部委的官员参加。这些会议主要是审议《中国对外贸易制度备忘录》和讨论中国“复关”问题。我国代表团先后回答了缔约方就此提出的各种问题近2 000个。

与此同时，1986年9月，我国派出政府代表团列席了乌拉圭回合各谈判组的谈判。1988年12月，我国政府代表团出席了在加拿大蒙特利尔举行的总协定乌拉圭回合部长级中期审评会议。1990年12月，我国参加了在布鲁塞尔召开的乌拉圭回合最后一次部长级会议。我国代表团参加了各谈判组的谈判，并提出了许多积极的建议、提案或联合提案。1994年4月15日，我国政府代表在乌拉圭回合协议书上签字。

在1989年之前，谈判进展顺利，并可能迅速结束谈判，恢复我国的缔约方地位。但之后，西方国家把推延恢复我国缔约方地位谈判作为经济制裁的重要手段之一，因而使谈判进程受到很大影响。1990年以后，西方国家的对华关系逐步恢复和改善，我国进一步扩大对外开放和深化经济体制改革，为我国恢复关贸总协定地位的多边和双边谈判工作提供了有利的条件。到1992年2月，关贸总协定我国缔约方地位问题工作组已举行了10次会议，基本完成了对我国对外贸易制度的审议和评价。1992年10月召开的党的十四大总结了改革开放以来14年的实践经验，提出我国经济体制改革的目标是建立和完善社会主义市场经济体制。这就为我国恢复关贸总协定缔约方地位从根本上扫清了道路。但是由于少数国家的阻挠，在1995年底以前我国未能恢复在关贸总协定中的地位。世贸组织成立后，我国终于在2001年12月成为正式成员。

（二）我国加入世贸组织的意义

世贸组织是当今世界涉及面最广、影响最大的多边贸易机构，我国作为一个世界大国，有比较优势资源，经济贸易发展潜力巨大，加入世贸组织具有重大的战略意义。

1.有助于提高我国在世界经济生活中的地位，发挥积极的作用

我国是联合国安理会的常任理事国，对世界上所有重大国际事务均有决定权，可以说，没有我国政府的参与，就不可能顺利解决重大国际事务。与此同时，我国早已是世界三大经济支柱中的两个——世界银行和国际货币基金组织的正式成员。

我国资源丰富，人口众多，市场广阔，没有我国的参与，世界多边贸易体制是不的。

我国加入世贸组织，可以参与制定对世界经济起重要作用的规则，有利于提高国在世界经济、贸易、金融等领域中的地位，发挥积极的作用，而且能使世贸组织的普遍性原则得以进一步体现，有助于我国更好地利用国际分工，利用国外市场条件，为促进我国经济的发展，加速现代化建设提供坚实的基础。

2.有助于我国扩大对外开放

当今世界经济相互依存、相互渗透的程度日益加深。

我国加入世贸组织，使我国经济同世界经济逐步接轨，同世界经济建立更为密切的联系，从而加速我国对外经贸事业的发展，扩大对外开放。

中华人民共和国成立以后，我国与关贸总协定关系长期中断，使我国只能在比关贸总协定规则苛刻的条件下同各国发展贸易关系。这种不正常现象妨碍着我国对外经济贸易关系的发展。

加入世贸组织使我国对外经济贸易能够在真正平等互利的基础上得到进一步发展，我国可以享受多边、稳定和无条件的最惠国待遇。这种多边的最惠国待遇同两国之间的双边最惠国待遇相比，更具有稳定性，也不存在期限问题，而且包括的范围更广泛，这对我国发展对外经贸事业非常有利。

加入世贸组织有助于我国利用多边贸易体制解决国际贸易争端，从而有利于我国发展对外贸易。利用加入世贸组织解决争端的多边机制，协调和处理同其他成员之间的贸易纠纷，可加强我国谈判地位，较为有利于与我国的贸易伙伴磋商和解决贸易争端，改善我国的贸易待遇，为维护我国的外贸权益提供更广泛的场所。

加入世贸组织，按照国际规范运作，可提高我国经贸制度的稳定性、可预见性，增强外国企业对我国市场的信心，有利于利用外资，引进先进技术和管理经验，有助于我国更广泛地开展对外经济技术合作。如世贸组织在服务贸易、知识产权、投资措施等方面制定了一些规则，这有利于我国在这些方面的对外经济技术合作。

此外，世贸组织拥有比较齐全的、权威的世界贸易以及国别贸易资料，并可提供技术援助和咨询服务，这将使我国政府和企业的对外贸易决策更加科学，从而进一步促进我国的对外开放。

加入世贸组织，就要按照国际通行规则开放国内市场，引进国际竞争机制。这意味着在新的广度和深度基础上实行对外开放。

总之，我国加入世贸组织将使我国在更大的范围内、更深的层次上，贯彻全方位的对外开放政策，从而加速我国的现代化建设。

3.有助于我国发展社会主义市场经济

世贸组织的基本原则是实行以市场经济为基础的自由贸易体制。这对我国扩大对外开放和开放国内市场必将起到促进作用，必然会加速完善我国的社会主义市场经济体制。

党的十一届三中全会以后，我国以市场经济为取向进行改革，改变了原来的高度集中的中央计划经济体制，逐步建立起社会主义市场经济体制。但是，正如党的十四大报告所指出的："建立和完善社会主义市场经济体制，是一个长期发展的过程，是一项艰巨复杂的社会系统工程。"转换国有企业特别是大中型企业的经营机制，把企业推向市场，增强它们的活力，提高它们的素质，是建立社会主义市场经济体制的中心环节。加入世贸组织意味着我国企业必须走向市场，要在大体同等的国际竞争条件下同外国企业进行竞争。这就要求加快我国企业改革，转变企业经营机制，调整企业经营战略，以适应国际竞争的需要和有效地利用多边贸易体制提供的机遇。这就要加快完善我国的社会主义市场经济体制。

发展社会主义市场经济，必须加快市场体系的培育，要尽快形成全国统一开放的市场体系，坚决打破条条块块的分割、封锁和垄断，促进和保护公平竞争。而价格改革是市场发育和经济体制改革的关键，要建立以市场形成价格为主的价格机制。

按建立在市场经济基础上的自由贸易基本原则进行改革，就要求国内价格由市场决定，进出口贸易由价格和汇率手段调节，实行单一的浮动汇率制度。要使我国的价格结构向国际价格结构靠拢，逐步改变一部分商品的国内价大大低于国际市场价、另一部分商品的国内价大大高于国际市场价的扭曲状况。这样做也会加快完善我国的社会主义市场经济体制。

加入世贸组织要求政府按市场经济机制管理对外贸易，管理国民经济，这有助于加速我国政府职能转变，发展社会主义市场经济。

4.有助于加速我国企业和国民经济的技术改造

企业和国民经济的技术改造是我国发展生产力、建设现代化经济的根本途径。

加入世贸组织使我国企业要在大体同等的国际竞争条件下同外国企业进行竞争。我国技术水平和经营管理水平同跨国垄断企业有较大差距，会使我国企业受到较大的压力，我国企业只能在这种国际竞争的压力下求生存、求发展，变压力为动力，推动企业和国民经济的技术改造。

加入世贸组织所带来的国际竞争的压力不仅表现在国外市场上，而且表现在国内市场上。我国产品同外国产品在国内外两个市场上进行竞争，既要进行价格竞争，又要进行质量竞争。这就要求企业不断降低产品成本，提高产品质量。

企业要提高在竞争中的地位，要生存和发展，唯一的出路是不断采用新技术、新工艺、新原材料、先进管理经验，促进生产自动化、高科技化，而全国企业在激烈竞争中自觉进行技术改造，必然会引起一系列国民经济技术改造的连锁反应。例如，要降低产品成本，就要降低燃料、原材料和工资成本，使燃料、原材料和工资在单位产品成本中的比重下降。这就要求不断提高技术水平，提高劳动生产率，广泛采用电子计算机和各种先进技术装备，采用现代管理技术，从而使我国的新技术产业迅速发展，带动整个国民经济的技术改造。要提高产品质量，改进花色品种，就要不断改进产品设计和工艺，改变生产环节，采用新型原材料和更先进的生产技术设备，这同样会带动国民经济的技术改造。

另外，加入世贸组织，享受有关的权利，消除西方国家对我国的歧视性措施，为我国引进先进技术开辟了更为广阔的前景，也有利于我国的技术改造。

5.有助于推动我国产业结构和经济结构优化

现代化建设事业的根本任务之一是要不断使产业结构和经济结构向先进方向发展。

加入世贸组织使我国经济与世界经济接轨，加速我国经济国际化，推动我国产业结构和经济结构优化。一方面，我国加入世贸组织，加速企业和国民经济技术改造，就会促进我国的新兴工业、高科技产业的发展，从而加快我国的产业结构向现代化方向发展；另一方面，加入世贸组织要求逐步打破民族保护主义和地方保护主义。通过大幅度降低关税和淡化非关税壁垒，使民族保护主义削弱，必然会冲击我国的工业。那些技术和管理落后、产品质量差、成本高、效益低的工业首先受到冲击，从积极意义上考察，有利于加速调整和改善我国的产业结构和经济结构。

加入世贸组织要求开放国内市场，全国实行统一政策和提高透明度，这就会逐步“冲掉”地方保护主义。

二、我国加入世界贸易组织的主要承诺

根据我国加入世贸组织谈判中所坚持的权利与义务平衡的原则，《中国加入世界贸易组织议定书》中，对我国加入世贸组织后享有的权利与义务作了规定。

（一）为世界贸易组织成员方提供非歧视待遇

我国承诺在进口货物、关税、国内税等方面，给予外国产品的待遇不低于给予国内同类产品的待遇，并承诺对仍在实施的与国民待遇原则不符的做法和政策进行必要的修改和调整。

（二）贸易政策统一实施

我国承诺在整个我国关境内（包括民族自治地方），借鉴特区、沿海开放城市以及经济技术开发区的做法，统一实施贸易政策。

（三）保持贸易政策透明度

我国承诺公布所有涉及经贸的法律和部门规章，未经公布的不予执行。加入世界贸易组织后设立“世界贸易组织咨询点”，在对外经贸法律、法规及其他措施实施前，提供草案，并允许提出意见。

（四）进行外贸经营权改革

我国承诺在加入世界贸易组织3年内取消外贸经营权的审批制，实施登记制。在我国的所有企业，在登记后都拥有经营除国营贸易产品外的所有产品的权利。

（五）降低关税壁垒

我国承诺分步降低关税税率，到2005年关税税率降到发展中国家的平均水平以下，平均关税税率则降至10%左右。同时，全面实施世界贸易组织海关估价协议，促进海关税收征收工作的规范、公正、透明、高效。

（六）削减非关税措施

我国承诺对400多项产品实施的非关税措施在2005年1月1日之前取消，并承诺除非符合世界贸易组织的规定，否则不再增加或实施任何新的非关税措施。

（七）关于出口补贴

我国承诺遵守世界贸易组织《补贴与反补贴措施协定》的规定，取消协定禁止的出口补贴，通知协定允许的其他项目补贴。

（八）实施《与贸易有关的投资措施协定》

我国承诺加入世界贸易组织后实施《与贸易有关的投资措施协定》，取消贸易和外汇平衡要求、当地含量要求、技术转让要求等与贸易有关的投资措施。

我国承诺在法律、法规和部门规章中不强制规定出口实绩要求与技术转让要求，由投资双方通过谈判议定。

（九）接受过渡性审议机制

我国接受过渡性审议机制，即在加入世界贸易组织8年内，世界贸易组织的有关委员会将对我国履行世界贸易组织义务和实施加入世界贸易组织谈判所做的承诺情况进行年度审议，在第10年终止审议。

（十）接受特殊保障条款

鉴于一些成员认为我国还不是正常的市场经济国家，我国入世之后12年之内，如果我国产品在进口至世贸组织其他成员领土时，增长的数量或所依据的条件对生产同类产品或直接竞争产品的其他世贸组织成员的生产者造成威胁或造成市场扰乱，可以仅针对我国的产品采取保障措施。

（十一）反倾销反补贴条款

有的世贸组织成员对我国的倾销产品采取特殊的程序，该程序在我国入世之后维持15年。该规定也适用于反补贴措施。

（十二）关于服务领域的开放

服务业市场开放是我国加入世界贸易组织承诺的主要组成部分，议定书中我国对开放电信、银行、保险、证券、音像、分销等服务业的进程一一做了具体承诺。

三、我国履行入世承诺的情况

（一）对经济贸易体制进行了适应性调整

1.清理、修订法律、法规，完成法律转换工作

世贸组织多边规则对其成员并不是直接适用的，而是必须转化为国内的法律、法规，使成员法律制度与多边规则相一致。根据这一要求，我国进行了大规模的清理和修订法律、法规工作。

2.保持外贸政策统一性和透明度

各级政府部门对有关对外贸易的法律、法规和政策进行了全面清理，凡不符合世贸组织规定和我国承诺的一律进行修订和废止。根据加入世贸组织有关透明度的承诺，各级政府部门所制定的与贸易、投资有关的法规和政策措施，都要在指定刊物上予以公布，不公开的不能执行。

3.转变政府职能，深化经济贸易体制改革

各级政府进一步转变职能，一是提高了宏观经济运行的调控、预警和监测水平；二是加快推进行政审批制度改革，增强其透明度和公开性；三是打破地方保护和部门、行业垄断，废除阻碍统一市场形成的各种规定，建立和完善全国统一、公平竞争、规范有序的市场体系。

（二）履行开放市场承诺，规范货物进出口管理办法

1.减少关税和非关税措施

根据加入世贸组织承诺，我国进行了较大范围的实质性降税；大幅减少和规范非关税措施，取消部分商品进口数量限制，对重要农产品由原来的配额管理改为关税配额管理。

2.规范和调整进出口商品管理办法

外经贸主管部门相继出台有关出口配额许可证管理、进口配额许可证管理、出口国营贸易管理、特殊商品出口管理、特定产品进口管理、禁止出口商品管理、禁止进口货物管理、出口商品行业协调等方面的具体规定和办法。

3.履行开放市场承诺，扩大外资市场准入

我国修订并颁布了《指导外商投资方向规定》和《外商投资产业指导目录》，加大了对外资的开放程度，还完成了世贸组织知识产权理事会对我国入世以来执行《与贸易有关的知识产权协定》和加入议定书有关承诺的审议工作。

4.积极参与世贸组织事务，运用多边规则处理贸易纠纷

入世后，我国较快地完成了角色转换，积极投身新一轮多边贸易谈判，并行使世贸组织赋予成员的权利，运用多边机制处理各种贸易纠纷，与国际贸易保护主义作斗争，维护了我国的正当权益。

本章小结

对外贸易体制是指对外贸易的组织形式、机构设置、管理权限、经营分工和利益分配等方面的制度。

我国高度集中的对外贸易体制是在一定历史条件下形成的。它有利于集中调度资源，提高产品国际竞争力，扩大出口；有利于统一安排进口，保证国家重点建设需要；有利于集中统一对外，捍卫国家的政治和经济独立。国家通过外贸专业公司统一经营对外贸易，造成工贸隔离，产销脱节；高度集中，统得过死；统包盈亏，缺乏利益激励机制。

改革开放以后，原有的对外贸易体制已不适应新的历史时期经济建设和对外贸易发展的要求，随着经济体制改革和对外开放方针的实施，对对外贸易体制也逐步进行了改革。

我国的对外贸易体制改革基本上是贸易自由化的过程。1979—1987年，对外贸体制进行初步改革，体现在：下放外贸经营权、开展工贸结合试点、简化外贸计划内容、实行出口承包责任制。1988—1993年，对外贸体制进行了深化改革，体现在：1990年全面推行外贸承包经营责任制。1994年以后至入世前的外贸体制的改革方向是尽快建立适应社会主义市场经济发展的、符合国际贸易规范的新型外贸体制。

根据我国加入世贸组织谈判中所坚持的权利与义务平衡的原则，《中国加入世界贸易组织议定书》中，对我国加入世贸组织后享有的权利与义务作了规定。为履行入世承诺，对经济贸易体制进行了适应性调整：清理、修订法律、法规，完成法律转换工作；保持外贸政策统一性和透明度；转变政府职能，深化经济贸易体制改革；履行开放市场承诺，规范货物进出口管理办法；履行开放市场承诺，扩大外资市场准入；积极参与世贸组织事务，运用多边规则处理贸易纠纷。

我国对外贸易体制改革的未来方向是坚持既符合社会主义市场经济体制的内在要求，又符合国际贸易规范的基本原则。

关键术语

对外贸易体制　对外贸易统制政策　工贸结合　进出口代理制　对外贸易承包经营责任制　过渡性审议机制　特殊保障条款

思考题

1.改革开放前，我国对外贸易体制的主要特点是什么？

2.改革开放后，我国为什么要进行对外贸易体制改革？

3.改革开放与对外贸易体制改革是何种关系？

4.入世前我国对外贸体制进行了哪些方面的改革？其效果如何？

5简述我国加入世贸组织的意义。

6.简述我国加入世贸组织的主要承诺及履行情况。

7.试述我国入世的权利和义务。

8.我国入世后的对外贸易发展有何变化？

9.我国入世后为什么进出口贸易发展速度加快了？

第六章 对外贸易立法管理

扫码查看课件

学习目标

通过本章学习，明确外贸立法管理手段的概念和特点；认识中国运用立法手段管理对外贸易的必要性；了解中国对外贸易立法体系和货物贸易、技术贸易、服务贸易立法概况；重点掌握《中华人民共和国对外贸易法》（以下简称《对外贸易法》）的基本原则。

对外贸易管理，也称为对外贸易调控，是指一国或地区对对外贸易的计划、组织、指挥、协调和控制，包括行政、经济、法律等多种管理方式。一国或地区会根据自己所处的社会经济发展阶段的客观实际，有所侧重地选取不同的管理方式组合加以运用。

一般来讲，在自然经济与产品经济时期，偏重运用以行政方式为主，经济、法律方式为辅的管理组合；在商品经济时期，偏重运用以行政和经济方式为主，法律方式为辅的管理组合；在市场经济时期，偏重运用以法律方式为主，行政、经济方式为辅的管理组合，并且，即使在运用行政与经济方式进行管理的过程中，往往也通过法律方式实施。

第一节　对外贸易立法管理概述

一、外贸立法管理手段的概念

对外贸易法律管理，也称为对外贸易立法管理，是指一国或地区运用法律调控手段管理本国对外贸易的一种管理方式，是市场经济背景下管理对外贸易的主要方式，也是当前世界贸易组织所倡导的对外贸易管理方式。

二、外贸立法管理手段的特征

与行政管理方式和经济管理方式相比较，对外贸易法律管理方式具有以下显著特征：

（一）法定性

对外贸易法律管理是采取法律、法规的形式管理对外贸易。

管理对外贸易的法律、法规与其他法律、法规一样，都是由立法机构通过一定的法定程序制定，并一般性地指引人们对外贸易活动的专门性社会规范。

对外贸易法律、法规将对外贸易法律管理过程中的管理主体、权限、程序、方式、对象等内容，具体明确地进行规范，使管理者和被管理者有法可依、有章可循。

（二）权威性

对外贸易法律管理运用的法律、法规具有国家意志的属性，是对外贸易活动的行为准则，因而具有极大的权威性。

对外贸易法律管理方式的标志就是所有国家权力的行使均受法律的约束，法律在国家对外贸易管理中具有至上性，任何国家权力机构都必须受到现行法律的约束，不仅不得采取任何违反法律的措施，而且只有在取得法律授权的情况下才能实施相应的对外贸易政策与管理措施。

（三）强制性

对外贸易法律管理方式是通过法律、法规的严格贯彻而实现其对外贸活动的调控作用的，它是由国家强制实施的，因而具有严格的强制性。外贸法律、法规一经制定就要强制执行，各个从事外贸活动的企业、单位乃至个人都必须毫无例外地遵守。

这种强制性具有普遍的约束力；否则，就要受到国家强制力量的惩处。对外贸易法律管理方式的强制性有利于提高行政效率，可以有效地维护外贸活动参与者的合法权利，规范市场秩序，保证对外贸易正常运行。

（四）规范性

法律是社会生活中的行为规范，规范性是法律的属性。

对外贸易法律、法规既是所有外贸组织和个人行为的统一准则，对它们具有同等的约束力，不可因人而异，也是处理利益纷争、是非纷争的评判标准。

它减少了主观随意性，达到了管理的统一化。

同时，法律和法规的制定必须严格地按照法律规定的程序和规定进行，一旦制定和颁布后，就具有相对稳定性。

三、运用立法手段管理对外贸易的必要性

（一）加强外贸立法管理是社会主义市场经济体制下发展对外贸易的客观要求

市场经济是法治经济。对外贸易是国民经济的重要组成部分，在由计划经济体制向

社会主义市场经济体制转轨的过程中，其经营与管理都发生了深刻的变化，而这一变化要求加强外贸立法管理，将外贸活动纳入法治化轨道，从而保证社会主义市场经济条件下对外贸易持续、健康、稳定地发展。

（1）面对成分复杂的多元化的外贸经营主体，需要用法律规范来明确企业的行为准则，维护对外贸易市场秩序，用法律手段来调整政府与企业、企业与企业之间的关系，保障企业的合法权益。

（2）社会主义市场经济要求中国必须建立以法律手段为基础、以经济手段为主、以行政手段为辅的对外贸易管理模式，但经济手段的有效运用需要法律手段作为保障，行政手段的合理运用也需要以法律、法规为准则。

（二）加强外贸立法管理是在国际贸易通行规则下发展对外贸易的需要

（1）积极参加国际分工和国际竞争，使国内市场与国际市场接轨，其前提条件是要遵守国际经济秩序，按国际贸易通行规则开展对外贸易活动，使中国外贸管理、经营方式尽快与国际贸易规范接轨。

（2）世贸组织规则作为国际经济法律的重要组成部分，已成为各成员方进行国际经济贸易往来必须遵守的规则。因此，中国不仅需要建立健全与世贸组织规则和入世承诺相匹配的外贸法律体系，而且还要增强法律制度的透明度，使对外贸易管理步入全面的法治化轨道。

（三）加强外贸立法管理是在激烈的国际市场竞争环境下发展对外贸易的需要

（1）国际贸易直接关系到一国的政治和经济利益。

在激烈的国际竞争中，中国必须通过外贸立法来规定保护本国利益的措施与手段，使其在国际交换和国际竞争中，能够有理、有利、有节地同一些国家的歧视性贸易措施和损害民族经济的行为进行必要的斗争，用法律手段保护国家和企业的经济利益。

（2）面对日趋严峻的国际反倾销调查和国外产品的低价倾销，除了坚持与国际贸易保护主义和对华歧视进行必要的斗争之外，从现实解决问题或者缓解问题的角度看，中国必须进一步完善相关立法，依法参与竞争，方可维护国家和企业利益。

四、外贸立法的发展与完善

中华人民共和国成立以后，特别是改革开放以来，中国根据不同时期发展对外贸易的需要，制定了大量的对外贸易法律和法规，并且不断加以修改、补充和完善，迄今已初步形成了与社会主义市场经济和国际贸易通行规则相适应的外贸法律体系，对促进中国对外开放、参与国际竞争、保证对外贸易的顺利发展，发挥了极其重要的作用。

中国对外贸易立法大致经历了四个时期：

（一）1949—1977年

中华人民共和国成立初期，中国政府在宣布废除帝国主义强加给中国的各种不平等条约和国民党政府旧法律、法规的同时，以《中国人民政治协商会议共同纲领》和《中华人民共和国宪法》为基础，着手制定了新中国对外贸易的法律和法规。

（1）1950—1956年，中国先后颁布了《对外贸易管理暂行条例》等30多项法律、法规，涉及进出口、海关、商检、外汇、仲裁等各个方面，初步形成了新中国的对外贸易法律体系。

（2）1957—1977年，由于国家外贸计划和行政命令对控制外贸活动起着主导作用，并行使了带有法律性质的职能，再加上"文化大革命"时期外贸管理制度受到了冲击，我国外贸立法受到严重影响，法律手段在外贸管理中的作用被大大削弱。

改革开放前对外贸易立法主要呈现以下特点：

第一，国家颁布的外贸法律、法规集中体现了国家对对外贸易实行集中管理、统一经营的计划经济。

第二，外贸法律、法规涉及的范围十分狭小，一般只涉及了货物进出口的部分内容，而技术进出口、服务贸易、利用外资等内容几乎没有涉及。

第三，从立法类型看，基本上是从行政管理角度而不是从经济法角度去进行规范，尤其是对对外贸易企业的法律地位，包括企业的权利、义务和贸易行为等基本上没有规范。

第四，从立法水平和等级看，所公布的法令、法规不仅条文简单、操作性差，而且法律等级普遍不高，几乎没有一项全国人大立法，其中大部分采取了内部文件的形式。因此，这些法律规范的执法力度较弱。

（二）1978—1991年

1978年党的十一届三中全会后，随着改革开放政策的实行，为适应对外贸易发展的需要，中国对外贸体制进行了初步的改革，如下放外贸经营权，扩大外贸经营渠道，促进产销结合等，但对外贸易关系日益复杂，仅依赖单纯的行政命令已远远不能解决新形势下出现的各种问题，进行外贸立法的条件和时机日渐成熟，国家有关部门加快了对外贸易的立法步伐。

1.立法情况

1978—1991年，我国颁布的主要外贸法律、法规有《中华人民共和国涉外经济合同法》《中华人民共和国海关法》《中华人民共和国进出口商品检验法》《中华人民共和国技术引进合同管理条例》（已废止）《中华人民共和国进口货物许可制度暂行条例》（已废止）《中华人民共和国出口货物原产地规则》（已废止）《一般商品进口配额管理暂行办法》（已废止）等。

2.立法特点

这一时期的立法特点是：围绕恢复和新建的对外贸易行政管理手段颁布了一系列相应的法规；规范市场主体和市场行为的新法规数量明显增加；除了进一步完善货物贸易

立法之外，还相继颁布了技术贸易、服务贸易等多项法规。

但这些法规、规章过于分散，缺乏系统性，缺乏透明度，在很多方面仍带有计划经济体制下以行政手段管理为主的色彩。

（三）1992—2000年

1992年，党的十四大明确提出："我国经济体制改革的目标是建立社会主义市场经济体制，以利于进一步解放和发展生产力。"

在此背景下我国对对外贸易进行体制改革不仅使由国家控制的外贸公司变成自主经营、自负盈亏的经济实体，而且国家对外贸的管理也由以直接调控为主向以间接调控为主转变。

改革开放在推动外贸体制改革不断深化的同时，也推动了外贸立法的不断加强和完善，使中国外贸立法获得了前所未有的发展。

1.立法情况

1992—2000年，国家先后制定和颁布的外经贸法律、法规共700多项，包括《对外贸易法》《中华人民共和国合同法》（已废止）、《中华人民共和国公司法》（以下简称《公司法》）、《中华人民共和国票据法》（以下简称《票据法》）、《中华人民共和国仲裁法》、《中华人民共和国海商法》（以下简称《海商法》）、《进口商品经营管理暂行办法》、《出口商品管理暂行办法》、《中华人民共和国反倾销和反补贴条例》、《技术引进和设备进口贸易工作管理暂行办法》、《中华人民共和国外资金融机构管理条例》等。

2.立法特点

这一时期我国初步建立了符合社会主义市场经济要求的立法体系，法律、法规实体和程序规范更加符合市场经济的一般规律，更加注意与国际经济条约、规则和惯例相衔接。

另外，在立法数量、范围、内容、等级和水平方面，都是过去所不能比拟的。随着外贸立法的不断完善，外贸宏观调控从以行政直接控制为主转向以运用经济和法律手段调节为主的轨道。

（四）2001年入世后至今

中国在《中华人民共和国加入议定书》中承诺："将通过修改现行法规和制定新法的方式，全面履行世贸组织协定的义务。"因此，入世前后，中国针对外贸法治建设制订了详细的废、改、立计划，并确定了各项计划完成的具体时间表。

1.外经贸法律、法规清理工作基本完成

中国根据世贸组织的要求，在法制统一、非歧视和公开透明的原则下，对与世贸组织规则和中国对外承诺不一致的法律、行政法规、部门规章和其他政策、措施进行了全面清理。

2.抓紧进行外经贸法律、法规的修改和制定

中国各级立法机构在对有关外经贸法律、法规进行全面清理的基础上，抓紧进行法律、行政法规和规章的修改和制定工作。

3. 进一步提高外经贸立法的透明度

凡涉及货物贸易、服务贸易、与贸易有关的知识产权保护以及与贸易有关的投资措施的法律、法规、规章，中国均在指定的官方刊物上公布。

五、对外贸易立法体系

中国对外贸易立法体系由国内法渊源和国际法渊源两部分组成。国内法渊源包括宪法、法律、行政法规、地方性规章。国际法渊源包括我国缔结与参加的国际条约和我国承认的国际贸易惯例。

（一）国内法渊源

对外贸易的国内法渊源是指国家权力机关和国家行政机关颁布的调整对外贸易关系的各类规范性法律文件，主要包括以下内容：

1. 宪法

宪法是国家最高权力机关依据特定立法程序制定的国家根本大法，在中国法律体系中具有最高的法律效力。

宪法是中国对外贸易法中的一个重要渊源，其中明确规定了对外贸易立法的基本原则、立法根据，对外贸立法具有根本的指导意义。

宪法本身的权威性决定了中国外贸法制建设首先以宪法为依据。

2. 法律

法律指全国人民代表大会及其常务委员会制定颁布的基本法律。

在对外贸易法的渊源中，除宪法外，法律居主导地位，包括专门性的外贸法律，如《对外贸易法》《海关法》《进出口商品检验法》等，还包括非专门性的涉外经济法律中有关对外贸易的规定，如《民法典》《专利法》《商标法》等，这些法律也包含一定数量的对外贸易法律规范。

3. 行政法规

行政法规指国家最高行政机关即国务院及其所属部委根据宪法、法律制定颁布的有关对外贸易活动的条例、规定、实施细则、办法等。其效力仅次于宪法和法律。

4. 地方性规章

地方性规章指各省、自治区、直辖市和经国务院批准的较大的市人民代表大会及其常务委员会或人民政府制定的调整本地区对外贸易关系的区域性法规。其只要不与宪法、法律、行政法规相抵触，在所辖区域内就具有规范性效力。

（二）国际法渊源

国际法渊源主要包括世界贸易组织的规则以及中国缔结和参加的其他国际条约和承认的国际贸易惯例等。

1. 《世界贸易组织协定》和《中华人民共和国加入议定书》

《世界贸易组织协定》即《建立世界贸易组织的马拉喀什协定》，协定正文只是一个框架，规定了一些原则问题。

世界贸易组织的具体规则包含在该协定的4个附件中：

附件1包括《1994年关税与贸易总协定》等15个协定，它们包含了世界贸易组织的实体规则。

附件2是《关于争端解决规则与程序的谅解》，包含有关世界贸易组织争端解决机构及程序的一些规定。

附件3是《贸易政策审议机制》，它包含对成员的贸易政策进行审议的原则性规定。

附件4包括《政府采购协定》、《民用航空器贸易协定》、《国际奶制品协定》和《国际牛肉协定》4个所谓的“诸边协定”，但后两个协定已于1997年底终止了。

要加入世界贸易组织，就必须接受《建立世界贸易组织的马拉喀什协定》和它的前3个附件包含的所有协定，也就是所谓的“一揽子协定”，不得提出保留。附件4包含的协定可以由成员自由决定是否参加其中的一个或者多个。

《世界贸易组织协定》和《中华人民共和国加入议定书》是对中国有法律效力的“入世”文件，于2001年12月11日生效。

2.缔结和参加的国际条约

国际条约指各国之间缔结的规定它们在政治、经济、文化等方面相互权利、义务的书面协议。条约分为两国之间缔结的双边条约和多国之间缔结的多边条约。

中国1971年恢复在联合国的合法席位后，参加了100多个国际条约，其中大部分是国际经济贸易方面的，主要包括各种国际商品协定、货物销售合同公约、金融组织及条约、海关组织及条约、保护知识产权组织和公约、国际运输公约、国际商事仲裁和司法协助公约等。

目前，中国已同230多个国家和地区建立了贸易关系，同其中140多个国家和地区签订了有关贸易关系的双边条约、协定，与109个国家和地区签订了避免双重征税和防止偷漏税协定，与约106个国家和地区签订了促进和保护投资协定。

3.承认的国际贸易惯例

国际贸易惯例是国家之间在相互贸易交往中，当事人经常引用、用以确定当事人之间权利和义务关系的规则。

中国适用国际贸易惯例的原则是：具有经济内容并为中国所承认的国际惯例，在有关国际条约和中国经济法律没有规定或允许适用的情况下，可以被适用。

长期以来，中国在对外贸易活动以及处理对外贸易纠纷方面，对国际贸易中被广泛承认的国际贸易惯例是尊重的。

中国承认的国际贸易惯例有《国际贸易术语解释通则》《联合运输单证统一规则》《跟单信用证统一惯例》《国际货物销售合同公约》《仲裁示范法》等。

六、中国对外贸易法律制度框架

中国的对外贸易法律制度是国家对货物进出口、技术进出口和国际服务贸易进行管理和控制的一系列法律、法规和其他具有法律效力的规范性文件的总称。

（一）按照对外贸易立法机关划分

1.对外贸易法

中国对外贸易法是中国对外贸易法律制度的基本法，是整个外贸制度的核心，它规定对外贸易经营许可证制度、配额、关税和海关制度、关税壁垒、检验制度、贸易救济制度、货物进出口制度等。

2.外贸行政法规

中国对外贸易法律制度实施的主要依据是由国务院颁布的大量行政法规，其内容涉及工商、海关、商检、外汇、税收、原产地、运输等各方面。

中国加入WTO以后，根据WTO规则以及中国入世时的承诺，国务院在货物贸易、技术贸易及服务贸易三个领域都颁布了行之有效的行政法规。

3.外贸部门规章

与外贸有关的各部委，尤其是主管外经贸的商务部，在处理外贸具体工作时，往往根据具体问题，颁布专门的部门规章，如《对外贸易经营者备案登记办法》、《重要工业品自动进口许可管理实施细则》、《机电产品进口管理暂行办法》（已废止）、《出口许可证管理规定》和《出口商品配额管理办法》等。

这些规章的特点是：

（1）可操作性强；

（2）针对性明确；

（3）颁布和废除都较方便；

（4）与法律、法规保持一致。

（二）按照法律所管辖的领域划分

1.货物贸易法律体系

货物贸易立法是对外贸易立法的重要领域，尤其是对于中国来说，货物贸易立法直接影响到整个对外贸易的发展。

货物贸易法律体系主要由货物进出口管理、货物进出口流程各环节管理、维护外贸秩序等法律和法规构成（如图6-1所示）。

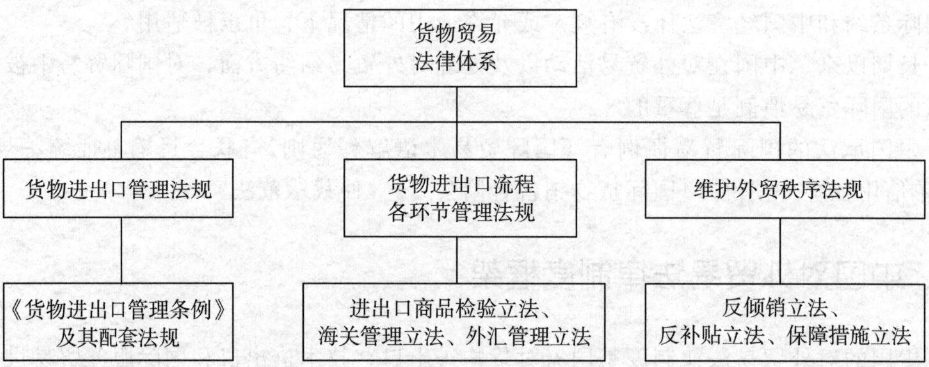

图6-1 中国货物贸易法律体系结构图

(1) 货物进出口管理法规

《中华人民共和国货物进出口管理条例》(以下简称《货物进出口管理条例》)及其配套规章构成了中国货物进出口管理的主要法律依据，主要包括：

①《货物进出口管理条例》，共8章77条，涉及的主要内容包括《货物进出口管理条例》的适用范围、货物进出口管理原则、货物进出口管理办法、进出口监测和临时措施、对外贸易促进措施、法律责任等。

②《货物进出口管理条例》的配套规章，包括进出口许可证管理规章、进出口配额管理规章、国营贸易与指定经营管理规章、特殊货物进出口管理规章等。

(2) 货物进出口流程各环节管理法规

根据国际经济通行规则，中国为规范货物进出口各环节管理，也颁布了相应的法律、法规，主要包括：

① 进出口商品检验管理法，包括《进出口商品检验法》及配套法规，如进口商品检验法规、出口商品检验法规、进出口商品检验监督管理法规等。

② 海关管理法，包括《海关法》和配套法规以及参加国际海关组织及条约。

③ 外汇管理立法，包括《外汇管理条例》及配套法规。

(3) 维护外贸程序法规

维护对外贸易秩序的立法包括《反倾销条例》、《反补贴条例》和《保障措施条例》及配套法律。

2.技术贸易法律、法规

改革开放以来，中国在技术贸易方面陆续公布过三个行政法规，即《技术引进合同管理条例》(1985年)、《技术引进合同管理条例施行细则》(1988年)以及《技术出口管理暂行条例》(1990年)。这些法规随着技术贸易的发展无法适应新的形势，于是，2001年12月10日，国务院颁布了《技术进出口管理条例》，商务部制定了相应的《禁止进口、限制进口技术管理办法》、《禁止出口、限制出口技术管理办法》以及《技术进出口合同登记管理办法》。

技术贸易立法包括技术进出口管理立法和知识产权保护立法，前者主要包括《技术进出口管理条例》及配套法规；后者包括有关知识产权保护的国内立法和参加知识产权保护的国际条约，国内立法主要包括《商标法》、《专利法》和《著作权法》以及行政法规和部门规章等。

3.服务贸易法律、法规

中国服务贸易法律框架以《对外贸易法》为基本支柱，以《商业银行法》等服务行业性法律为主体，以《外资金融机构管理条例》等行业性行政法规、规章和地方性法规为补充，依托《反不正当竞争法》等跨行业的有关法律、行政法规支撑，共同构筑而成。具体来说，位于最高层次的是《对外贸易法》；其次是中国服务贸易的主体框架，即各服务行业的基本法律，如《商业银行法》《保险法》《证券法》《海商法》《注册会计师法》《律师法》《民用航空法》《广告法》《建筑法》等；再次是作为行业基本法律重要补充的行政法规、规章和地方性法规等，如《外资金融机构管理条例》《外资保险公司管理条例》《保险代理机构管理规定》等。

与服务行业有关的法律、行政法规等是构建服务行业法律框架的不可或缺的组成部分，主要有《公司法》《合伙企业法》《独资企业法》《反不正当竞争法》《消费者权益保护法》《民法典》《价格法》等。

第二节　中华人民共和国对外贸易法

《中华人民共和国对外贸易法》（简称《对外贸易法》）于第八届全国人民代表大会常务委员会第七次会议审议通过，并于1994年7月1日正式实施。在第十届全国人民代表大会常务委员会第八次会议上通过了《对外贸易法》修订草案，修订后的《对外贸易法》于2004年7月1日起施行。2022年12月30日第十三届全国人民代表大会常务委员会第三十八次会议通过了对《对外贸易法》的修改。

一、《对外贸易法》的立法宗旨

《对外贸易法》第1条规定："为了扩大对外开放，发展对外贸易，维护对外贸易秩序，保护对外贸易经营者的合法权益，促进社会主义市场经济的健康发展，制定本法。"据此，《对外贸易法》的立法宗旨主要体现在以下三个方面：

（一）发展对外贸易

对外贸易是国民经济的重要组成部分，是国民经济参与国际分工的桥梁和纽带。对外贸易的发展可直接促进国民经济的发展与社会进步，在国民经济中具有不可替代的作用，但是，也离不开相应的法律制度作为保障。因此，发展对外贸易是中国对外贸易立法的首要目的，它通过建立适应社会主义市场经济体制的对外贸易体制、确立国家发展对外贸易政策的法律地位、确定中国与其他国家和地区的贸易关系的准则等多方面的内容加以体现。

（二）维护对外贸易秩序

法律通过其规范作用，建立符合社会客观经济条件的法律秩序，使市场经济能够合理有效地运行。为此，对外贸易从实行统一的对外贸易制度，规范市场主体，规范货物、技术进出口，规范国际服务贸易和维护公平的市场秩序等方面作了全面、系统的规定。这为对外贸易管理与经营提供了明确、统一的法律依据，创造了对外贸易有序发展所必需的法律环境。

（三）促进社会主义市场经济的健康发展

社会主义市场经济的运行机制就是要在国家宏观调控下，使市场发挥配置资源的基础性作用，使经济运行符合客观经济规律的要求。通过立法促进社会主义市场经济的发展，是中国特色社会主义法治建设的根本目的，这个立法目的体现了法律对其经济基础的保障作用，也是通过规范和维护对外贸易秩序、促进对外贸易的发展来实现的。

二、《对外贸易法》的基本框架和主要内容

《对外贸易法》由11章69条组成，包括总则、对外贸易经营者、货物进出口与技术进出口、国际服务贸易、与对外贸易有关的知识产权保护、对外贸易秩序、对外贸易调查、对外贸易救济、对外贸易促进、法律责任和附则。

《对外贸易法》主要规定了中国对外贸易的基本方针、基本政策、基本制度和基本贸易行为（具体见表6-1）。

表6-1　《对外贸易法》的主要内容

序号	标题	主要内容
第1章（含7条）	总则	立法宗旨 对外贸易制度的基本特征 对外贸易的基本原则 调整的法律关系的范围
第2章（含5条）	对外贸易经营者	对外贸易经营者的主体资格 对外贸易经营者的权利与义务
第3章（含10条）	货物进出口与技术进出口	货物与技术进出口原则 货物与技术进出口管理制度与方式 限制或禁止进出口货物与技术的范围
第4章（含5条）	国际服务贸易	发展国际服务贸易的原则 限制或禁止国际服务贸易的范围 国际服务贸易的管理制度与措施
第5章（含3条）	与对外贸易有关的知识产权保护	对实施贸易措施，防止侵犯知识产权的货物进出口和知识产权权利人滥用权利，促进我国知识产权在国外的保护作了规定
第6章（含5条）	对外贸易秩序	对外贸易主体在经营活动中的行为规范
第7章（含3条）	对外贸易调查	对外贸易调查的范围 对外贸易调查的程序
第8章（含11条）	对外贸易救济	对反倾销、反补贴、保障措施等贸易救济制度作了较系统的规定
第9章（含9条）	对外贸易促进	对外贸易促进措施 对外贸易促进组织及其行为规范 扶持和促进中小企业开展对外贸易 扶持和促进民族自治地方和经济不发达地区发展对外贸易

续表

序号	标题	主要内容
第10章（含7条）	法律责任	规定通过刑事处罚、行政处罚和从业禁止等多种手段，对外贸易违法行为以及对外贸易中侵犯知识产权的行为进行处罚
第11章（含4条）	附则	明确特殊商品进出口管理按另行规定 边境贸易灵活优惠的特殊原则 对单独关税区的非适用性 该法的生效日期

三、《对外贸易法》的基本原则

《对外贸易法》的基本原则是对外贸易法确定的法律规范和法律制度的基础，贯穿于对外贸易立法、执法、守法过程中。

（一）实行全国统一的对外贸易制度的原则

《对外贸易法》第4条规定："国家实行统一的对外贸易制度。"这一原则是我国《对外贸易法》的首要原则，为中国长期稳定地发展对外贸易，开展公平、公正的对外贸易活动，履行国际双边或多边最惠国待遇和国民待遇奠定了基础。

1.含义

统一的对外贸易制度，是指由中央政府统一制定、在全国范围内统一实施的制度。

2.主要内容

（1）国家对外贸易法律、法规的统一。

这要求立法部门或授权立法机构只能在其职权范围内进行立法，并且其颁布的规章、条例，发布的决定和命令不得与宪法和《对外贸易法》相抵触。

（2）国家对外贸易管理制度的统一。

统一管理并不是传统贸易体制下的国家统一管理，而是主要对对外贸易经营者的资格管理、货物进出口管理、技术进出口管理和国际服务贸易管理、边境贸易管理等，由国务院、国务院对外贸易主管部门和其他部门以及地方人民政府的有关主管部门，依照《对外贸易法》和有关法律、行政法规的规定实行统一管理。

3.意义

我国实施统一的对外贸易制度，不仅对于维护国家在对外贸易方面的整体利益和处理国与国之间的外贸关系具有十分重要的意义，而且可以保证我国履行国际条约、协定的义务，为对外贸易发展创造一个良好的外部环境。

（二）维护公平的、自由的对外贸易秩序的原则

《对外贸易法》第4条规定："国家实行统一的对外贸易制度，鼓励发展对外贸易，

维护公平、自由的对外贸易秩序。”

国家维护一个良好的对外贸易秩序是对外贸易健康、顺利发展的保证。这一原则既符合国家利益，也体现了世贸组织的宗旨。

1.含义

国家维护公平的、自由的对外贸易秩序，是指国家在法律上为外贸企业提供平等、自由的竞争环境，维护企业独立自主的经营地位，保障公平的进出口秩序，使外贸企业享受法律上的平等待遇，并要求外贸企业依法经营。

2.主要内容

公平与自由是法律的基本价值取向，但不是绝对的公平与自由，而是在统一管理下的公平与自由，是建立在法律规定所允许的范围之内的公平与自由。

为此，《对外贸易法》第6章和第8章就维护对外贸易秩序作了专门规定。从对内方面来看，主要对对外贸易经营者规定了若干重要的行为准则。从对外方面来看，主要针对外国的倾销、补贴等不正当竞争行为作出了相应的规定。

（三）货物与技术自由进出口原则

《对外贸易法》第13条规定：“国家准许货物与技术的自由进出口。但是，法律、行政法规另有规定的除外。”这一规定体现了中国进出口贸易管理的基本原则：对于货物、技术的进出口，实行在一定必要限度管理下的自由进出口制度。

1.含义

我国对于货物、技术的进出口，实行在一定必要限度管理下的自由进出口制度，具体是指国家在保证进出口贸易不对国家安全和各项社会公共利益产生损害前提下的自由；而当国家法律所规定的某些不良倾向出现时，则对进出口贸易实施必要的限制或禁止。

2.主要措施

依据国际贸易通行规则，我国在确立货物与技术自由进出口原则的同时，还借鉴国际上的通行做法，采取世贸组织所允许的外贸管理措施，即采用配额、许可证进行管理，明确公布国家限制和禁止进出口的法定范围和程序。

（四）逐步发展国际服务贸易的原则

《对外贸易法》第23条规定：“中华人民共和国在国际服务贸易方面根据所缔结或者参加的国际条约、协定中所作的承诺，给予其他缔约方、参加方市场准入和国民待遇。”

开放国内服务贸易市场，对服务行业发展既是机遇也是挑战，因此，上述原则的制定，对指导服务行业稳步开放、健康发展，维护国家利益具有重要意义。

1.《服务贸易总协定》的原则

《服务贸易总协定》实施的是允许逐步开放服务业市场的原则，即将缔约方承担的义务分为一般性义务和具体承诺的义务。

2.中国发展服务贸易的原则

《对外贸易法》确定了中国根据缔结或参加的国际条约、协定所作的承诺逐步发展国际服务贸易的原则：一方面给予其他缔约方或参加方市场准入和国民待遇；另一方面还列举了国家限制和禁止国际服务贸易的范围。

（五）平等互利、互惠对等的多边、双边贸易关系原则

《对外贸易法》第5、6、7条对中国如何处理对外贸易关系作出了明确规定，归纳起来就是平等互利原则和互惠对等原则。

（1）中国根据平等互利的原则，促进和发展同其他国家和地区的贸易关系，缔结或者参加关税同盟协定、自由贸易区协定等区域经济贸易协定，参加区域经济组织。

（2）中国在对外贸易方面根据所缔结或参加的国际条约、协定，给予其他缔约方、参加方最惠国待遇、国民待遇等待遇，或者根据互惠、对等原则给予对方最惠国待遇、国民待遇等待遇。

（六）对外贸易促进原则

《对外贸易法》第9章就对外贸易促进措施的内容、实施主体及其行为规范等作了规定。

1.对外贸易促进措施

（1）国家制定对外贸易发展战略，建立和完善对外贸易促进机制。

（2）国家根据对外贸易发展的需要，建立和完善为对外贸易服务的金融机构，设立对外贸易发展基金、风险基金。

（3）国家通过进出口信贷、出口信用保险、出口退税及其他促进对外贸易的方式，发展对外贸易。

（4）国家建立对外贸易公共信息服务体系，向对外贸易经营者和其他社会公众提供信息服务。

（5）国家采取措施鼓励对外贸易经营者开拓国际市场，采取对外投资、对外工程承包和对外劳务合作等多种形式，发展对外贸易。

2.贸易促进主体及其行为规范

（1）对外贸易经营者可以依法成立和参加有关协会、商会。有关协会、商会应当遵守法律、行政法规，按照章程对其成员提供与对外贸易有关的生产、营销、信息、培训等方面的服务，开展对外贸易促进活动。

（2）中国国际贸易促进组织按照章程开展对外联系，举办展览，提供信息、咨询服务和其他对外贸易促进活动。

3.国家扶持和促进中小企业开展对外贸易

4.国家扶持和促进民族自治地方和经济不发达地区发展对外贸易

第三节　货物贸易管理立法

货物进出口管理立法体系主要由货物进出口管理和进出口流程各环节管理的法

律、法规和规章构成。此外，维护贸易秩序的法律、法规也是货物进出口管理的重要依据。

一、货物进出口管理立法

《货物进出口管理条例》及其配套规章构成了中国货物进出口管理的主要法律依据。

(一)《货物进出口管理条例》

2024年3月10日,《国务院关于修改和废止部分行政法规的决定》公布，国务院决定对《中华人民共和国货物进出口管理条例》予以修改，自2024年5月1日起施行。《条例》是《对外贸易法》关于货物进出口规定的实施细则。

《条例》共8章77条，涉及的主要内容有：

1.《条例》的适用范围

《条例》总则中引用了“关境”的概念，规定从事将货物进口到中国关境内或者将货物出口到中国关境外的贸易活动，应当遵守本条例。

2.货物进出口管理原则

《条例》总则中明确规定，国家对货物进出口实行统一的管理制度，国家准许货物的自由进出口，依法维护公平有序的货物进出口贸易。

3.货物进出口管理办法

在《条例》第2、3、4章中分别对货物进口管理、货物出口管理、国营贸易和指定经营等做出了具体说明。

4.进出口监测和临时措施

《条例》第5章规定，国务院外经贸主管部门负责对货物进出口情况进行监测、评估。国家为维护国际收支平衡，为建立或者加快建立国内特定产业，在采取现有措施无法实现的情况下，可以采取限制或者禁止进口的临时措施。

5.对外贸易促进措施

《条例》第6章规定，国家采取出口信用保险、出口信贷、出口退税、设立外贸发展基金等措施，促进对外贸易发展。

6.法律责任

《条例》第7章对货物进出口经营者违反条例的行为，货物进出口管理工作人员在履行货物进出口管理职能中的失职行为，做了处罚规定。

(二)《条例》的配套规章

1.进出口许可证管理规章

为了规范进出口许可证管理，合理配置资源，维护货物进出口秩序，营造公平的贸易环境，履行中国承诺的国际公约和条约，外经贸部（现商务部）颁布了《出口许可证管理规定》(2001年)、《货物进口许可证管理办法》(2001年)、《货物自动进口许可管理办法》(2002年)、《重要工业品自动进口许可管理实施细则》(2002年）等。

2. 出口配额管理规章

为了规范出口商品配额管理，建立公平竞争机制，保障国家的整体利益和出口企业的合法权益，秉持公正、公开和透明的原则，外经贸部（现商务部）颁布了《出口商品配额管理办法》（2001年）。为完善出口配额分配制度，建立平等竞争机制，中国对部分出口商品配额实行有偿招标办法，为此颁布的相应规章有《出口商品配额招标办法》（2002年）、《纺织品被动配额管理办法》（2002年）、《纺织品被动配额招标实施细则》（2002年）、《机电产品出口招标办法》（2002年）、《农产品出口配额招标实施细则》（2002年）、《摩托车产品出口配额招标实施细则》（2001年）、《工业品出口配额招标实施细则》（2001年）、《农产品出口配额招标实施细则》（2002年）等。

3. 国营贸易与指定经营管理规章

为了维护国营贸易和指定经营管理货物的进口经营秩序，外经贸部（现商务部）颁布了《原油、成品油、化肥国营贸易进口经营管理试行办法》（2002年）、《货物进口指定经营管理办法》（2001年）。

4. 特殊货物进出口管理规章

针对特殊货物进出口管理，国务院及有关部委还相继发布了《核两用品及相关技术出口管制条例》（1998年）、《核出口管制条例》（1999年）、《易制毒化学品进出口管理暂行规定》（1999年）、《军品出口管理条例》（2002年）、《有关化学品及相关设备和技术出口管制办法》（2002年）、《生物两用品及相关设备和技术出口管制条例》（2002年）及《导弹及相关物项和技术出口管制条例》（2002年）等。

二、货物进出口主要环节管理立法

根据国际经济通行规则，中国为规范货物进出口各环节管理，也颁布了相应的法律、法规。

（一）进出口商品检验管理立法

进出口商品检验制度是实行对外贸易管理的主要手段之一，为规范进出口商品检验管理，中国颁布了相应的法律和法规。

1.《进出口商品检验法》

《进出口商品检验法》（以下简称《商检法》）于1989年颁布，2002年、2013年、2018年、2021年进行了修订，是规范进出口商品检验活动的基本法。

（1）基本框架

现行《商检法》共6章39条，包括总则、进口商品的检验、出口商品的检验、监督管理、法律责任和附则。

（2）主要内容

《商检法》对进出口商品检验体制、商检主体及其行为规范、商检原则、商检分类、商检内容、商检依据、商检监管制度、进口商品检验和出口商品检验管理、商检工作人员的法律责任、违法行为及其处罚等都做出了明确的规定。

2.《商检法》的配套法规

为使《商检法》在实施的过程中更具有时效性、针对性和可操作性，中国颁布了相关的配套法律、法规和规章。

（1）进口商品检验法规

涉及进口商品检验的法规有《进口汽车检验管理办法》（1999年）、《进口商品安全质量许可申请代理机构管理办法》（2000年）、《进口许可制度民用商品入境验证管理办法》（2002年）、《农业转基因生物进口安全管理办法》（2002年）等。

（2）出口商品检验法规

涉及出口商品检验的法规有《装运出口商品船舱检验管理办法》（1994年）、《出口煤炭检验管理办法》（2000年）等。

（3）进出口商品检验监督管理法规

涉及进出口商品检验监督管理的法规有《进出口商品复验办法》（1993年）、《出入境检验检疫行政复议办法》（1999年）、《出入境检验检疫行政处罚办法》（1999年）、《进出口食品标签管理办法》（2000年）、《出入境检验检疫标志管理办法》（2000年）、《出入境检验检疫封识管理办法》（2000年）、《强制性产品认证管理规定》（2002年）等。

3.与进出口商品检验管理相关的法规

中国其他部门颁布的法律、法规也涉及了进出口商品检验管理的有关内容，如《卫生检疫法》（1986年）、《卫生检疫法实施细则》（1989年）、《动物防疫法》（1998年）、《食品卫生法》（1995年）、《产品质量法》（2000年）、《产品免予质量监督管理办法》（2000年）、《产品质量认证管理条例》（1991年）、《产品质量认证管理条例实施办法》（1992年）、《关于加强认证认可工作的通知》（2002年）、《标准化法》（1988年）、《标准化法实施条例》（1990年）、《进口机电产品标准化管理办法》（1998年）、《农业转基因生物安全管理条例》（2001年）、《农业转基因生物安全评价管理办法》（2002年）、《农业转基因生物标识管理办法》（2002年）等。

（二）海关管理立法

海关管理是货物进出口管理的重要环节。为了加强海关监管，建立、健全海关稽查制度，中国已建立了较为完整的海关法律体系。

1.《海关法》

《海关法》于1987年颁布，2000年、2013年、2016年、2017年、2021年进行了修订，是海关一切职能行为的基本规范。

（1）基本框架

现行《海关法》共9章102条，包括总则、进出境运输工具、进出境货物、进出境物品、关税、海关事务担保、执法监督、法律责任和附则。

（2）主要内容

《海关法》涉及的主要内容有海关的性质、任务、基本权力、监管对象，海关组织领导体制、职责权限、海关及其工作人员的行为规范，海关对进出境运输工具、货物、物品的监管，海关对关税征收的监管，海关统计，海关缉私，海关事务担保，海关行政复议、行政诉讼程序等。

2.《海关法》的配套法规

《海关法》作为一部基本法律不可能对庞杂的海关事务做出面面俱到的规定，只能依靠时效性及操作性都更强的行政法规及规章作为对具体执行办法的补充和支撑。依照《海关法》的规定，海关具有四项基本职能，依次是监管、征税、查私、统计及其他海关业务，相应涉及的相关法规或规章主要包括《进出口关税条例》(1992年)、《知识产权海关保护条例》(1995年)、《海关对中国籍旅客进出境行李物品的管理规定》(1996年)、《海关稽查条例》(1997年)、《保税区海关监管办法》(1997年)、《海关对报关员的管理规定》(1997年)、《海关对企业实施分类管理办法》(1999年)、《海关实施〈行政复议法〉办法》(1999年)、《海关审定加工贸易进口货物完税价格办法》(1999年)、《货物进出口管理条例》(2001年)、《海关行政裁定管理暂行办法》(2001年)、《海关暂准进口单证册项下进出口货物监管办法》(2001年)、《海关加工贸易单耗管理办法》(2002年)、《海关审定进出口货物完税价格办法》(2002年）等。

3.与海关管理相关的法律

对《海关法》的执行产生影响的法律、法规主要有《刑法》《刑事诉讼法》《行政复议法》《行政处罚法》《行政诉讼法》等。

4.参加国际海关组织及条约

海关作为国家进出境监督管理机关，具有涉外性，而涉外性又决定了其各项业务规章制度必然不同程度地存在着同世界各国海关制度协调统一的问题，因此，中国政府缔结或参加的国际海关组织及相关条约、协议也是中国海关立法体系的组成部分。

1983年，中国正式加入海关合作理事会（现世界海关组织）。该理事会制定了19个国际公约，中国已缔结了其中的部分公约，如《关于简化和协调海关业务制度的国际公约》(即《京都公约》)，其内容囊括了海关业务诸方面，是公认的国际海关领域的基础性公约。1986年，中国又成为联合国麻醉品委员会的正式成员，并加入了《联合国禁止非法贩运麻醉药品和精神药物公约》等有关国际条约。此外，中国还与世界上诸多国家签订了双边条约，如与美国、俄罗斯等国签订了《海关行政互助的双边协议》，与德国签订了《两国海关在缉毒领域相互交换情报的政府备忘录》，与朝鲜签订了《关于两国公民进出国境携带物品海关监管合作协议书》等。

（三）外汇管理立法

外汇管理是货物进出口管理的主要组成部分。我国外汇管理的内容和措施都是以法律、法规的形式予以明确的。

1.《外汇管理条例》

中国至今尚未颁布外汇管理法，外汇管理的主要法律依据是国务院于1996年颁布，并于2008年8月1日国务院第20次常务会议修订的《外汇管理条例》(以下简称《条例》)。

（1）基本框架

现行《条例》共8章54条，包括总则、经常项目外汇管理、资本项目外汇管理、金融机构外汇业务管理、人民币汇率和外汇市场管理、监管管理、法律责任和附则。

（2）主要内容

《条例》作为外汇管理的基本行政法规，主要规定了中国外汇管理的基本原则与制度，涉及的主要内容有该《条例》的立法目的、外汇管理机关、外汇管理原则、经常项目外汇收支管理规定、资本项目外汇管理规定、金融机构外汇业务管理规定、人民币汇率和外汇市场管理规定、监管管理规定、法律责任等。

2.《条例》的配套法规

《条例》是目前中国外汇管理最高层次的行政法规，不可能包罗一切外汇收支活动细则，因此，中国还颁布了一系列规范外汇管理某些业务的其他法规、规章和规范性文件。

三、维护对外贸易秩序的立法

在贸易救济措施日益被滥用的背景下，为了保护本国产业和市场秩序，更好地维护国内企业的利益，中国以《世界贸易组织协定》为基础，借鉴一些市场经济国家的做法，就反倾销、反补贴、保障措施等贸易救济制度颁布了一系列法规。

（一）反倾销立法

1.《中华人民共和国反倾销条例》

《中华人民共和国反倾销条例》（以下简称《条例》）于2001年11月26日公布，根据2004年3月31日国务院令第401号《国务院关于修改〈中华人民共和国反倾销条例〉的决定》修订，共6章59条，包括总则、倾销与损害、反倾销调查、反倾销措施、反倾销税和价格承诺的期限与复审、附则。

《条例》涉及的主要内容有：倾销的定义、确定方法以及幅度；倾销损害的界定，损害评估标准；负责调查倾销与损害的机关，反倾销调查申请和立案程序，倾销和损害裁定程序；临时性反倾销措施，停止以倾销价格出口的价格承诺，反倾销税的征收；反倾销税和价格承诺的期限与复审程序；不服裁决者可申请和提起行政复议和行政诉讼的有关规定；反规避措施和反歧视措施等。

2.《条例》的配套法规

为更好地在工作中贯彻执行《条例》，国务院有关部委还相应颁布了为实施反倾销措施而制定的规章与规范性文件，共同形成了中国反倾销法律体系，主要有《反倾销新出口商复审暂行规则》、《反倾销价格承诺暂行规则》、《反倾销调查公开信息查阅暂行规则》、《反倾销调查信息披露暂行规则》、《反倾销调查抽样暂行规则》、《反倾销调查实地核查暂行规则》、《反倾销问卷调查暂行规则》、《反倾销调查立案暂行规则》、《反倾销产业损害调查与裁决规定》和《出口产品反倾销应诉规定》等。

（二）反补贴立法

1.《中华人民共和国反补贴条例》

《中华人民共和国反补贴条例》（以下简称《条例》）于2001年11月26日公布，根据2004年3月31日国务院令第402号《国务院关于修改〈中华人民共和国反补贴条例〉的决定》修订，共6章58条，包括总则、补贴与损害、反补贴调查、反补贴措施、反补贴税和承诺的期限与复审、附则。

《条例》涉及的主要内容有：采取反补贴措施的基本条件，补贴的定义，补贴的形式，进口产品补贴金额的计算方式；补贴损害的定义，确定补贴对国内产业造成损害时应当审查的事项；负责调查补贴与损害的机关，反补贴调查申请和立案程序，补贴与损害裁定程序；临时反补贴措施，出口国（地区）政府提出取消、限制补贴或者其他有关措施的承诺，反补贴税的征收；反补贴税和承诺的期限与复审程序；不服裁决者可申请和提起行政复议和行政诉讼的有关规定；反规避措施和反歧视措施等。

2.《条例》的配套法规

配套法规主要有《反补贴调查实地核查暂行规则》（2002年）、《反补贴问卷调查暂行规则》（2002年）、《反补贴调查立案暂行规则》（2002年）、《反补贴调查听证会暂行规则》（2002年）、《反补贴产业损害调查与裁决规定》（2003年）、《产业损害裁定听证规则》（1999年）等。

（三）保障措施立法

1.《中华人民共和国保障措施条例》

《中华人民共和国保障措施条例》于2001年11月26日公布，根据2004年3月31日《国务院关于修改〈中华人民共和国保障措施条例〉的决定》修订，共5章34条，包括总则、调查、保障措施、保障措施的期限与复审、附则。

《条例》涉及的主要内容有：调查机关及其职责分工；确定进口产品数量增加对国内产业造成损害时应当审查的相关因素；采取保障措施调查申请和立案程序，进口产品数量增加和损害裁定程序；临时保障措施，保障措施；保障措施的期限与复审程序；反歧视措施等。

2.《条例》的配套法规

配套法规主要有《保障措施立案暂行规则》（2002年）、《保障措施调查听证会暂行规定》（2002年）、《保障措施产业损害调查与裁决规定》（2003年）、《关于保障措施产品范围调整程序的暂行规则》（2003年）等。

第四节　技术贸易管理立法

近30年来，国际技术贸易加速发展。积极发展对外技术贸易适应知识经济时代和经济全球化的发展趋势，是中国实现由贸易大国向贸易强国跨越的必经之路，也是加快出口商品结构战略调整、促进国内产业结构的升级、保证对外贸易与国民经济持续稳定发展的重大战略选择。促进中国技术贸易健康、有序和持续发展，必须用法律制度进行规范、引导和制约。中国技术贸易管理立法由技术进出口管理的法律、法规和规章，保护知识产权的法律、法规和规章构成。

一、技术进出口管理立法

（一）技术进出口管理立法概况

1.入世前

中国在技术进出口管理方面公布过三个行政法规：《技术引进合同管理条例》《技术引进合同管理条例施行细则》《技术出口管理暂行办法》。

2.入世后

根据《对外贸易法》以及《与贸易有关的知识产权协议》的有关规定，国务院于2001年12月10日颁布了统一的技术进出口管理法规——《技术进出口管理条例》（以下简称《条例》，根据2011年1月8日《国务院关于废止和修改部分行政法规的决定》修订）。

为更好地贯彻落实该《条例》，中国还相应颁布了《禁止进口、限制进口技术管理办法》《禁止出口、限制出口技术管理办法》《技术进出口合同登记管理办法》三个部门规章，随后又公布了两个目录，即《中国禁止进口限制进口技术目录》和《中国禁止出口限制出口技术目录》，以及《软件出口管理和统计办法》。

（二）《技术进出口管理条例》

1.立法宗旨

根据社会主义市场经济体制的要求，建立起一套国家关于技术进出口方面的宏观运行机制，便利企业，促进技术进出口发展。

2.总体框架

《条例》共5章55条，包括总则、技术进口管理、技术出口管理、法律责任及附则。

3.主要内容

（1）技术进出口管理原则

《条例》在总则中专门规定，国家对技术进出口实行统一的管理制度，并明确对外经济贸易主管部门是国务院专门负责全国的技术进出口管理工作的部门；根据世贸组织关于自由贸易的原则，国家依法维护公平、自由的技术进出口秩序；除法律、法规另有规定外，国家准许技术的自由进出口。

（2）技术进出口形式

技术进出口的具体形式不一，为使《条例》的施行具有针对性，总则第2条关于《条例》的适用范围专门规定了技术进出口具体形式，包括专利权转让、专利申请权转让、专利实施许可、技术秘密转让、技术服务和其他方式的技术转移等形式。

（3）技术进出口分类

技术进出口分为禁止进出口的技术、限制进口的技术和自由进出口的技术。

（4）技术进出口管理形式

国家对禁止或者限制进出口的技术实行目录管理。属于限制进出口的技术，实行许可证管理；属于自由进出口的技术，实行合同登记管理。

（5）合同的生效

技术进出口经许可的，其合同自技术进出口许可证颁发之日起生效；属于自由进出口的技术，其合同自依法成立时生效，不以登记为合同生效的依据。

（6）技术投资

《条例》规定，设立外商投资企业，外方以技术作为投资的，该技术的进口，应当按照外商投资企业设立的审批程序进行审查或者办理登记。

（7）办理相关手续的条件

《条例》规定，申请人凭技术进出口许可证或者技术进出口合同登记证办理外汇、银行、税务、海关等相关手续。

（8）法律责任

《条例》第4章对进口或者出口属于禁止进出口的技术的，或者未经许可擅自进口或者出口属于限制进出口的技术的，擅自超出许可的范围进口或者出口属于限制进出口的技术的，伪造、变造或者买卖技术进出口许可证或者技术进出口合同登记证的，以欺骗或者其他不正当手段获取技术进出口许可或者进出口合同登记的行为做出了明确的处罚规定。

二、知识产权保护立法

知识产权是技术贸易的主要内容，对知识产权的保护，几乎涉及技术贸易的所有方面，因此，知识产权保护方面的法律、法规也是中国技术贸易管理立法的重要组成部分。

（一）有关知识产权保护的国内立法

1.主要法律

随着国际技术贸易的发展，智力成果在商品中含量的增加，知识产权在国际贸易中的重要性日益提高，知识产权与国际经济贸易的关系更加密切。为了保护本国的知识产权，改革开放后，中国努力建立、健全保护知识产权的法律体系，颁布的主要法律有《商标法》（2019年第四次修正）、《专利法》（2020年第四次修正）和《著作权法》（2020年第三次修正）。

2.行政法规和部门规章

我国颁布的行政法规和部门规章有以上三部法律的实施细则以及《计算机软件保护条例》《软件产品管理办法》《音像制品管理条例》《出版管理条例》《集成电路布图设计保护条例》《商标法实施条例》《商标评审规则》《关于国家科研计划项目研究成果知识产权管理的若干规定》《马德里商标国际注册实施办法》《驰名商标认定和保护规定》《计算机软件著作权登记办法》《专利实施强制许可办法》《关于加强对外贸易中的专利管理的意见》等。

这些法律和法规比较全面地对知识产权保护的各方面进行了规范，不仅使知识产权的重要领域基本可以做到有法可依、有章可循，而且使中国的知识产权法律体系不断向国际标准靠拢，促使中国的知识产权法律体系与世界知识产权法律体系接轨，促进了以知识产权为主要交易对象的技术贸易的发展。

（二）参加知识产权保护的国际条约

改革开放后，中国积极参与了知识产权领域的国际合作，相继参加了数十个知识产权保护的国际公约，同时积极参与世界知识产权组织等国际组织的知识产权保护活动，积极开展与不同国家和地区的双边知识产权保护交流与合作。

1. 多边条约

中国参加的多边条约主要有《世界知识产权组织》《保护工业产权巴黎公约》《商标国际注册马德里协定》《关于集成电路知识产权条约》《保护文学作品伯尔尼公约》《世界版权公约》《专利合作条约》《与贸易有关的包括冒牌货贸易的知识产权协议》等。

2. 双边条约

中国与美国签署了《关于保护知识产权的谅解备忘录》，与欧盟、瑞士、日本等国家和地区签订了《保护知识产权备忘录》，相互承诺按照各自的法律和适当参考国际做法，对对方自然人、法人的商标、版权予以保护。

以上中国签署和参加的多边、双边协定和国际公约，几乎都涉及以专利、商标、计算机软件、专有技术和高新技术产品为客体的技术贸易，它们是中国技术贸易立法不可缺少的重要组成部分。

第五节　服务贸易管理立法

中国服务贸易立法体系是以《对外贸易法》为基本支柱，以服务行业性法律为主体，以行业性行政法规、规章为补充，依托《反不正当竞争法》等跨行业的有关法律、法规，共同构筑而成。

一、服务贸易立法发展概况

（一）改革开放前

对外服务贸易立法十分薄弱，各行业的法律和规章大多是国内服务贸易的规定，基本没有涉及国际服务贸易的内容。

（二）改革开放后

改革开放后，中国认识到了服务业的重要性，加快了对外服务贸易立法，在积极参加国际服务贸易谈判的同时，相继颁布了多项服务贸易的法律规范，建立了服务贸易法律体系的基本框架，但距离完整的服务贸易法律体系尚存一定差距。

二、《对外贸易法》

《对外贸易法》是规范中国服务贸易的基本法律，确立了国家促进国际服务贸易逐步发展原则、承担国际条约和协定原则、维护国家主权原则和合理限制国际服务贸易原则。

三、主要服务业立法

中国服务贸易立法的主体框架是各服务行业的基本法律、法规和规章。

（一）金融业

1.主要法律

为适应加入世贸组织和进一步开放金融市场的要求，近些年来中国加快了金融法律制度建设，金融业法律体系不断发展完善，如全国人大相继发布了《中国人民银行法》《商业银行法》《保险法》《票据法》《证券法》等。

2.行政法规

国务院发布了《外资金融机构管理条例》《外资保险公司管理条例》等。

3.规章

根据上述法律、法规，中国人民银行、中国证监会、中国保监会（后并入中国银行保险监督管理委员会。2023年3月，中共中央、国务院印发了《党和国家机构改革方案》。在中国银行保险监督管理委员会基础上组建国家金融监督管理总局，不再保留中国银行保险监督管理委员会）等还制定颁布了一系列部门规章，如《外资金融机构管理条例实施细则》（1996年，已废止）、《外资金融机构存款准备金缴存管理办法》（1996年，已废止）、《委托注册会计师对外资金融机构进行审计管理办法》（1996年，已废止）、《关于调整银行市场准入管理方式和程序的决定》（2003年，已废止）、《金融许可证管理办法》（2003年）、《关于上市公司涉及外商投资有关问题的若干意见》（2001年）、《外资参股证券公司设立规则》（2002年）、《外资参股基金管理公司设立规则》（2002年，已废止）等。

此外，中国还根据入世承诺，对一些与《服务贸易总协定》规则不符的金融业的法律、法规进行了修订，如2002年，根据中国加入世贸组织的承诺，根据2002年10月28日第九届全国人民代表大会常务委员会第三十次会议的相关决定，《保险法》做了首次修改，并于2003年1月1日起实施。后于2009年、2014年、2015年三次修订。

总之，中国已初步建立了较完善的金融服务贸易法律体系，为金融业健康、规范发展创造了良好的法律环境。

（二）电信业

1.行政法规

按照世贸组织的要求，各成员在涉及语音电话、电传、文传、专线、移动电话、移动数据传输、企业租用私人线路和个人通信等方面的各项电信业务，要打破垄断，消除封闭。与此同时，各成员要允许相互在电信市场上投资、融资、持股，开展公平竞争。为了尽快适应该要求，促进电信市场的健康，我国发布了《全国人民代表大会常务委员会关于维护互联网安全的决定》《中华人民共和国电信条例》《中华人民共和国计算机信息网络国际联网管理暂行规定》《互联网信息服务管理办法》《外商投资电信企业管理规定》等行政法规。

2.规章

信息产业部（现工业和信息化部）制定发布了《电信网间互联管理暂行规定》《电信网间互联争议处理办法》《互联网电子公告服务管理规定》《电信建设管理办法》《建立卫星通信网和设置使用地球站管理规定》《互联网域名管理办法》《国际通信设施建设管理规定》《国际通信出入口局管理办法》等部门规章。

（三）旅游业

中国现行的旅游服务贸易方面的主要法规有国务院于2009年发布、2020年修订的《旅行社条例》及原国家旅游局（2018年改为文化和旅游部）于2009年发布、2016年修订的《旅行社条例实施细则》、原国家旅游局于2001发布、2005年修订的《导游人员管理实施办法》等。上述法规和规章对于规范中国旅游服务贸易法律关系，促进旅游业的对外开放起到了十分重要的作用，但是还很不完善。为实现旅游业的国家战略目标，我国于2013年4月25日颁布了《中华人民共和国旅游法》（以下简称《旅游法》），对促进旅游业全面协调可持续发展具有里程碑意义。《旅游法》根据2016年11月7日第十二届全国人民代表大会常务委员会第二十四次会议《关于修改〈中华人民共和国对外贸易法〉等十二部法律的决定》第一次修正；根据2018年10月26日第十三届全国人民代表大会常务委员会第六次会议《关于修改〈中华人民共和国野生动物保护法〉等十五部法律的决定》第二次修正。

2013年2月2日，国务院办公厅印发了《国民旅游休闲纲要（2013—2020年）》，目的是满足人民群众日益增长的旅游休闲需求，促进旅游休闲产业健康发展，推进具有中国特色的国民旅游休闲体系建设。2022年7月，为加快推进国民旅游休闲高质量发展，更好满足人民群众的美好生活需要，经国务院同意，国家发展改革委、文化和旅游部联合印发了《国民旅游休闲发展纲要（2022—2030年）》，旨在进一步优化我国旅游休闲环境，完善相关公共服务体系，提升产品和服务质量，丰富旅游休闲内涵，促进相关业态融合。

（四）商业

为进一步扩大对外开放，促进商业企业的改革和发展，推动国内市场建设，并使扩大商业领域利用外商投资健康有序地进行，国务院及其所属部委相继颁布了《中华人民共和国外商投资法》《关于扩大外商投资企业进出口经营权有关问题的通知》《关于设立中外合资对外贸易公司暂行办法》《外商投资图书、报纸、期刊分销企业管理办法》等。

（五）运输业

在运输业方面，中国就不同的运输方式分别颁布了相应的法规与规章：《中华人民共和国国际海运条例》（2001年12月11日中华人民共和国国务院令第335号公布，自2002年1月1日起施行。根据2013年7月18日《国务院关于废止和修改部分行政法规的决定》第一次修订；根据2016年2月6日《国务院关于修改部分行政法规的决定》第二次修订；根据2019年3月2日《国务院关于修改部分行政法规的决定》第三次修订；根据2023年7月20日《国务院关于修改和废止部分行政法规的决定》第四次修订）及其实施细则、《外商独资船务公司审批管理暂行办法》（2000年1月28日由原交通部、原对外贸易经济合作部发布，根据2015年7月5日中华人民共和国交通运输部令2015年第16号《关于修改〈外商独资船务公司审批管理暂行办法〉的决定》修正。）。

（六）专业服务业

1.法律服务

为了完善律师制度，保障律师依法执行业务，规范律师的行为，维护当事人的合法权益，维护法律的正确实施，发挥律师在中国法治建设中的作用，全国人大于1996年颁布了《中华人民共和国律师法》（以下简称《律师法》），2007年10月28日，中华人民共和国第十届全国人民代表大会常务委员会第三十次会议通过修订，公布《中华人民共和国律师法（2007修订）》，自2008年6月1日起施行。根据2017年9月1日第十二届全国人民代表大会常务委员会第二十九次会议《关于修改〈中华人民共和国法官法〉等八部法律的决定》第三次修正。

2.会计服务

为了发挥注册会计师在社会经济活动中的鉴证和服务作用，加强对注册会计师的管理，维护社会公共利益和投资者的合法权益，促进社会主义市场经济的健康发展，全国人大于1994年颁布了《中华人民共和国注册会计师法》（2014年8月31日修订）。根据该法第44条的规定，财政部颁布了《中外合作会计师事务所暂行规定》（1996年），准许设立中外合作会计师事务所，并对中外合作会计师事务所的设立和管理做出了具体规定。

3.广告服务

为了规范广告活动，促进广告业的健康发展，保护消费者的合法权益，维护社会经济秩序，全国人大于1994年颁布了《中华人民共和国广告法》（2015年4月24日第十二届全国人民代表大会常务委员会第十四次会议修订，根据2018年10月26日第十三届全国人民代表大会常务委员会第六次会议《关于修改〈中华人民共和国野生动物保护法〉等十五部法律的决定》第一次修正，根据2021年4月29日第十三届全国人民代表大会常务委员会第二十八次会议《关于修改〈中华人民共和国道路交通安全法〉等八部法律的决定》第二次修正）。这是规范中国广告业的基本法律，中外广告经营者、广告发布者在中国境内从事广告活动，均应遵守广告法。

广告业是中国对外开放较早的行业，为了规范外商投资广告企业的活动，原国家工商管理局、原对外经贸委联合发布了《关于设立外商投资广告企业的若干规定》、《关于执行〈关于设立外商投资广告企业的若干规定〉有关问题的通知》（1995年）和《关于外商投资广告企业设立分支机构有关问题的通知》（1995年）。

4.建筑设计、工程、城市规划服务

为进一步扩大对外开放，规范对外商投资建设工程设计企业的管理，中国对与世贸组织规则和对外承诺不一致的建筑业法律、法规进行了必要的修订。

（七）其他

1.音像视听服务

除上述服务领域以外，中国根据入世的要求，还对其他服务业的法规与规章进行了修订与完善，其中涉及音像视听服务的有《音像制品管理条例》（2001年12月25日公布，自2002年2月1日起施行，2023年最新修订）、《电影管理条例》（2001年颁布，自2002年2月1日起施行）。

2.教育和职业服务

涉及教育和职业服务的有《中外合作办学条例》《外商投资职业介绍机构设立管理暂行规定》。

3.医疗服务

涉及医疗服务的有《中外合资、合作医疗机构管理暂行办法》。

4.出版印刷业

涉及出版印刷业的有《出版管理条例》《设立外商投资印刷企业暂行规定》。

本章小结

对外贸易立法管理，是指一国或地区运用法律调控手段管理本国对外贸易的一种管理方式，是市场经济背景下管理对外贸易的主要方式，也是当前世界贸易组织所倡导的对外贸易管理方式。与行政管理方式和经济管理方式相比，对外贸易法律管理方式具有法定性、权威性、强制性、规范性等显著特征。加强外贸立法管理，是社会主义市场经济体制下发展对外贸易的客观要求，也是在国际贸易通行规则下发展对外贸易的需要，还是在激烈的国际市场竞争环境下发展对外贸易的需要。

中国对外贸易立法大致经历了四个时期，每段时期都是根据国际和国内需要相应制定和完善。中国对外贸易立法体系由国内法渊源和国际法渊源两部分组成。国内法渊源包括宪法、法律、行政法规、地方性法规。国际法渊源包括我国缔结与参加的国际条约和我国承认的国际贸易惯例。中国的对外贸易法律制度是指国家对货物进出口、技术进出口和国际服务贸易进行管理和控制的一系列法律、法规和其他具有法律效力的规范性文件的总称。

我国《对外贸易法》于1994年5月12日八届全国人大常委会第七次会议审议通过，并于1994年7月1日正式实施。十届全国人大常委会第八次会议于2004年4月6日通过《对外贸易法》修订草案，修订后的《对外贸易法》于2004年7月1日起施行，2022年12月30日又对《中华人民共和国对外贸易法》

进行了修改。

货物进出口管理立法体系，主要由货物进出口管理和进出口流程各环节管理的法律、法规和规章构成。此外，维护贸易秩序的法律、法规也是货物进出口管理的重要依据。

在贸易救济措施日益被滥用的背景下，为了保护本国产业和市场秩序，更好地维护国内企业的利益，中国以《世界贸易组织协定》为基础，借鉴市场经济国家的做法，就反倾销、反补贴、保障措施等贸易救济制度颁布了一系列法规。

中国技术贸易管理立法由技术进出口管理的法律、法规和规章，保护知识产权的法律、法规和规章构成。知识产权是技术贸易的主要内容，对知识产权的保护，几乎涉及技术贸易的所有方面，因此，知识产权保护方面的法律、法规也是中国技术贸易管理立法的重要组成部分。

中国服务贸易立法体系是以《对外贸易法》为基本支柱，以服务行业性法律为主体，以行业性行政法规、规章为补充，依托《反不正当竞争法》等跨行业的有关法律、法规，共同构筑而成。

关键术语

外贸立法管理手段　国内法渊源　国际条约　国际贸易惯例　对外贸易法　对外贸易促进措施

思考题

1. 简述中国对外贸易立法体系。
2. 运用立法手段管理对外贸易的必要性何在？
3.《对外贸易法》的主要原则是什么？
4.《货物进出口管理条例》的主要内容是什么？
5.《技术进出口管理条例》的主要内容是什么？

第七章

对外贸易经济调控手段

扫码查看课件

学习目标

通过本章学习，明确对外贸易经济调控手段的概念和特点；认识我国运用经济手段调控对外贸易的必要性；掌握我国运用的主要经济调控手段。

在社会主义市场经济中，对资源配置起基础性作用的是市场机制，因此，国家对经济的宏观调控，应采用以经济调控手段为主的间接调控模式。与之相适应，对外贸易宏观调控也应依靠市场机制作用，以经济调控手段为主要方式，通过间接调控影响对外贸易经营行为。

第一节　对外贸易经济调控手段概述

经济调控手段是指国家通过调节经济变量，对微观经济主体行为施加影响，并使之符合宏观经济发展目标的间接调控方式。

一、对外贸易经济调控手段的概念

对外贸易经济调控，是一国或地区政府通过汇率、税收、信贷、价格等经济措施，间接影响和约束对外贸易活动的管理方式。

一国或地区政府运用上述这些经济措施，通过市场机制，影响各管理对象的利益，以实现管理对外贸易活动和对外贸易关系的目的。汇率、税收、信贷、价格等经济措施分属于不同的经济领域，其对对外贸易活动的调控功能各有侧重，但彼此又存在着密切的内部联系。因此，要实现对外贸易某一方面的管理目标，往往需要几种措施综合运用，而某一种管理措施的运用，往往会产生多方面的影响。

二、经济调控手段的特点

（一）通过市场机制起作用

政府根据市场信号，通过调节宏观经济参数和市场机制的运行，来实现宏观调控目标。

（二）间接性

国家实施经济调控并不直接干预企业微观经济的运行，而是通过影响利益分配格局，间接影响企业利益，进而影响企业行为决策。

（三）非歧视性

运用经济调控手段调控宏观经济参数，企业置身于相同的宏观环境，面对相同的利率、税率、汇率等经济参数，因而，经济调控手段具有公平性、非歧视性的特点。

（四）非强制性

经济调控手段遵从物质利益原则，主要通过影响利益主体的经济利益，间接引导企业的行为，对企业行为不具有强制性。

三、经济调控手段的作用机制

鉴于经济调控手段的特点，其作用机制主要表现为：

（一）调节功能

经济调控手段调节社会再生产各个环节、各个产业的关系，调节国家、企业、集体、个人之间的利益关系。

（二）控制功能

经济调控手段通过税率、汇率、利率、价格等经济杠杆，引导各项经济活动向国家社会经济发展的总体目标靠拢。

（三）核算功能

经济调控手段借助价格、税收等经济杠杆，核算劳动耗费，比较投入与产出，平衡社会供给与需求。

（四）监督功能

经济调控手段借助会计、审计、监管、稽查等手段，根据法律和规章，对经营主体的经济活动及其与政府、职工、相关企业的关系实施监管管理。

四、实施对外贸易经济调控的必要性

（一）实施对外贸易经济调控是社会主义市场经济体制的要求

市场经济的发展，要求充分发挥市场机制的自发调节作用。社会主义市场经济，具有市场经济的一般特征，就是要使市场在国家宏观调控下对资源配置起基础性作用，使各种经济活动遵循价值规律的要求，适应供求关系的变化，通过市场竞争与激励作用，辅之以国家对企业经济活动的引导、调节和干预，使资源流向效益最优的企业、部门和地区。因此，社会主义市场经济体制中的宏观调控方式，应当以经济杠杆为重要手段，以间接调控为主要方式，让市场机制居于调控的中枢，这同计划经济体制下以行政手段为主的直接调控方式有着本质的区别。

（二）实施对外贸易经济调控是国际贸易通行规则的要求

对外贸易宏观调控不仅要适应社会主义市场经济体制的需要，而且要符合国际贸易通行规则的要求。以世界贸易组织规则为核心的国际贸易通行规则，主要以市场经济运行机制为基础，对外贸易宏观调控方式要求间接化，即主要运用经济手段调控对外贸易经营主体的经济活动，减少对它们的直接干预。这既有利于保证对外贸易调控的非歧视性，也有利于维护市场竞争的公平秩序。我国作为世界贸易大国，必须尊重和执行有关的国际贸易准则和规范，采用规范的、以经济调控为主的宏观管理模式。

五、我国运用的主要经济调控手段

中华人民共和国成立后，随着社会主义改造的完成，社会主义建设的不断发展，我国对运用经济方式管理对外贸易的认识与实践不断深入。由于我国社会主义经济体制经历了计划经济、商品经济、市场经济三个历史阶段，在不同的经济体制下，我国运用经济方式管理对外贸易的表现也各有不同。计划经济时期，主要运用价格、税收等简单的经济措施进行管理，汇率、信贷等管理措施基本上只是表面存在，并不发挥实际的调控作用；商品经济时期，由于对商品交换规律认识的提高，管理措施虽然有了一定的创新，但仍然处于行政管理的补充地位；市场经济时期，根据市场经济体制的必然要求，经济管理措施才真正进入对外贸易管理的黄金时期。无论是管理措施种类，还是管理对象范围、管理效应等各个方面，都呈现出多姿多彩的繁荣景象。

目前，我国运用的经济调控手段主要包括税收调节、汇率调节、信贷调节等。

第二节　对外贸易税收

一、对外贸易税收概述

（一）对外贸易税收的含义

对外贸易税收是主权国家为履行公共管理职能的需要，凭借行政权力，依据法律制定的标准，对进出口贸易行使征税权所形成的税收。

（二）对外贸易税收的作用

1.对外贸易税收可以保护一国在对外贸易交往中的利益

一方面，主权国家通过对外贸易税收可以获取关税优惠对等待遇，同时也可以把对外贸易税收作为反对贸易歧视的武器；另一方面，一国特别是发展中国家还可以把对外贸易税收作为保护国内产业与市场的有力手段。

2.国家运用对外贸易税收可有效调控经济运行

国家可以根据国民经济发展需要，运用对外贸易税收调节进出口商品结构、品种、数量，调节国内外生产、消费，平衡国内外供求，促进经济平衡增长。

3.对外贸易税收可以增加一国的财政收入

税收是国家财政收入的主要形式，财政收入功能虽然不是对外贸易税收的主要功能，但客观上起到增加财政收入的作用。随着国际贸易自由化的推进，开放经济的对外贸易税收占其财政收入的比重呈下降趋势。

（三）对外贸易税收的分类

对外贸易税收按贸易流向可分为进口税和出口税，具体包括进口关税、进口商品税、出口关税、出口商品税。

其中，进口关税和出口关税仅对进出口的商品课征，体现对贸易商品和非贸易商品在税收上的差别待遇；进口商品税和出口商品税又称国内商品税，是对国内外商品同时课征的税，目的是平衡国内外商品的税负。

二、进出口关税

（一）关税的含义

关税是指进出口商品经过一国关境时，由政府设置的海关根据国家制定的关税税法、税则对进出口货物及物品征收的一种税。关税手段被世界贸易组织国际贸易规则视为透明度最高的对外贸易调节工具。

（二）关税的经济效应分析

1.进口关税的经济效应分析

征收进口关税会对进口国与出口国经济产生多方面影响，因此，进口关税的经济效应也应从多方面反映出来。

（1）价格效应

一个国家对进口商品课征关税的结果立刻会表现为其对价格的影响。一个商人在他的商品被课以关税后，总是要设法把关税税负转嫁出去，这就会引起进口国国内外市场价格的变化。对进口货品征收关税产生的价格影响，称为关税的价格效应（Price Effect）。但进口国为贸易大国还是贸易小国，征收关税产生的价格效应并不完全相同。

（2）消费效应

征收关税后，进口国国内市场价格提高，理性的消费者因价格提高而减少消费，这一结果我们称为消费效应（Consumption Effect）。从积极方面看，利用关税的这一效应，可以引导进口国居民的消费倾向或生活习惯，能够限制对非必需品或奢侈品的高消费。从消极方面看，减少消费数量将降低进口国社会福利水平。

证明：如图7-1所示，S_d、D_d分别为国内供给和需求曲线；P_w为商品的国际市场价格；P_t为征税后商品的国内市场价格。

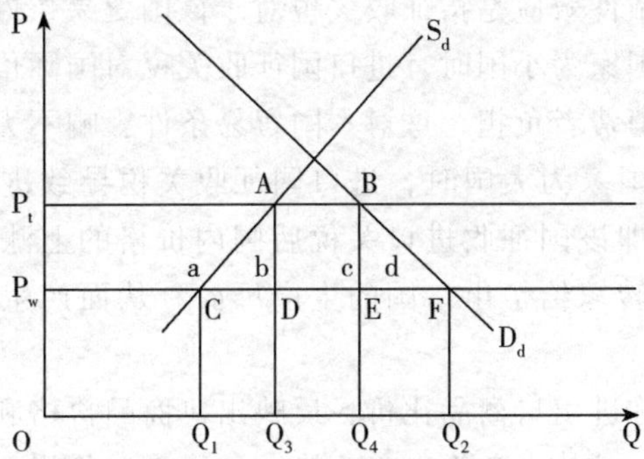

图7-1 关税的经济效应

由于课征关税，国内市场价格上升，从而国内消费量由Q_2减至Q_4。消费效应的大小与国内需求弹性相关，需求弹性大，消费效应也大；需求弹性小，消费效应也小。

（3）保护效应

征收关税后，进口品在进口国国内市场上价格提高，根据市场充分竞争的法则，进口国国内生产的同类同质产品也可以以相同的进口价格出售。国内生产者因国内市场价格提高而增加产品供给数量替代进口品，称之为生产效应（Production Effect）。这是关税为国内产业提供保护的结果，因此，也称为保护效应（Protection Effect）。

举例：如图7-1所示，国内生产一定程度上取代进口品，增加了Q_1Q_3，因而这种效应也被称为进口替代效应（Import Substitution Effect）。

在一定的关税水平下，保护效应的大小决定于国内的供给弹性。供给弹性越小，关税的保护效应越小。

(4) 贸易效应

对进口商品征收关税产生的生产效应和消费效应，使进口国对进口品的需求数量减少，遂减少该商品的进口数量，减少进口的数量等于增加生产的数量与减少消费的数量之和，称为贸易效应（Trade Effect）。

举例：如图7-1所示，进口关税增加了进口商的成本，也降低了消费者的需求，进口量从Q_1Q_2减至Q_3Q_4。

(5) 收入效应

对进口品征收关税，进口国为此取得财政收入，称为关税收入效应（Tariff Revenue Effect），又称为财政收入效应（Revenue Effect）。关税是一种税收，国家参与国民收入的分配，把其中一部分收为国家所有，作为国家的财政收入。财政收入是关税税收的最基本属性，也是关税最基本的职能。自关税产生以来，它就承担着为国家筹集财政资金的职责。

原理：收入效应即财政效应，是指政府通过对进口商品征税所获得的货币收入。

举例：如图7-1中的ADEB（c）。

商品的供求弹性是关税的财政收入效应的主要决定因素，政府如果以增加财政收入作为关税的主要目的，应选择供求弹性较小的商品为课征对象。

(6) 贸易条件效应

原理：关税的贸易条件效应是指征收关税对于该国贸易条件的影响。

当征收进口关税的国家为小国时，进口国征收关税对国际价格没有太大的影响，关税全部或大部分由本国消费者负担，这对本国贸易条件影响不大。

当征收进口关税的国家为大国时，进口国征收关税导致进口需求减少，会使该商品国际市场价格下降，即该国征收进口关税后国内价格的上涨幅度小于所征进口关税额，进口关税的一部分转嫁给了出口国的生产厂商，从而产生改善进口国贸易条件的效果。

举例：贸易条件又称进出口商品比价，反映出口商品价格和进口商品价格之间的关系，用公式表示为P_x/P_m。式中，P_x为出口价格，P_m为进口价格。贸易条件数值提高意味着贸易条件的改善，表明该国出口相同数量的商品能换回更多的进口商品。贸易条件是反映一国在对外贸易中进出口价格是否对其有利的重要指标。

进口关税的贸易条件效应，取决于进口国与出口国对国际市场价格的影响力。进口国的影响力越大，出口国的影响力越小，则征收进口关税改善贸易条件的效应越大；反之，则越小。

2.出口关税的经济效应分析

征收出口关税的经济效应主要表现在以下几个方面：

(1) 增加财政收入

出口国对需求弹性较低、缺少替代品的商品征收适度的出口关税，可增加财政收入；对出口国处于垄断地位的商品征收出口关税也可起到类似作用。

（2）限制资源性产品的过度出口

对资源性产品征收出口关税，可抑制资源性产品的过度出口，保证国内生产需要，维持国内资源的保有量。

（3）限制短缺产品的过度出口

通过征收出口关税，提高某些短缺商品的出口成本，抵消国内外价格差，以降低这些短缺商品对国际市场的吸引力，保证国内的生产和消费需求。

（4）保护国内产业

对国内需要保护的产业所需的关键投入品征收出口关税，限制特殊投入品的出口，可以间接起到保护相关产业的作用。

专栏7-1

进出口税收持续增收，宏观调控和公共财政职能加强

（三）我国关税政策的演变

1.1950—1978年，实行全面保护关税政策

中华人民共和国成立以后，我国是在贫困落后的经济基础上发展本国经济的，民族工业十分脆弱，产品竞争力差，不具备实行自由关税的经济基础。而且在片面强调自力更生的思想指导下，基本上实行的是封闭式的内向型经济发展模式，产业政策以建立完整的国民经济体系和工业体系为目标，因此，关税政策的制定与选择只能从全面保护出发。1949年9月通过的《我国人民政治协商会议共同纲领》规定：我国“实行对外贸易的管制，并采用保护贸易政策”。1950年1月政务院颁布的《关于关税政策和海关工作的决定》进一步明确指出：“海关税则必须保护国家生产，必须保护国内生产品与外国产品的竞争。”

2.1979—1991年，实行有区别的保护关税政策

党的十一届三中全会确立了我国“对外开放、对内搞活”的基本国策，标志着我国由封闭型经济向开放型经济转变，我国经济与世界经济逐步接轨。随着改革开放的不断深入，原有的关税政策已难以适应新形势发展的需要。

1980年，我国恢复关税职能。自此，随着经济体制改革的深化和对外开放的扩大，我国关税制度逐步健全，关税结构不断优化，进出口税收持续增加。同时，关税职能不断增强，关税对经济的调节作用越来越充分地发挥出来，在加强和改善宏观调控、推动产业结构优化升级、促进双边和多边经贸合作等方面成绩斐然，有力地支持了我国的改革开放。

1985年我国对沿用了多年的关税制度进行了改革，制定了《进出口关税条例》和《海关进出口税则》。制定进出口税则的具体原则是：对进口国家建设和人民生活所必需的，而且国内不能生产或者供应不足的农用物资、粮食以及精密仪器、仪表、关键机械设备等，予以免税或低税待遇；对原材料的进口税率一般比半成品、成品低，特别是对受自然条件制约的、国内生产短期内不能迅速发展的原料，实行低税率；对国内不能生产的机械设备的零部件，实行比整机低的税率；对国内已能够生产的非国计民生必需的物品，制定较高的关税；对国内已能生产供应，需要保护的商品，制定更高的关税；鼓励出口，对绝大多数出口商品不征出口关税，但对在国际市场上容量有限的商品，以及需要限制出口的极少数原料和半成品，必要时征收适当的出口关税。

我国在关税方面的总政策是“贯彻对外开放，鼓励出口创汇和扩大必需品的进口，保护与促进民族经济的发展”。在新的关税政策的影响下，我国对外开放取得重大进展，不仅出口贸易迅速增长，而且由于关税政策的倾斜，从国外进口的先进技术和设备大大增加。从本质上看，这一时期我国的关税政策还未摆脱关税消极保护的特征。高关税保护虽然对幼稚产业和新兴产业的发展起到了促进作用，但同时也导致了受保护产业的低效运行。

3.1992年以后，实行适度开放与适度保护相结合的关税政策

1992年以后，我国改革开放进入全面推进社会主义市场经济体制的确立与完善的历史阶段，在国际上我国也以积极的姿态争取尽快恢复我国关贸总协定缔约国地位和加入世界贸易组织。在新的改革开放形势下，我国重新调整了关税政策，逐步扬弃消极的保护政策，实行以产业与技术倾斜为中心的适度开放与适度保护的关税政策。关税政策的转变具体表现为：

（1）逐步降低关税总体水平，使关税成为调节进出口贸易的主要手段

自1992年起，我国对进口关税税率进行了多次调整，使进口关税水平大为降低。

1992年12月31日，我国降低了3 371个税目的进口关税，降税幅度为7.6%，关税总水平降为39.9%。

1993年12月31日，我国降低了2 888个税目的进口关税，降税幅度为8.8%，关税总水平降为36.4%。

1996年4月1日，我国降低了4 997个税目的进口关税，降税幅度为36%，关税总水平降为23%。

1997年7月1日，我国降低了4 874个税目的进口关税，降税幅度为26%，关税总水平降为17%。

2001年1月1日，我国降低了3 642个税目的进口关税，降税幅度为6.6%，关税总水平降为15.3%。

2002年1月1日，我国降低了5 332个税目的进口关税，降税幅度为22%，关税总水平降为12%。

2003年1月1日，我国平均关税水平进一步下降到11%。我国进口关税水平已达到发展中国家的平均水平。

2005年，我国降税涉及900多种商品，关税总水平由2004年的10.4%降至9.9%，是我国履行义务的最后一次大范围降税，此后的几次降税涉及商品范围有限，对关税总水平的影响均不大。

2006年7月1日，我国降低了小轿车等42种汽车及其零部件商品的进口关税税率，最终完成了汽车及其零部件的降税义务，我国汽车整车及其零部件税率分别由入世前的70%～80%和18%～65%降至25%和10%。

2010年，降低鲜草莓等6个税目商品进口关税后，我国关税总水平为9.8%。其中，农产品平均税率为15.2%，工业品平均税率为8.9%。我国加入世界贸易组织承诺的关税减让义务全部履行完毕（我国降低进口关税一览表见表7-1）。

表7-1　　我国降低进口关税一览表

时间	涉及税目数量（个）	降税幅度（%）	关税水平（%）
1992.12.31	3 371	7.6	39.9
1993.12.31	2 888	8.8	36.4
1996.4.1	4 997	36.0	23.0
1997.7.1	4 874	26.0	17.0
2001.1.1	3 642	6.6	15.3
2002.1.1	5 332	22.0	12.0
2003.1.1	3 000	8.3	11.0
2005.1.1	900	4.8	9.9
2006.7.1	100	0	9.9
2010.1.1	6	1.0	9.8

资料来源：根据财政部信息整理（http：//www.mof.gov.cn/index.htm）。

为了使我国关税制度更加符合国际惯例，我国从1992年1月1日起，实施新的进出口税则，采用国际上通行的《商品名称及编码协调制度》，以《商品名称及编码协调制度》的商品分类目录作为我国海关税则、国际贸易统计等方面统一使用的商品目录，适应了我国进一步改革开放的需要。

（2）按照国际贸易规范的要求，结合国内产业政策，建立管理新体制

建立一个利用关税措施、关贸总协定例外条款和保护条款来调节和管理进出口贸易的新体制，以保护和促进国民经济的发展。根据关税政策的基本精神，我国不仅多次下调进口关税税率，大大推动了贸易自由化进程，而且不断调整关税结构，加大关税对进出口贸易的调控力度，使进出口贸易发展更加符合国家产业政策的要求。

（3）调整进口关税减免政策

20世纪80年代，我国为了吸引外商直接投资，制定了一系列进口税收优惠措施，对外商投资进口给予了大范围的进口关税减免和国内税减免。20世纪90年代，为了给各类企业提供更加公平的竞争平台，我国对进口减免税政策进行了重大调整。在大幅度降低关税水平的同时，逐步调低或取消了对边境贸易、易货贸易等货物的减免税，以及一些针对特定企业、特定项目的政策性减免。

（四）我国关税制度的完善

1.全面实施世界贸易组织的海关估价制度

进出口货物的价格经货主（或申报人）向海关申报后，海关须按本国关税法律法规进行审查，确定或估定其完税价格。经海关审查确定的完税价格，称为海关估定价格

（简称“海关估价”）。

海关估价对征收关税很重要，它是在一国边境缴纳各种税费的基础，尤其是当许可证管理和进口配额依商品价值确定时。更为重要的是，海关估价可构成重要的贸易壁垒，某一商品因海关完税价格不明确而对其贸易的影响远比关税本身严重得多。

“乌拉圭回合”在对《海关估价守则》进行修订和完善的基础上，达成了《海关估价协议》。世界贸易组织要求，每一个成员都必须接受该协议。我国已为全面实施世界贸易组织的《海关估价协议》做好了立法上的准备工作，具体的操作方法也正在研究制定之中。

2.按照非歧视原则在全关境内实行公平统一的关税制度

贯彻非歧视原则，实行公平统一的关税制度体现在以下方面：

第一，在税率逐步降低的基础上，分阶段地调整和清理减免税政策，完善纳税争议的申诉和复议制度，促进海关税收征收工作的规范、公平、透明、高效。

第二，清理和修改不符合世界贸易组织规则的涉外法律、法规，切实遵守承诺，实行非歧视原则，维护公平竞争环境，在海关执法中维护国家法律的一致性和贸易政策的统一性。

第三，进一步完善关税体系及税目、税率结构和关税配额管理办法。规范行政管理，取消不合理的审批、核准、许可、备案等规定，研究制定更加规范、公平、透明、高效的海关业务制度，改进和完善政策法规发布制度，增强执法透明度。

3.缩小关税税率的落差

伴随总体关税水平的下降，关税结构的调整将使税率分布更向低税率区间集中，进口产品的税率落差将大为缩小，关税税率的分布趋于集中，从而能够减少管理成本。因为复杂的关税结构会刺激诸如设法改变进口商品的分类等寻租活动，导致财政收入的损失。

三、进出口商品国内税

海关在对进口商品征收关税时，一般同时代征进口商品国内税。根据我国现行进口征税制度，进口征税是指对进口货物征收增值税和消费税。

（一）进口商品征税制度

1.征税作用

（1）调节国内外产品税收负担的差异，使进口产品与国内产品同等纳税，平衡国内外产品的税负，为国内外产品创造一个公平竞争的环境。

（2）抑制盲目进口，节约使用外汇，保护国内生产。

2.征税原则

我国对进口产品实行与国内产品同等征税的原则，即依据增值税和消费税税额按相同的税目和税率征税。

3.征税范围和对象

（1）增值税

根据的《中华人民共和国增值税暂行条例》（以下简称《增值税暂行条例》）的规定，除境内销售货物或提供加工、修理修配业务外，进口货物也属于增值税征收的范围。

根据的《增值税暂行条例》的规定，凡在我国境内销售货物或者提供加工、修理修配劳务以及进口货物的单位和个人，为增值税的纳税义务人。

（2）消费税

根据口《中华人民共和国消费税暂行条例》（以下简称《消费税暂行条例》）的规定，我国纳入消费品征税范围的进口商品共15种，具体包括：烟、酒、高档化妆品、贵重首饰及珠宝玉石、鞭炮焰火、成品油、摩托车、小汽车、高尔 夫球及球具、高档手表、游艇、木制一次性筷子、实木地板、电池和涂料 。

根据口《消费税暂行条例》的规定，消费税的纳税人是指在我国境内生产、委托和进口应税消费品的单位和个人。

4.征税税目和税率（见表7-2）

表7-2　进口商品国内税征税一览表

税目	税率	适用对象
增值税	基本税率（13%）	纳税人销售或者进口货物，提供加工、修理修配劳务
	低税率（9%）	纳税人销售或者进口粮食和食用植物油、农业成品、图书、报纸、杂志等19种货物
	零税率	纳税人出口货物
消费税	比例税率（1%～40%）	雪茄烟、烟丝、高档化妆品、小汽车等
	定额税率	黄酒、啤酒、成品油
	复合税率	卷烟、白酒

5.应纳税额的计算

（1）增值税

增值税税额的计算方法是，纳税人进口货物按照组成计税价格和规定税率计算应纳税额。

其计算公式为：

组成计税价格=关税完税价格+关税+消费税

应纳税额=组成计税价格×增值税税率

（2）消费税

实行从价定率办法的应税消费品的应纳税额的计算方法是，按照组成计税价格计算应纳税额。

（二）出口商品退税制度

1.出口退税的含义

出口退税是指在国际贸易中一个国家或地区对已报关离境的出口货物，由税务机关根据本国税法的规定，将其在出口前生产和流通各环节已经缴纳的国内增值税或消费税等间接税税款，退还给出口企业的一项税收制度，即对出口货物实行零税率，它是我国流转税的一个重要组成部分，是国际贸易中常用的并为各国所接受、目的在于鼓励各国出口货物公平竞争的一种税收措施。

1985年3月，国务院43号文正式批准了财政部《关于对进出口产品征、退产品税或增值税的规定》，决定从1985年4月1日起实行对进口产品征税，对出口产品退、免税办法，这标志着我国现行出口退税制度的建立。

2.出口退税的特点与作用

我国自1985年施行出口退税制度以来，数次对出口退税制度进行改革调整，使出口退税制度能够更好地促进出口贸易发展和国民经济增长。从1985年至今，我国已经先后十余次调整出口退税税率。

我国的出口退税制度以国际上通用惯例、规定为参照，通过数次调整改革，逐渐形成了有自己特点的一整套体系。与其他税收制度相比较，出口退税制度主要表现为以下几个特点：

（1）出口退税是一种收入退付行为

税收是国家为满足社会公共需要，按照法律规定，参与国民收入中剩余产品分配的一种形式。出口退税的目的与其他税收制度不同，它是在货物出口后，国家将出口货物已在国内征收的流转税退还给企业的一种收入退付或减免税收的行为，这与其他税收制度筹集财政资金的目的显然是不同的。

（2）出口退税具有调节职能的单一性

我国对出口货物实行退（免）税，意在使企业出口货物以不含税价格参与国际市场竞争，这是提高企业产品竞争力的一项政策性措施。与其他税收制度鼓励与限制并存、收入与减免并存的双向调节职能相比，出口货物退（免）税具有调节职能单一性的特点。

统计数据显示，我国出口退税额与一般贸易出口额的正相关性非常强（见表7-3）。

（3）出口退税属间接税范畴内的一种国际惯例

世界上有很多国家实行间接税制度，虽然其具体的间接税政策各不相同，但就间接税制度中对出口货物实行“零税率”而言，各国都是一致的。

为奉行出口货物间接税的“零税率”原则，有的国家实行免税制度，有的国家实行退税制度，有的国家则退、免税制度同时并行，其目的都是对出口货物退还或免征间接税，以使企业的出口产品以不含间接税的价格参与国际市场竞争。

出口货物退（免）税政策与各国的征税制度是密切相关的，脱离了征税制度，出口货物退（免）税便失去具体依据。

表7-3 出口退税和出口贸易额之间的关系

年 份	出口退税额（亿元）	增长比例（%）	出口贸易额（亿美元）	增长比例（%）
1985	17.9	—	273.5	4.6
1986	44.0	123.4	309.4	13.1
1987	76.7	74.3	394.4	27.5
1988	113.0	47.3	475.2	20.5
1989	153.0	35.4	525.4	10.6
1990	185.0	20.9	620.9	18.2
1991	254.4	37.5	719.1	15.8
1992	285.0	12.0	849.4	18.1
1993	301.0	5.6	917.4	8.0
1994	450.0	49.5	1 210.1	31.9
1995	549.2	22.0	1 487.8	23.0
1996	826.0	50.4	1 510.5	1.5
1997	432.5	−47.6	1 827.9	21.0
1998	437.0	1.0	1 837.1	0.5
1999	627.7	43.6	1 949.3	6.1
2000	810.4	29.1	2 492.0	27.8
2001	1 071.5	32.2	2 661.0	6.8
2002	1 259.2	17.5	3 255.7	22.3
2003	2 039.0	61.9	4 383.7	34.6
2004	2 196.0	7.7	5 933.2	35.4
2005	3 371.5	53.5	7 620.0	28.4
2006	4 285.0	27.1	9 690.8	27.2
2007	5 273.3	23.1	12 180.2	25.7
2008	5 631.9	6.8	14 285.5	17.2
2009	6 486.6	15.2	12 016.6	−16.0
2010	7 328.0	13.0	15 779.3	31.3
2011	9 025.0	23.2	18 986.0	20.3

续表

年 份	出口退税额（亿元）	增长比例（%）	出口贸易额（亿美元）	增长比例（%）
2012	10 429.0	13.3	20 489.3	7.9
2013	10 514.8	0.8	22 100.2	7.9
2014	11 356.0	8.0	23 427.5	6.1
2015	12 861.4	13.3	22 734.7	−3.0
2016	12 154.0	−5.5	20 976.3	−7.7
2017	13 870.0	14.1	22 633.7	7.9
2018	15 913.0	14.7	24 874.0	9.9
2019	15 740.0	−1.1	24 994.6	0.5
2020	14 549.0	−7.6	25 899.5	3.6
2021	16 700.0	14.8	33 639.6	29.9
2022	16 403.0	−1.8	58 178.3	72.9

资料来源：根据商务部、国家统计局公开数据整理。

3. 出口退税原则

根据零税率原则，国家对“先征后退”的出口货物实行了“征多少、退多少，未征不退和彻底退税”的退税原则。出口退税的根本目的就是抵消商品在国内流通过程中产生的税收款项而导致的成本增加额，所以本着征多少、退多少的原则，就可以保证出口产品在国际市场上竞争的公平性。如果在退税过程中，退税数额低于商品在流通过程中被征收的数额，就不能最大限度地降低出口商品的成本，那么商品在国际上就会损失一部分竞争力；相反，如果退税数额高于商品在流通中形成的征收数额，那么就会消耗一部分财政收入，形成补贴，而且这种过度的补贴行为也不符合国际贸易规则，容易引起贸易纠纷，不利于出口贸易的发展。

尽管我国1994年建立出口退税制度的时候确立了“征多少、退多少，未征不退和彻底退税”的原则，但是实际上1995年以后，出口退税率根据经济形势经历了多次调整。在实际工作中，我国采用的是相机抉择的出口退税政策，退税率一直作为重要的外贸出口调控工具使用。

对一般贸易项下的出口货物，实行“先征后退”和“免、抵、退”两种管理办法。

4. 出口退税范围

（1）出口退税的企业范围

出口产品退税原则上应将所征税款全部退还给主要承担出口经济责任的出口企业，具体为经营出口业务的企业、代理进出口业务活动中代理出口的企业、特定出口企业和外商投资企业。

（2）出口退税的产品范围

对出口的产品，凡属于已征或应征增值税、消费税的产品，除国家明确规定不予退税外，均予以退还已征税款或免征应征税款。

专栏7-2

我国出口退税制度改革历程

5. 出口退税税种

出口产品应退税种为增值税和消费税。

6. 出口退税税率

计算出口货物应退税额的增值税税款的税率，参照专栏7-2执行。

计算出口货物应退消费税税款的税率或单位税额，依《消费税暂行条例》所附“消费税税目、税率（税额）表”执行。

以上是出口退税的法定税率，但在实际执行过程中，国家根据财政平衡情况和发展出口贸易的需要，曾多次调整出口退税率。

第三节　汇率与汇率制度

汇率也称汇价，是指两国货币之间的交换比率或比价，也就是用一国的货币单位来表示另一国货币单位的价格。汇率是调控一国进出口总量平衡和优化进出口商品结构的主要经济杠杆。在我国，随着对外开放的深化和社会主义市场经济体制的逐步确立，汇率已成为调节进出口贸易的主要经济杠杆之一。

一、汇率对进出口贸易的效应分析

根据经济学的一般原理，汇率变动对进出口贸易的影响主要是通过价格机制实现的。

（一）汇率升值的效应

本币汇率上升，表明一定数额的外国货币只能兑换较少的本国货币，必然会使以本国货币表示的进口商品价格降低，有利于扩大进口。同时，本币汇率上升会使以本币表示的出口商品成本价格上升，因而不利于出口。

（二）汇率贬值的效应

本币汇率下降，表明一定数额的外国货币能够兑换更多的本国货币，必然会使以外币表示的出口商品价格降低，增强本国商品在国外市场的竞争力，从而有利于扩大出口。

同时，本币汇率下降会使以本币表示的进口商品成本价格上升，相对降低了进口商品的竞争力，因而不利于进口贸易。

因此，许多国家在国际收支出现逆差时，利用汇率变动对进出口贸易的作用机制，通过本国货币贬值来促进本国商品出口，减少进口，从而缓解国际收支平衡压力。而当一国出口增长快、国际收支出现大量顺差时，其贸易伙伴往往会对其施加压力，促使其货币升值，从而增加该国出口商品的成本，抑制出口扩张，同时增加该国进口。一国的货币升值相对其贸易伙伴来说，就是货币贬值，贸易伙伴的出口因此可望增加，进口得到抑制。

二、我国汇率制度的演变及其对对外贸易的影响

汇率制度，又称汇率安排，是一国货币当局对本国汇率变动的基本方式所作的一系列安排和规定。

（一）计划经济时期的汇率制度

改革开放前，我国实行的是高度集中、以严格行政管理为主的外汇管理体制，人民币汇率由国家有计划地确定和调整。因此，汇率对进出口贸易的调节作用完全丧失，只在外贸企业中起统计折算工具的作用。

1.1949—1952年

汇率是以“物价对比法”为基础计算的，即主要参照出口商品国内外价格的比价，兼顾进口商品国内外价格的比价和侨汇购买力平价，使汇率起到了鼓励出口、奖励侨汇、兼顾进口的作用。

2.1953—1972年

国际汇率制度处于布雷顿森林货币体系之下，实行的是以美元为中心的固定汇率制度。因此，人民币汇率制度也相应实行固定汇率制。在此期间，人民币汇率作为计划核算工具，要求保持相对稳定，使人民币名义汇率与实际汇率的差距不断扩大，汇率高估问题十分严重。

3.1973—1978年

布雷顿森林货币体系解体，西方国家纷纷实行浮动汇率制，人民币汇率的制定由原来以美元为基准货币改为盯住一篮子货币的计值方法或根据管理需要进行不定期的调整，但仍坚持人民币汇价水平基本稳定的方针，汇率依然高估。

（二）1979—1993年的汇率制度

改革开放后，国家对外汇体制进行了一系列改革：改革人民币汇率形成机制，变固定的、单一的官方汇率，为可变的官方汇率与外汇调剂市场汇率并存的双重汇率。

在汇率水平上则实行了以人民币不断贬值为主导的政策，开始依据国内经济形势与政策目标，主动对汇率进行调整，逐步恢复汇率对外汇收支及进出口贸易的调节作用。

1.1981—1984年

我国采取了人民币官方汇率与贸易外汇内部结算价的双重汇率。

2.1985—1988年

我国1985年1月1日取消内部结算价，重新实行单一汇率。

3.1988—1993年

我国开始实行官方平价外汇和调剂市场议价外汇并存的人民币汇率双轨制。

（三）1994—2005年6月的汇率制度

1994年以后我国对汇率制度进行了重大改革：

（1）进行汇率并轨，实行以市场供求为基础的、单一的、有管理的浮动汇率制度，使我国的汇率形成机制发生了重大变化，汇率杠杆调节作用明显增强。

（2）实行银行结汇、售汇制，取消外汇留成、上缴和额度管理制度，为各类外贸企业提供了相对平等的竞争环境。

（3）建立统一的银行间外汇交易市场，改变人民币汇率形成机制，使我国外汇市场进一步完善，国家运用经济手段调控进出口贸易的能力进一步加强。

（4）取消对外汇收支的指令性计划，国家主要运用经济、法律手段实现对外汇和国际收支的宏观调控。

（5）取消国际收支经常性交易方面的外汇限制，实行货币的自由兑换，为企业提供了宽松的用汇条件。

（四）2005年7月以来的汇率制度

为建立和完善我国社会主义市场经济体制，充分发挥市场在资源配置中的基础性作用，建立健全以市场供求为基础的、有管理的浮动汇率制度，2005年7月21日，中国人民银行发布了关于完善人民币汇率形成机制改革公告，其内容如下：

（1）自2005年7月21日起，我国开始实行以市场供求为基础、参考一篮子货币进行调节、有管理的浮动汇率制度。人民币汇率不再盯住单一美元，形成更富弹性的人民币汇率机制。

（2）中国人民银行于每个工作日闭市后公布当日银行间外汇市场美元等交易货币对人民币汇率的收盘价，作为下一个工作日该货币对人民币交易的中间价格。

（3）2005年7月21日19时，美元对人民币交易价格调整为1美元兑8.11元人民币，作为次日银行间外汇市场上外汇指定银行之间交易的中间价，外汇指定银行可自此时起调整对客户的挂牌汇价。

（4）现阶段，每日银行间外汇市场美元对人民币的交易价仍在中国人民银行公布的美元交易中间价上下3‰的幅度内浮动，非美元货币对人民币的交易价在人民银行公布的该货币交易中间价上下一定幅度内浮动。

中国人民银行将根据市场发育状况和经济金融形势，适时调整汇率浮动区间。同时，中国人民银行负责根据国内外经济金融形势，以市场供求为基础，参考一篮子货币汇率变动，对人民币汇率进行管理和调节，维护人民币汇率的正常浮动，保持人民币汇率在合理、均衡水平上的基本稳定，促进国际收支基本平衡，维护宏观经济和金融市场的稳定。

这次人民币汇率形成机制改革的核心内容是，人民币汇率不再盯住单一美元，而是按照我国对外经济发展的实际情况，选择若干种主要货币，赋予相应的权重，组成一个货币篮子。同时，根据国内外经济金融形势，以市场供求为基础，参考一篮子货币计算人民币多边汇率指数的变化，对人民币汇率进行管理和调节，维护人民币汇率在合理均衡水平上的基本稳定。

本次人民币汇率形成机制改革的原因：

（1）完善人民币汇率形成机制改革，是建立和完善社会主义市场经济体制、充分发挥市场在资源配置中的基础性作用的内在要求，也是深化经济金融体制改革、健全宏观调控体系的重要内容，符合党中央和国务院关于建立以市场为基础的有管理的浮动汇率制度、完善人民币汇率形成机制、保持人民币汇率在合理均衡水平上基本稳定的要求，符合我国的长远利益和根本利益，有利于贯彻落实科学发展观，对于促进经济社会全面、协调和可持续发展具有重要意义。

（2）推进人民币汇率形成机制改革，是缓解对外贸易不平衡、扩大内需以及提升企业国际竞争力、提高对外开放水平的需要。近年来，我国经常项目和资本项目双顺差持续扩大，加剧了国际收支失衡。2005年6月末，我国外汇储备达到7 110亿美元。2005年以来，对外贸易顺差迅速扩大，贸易摩擦进一步加剧。适当调整人民币汇率水平，改革汇率形成机制，有利于贯彻以内需为主的经济可持续发展战略，优化资源配置；有利于增强货币政策的独立性，提高金融调控的主动性和有效性；有利于保持进出口基本平衡，改善贸易条件；有利于保持物价稳定，降低企业成本；有利于促使企业转变经营机制，增强自主创新能力，加快转变外贸增长方式，提高国际竞争力和抗风险能力；有利于优化利用外资结构，提高利用外资效果；有利于充分利用“两种资源”和“两个市场”，提高对外开放的水平。

三、我国汇率制度的进一步完善

（一）人民币汇率改革的总体目标

人民币汇率改革的总体目标是，建立健全以市场供求为基础的、有管理的浮动汇率体制，保持人民币汇率在合理、均衡水平上的基本稳定。

（二）进一步完善人民币汇率形成机制的原因

汇率形成机制问题是人民币汇率制度的基础或核心，没有完善的人民币汇率形成机制，保持人民币汇率在合理、均衡水平上的基本稳定就是空中楼阁。因此，完善汇率形成机制是汇率制度改革的重中之重。

2005年7月21日汇率形成机制改革后，人民币汇率形成机制仍存在诸多缺陷，突出表现为形成机制扭曲、汇率缺乏灵活性、汇率调整缺乏准确依据及维持成本较高。

为此，我国在本次汇率机制改革之后实施了一系列措施，以解决外汇市场发展长期滞后、市场自发调节机制得不到充分发挥的问题，为汇率机制改革提供了微观市场基础，具体措施包括：

1.扩大银行间外汇市场交易主体的范围

从2005年8月8日起，我国允许更多符合条件的非银行金融机构和非金融性企业进入银行间即期外汇市场。

2.引进询价交易方式和做市商制度

自2006年1月4日起，我国在银行间即期外汇市场上引入询价交易方式（以下简称OTC方式），同时保留撮合方式。

银行间外汇市场交易主体既可选择以集中授信、集中竞价的方式交易，也可选择以双边授信、双边清算的方式进行询价交易。同时我国在银行间外汇市场引入做市商制度，为市场提供流动性。这两项制度在人民币合理定价与促进汇率风险规避方面发挥关键性作用，成为人民币汇率改革真正深入、完善和有效的重要推动力量。

3.改进外汇管理

提高境内居民个人经常项目下因私购汇指导性限额，简化购汇手续；提高境内机构保留经常项目外汇收入的比例，直至实行意愿结汇，满足居民和企业的用汇需求；调整银行为我国境外投资企业融资提供对外担保的管理方式，鼓励企业对外投资。进一步深化外汇管理体制改革，有利于理顺外汇供求关系，建立健全调节国际收支的市场机制，促进国际收支平衡。

4.改强制结售汇制为意愿结售汇制

2007年8月3日，国家外汇管理局发布外汇管理体制重要改革措施：取消境内机构经常项目外汇账户限额，境内机构可根据自身经营需要，自行保留其经常项目外汇收入。这项措施的出台是我国外汇体制改革的又一个里程碑。

我国自1994年开始实施强制结售汇制度，按强制结售汇制度要求，除国家规定的外汇账户可以保留以外，企业和个人手中的外汇都必须卖给外汇指定银行，外汇指定银行则必须把高于“外汇局”批准头寸额度之外的外汇在市场上卖出。央行作为市场上的接盘者，买入外汇以积累国家的外汇储备。强制结售汇的实施在相当长一段时期内为我国积累了大量的外汇储备，为保证经济稳定增长做出了积极贡献。

随着我国经济持续保持高速增长，国际收支顺差不断扩大，强制结售汇制的弊端也日益凸显：

其一，在强制结售汇制下，当银行持有的结售周转外汇超过最高限比例时，就必须通过银行间外汇市场出售；不够时，必须从市场购进。这就使中央银行干预成为必需行为，造成人民币汇率不完全由市场供求来决定，而在很大程度上受国家宏观经济政策所制约。

其二，强制结售汇制使得市场参与者，特别是中资企业和商业银行必须在市场上结汇，不能根据自己未来的需求和对未来汇率走势的预测，自主选择出售外汇的时机和数量，这种制度上的“强卖”形成的汇率，并不是真正意义上的市场价格。

将强制结售汇制改变为意愿结售汇制不仅可以弥补汇率形成机制中市场要素不足的缺陷，而且可以使中央银行摆脱其在外汇供求市场的被动地位，将外汇储备和汇率政策作为宏观调控的手段；同时可以提高企业的出口积极性，使出口企业与外资企业享有同样的国民待遇；使企业、商业银行、中央银行各持有一定数量的外汇，加快外汇资金周转，提高外汇风险管理能力。

5.增加市场避险工具

允许具备结售汇和衍生产品交易资格的银行开展远期和掉期业务。根据我国对外经济发展的实际需要，扩大了远期交易范围，放开了交易期限，允许银行自主定价，为企业和居民提供全面、灵活的汇率风险管理服务。

2005年汇率形成机制改革后，人民币汇率形成机制改革按照主动性、渐进性、可控性原则有序推进，总体上对我国实体经济发挥了积极影响，为宏观调控创造了有利条件，也在应对国内外形势变化中起到了重要作用，取得了预期的效果：

一是促使企业提高技术水平，加大产品创新力度，提升核心竞争力，使出口保持了较强的整体竞争力。

二是汇率浮动为推动产业升级和提高对外开放水平提供了动力和压力，促进了出口结构优化和外贸发展方式转变，有利于经济发展方式转变和全面协调可持续发展。

三是企业主动适应汇率浮动的意识增强，应对人民币汇率变动和控制风险的能力提高，外汇市场得到培育和发展。

四是向国际社会展示了我国促进全球经济平衡的努力。

2008年的国际金融危机给全球经济带来了较大的困难和不确定性，我国适当收窄了人民币波动幅度以应对国际金融危机，有助于我国经济较快地实现稳定和复苏。在国际金融危机最严重的时候，许多国家货币对美元大幅贬值，而人民币汇率保持了基本稳定，这是我国稳定外需、抵御国际金融危机冲击的需要，也为亚洲乃至全球经济复苏做出了巨大贡献。

随着经济危机对全球经济影响的日益削弱，我国经济回升向好的基础进一步巩固，经济运行趋于平稳，2010年6月19日，中国人民银行做出了进一步推进人民币汇率形成机制改革、增强人民币汇率弹性的决定。此次改革旨在将汇率形成机制回归到金融危机以前的以市场供求为基础、参考一篮子货币进行调节的汇率形成机制，进一步增强人民币汇率弹性，实现双向浮动。这是我国加快经济结构调整、转变发展方式的需要，也是提高宏观调控的主动性和有效性，应对不同情景下的外部冲击的需要。2012年4月14日，中国人民银行决定自2012年4月16日起，银行间即期外汇市场人民币兑美元交易价浮动幅度，由0.5%扩大至1%。2014年3月15日，中国人民银行决定自2014年3月17日起，银行间即期外汇市场人民币兑美元交易价浮动幅度由1%扩大至2%，即每日银行间即期外汇市场人民币兑美元的交易价可在我国外汇交易中心对外公布的当日人民币兑美元中间价上下2%的幅度内浮动。这是自2005年7月人民币汇率形成机制改革以来，中国人民银行第3次扩大人民币兑美元汇率浮动幅度。前两次分别是2007年5月21日人民币汇率浮动幅度由0.3%扩大至0.5%，以及2012年4月16日浮动幅度扩大至1%。

专栏7-3

人民币汇率制度改革进程大事记

人民币汇率制度改革涉及面广，影响深远，需要考虑各方面的承受能力。改革必须坚持主动性、可控性、渐进性原则，而不是屈从国外的压力。人民币汇率制度的改革，必将遵循着这三项原则稳步向前推进。

第四节　进出口信贷制度

一、进出口信贷制度概述

（一）进出口信贷的含义

进出口信贷，是指一国政府通过银行向进出口商提供贷款，以鼓励出口、确保进口的重要措施。

（二）进出口信贷的作用

在市场经济条件下，外贸企业和出口生产企业都是以营利为目的的经营实体，银行贷款的规模和利息率的高低，直接关系到企业的经济效益。

国家实行进出口优惠信贷政策，可以解决外贸企业和出口生产企业因自有流动资金不足给出口带来的困难，促进企业扩大出口经营规模；能够有效地促进外贸企业和出口生产企业降低成本；可以有效地解决出口卖方和出口买方由于进出口金额太大、延期付款而造成的资金困难，从而有利于推动出口。

因此，我国正在遵循国际经济通行规则，积极运用政策性金融工具，通过进出口信贷，支持国家鼓励产业的发展和产品的出口，支持对外承包工程和境外投资，使企业能在更大范围、更广领域和更高层次上参与国际经济合作和竞争。

（三）进出口信贷的特征

1.经营对象主要是进出口商

经营对象具体包括外贸企业、外经企业、“三资”企业以及有自营进出口权的生产企业、科研院所等。

2.业务有特定的范围

进出口信贷主要包括：用于支持出口贸易，特别是机电产品和成套设备出口的贷款；用于支持引进先进技术和设备、添置固定资产的贷款；用于支持引进外资和先进技术企业的贷款；用于支持对外承包工程和劳务输出、境外加工贸易、境外投资的贷款。

3.对存贷款利率有特殊规定

进出口信贷的目的是促进进出口贸易的发展，其利率一般低于相同条件资金贷放的市场利率，利差由国家补贴。

4.国家设立专门信贷机构

为更好地贯彻国家的信贷政策，有效促进对外贸易发展，各国大都设立专门发放进出口信贷的机构，管理与分配国际信贷资金，并协调与其他国家之间的关系。

二、进出口信贷政策

（一）进出口信贷的基本任务

我国进出口信贷的基本任务是：按照国家发展社会主义市场经济的要求，遵循改革、开放的方针，根据国家有关政策和批准的信贷计划发放贷款，支持对外贸易的发展；同时发挥信贷的监督和服务作用，监督企业合理地使用信贷资金，协助外贸企业加强经济核算，提高经济效益。

（二）我国现行进出口信贷政策

（1）贯彻执行国家的产业政策、外经贸政策和金融政策。

（2）积极配合实施科技兴国战略，重点支持高技术、高附加值的机电产品、成套设备、高新技术产品的出口，促进经济结构的调整和出口商品结构的优化。

（3）重点支持有经济效益的大企业、大项目，兼顾经济效益好、产品附加值高、有还款保证的中小企业和中小项目。

（4）充分发挥政策性银行的综合优势，运用出口卖方信贷、出口买方信贷、外汇担保等多种政策性金融手段支持企业出口。

（5）积极配合实施出口市场多元化战略，支持企业全方位开拓国际市场。

（6）积极配合实施"走出去"的开放战略，支持企业开展带动机电产品出口的境外加工贸易、对外工程承包和海外投资活动，以投资带动贸易。

三、进出口信贷机构

（一）中国进出口银行

专栏7-4

中国进出口银行国际信用评级

中国进出口银行于1994年5月成立，是直属国务院领导的、政府全资拥有的国家政策性金融机构。其国际信用评级与国家主权评级一致。中国进出口银行总部设在北京。截至2023年底在国内设有32家营业性分支机构；在境外设有巴黎分行和东南非代表处、圣彼得堡代表处等7家代表处；与境内外1 355家银行的总分支机构建立了代理行关系，代理行网络覆盖全球160多个国家和地区。

中国进出口银行是我国外经贸支持体系的重要力量和金融体系的重要组成部分，是我国机电产品、成套设备和高新技术产品进出口和对外承包工程及各类境外投资的政策性融资主渠道、外国政府贷款的主要转贷行和我国政府对外优惠贷款的承贷行，为促进我国开放型经济的发展发挥着越来越重要的作用。

1.主要职责

中国进出口银行的主要职责是为扩大我国机电产品、成套设备和高新技术产品进出口，推动有比较优势的企业开展对外承包工程和境外投资，促进对外关系发展和国际经贸合作，提供金融服务。

2.业务范围

中国进出口银行的业务范围包括：办理出口信贷和进口信贷；办理对外承包工程和境外投资类贷款；办理我国政府对外优惠贷款；提供对外担保；转贷外国政府和金融机构提供的贷款；办理本行贷款项下的国际国内结算业务和企业存款业务；在境内外资本市场、货币市场筹集资金；办理国际银行间的贷款，组织或参加国际、国内银团贷款；从事人民币同业拆借和债券回购；从事自营外汇资金交易和经批准的代客外汇资金交易；办理与本行业务相关的资信调查、咨询、评估和鉴证业务；经批准或受委托的其他业务。

（二）中国银行

中国银行是我国政府授权经营外汇业务、办理进出口信贷的国有商业性银行，具有国家指定的外汇专业银行的性质和地位，并作为国家对外筹资的主渠道，在国内外开展包括传统的商业银行、投资银行和保险业务在内的全面的金融服务。

1988年，中国银行就提供了国内第一笔出口买方信贷，在1994年中国进出口银行成立以前，中国银行是唯一一家经国家批准开办此业务的银行，先后为亚、非、拉、东欧等地区的15个发展中国家的28个项目提供过出口买方信贷。出口买方信贷业务一直是中国银行的特色优势产品，在有力地支持客户“走出去”的同时，也为中国银行带来了可观的经济收入，赢得了良好的国际声誉。

专栏7-5

中国银行简介

（三）其他金融机构

一些国有商业银行、区域性商业银行及其他金融机构，经国家外汇管理局批准，也可以经营一定范围的外汇业务，并对进出口企业发放一定数量的外汇贷款及人民币贷款。

四、进出口信贷方式

（一）出口信贷

1.出口信贷的含义

出口信贷是指国家为了鼓励商品出口，增强商品竞争能力，对本国出口商和外国进口商提供优惠贷款，主要用于鼓励和支持一些金额较大、付款期限较长的成套设备和船舶等大型机械设备的出口。

2.出口信贷的形式

（1）出口卖方信贷

出口卖方信贷是贸易中常用的延期付款方式下由出口方银行向本国出口商提供的贷款，是指中国进出口银行等金融机构为出口商制造或采购出口机电产品、成套设备和高新技术产品提供的信贷，主要解决出口商制造或采购出口产品或提供相关劳务的资金需求。

卖方信贷的主要融资形式如图7-2所示。

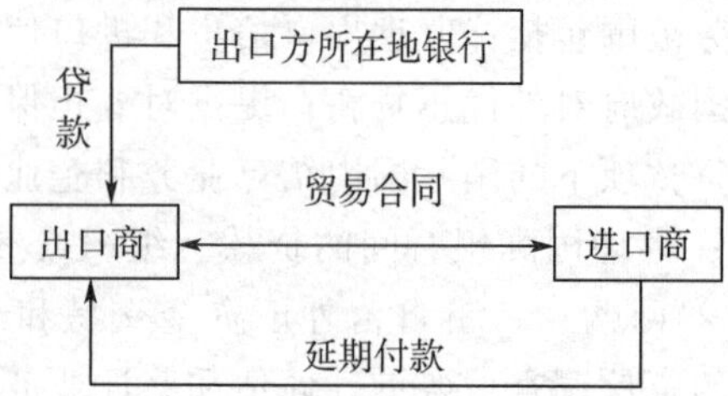

图7-2　卖方信贷的主要融资形式

贷款性质：具有官方性质，不以营利为目的。贷款人的资本金由国家财政全额提供；贯彻国家产业政策、外经贸政策、金融政策和财政政策，体现政府强有力的支持。

贷款特点：为出口商提供的贷款；金额大、期限长、利率优惠；具有官方性质，体现国家意志。

贷款种类：设备出口卖方信贷；高新技术产品（含软件产品）出口卖方信贷；一般机电产品出口卖方信贷；对外承包工程贷款；境外投资贷款；农产品出口卖方信贷；文化产品和服务（含动漫）出口信贷。

贷款作用：支持本国产品出口，提高国际市场竞争力；为国家出口创汇，平衡外汇收支；增加国内就业，促进本国经济发展。

图7-3为中国进出口银行出口卖方信贷实际发放贷款金额。

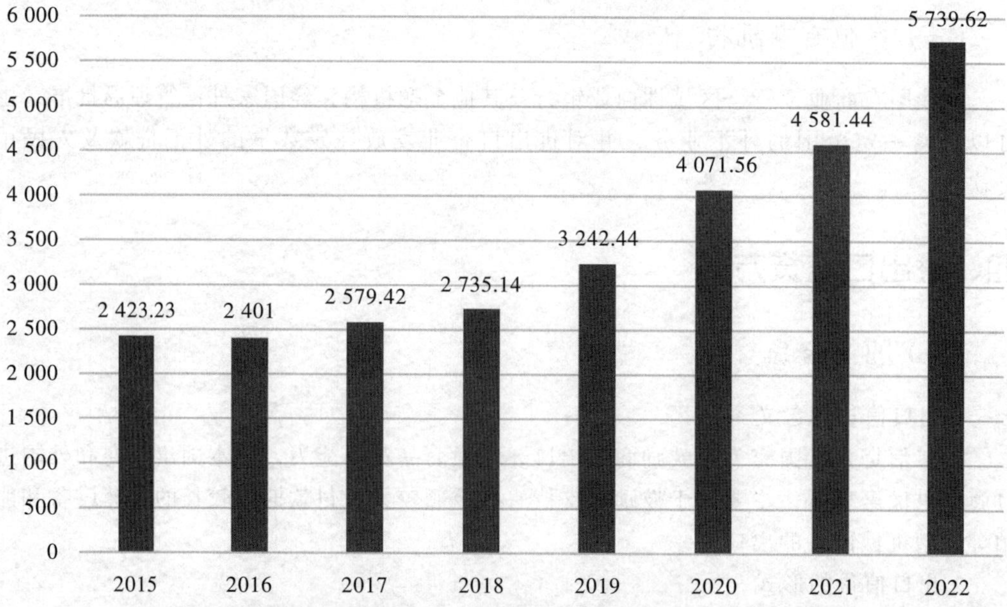

图7-3　中国进出口银行出口卖方信贷实际发放贷款金额（单位：亿元人民币）

资料来源：根据中国进出口银行历年年度报告整理。

（2）出口买方信贷

出口买方信贷是出口国银行办理的向境外借款人发放的中长期信贷，用于进口商（业主）即期支付我国出口商（承包商）商务合同款，促进我国产品、技术和服务的出口。

买方信贷的主要融资形式如图7-4所示。

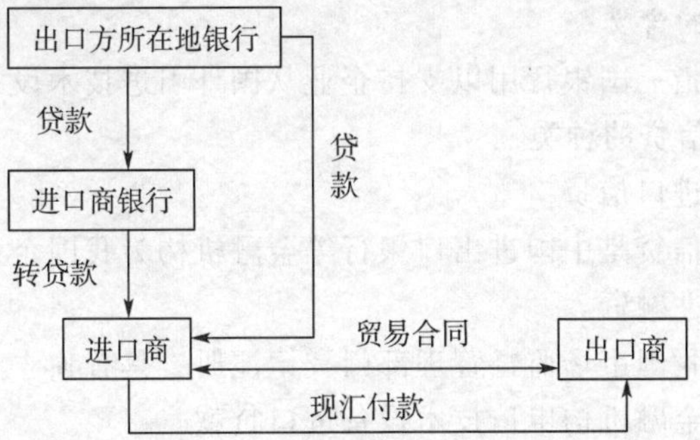

图7-4　买方信贷的主要融资形式

贷款范围：出口买方信贷主要用于支持我国产品、技术和服务的出口以及能带动我国设备、施工机具、材料、工程施工、技术、管理出口和劳务输出的对外工程承包项目。

贷款申请条件：出口买方信贷的借款人为中国进出口银行等金融机构认可的进口商（业主）、金融机构、进口国财政部或进口国政府授权的机构。

申请出口买方信贷应具备以下条件：借款人所在国经济、政治状况相对稳定；借款人资信状况良好，具备偿还贷款本息能力；商务合同金额在200万美元以上，出口项目符合出口买方信贷的支持范围；出口产品的我国成分一般不低于合同金额的50%，对外工程承包项目带动我国设备、施工机具、材料、工程施工、技术、管理出口和劳务输出额一般不低于合同金额的15%；借款人提供中国进出口银行认可的还款担保；必要时投保出口信用险；中国进出口银行认为必要的其他条件。

图7-5为中国进出口银行出口买方信贷实际发放贷款金额。

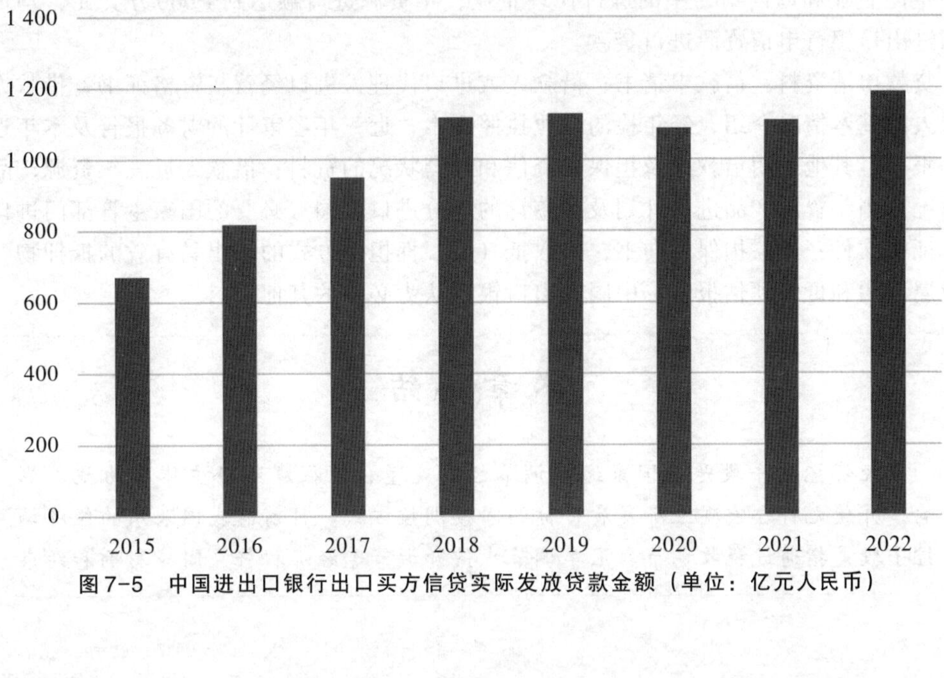

图7-5　中国进出口银行出口买方信贷实际发放贷款金额（单位：亿元人民币）

（二）进口买方信贷

1.进口买方信贷的含义

进口买方信贷是指一国银行用以支持企业从国外引进技术设备所提供的贷款。

2.我国进口买方信贷的种类

（1）技术设备类进口信贷

技术设备类进口信贷是中国进出口银行等金融机构为我国企业进口技术设备所需本外币资金提供的债权性融资。

贷款对象：凡在我国市场监督管理部门登记注册，具有独立法人资格的企业，均可向中国进出口银行等金融机构申请技术设备进口贷款。

贷款申请条件：借款人经营管理、财务和资信状况良好，具备偿还贷款本息能力；进口合同已经签订，合同总金额一般不低于500万美元；项目配套条件落实，预期经济效益良好，具备偿还贷款本息的能力；需政府有关部门批（核）准的项目，已经办妥批（核）准手续；提供中国进出口银行认可的还款担保。

贷款申请资料：借款申请书；设备进口合同及必要的国家有权审批机关的批准文件；项目可行性研究报告；借款人及担保人的基本情况介绍，经年检的营业执照副本，近三年经审计的财务报告及本年近期财务报表，其他表明借款人及担保人资信和经营状况的资料；还款担保意向书，采取抵（质）押担保方式的须出具有效的抵押物、质物权属证明和价值评估报告；中国进出口银行等金融机构认为必要的其他资料。

（2）资源类进口信贷

资源类进口信贷业务是中国进出口银行等金融机构为我国企业进口资源所需本外币资金提供的债权性融资。

贷款对象和贷款申请条件：资源进口贷款用于借款人进口资源所需资金。以自用为主的生产企业和以内销为主的进口代理企业，年资源进口额达到1 000万美元，均可向中国进出口银行申请资源进口贷款。

贷款申请资料：借款申请书；借款人或进口代理人进口经营权资格证书，借款人及担保人的基本情况介绍，经年检的营业执照副本，近三年经审计的财务报告及本年近期财务报表，其他表明借款人及担保人资信和经营状况的资料；借款人近三年资源产品进口情况、当年资源产品进口计划及已签订的部分进口合同；必要的国家主管部门进口批准、证明文件；还款担保意向书，采取抵（质）押担保方式的须出具有效的抵押物、质物权属证明和价值评估报告；中国进出口银行认为必要的其他资料。

本章小结

经济调控手段是指国家通过调节经济变量，对微观经济主体行为施加影响，并使之符合宏观经济发展目标的间接调控方式。目前，我国采用的经济调控手段是指通过税收调节、汇率调节、信贷调节等经济杠杆，间接影响和约束企业对外经济贸易行为。

对外贸易税收按贸易流向可分为进口税和出口税，具体包括进口关税、进口商品税、出口关税、出口商品税。征收进口关税会对进口国产生价格、消费、保护、贸易、收入和贸易条件等效应（大国）。我国海关在对进口商品征收关税时，一般同时代征进口商品增值税和消费税。征收出口关税会增加财政收入、限制资源性产品和短缺产品的过度出口以及保护国内产业等。为鼓励出口，我国自1985年起实行出口退税制度，以促进出口贸易的发展和国民经济的增长。

为充分发挥汇率的杠杆作用，自2005年7月21日起，我国开始实行以市场供求为基础、参考一篮子货币进行调节、有管理的浮动汇率制度。人民币汇率不再盯住单一美元，形成了更富弹性的人民币汇率机制。

进出口信贷，是指一国政府通过银行向进出口商提供贷款，以鼓励出口、确保进口的重要措施。我国正在遵循国际经济通行规则，积极运用政策性金融工具，通过进出口信贷，支持国家鼓励产业的发展和产品的出口，支持对外承包工程和境外投资，使企业能在更大范围、更广领域和更高层次上参与国际经济合作和竞争。

关键术语

外贸经济调控手段　对外贸易税收　关税的经济效应　出口退税　进出口信贷　中国进出口银行

思考题

1. 经济调控手段的特点和职能是什么？
2. 分析并说明进、出口关税的经济效应。
3. 简述出口退税制度的作用。
4. 分析并说明汇率对进出口贸易的影响。
5. 简述2015年以来我国汇率制度改革的内容。
6. 试述我国现行进出口信贷政策的内容及意义。
7. 说明中国进出口银行的性质和职能。
8. 试述我国汇率制度改革的目标和原则。
9. 结合实际分析中美贸易摩擦对人民币汇率的影响。

第八章

对外贸易行政管理

扫码查看课件

学习目标

通过本章学习，明确外贸行政管理手段的概念、管理对象和特点；认识中国辅以行政手段管理对外贸易的必要性；掌握中国进行外贸行政管理的主要手段。

第一节 对外贸易行政管理概述

1949年中华人民共和国成立后，随着社会主义改造的完成和社会主义建设的不断发展，我国运用行政手段管理对外贸易的认识与实践不断深入。由于我国社会主义经济体制经历了计划经济、商品经济、市场经济三个历史阶段，在不同的经济体制下，我国运用行政手段管理对外贸易的表现也各有不同。从国家计划进行管理到计划和经济杠杆并行，再发展到以经济调控为主行政手段为辅。当前，我国管理对外贸易的行政措施主要包括对外贸易经营管理、对外贸易货物管理、对外贸易货物进出口主要环节管理三个方面。

一、对外贸易行政管理手段的概念

对外贸易行政管理手段是国家经济管理机关凭借行政组织权力，采取发布命令、制订指令性计划及实施措施、规定制度程序等形式，按照自上而下的组织系统对对外贸易经济活动进行直接调控的一种手段。

二、对外贸易行政管理的特点

对外贸易行政管理依托的是国家的行政权力，与对外贸易其他管理手段比较，对外贸易行政管理具有以下特点：

（一）统一性

对外贸易行政管理的统一性是指调控的对象在一定的时间、范围内，必须在国家指令、行政措施的统一约束下从事经贸活动。行政管理的这种特性强化了国家对对外贸易的控制，从而更易于达到预定目标。

（二）速效性

凭借行政组织权力，按照自上而下的组织系统对对外贸易经济活动进行直接调控的行政手段，可以根据不同情况及时作出反应，具有明显的灵活性和速效性。

（三）强制性

行政管理的强制性主要体现在：行政命令和规章制度等一经颁布，就必须强制执行；在执行过程中，上级组织可以对下级组织的行动进行强制性干预。

（四）纵向性

对外贸易行政管理由国家根据一定时期我国对外贸易发展的特殊情况和国民经济发展对对外贸易提出的特定要求，运用行政权力发布命令、指示，依靠行政组织从上到下，逐级下达和贯彻执行，每一级行政机关都对其上一级负责，这就形成了一个层层监控的“树根状”的组织结构，具有纵向性。

（五）规范性

行政管理规范性包含几层含义：政府依法行政、行政管理符合国家/国际规范、行政管理具有公开性和稳定性。

三、对外贸易行政管理的必要性

（一）对外贸易行政管理是市场经济体制下宏观调控的必要手段之一

市场经济条件下的宏观调控并不排斥政府必要的直接调控，尤其是我国市场发育程度低，市场机制不健全，价格、汇率、税率、利率等经济手段的作用力度与成熟市场经济国家相比尚有较大差距，政府的行政直接调控必不可少。

（二）对外贸易行政管理是实施经济手段的保障

市场经济条件下国家宏观调控的实施过程实际上是宏观经济调控手段的协调运用过程。经济手段与行政手段充分结合与密切协作，既可有效地保证国家对外贸经济的统一领导，维护国家的整体利益，又能保证微观个体的自主权，在经济杠杆的作用下，实现利益最大化。

（三）对外贸易行政管理可以促进我国对外贸易持续稳定发展

在外贸运行失衡时，采用必要的行政手段进行干预，往往比其他方法具有更为直接的效力，能迅速克服失调，恢复正常的贸易秩序，提高国家经济效益，保证对外经济贸易的稳定持续发展。

（四）规范化对外贸易行政管理是与国际规则接轨的内在要求

我国作为世界贸易组织成员，有必要加强政府的宏观调控职能，规范对外贸易行政管理，使之遵守世界贸易组织规则，与国际社会接轨。

第二节　对外贸易经营权管理

一、对对外贸易经营者的资格管理

（一）对外贸易经营者

对外贸易经营者，是指依法办理工商登记或者其他执业手续，依照《中华人民共和国对外贸易法》（以下简称《对外贸易法》）和其他有关法律、行政法规的规定从事对外贸易经营活动的法人、其他组织或者个人。

（二）对外贸易经营资格的含义

从事进出口经营的资格，是享有对外签订进出口贸易合同的资格。

从事货物与技术进出口的对外贸易经营，应当向中华人民共和国商务部（以下简称商务部）或商务部委托的机构办理备案登记；没有办理备案登记的，可以委托对外贸易经营者在其经营范围内代为办理对外贸易业务。外商投资企业依照有关外商投资企业的法律、行政法规的规定免予办理。

（三）对外贸易经营资格管理

2004年修订的《对外贸易法》第9条规定："从事国际服务贸易，应当遵守本法和其他有关法律、行政法规的规定。从事对外劳务合作的单位，应当具备相应的资质。具体办法由国务院规定。"2022年12月30日，第十三届全国人民代表大会常务委员会第三十八次会议通过决定，删去关于对外贸易经营者备案登记的规定。

（四）对外贸易经营范围管理

对外贸易经营者的经营范围，是国家允许对外贸易经营者从事进出口经营活动的商品类别和经营方式，也是获得对外贸易经营许可的重要条件。因此，对外贸易经营资格与其经营范围是分不开的。按照《对外贸易法》的规定，对经营资格不再划分外贸流通经营资格和生产企业自营进出口资格，只要依法获得从业手续，并在商务部或者其委托机构办理了货物进出口或技术进出口的备案登记，任何企业、组织和个人都可从事对外贸易经营活动。至此，外贸经营权完全变为登记制。按照《对外贸易法》的规定，对经营范围的限制主要限于国营贸易货物，国营贸易货物的进出口业务只能由经授权的企业经营，但国家也允许部分数量的国营贸易货物的进出口业务由非授权企业经营。

二、对重要货物对外贸易经营者的管理

按照《中华人民共和国货物进出口管理条例》的规定，我国对部分货物进出口实行国营贸易管理与指定经营管理。

（一）国营贸易管理

1.管理目的和依据

我国规定可以对部分货物的进出口实行国营贸易管理，将某些特别重要的商品的进出口经营权划归国家确定的国营贸易企业，只有被允许的国营贸易企业可以从事这部分商品的经营活动，这样国家可以对重要进出口商品实行有效的宏观管理，维护国家的正常贸易秩序。

根据《1994年关贸总协定》第17条和《服务贸易总协定》第8条的规定，允许各缔约方在国际贸易中建立或维持国营贸易，即对部分领域的货物贸易，授权特定的进出口企业经营，具体经营企业可以为国有企业或者非国有企业。据此，新修订的《对外贸易法》增加了国家可以对部分货物的进出口实行国营贸易管理的内容。

《对外贸易法》第10条规定：“国家可以对部分货物的进出口实行国营贸易管理。实行国营贸易管理货物的进出口业务只能由经授权的企业经营；但是，国家允许部分数量的国营贸易管理货物的进出口业务由非授权企业经营的除外。实行国营贸易管理的货物和经授权经营企业的目录，由国务院对外贸易主管部门会同国务院其他有关部门确定、调整并公布。”“违反本条第一款规定，擅自进出口实行国营贸易管理的货物的，海关不予放行。”

2.国营贸易管理的商品

目前，中国保留粮食、食糖、烟草、原油、成品油、化肥、棉花7大类商品的进口实行国营贸易管理的权利，只限于有限数量的国营贸易公司经营。同时，允许一定比例的进口由非国营贸易公司经营。

对于保留由国营贸易公司进口的货物，非国营贸易企业，包括私营企业，仍被允许进口供生产自用的此类货物，并对此类进口给予国民待遇。分配给非国营贸易公司的原油和成品油的进口部分，如未用完，则可转至下一年。此外，我国每季度公布非国营贸易公司提出的进口要求及所发放的许可证，并应请求提供与此类贸易公司有关的信息。

中国还保留对大米、玉米、钨砂、煤炭、原油、成品油、蚕丝类、棉花等商品的出

口实行国营贸易管理的权利。对于丝，已于2005年1月1日完全取消废丝（未梳废丝除外）和非供零售用丝纱线（绢纺纱线除外）的国营贸易。

（二）指定经营管理

我国规定基于维护进出口经营秩序的需要，可以在一定期限内对部分货物实行指定经营管理。国家对进出口指定经营管理的货物实行目录管理，即对少数关系国计民生以及国际市场垄断性强、价格敏感的大宗原材料商品录入目录，由国务院外经贸主管部门指定的企业进行经营。

2001年12月，原外经贸部颁布《货物进口指定经营管理办法》，自2002年1月1日起施行。中国对天然橡胶、木材、胶合板、羊毛、腈纶、钢材实行指定公司经营。对于指定经营的产品，在3年的“入世”过渡期内，每年调整和扩大指定经营制度下的企业清单，并最后取消指定经营制度。在3年期末，所有在中国的企业及所有外国企业和个人将被允许在中国全部关税领土内进口和出口此类货物。2004年7月1日实施的《对外贸易法》没有提到指定经营。商务部公告2004年第88号公布取消了钢材、天然橡胶、羊毛、腈纶及胶合板的进口指定经营。《对外贸易法》（2022修正）规定，国家可以对部分货物的进出口实行国营贸易管理。实行国营贸易管理货物的进出口业务只能由经授权的企业经营；但是，国家允许部分数量的国营贸易管理货物的进出口业务由非授权企业经营的除外。实行国营贸易管理的货物和经授权经营企业的目录，由国务院对外贸易主管部门会同国务院其他有关部门确定、调整并公布。

第三节　货物进出口管理

一、货物进出口管理概述

货物进出口管理是国家有关部门对进出境货物的实际管理。国家对货物进出口管理的目的是发展对外贸易，维护对外贸易经营秩序，促进社会主义市场经济健康发展，维护国家安全。

（一）货物进出口管理原则

《对外贸易法》及其配套法律、法规是我国实施货物进出口管理的主要依据。实行货物与技术自由进出口，是《对外贸易法》的基本原则之一。为了更好地利用国外资源，参与国际竞争，充分发挥我国的竞争优势，维护公平竞争环境，《对外贸易法》还确立了我国对某些货物实行禁止、限制管理的原则和管理制度。

（二）货物进出口管理分类

《对外贸易法》第13条规定：“国家准许货物与技术的自由进出口。但是，法律、行政法规另有规定的除外。”据此，我国把货物进出口管理划分为限制或禁止进出口货物、自由进出口货物、特殊进出口货物三类，分别进行管理。

1.限制或者禁止进出口货物

《对外贸易法》第15条规定，国家基于下列原因，可以限制或者禁止有关货物的进口或者出口：

（1）为维护国家安全、社会公共利益或者公共道德，需要限制或者禁止进口或者出口的；

（2）为保护人的健康或者安全，保护动物、植物的生命或者健康，保护环境，需要限制或者禁止进口或者出口的；

（3）为实施与黄金或者白银进出口有关的措施，需要限制或者禁止进口或者出口的；

（4）国内供应短缺或者为有效保护可能用竭的自然资源，需要限制或者禁止出口的；

（5）输往国家或者地区的市场容量有限，需要限制出口的；

（6）出口经营秩序出现严重混乱，需要限制出口的；

（7）为建立或者加快建立国内特定产业，需要限制进口的；

（8）对任何形式的农业、牧业、渔业产品有必要限制进口的；

（9）为保障国家国际金融地位和国际收支平衡，需要限制进口的；

（10）依照法律、行政法规的规定，其他需要限制或者禁止进口或者出口的；

（11）根据我国缔结或者参加的国际条约、协定的规定，其他需要限制或者禁止进口或者出口的。

2.自由进出口货物

（1）自由进出口的货物由有进出口经营权的企业放开经营。

（2）属于自由进出口的货物，进出口不受限制。

（3）基于监测货物进出口情况的需要，对部分属于自由进出口的货物实行自动进出口许可管理。

3.特殊进出口货物

文物、野生动植物及其产品等货物，其他法律、行政法规有禁止进出口或者限制进出口规定的，依照有关法律、行政法规的规定进出口。

（三）限制或者禁止的方法

（1）对外贸易主管部门会同国务院其他有关部门制定、调整并公布限制或者禁止进出口的货物、技术目录。

（2）对与裂变、聚变物质或者衍生此类物质的物质有关的货物、技术进出口，以及与武器、弹药或者其他军用物资有关的进出口，可以采取任何必要的措施，维护国家安全。在战时或者为维护国际和平与安全，国家在货物、技术进出口方面采取必要的措施。

（3）经国务院批准，国务院对外贸易主管部门会同国务院其他有关部门，在《对外贸易法》第15条和第16条规定的范围内，可以临时决定限制或者禁止不在目录内的特定货物、技术的进口或者出口。

（4）国家对限制进口或者出口的货物，实行配额、许可证等方式管理；对限制进口或者出口的技术，实行许可证管理；对部分进口货物实行关税配额管理。

二、货物进出口管理的主要手段

我国实施货物进出口管理的最主要手段是进出口许可证管理、进出口配额管理。

世贸组织尽管规定了贸易自由化的原则和消除非关税壁垒的措施，但仍允许对少数商品实行许可证管理和配额限制，配额和许可证是包括发达国家和发展中国家在内的世贸组织成员对货物进出口贸易实行管理的通行做法。

按照我国入世的承诺，在2005年1月1日之前，取消大部分进出口许可证、进出口配额等非关税贸易措施，但我国将在世贸组织允许的范围内，实施配额、许可证管理。

（一）进出口许可证管理

1.进出口许可证的含义

进出口许可证是国家管理货物出入境的法律凭证。

2.进出口许可证管理的含义、内容

进出口许可证管理是指国家限制进出口目录项下的商品进出口，必须从国家指定的机关领取进出口许可证，没有许可证一律不准进口或出口。

进出口许可证管理，是根据国家的法律、政策和国内外市场的需求，对进出口经营权、经营范围、贸易国别、进出口货物品种、数量、技术等实行全面管理、有效监测。

3.进出口许可证管理体制

商务部是全国进出口许可证的归口管理部门，负责制定进出口许可证管理的规章制度，发布进出口许可证管理商品目录和分级发证目录，设计、印制有关进出口许可证书和印章，监督、检查进出口许可证管理办法的执行情况，处罚违规行为。

商务部授权配额许可证事务局、商务部驻各地特派员办事处和各省、自治区、直辖市及计划单列市外经贸委（厅、局）、商务厅（局）为进出口许可证发证机构，在配额许可证事务局的统一管理下，负责授权范围内的发证工作。

4.进出口许可证的签发原则

（1）实行分级管理原则

各发证机构不得无配额、超配额、超发证范围签发进口许可证。各发证机构必须严格按照商务部发布的年度《进口许可证管理商品目录》和《进口许可证管理商品分级发证目录》的规定，签发进口许可证，不得违反规定发证。

（2）实行“一关一证”“一批一证”管理

进口许可证管理实行“一关一证”管理。“一关一证”指进口许可证只能在一个海关报关。一般情况下进口许可证为“一批一证”。“一批一证”指进口许可证在有效期内一次报关使用，如要实行“非一批一证”，须同时在进口许可证备注栏内打印“非一批一证”字样。“非一批一证”指进口许可证在有效期内可多次报关使用，但最多不超过12次，由海关在许可证背面“海关验放签注栏”内逐批签注核减进口数量。

（3）必须讲求时效性

凡符合要求的申请，发证机构应当自收到申请之日起3个工作日内发放进口许可证，在特殊情况下，最多不超过10个工作日。

（4）出口商品价格必须与商会协调的出口价格一致

发证机构在审查出口合同时应重点审核出口商品价格，签发的出口许可证上的商品价格应与出口合同中的价格一致，但当出口合同中的价格低于有关进出口商会制定的协调出口价格时，发证机构应拒发出口许可证。

5.进出口许可证管理的商品范围

（1）进口

进口许可证管理的商品按管理方法分为进口配额许可证管理商品和进口许可证管理商品。

按照商品的类别可分为机电产品进口配额管理的商品、重要工业品进口配额许可证管理的商品、重要农产品进口配额许可证管理的商品、国家有关部门审批的进口商品。

（2）出口

我国实行出口许可证管理的商品主要是关系国计民生，大宗的、资源性的，国际市场垄断的和某些特殊的出口货物和国际市场容量有限，有配额限制和竞争激烈、价格比较敏感的出口货物。

出口许可证管理商品可分为出口配额许可证管理商品和出口许可证管理商品。根据管理方法的差别和配额分配方法的不同，出口许可证管理商品可分为实行出口配额许可证、出口配额招标、出口配额有偿使用、出口配额无偿招标和出口许可证管理的商品。

（二）进出口货物配额管理

1.配额管理的含义

进出口货物配额管理，是指国家在一定时期内对某些货物的进出口数量或金额直接加以限制的管理措施。

2.配额管理的作用

（1）有利于外贸出口秩序的调整，控制重要物质和敏感商品的出口数量，并保证部分出口配额商品数量符合我国与他国签订的贸易协定要求。

（2）有利于对进口商品及其数量的宏观控制，有效防止因盲目进口造成的对国内各项产业的严重冲击，保证国家经济发展计划和产业政策的顺利实施。

（3）有利于减少和避免外汇的浪费使用，保证进口必要商品的用汇，维持国家合理的外汇储备。

3.进口货物配额管理

（1）进口配额管理的商品范围。

进口配额管理的商品主要有三种：一是国家需适量进口以调节国内市场供应，但过量进口会严重损害国内相关工业发展的进口商品；二是直接影响进口商品结构、产业结构调整的进口商品；三是危及国家外汇收支地位的进口商品。

（2）进口配额管理体制。

实行配额管理的限制进口货物，由国务院外经贸主管部门和国务院有关经济管理部门按照国务院规定的职责划分进行管理。

①进口配额的发放。

进口配额管理部门应当在每年7月31日前公布下一年度进口配额总量。进口配额管理部门可以根据需要对年度配额总量进行调整，并在实施前21天予以公布。

②进口配额的分配原则。

进口配额管理部门分配配额时，应当考虑下列因素：申请人的进口实绩；以往分配的配额是否得到充分使用；申请人的生产能力、经营规模、销售状况；新的进口经营者的申请状况；申请配额的数量情况等。

（3）进口配额管理分类。

我国进口配额管理主要包括机电产品配额管理、农产品的关税配额管理以及重要工业品进口配额管理、重要农产品进口配额管理。

4.出口货物配额管理

（1）出口配额管理的商品范围。

我国规定对有数量限制的限制出口货物，实行配额管理。

（2）出口配额管理分类。

①主动配额管理。

主动配额管理是指在输往国家或地区市场容量有限的情况下，国家对部分商品的出口，针对具体国家或地区主动实施的数量限制。

主动配额管理的商品具有以下主要特点：一是我国在国际市场或某一市场上占主导地位的重要出口商品；二是外国要求我国主动限制的出口商品；三是国外易进行市场干扰调查、反倾销立案的出口商品。

②被动配额管理。

被动配额管理是指由于进口国对某种商品的进口实行数量限制，并通过政府间贸易协定谈判，要求出口国控制出口数量，出口国因而对这类出口商品进行数量限制。

（3）出口配额管理制度。

如无特殊说明，出口配额管理即指出口主动配额管理。

①管理机构。

实行配额管理的出口商品目录，由商务部制定、调整并公布。

②出口配额的分配。

出口配额可以通过直接分配的方式分配，也可以通过招标等方式分配。

第四节　进出口商品检验管理

一、进出口商品检验管理的含义及意义

（一）进出口商品检验管理的含义

进出口商品检验管理是指在国际贸易中对买卖双方达成交易的进出口商品，由法定商检机构依法对其品质、数量、规格、包装、安全、卫生、装运条件等进行检验的活动。

（二）进出口商品检验管理的意义

进出口商品检验是国家对对外贸易活动实行监督管理的一个重要方面，也是一项国际性业务。它是保证进出口商品质量，维护对外贸易有关各方合法利益，增加本国财政收入，平衡国际收支，维护国家利益和安全，促进对外经济贸易关系顺利发展的重要措施之一。为了做好商检工作，中国不仅建立、完善了商品检验的立法体系，而且强化了商品检验的行政管理。

进出口商品检验行政管理是国家商检机关等经济管理部门凭借行政组织权力，采取发布命令、制订指令性计划及实施措施、规定制定程序等形式，按照自上而下的组织系统对商品检验活动进行的直接管理。这种管理方式不仅能够使立法管理落到实处，而且如果使用恰当，还能正面利用行政管理自身的“统一性、速效性、强制性、纵向性和规范性”等特点，从而使商品检验的立法管理和行政管理相互补充、相得益彰。

二、进出口商品检验体制

国家进出口商品检验体制是指国家管理进出口商品检验工作的组织形式和基本制度，包括商检机构的设置、职责范围的确定和管理职权的划分，是国家进出口商品检验法律、法规及方针和政策得以贯彻落实的组织保障和制度保障。根据《进出口商品检验法》的规定，中国进出口商品检验体制由以下三个层次组成：

（一）国家商检部门

国家商检部门主要负责进出口商品的检验、鉴定和监管，以保障货物质量安全、促进国际贸易有序进行。其核心职能包括依法对法定检验商品实施检验，对非法定商品开展抽查，并对检验检测机构进行监督管理。

市场监管总局统筹全国检验检测机构监管，海关总署负责进出口商品法定检验，其他行业主管部门协同参与特定领域检验检测。

（二）各地商检机构

它是指国家商检部门在省、自治区、直辖市以及进出口商品口岸、集散地设立的管理所负责地区进出口商品检验工作的行政执法机构，即各地出入境检验检疫局及其分支机构。截至2023年底，中国检验检测机构的总数为7 558家，其主要职责是贯彻执行进出口商品检验方面的法律、法规及政策规定，实施进出口商品的法定检验和监督管理，负责进出口商品鉴定管理工作，管理进出口商品检验证单、标志及签证、标识、封识等。

（三）检验机构

它是指经国家商检部门许可的从事委托进出口商品检验鉴定业务的社会中介服务机构。检验机构可以接受对外贸易关系人或者外国检验机构的委托，办理进出口商品检验鉴定业务。检验机构是社会中介服务机构，经国家商检部门许可才具备从事委托的进出口商品检验鉴定业务的资格。检验机构从事进出口商品检验鉴定业务属于商业性委托检验。

三、进出口商品检验原则

《进出口商品检验法》对进出口商品检验原则做出了规定，即进出口商品检验应当根据保护人类健康和安全、保护动物或者植物的生命和健康、保护环境、防止欺诈行为、维护国家安全五项原则进行。

四、进出口商品检验职能

中国进出口商品检验工作，主要有四项任务：法定检验、监督管理、公证鉴定以及认证管理。

（一）法定检验

1. 法定检验的含义

法定检验是指商检机构依据国家法律、行政法规的规定，对进出口商品实施强制性的检验。它不同于其他检验鉴定活动，它是一种行政执法行为，是强制实施的，是国家管理权在进出口商品检验活动中的体现。实施法定检验的商品由原国家质量监督检验检疫总局[①]、海关总署联合公告的《出入境检验检疫机构实施检验检疫的进出境商品目

① 简称“国家质检总局”，国务院原直属机构，2018年3月，根据第十三届全国人民代表大会第一次会议批准的国务院机构改革方案，将国家质量监督检验检疫总局的职责整合，组建中华人民共和国国家市场监督管理总局；将国家质量监督检验检疫总局的出入境检验检疫管理职责和队伍划入海关总署；将国家质量监督检验检疫总局的原产地地理标志管理职责整合，重新组建中华人民共和国国家知识产权局；不再保留中华人民共和国国家质量监督检验检疫总局。

录》(以下简称《法检目录》)和其他法律、法规加以规定。列入检验检疫《法检目录》的进出境商品，必须经出入境检验检疫机构实施检验检疫和监管，进出口经营者持出入境检验检疫机构签发的“入境货物通关单”或“出境货物通关单”向海关办理进出口手续。

2. 法定检验的内容

法定检验主要包括：对列入中国商检机构实施检验的《法检目录》内应实施法定检验的进出口商品的检验；对出口食品的卫生检验；对出口危险货物包装容器的性能鉴定和使用鉴定；对其他法律、行政法规规定须经商检机构检验的进出口商品的检验。

(二) 监督管理

1. 监督管理的含义

监督管理主要是指商检机构通过行政管理手段，对进出口商品有关企业的检验部门和检验人员进行监督管理，对生产企业的质量体系进行评审，对进出口商品进行抽查检验等，是中国商检机构对进出口商品执行检验把关的重要手段。

2. 监督管理的范围

监督管理的范围主要包括：国家质检总局对涉及安全、卫生的重要进出口商品及其生产企业实施进口安全质量许可制度和出口质量许可制度；国家质检总局对出口食品及其生产企业实施卫生注册登记制度；商检机构对出口商品生产企业的质量体系进行评审；商检机构根据国家质检总局同外国有关机构签订的进口商品质量认证协议或者接受外国有关机构的委托进行进出口商品质量认证工作；商检机构对检验合格的进出口商品加施商检标志；商检机构可以向法定检验的出口商品生产企业派出检验人员，参与产品质量检验、监督和检查工作；国家质检总局和商检机构可以认可符合条件的国内外检验机构承担委托的进出口商检或者指定的质量许可和认证商品的检测以及企业的评审工作；商检机构可以认可有关单位的检验人员承担指定的检验、评审任务；外国在中国境内设立进出口商品检验鉴定机构，须经国家质检总局审核同意，并接受国家质检总局和商检机构的监督管理。

(三) 公证鉴定

公证鉴定是应国际贸易关系人的申请，外国检验机构的委托，或仲裁、司法机关的指定，商检机构以公证人的身份，办理规定范围内的进出口商品的检验鉴定业务，出具证明，作为当事人办理有关事务的有效凭证，例如品质、数量证明，残损鉴定和海损鉴定，车、船、飞机和集装箱的运载鉴定等。中国的进出口商品鉴定工作机构的申请由国家质检总局授权中国进出口商品检验总公司及其所辖部分省、自治区、直辖市和经济特区的分公司负责办理。

(四) 认证管理

在《中国加入世界贸易组织议定书》中，中国政府承诺，对以往的进口产品质量许可制度和产品安全认证制度实行四个统一，即统一目录，统一标准、规范和合格评定程序，统一标志，统一收费标准。《进出口商品检验法》（2021年修订）第23条规定，国务院认证认可监督管理部门根据国家统一的认证制度，对有关的进出口商品实施认证管理；第24条规定，认证机构可以根据国务院认证认可监督管理部门同外国有关机构签订的协议或者接受外国有关机构的委托进行进出口商品质量认证工作，准许在认证合格的进出口商品上使用质量认证标志。

国家统一的认证制度，是指按照统一规划、强化监管、规范市场、提高效能和符合国际通行规则的原则，在国家认证认可监督管理委员会的统一管理、监督和综合协调下建立的全国统一的国家认可制度和强制性认证与自愿性认证相结合的认证制度。

专栏8-1

什么是“CCC”认证

对进出口商品实施认证管理，主要通过强制性产品认证制度来实施。强制性产品认证制度要求产品必须符合国家标准和技术法规。中国的强制性产品认证是通过制定强制性产品认证的产品目录和实施强制性产品认证程序，对列入目录中的产品实施强制性的检测和审核。强制性产品认证制度规定，凡列入强制性产品认证目录的产品，必须经国家许可的认证机构认证合格，取得认证证书，并加施认证标志，即“CCC”标志后，方可出厂销售、进口和在经营性活动中使用。

根据国家统一的认证制度，各地商检机构负责对进出口商品实施认证管理，其主要内容有：考核、认可国内外进出口商品检验，评审机构和认可检验员、评审员注册等管理工作；组织和监督管理有关部门涉及认可检验机构的进出口商品检验和认证工作；根据需要同外国有关机构签订进出口商品质量认证协议；根据协议或者接受外国有关机构的委托进行进出口商品质量认证工作；对认证合格的进出口商品及生产企业颁发认证证书，准许使用进出口商品质量认证标志；根据出口生产企业的申请或外国的要求，对出口商品生产企业的质量体系进行评审；组织签订并执行进出口商品检验方面的国际合作协议，参加有关国际组织和会议。

第五节　海关管理

一、海关的性质

依照《中华人民共和国海关法》（以下简称《海关法》），海关是代表国家在进出境活动中行使监管职能的行政管理和执法机关，肩负着依法对进出关境的运输工具、货物、行李物品、邮递物品和其他物品进行监督管理，征收关税和其他税费，查缉走私，编制海关统计和办理其他海关业务等神圣职责。

二、海关体制

中国实行集中统一的、垂直的海关管理体制，即海关的隶属关系不受行政区划的限制；海关依法独立行使职权，向海关总署负责。

（一）海关总署

国务院设立海关的最高管理机关，即海关总署，统一管理全国海关。海关总署与全国的海关是领导与被领导、管理与被管理的关系。

（二）海关设置

国家在对外开放的口岸和海关监管业务集中的地点设立海关。

海关设置分为直属海关和隶属海关两个层级，直属海关直接由海关总署领导，隶属海关由直属海关领导。

三、海关的职责

（一）货运监管

海关运用国家赋予的权力，通过一系列管理制度与管理程序，依法对进出境运输工具、货物、物品以及相关人员的进出境活动实施行政管理，以保证一切进出境活动符合国家政策和法律规范，维护国家主权和利益。

1.货运监管依据与原则

海关依法接受进出境货物、物品和运输工具的申报、审核、查验、征税、核销、结关放行，称为海关货运监管。海关监管的依据是《海关法》和与《海关法》实施有关的其他法律、法规。

海关货运监管的基本原则是：

（1）对上下客码头仓库的进口货物，海关要求仓库负责人按海关规定予以保管，只准凭盖有海关放行单的提单交付货物。出口货物凭出口报关单交验货物。

（2）对入境运输工具，在到达至离境的整个期间，海关可以对其一切活动和作业进行监管，包括检查和搜查。运输工具负责人必须凭盖有海关放行章的卸货或装货单卸货或装运。此外，对存入保税仓库和交保税工厂加工的货物及暂时入境的货物和运输工具，均须按海关规定进行监管，直到复运出境或转为结关内销为止。

（3）对通运货物、转运货物（转口货物）、转船货物，海关均须进行监管。对保税货物、暂时进口货物、特定减免税货物，除了在进口环节监管以外，还要进行后续管理。受海关监管的货物，未经海关许可，任何单位和个人不得开拆、提取、交付、发运、调运、抵押、转让或更换标记。

2.对进出境货物的监管

海关监管进出境货物的依据是进口货物报关单、进口货物许可证或主管机关批准文件。对法定检验商品、动植物检疫、药物检验、文物鉴定或者其他国家管制物品，还应根据有关主管机关签发的证明文件进行监管。

海关监管程序为：申报→查验→征税→放行。

（1）申报。

申报也就是通常所说的报关或通关，指进出口货物的收、发货人或其代理人向海关申报、交验有关单证，接受海关对货物的查验。

（2）查验。

海关在接受申报后，对进口或者出口货物进行实际的核对查验，确定货物的物理或化学性质及货物的数量、规格，包括贸易国别等是否与报关单证所列一致。进出口货物除因特殊原因经海关总署特准免验的以外，都应接受海关的查验。查验一般应当在海关规定的时间和场所进行。在特殊情况下，可以要求海关在海关监管场所以外的地方查验，但应先报经海关同意。海关可派员去收、发货人的仓库查验，并按规定收取规费。

（3）征税。

根据《海关法》的规定，除海关特准免税的以外，进出口货物在收、发货人缴清税款或提供担保后，才能由海关签印放行。

（4）放行。

放行是指海关对进出境的货物、物品、运输工具，经查后，在有关单证上签印放行，以示海关监管的结束。货物、物品经海关放行后方可从海关监管仓库提出或装运出境，有关运输工具经海关放行后方可驶离海关监管现场。应税的货物、物品和应征吨税的船舶必须经海关征收有关税费或者办理担保手续后，才予以放行。在正常情况下，放行是进出口通关的最后环节，对海关监管工作十分重要。

3.对进出境物品的监管

《海关法》第46条规定："个人携带进出境的行李物品、邮递进出境的物品，应当以自用、合理数量为限，并接受海关监管。"

海关对进出境物品监管的程序为：申报→查验→征税→放行。

4.对进出境运输工具的监管

进出境运输工具包括载运人员、货物、物品进出境的各种船舶、航空器、铁路列车、公路车辆和驮畜。

对进出境运输工具监管的主要任务包括：

（1）办理进境的接受申报和审单工作；

（2）视具体情况，采取不同的方法检查运输工具工作；

（3）监管上下旅客及对货物的监装监卸工作；

（4）验放船（车、机）装卸货物；

（5）监管运输工具所用物料、燃料、货币等；

（6）监管验放运输工具服务人员和其他人员携带的自用物品；

（7）办理运输工具出境结关工作；

（8）结合监管环节，做好现场调研，防止和打击走私违法活动。

表 8-1 为中国海关总署 2024 年 12 月货运监管业务统计表。

表8-1　　2024年12月货运监管业务统计表

指标名称	单位	12月			1至12月累计		
		本年	上年	同比±%	本年	上年	同比±%
进出口货运量	万吨	51 099.0	47 393.8	8.0	560 302.3	533 390.1	5.0
进口	万吨	32 429.3	31 254.6	3.8	363 421.8	349 891.3	3.9
出口	万吨	18 569.7	16 039.2	16.4	196 874.5	183 498.8	7.3
监管运输工具总数	辆艘	3 822 777	2 454 644	10.7	43 186 281	34 484 473	25.2
监管进出境总数	辆艘	3 536 823	3 229 002	9.5	39 917 285	31 707 777	25.9
其中：进出境汽车	辆	3 010 416	2 749 810	9.5	34 000 873	26 687 596	27.4
进出境火车	节	408 601	382 502	6.8	4 633 165	4 111 240	12.7
进出境船舶	艘	36 393	34 534	5.4	401 524	372 621	7.8
进出境飞机	架	81 413	62 156	31.0	881 723	536 320	64.4

数据来源：中华人民共和国海关总署。

（二）征收关税和其他税费

关税是国家财政收入的重要来源。海关代表国家，依据《海关法》、《中华人民共和国进出口关税条例》和《中华人民共和国进出口税则》等，对进出关境的货物、物品征收关税以及在货物进出口环节征收有关税费（目前主要有增值税、消费税等）。虽然关税有进口和出口之分，但是包括中国在内的世界上大多数国家都普遍实施鼓励出口政策，故对绝大多数出口货物不征收关税。

海关税收是国家财政收入特别是中央财政收入的重要来源，是国家宏观调控的工具，也是保护和促进国内产业健康发展的重要手段。中国加入WTO后，中国海关认真履行中国政府有关承诺，按照非歧视原则在全关境内实施公平、统一、透明的关税政策；全面实施WTO《海关估价协定》；具体实施分步降低关税方案。

1.征税对象

根据《海关法》的规定，海关征收关税的对象是准许进出关境的货物和物品。

2.纳税义务人

《海关法》规定，进口货物的收货人、出口货物的发货人、进出境物品的所有人，是关税的纳税义务人。

3.税则税率

中国进口税则分设最惠国税率、协定税率、特惠税率和普通税率4个栏目。最惠国税率适用原产于与中国共同适用最惠国待遇条款的WTO成员的进口货物；或原产于与中国签订有相互给予最惠国待遇条款的双边贸易协定的国家或地区的进口货物；协定税率适用于原产于中国参加的含有关税优惠条款的区域性贸易协定的有关缔约方的进口货物；特惠税率适用于原产于与中国签订有特殊优惠关税协定的国家或地区的进口货物；普通税率适用于原产于上述国家或地区以外的国家和地区的进口货物。

（三）查缉走私

1.走私的定义

走私是一种国际性的违法活动，通常是指违反一个国家和地区的法令，非法运输物资进出境的行为。

《海关法》第82条规定：违反本法及有关法律、行政法规，逃避海关监管，偷逃应纳税款，逃避国家有关进出境的禁止性或限制性管理，有下列情形之一的，视为走私行为：

① 运输、携带、邮寄国家禁止或限制进出境货物、物品或者依法应当缴纳税款的货物、物品进出境的；

② 未经海关许可并且未缴纳应纳税款、交验有关许可证件，擅自将保税货物、特定减免税货物以及其他海关监管货物、物品、进境的境外运输工具，在境内销售的；

③ 有逃避海关监管，构成走私的其他行为的。

有上述所列行为之一，尚不构成犯罪的，由海关没收走私货物、物品及违法所得，可以并处罚款。专门或者多次用于掩护走私的货物、物品，专门或者多次用于走私的运输工具，予以没收；藏匿走私货物、物品的特制设备，责令拆毁或者没收。有上述所列行为之一，构成犯罪的，依法追究刑事责任。

2.中国查缉走私体制

（1）设立专门侦查走私犯罪的公安机构。

国家在海关总署设立专门侦查走私犯罪的公安机构，配备专职缉私警察，负责对其管辖的走私犯罪案件的侦查、拘留、执行逮捕、预审。

（2）实行联合缉私、统一处理、综合治理的缉私体制。

海关负责组织、协调、管理查缉走私工作。各有关行政执法部门查获的走私案件，应当给予行政处罚的，移送海关依法处理；涉嫌犯罪的，应当移送海关侦查走私犯罪公安机构、地方公安机关依据案件管辖分工和法定程序办理。

（四）编制海关统计

1.海关统计的范围及项目

海关统计包括实际进出中华人民共和国关境的货物。保税仓库、保税区或经济特区进出境的货物、加工贸易进出口的货物、租赁期1年及以上的租赁贸易货物、外商投资企业进出口的货物、国际无偿援助的物资以及捐赠品等均列入海关统计。

统计项目包括进出口商品的品名及编码；数量、价格；经营单位；贸易方式；运输方式；进口货物的原产国（地区）、起运国（地区）、境内目的地；出口货物的最终目的国（地区）、运抵国（地区）、境内货源地；进出口日期；关别；海关总署规定的其他统计项目。其中，对外咨询提供的主要字段有：商品、国别、贸易方式、收发货地、关别、运输方式。

列入海关统计的进出口货物有两大类：一是实际进出口的对外贸易货物；二是能影响国家物资储备增减的进出口货物。中国的海关统计工作严格按照《中华人民共和国海关统计制度》进行，部分工作成果可见于由海关总署编辑并在国内公开发行的《中国海关统计》月刊和《中国海关统计年鉴》。

2.海关统计的意义

中国海关统计是中国进出口货物贸易统计，是国民经济统计的组成部分，是国家制定对外经济贸易政策、进行宏观经济调控的重要依据，是研究中国对外经济贸易发展和国际经济贸易关系的重要资料。

1981年，国务院决定海关统计作为中国的官方统计，国家公布对外贸易统计数据使用海关统计数字。1987年颁布实施的《海关法》（2021年第六次修正）明确规定，编制海关统计是海关的四大任务之一。

除了以上四个基本职能外，伴随着当今世界经济一体化和区域经济集团化的发展趋势，各国间的贸易、资金、科技以及人员等方面的合作日益密切，海关职能得以扩展，已经涉及环保、社会安全、知识产权保护、反倾销以及反补贴调查、缉毒等方面。可以预见，改革开放的不断深化、对外贸易的迅速增长将带来海关业务的新变化，进而对海关职能不断提出新的要求。

第六节 外汇管理

一、外汇管理的含义

外汇管理是指一国政府授权国家货币管理当局或其他机构，对外汇收支、买卖、借贷、转移以及国际结算、外汇汇率和外汇市场等实行的控制和管制行为。

《中华人民共和国外汇管理条例》（以下简称《外汇管理条例》）所称外汇，是指下列以外币表示的可以用做国际清偿的支付手段和资产：

（1）外币现钞，包括纸币、铸币；

（2）外币支付凭证或者支付工具，包括票据、银行存款凭证、邮政储蓄凭证、银行卡等；

（3）外币有价证券，包括债券、股票等；

（4）特别提款权；

（5）其他外汇资产。

专栏8-2

国家外汇管理局的基本职能

二、我国外汇管理体制沿革

改革开放以前，我国实行高度集中的计划经济体制，由于外汇资源短缺，中国一直实行比较严格的外汇管制。

1978年实行改革开放以来，我国外汇管理体制改革沿着逐步缩小指令性计划，培育市场机制的方向，有序地由高度集中的外汇管理体制向与社会主义市场经济相适应的外汇管理体制转变。1996年12月中国实现了人民币经常项目可兑换，对资本项目外汇进行严格管理，初步建立了适应社会主义市场经济的外汇管理体制。

中华人民共和国成立以来，外汇管理体制大体经历了以下几个阶段：

（一）第一阶段（1978—1993年）

我国适应经济发展的需要，加快外汇体制改革。逐步改变外汇的统收统支，允许出口企业有一定的外汇自主权。

我国从1979年开始实行企业外汇留成制度，并允许企业间调剂外汇余缺。

人民币外汇调剂市场汇率与官方汇率并行。1980年12月国务院发布的《外汇管理暂行条例》是这一阶段基本的外汇管理法规。

这一阶段，配置外汇资源的市场机制不断发育，对于促进吸引外资、鼓励出口创汇、支持国民经济建设发挥了积极作用。

（二）第二阶段（1994—2000年）

我国初步建立起适应社会主义市场经济体制的外汇管理体制框架。

1994年，国家对外汇管理体制进行重大改革，取消外汇留成制度，实行银行结售汇制度，人民币官方汇率与市场汇率并轨，实行以市场供求为基础的、有管理的浮动汇率制度，建立全国统一规范的外汇市场。

1996年1月《外汇管理条例》颁布实施，外汇管理改革成果以法规形式得以进一步确立。同年12月，我国宣布接受国际货币基金组织第八条款，实现人民币经常项目可兑换。

这一阶段，外汇供求的市场基础不断扩大，市场机制配置外汇资源的基础性地位进一步增强，但总体来看，我国外汇资源仍然短缺，因此，国家建立了事后核对进出口物流和资金流是否对应的进出口核销制度，防止出口少收汇和进口多付汇。当时，仅允许少数企业经批准后开立外汇账户，并且账户内仅可保留上年进出口额15%的外汇。个人因私用汇每人每次也仅可购500美元，超限额购汇须经外汇管理部门批准。

亚洲金融危机期间，我国更加强化了资本流出管制，建立了进口报关单联网核查制度，有力打击了利用报关单逃骗汇现象，有效抵御了外部冲击。

（三）第三阶段（2001—2012年）

我国适应新形势，继续深化外汇管理体制改革。2001年年底我国加入世界贸易组织，对外经济迅猛发展，外贸顺差急剧扩大，外商来华投资踊跃，国际收支持续大额顺差。在此背景下，我国提出国际收支平衡的管理目标和“均衡管理”的监管理念，包括人民币资本项目可兑换等重大改革探索有序推进。

我国逐步取消了经常项目外汇账户开户审批和账户限额管理，允许企业自主保留外汇；取消外汇风险审查、外汇来源审查等对外直接投资行政审批项目；先后引入合格境外机构投资者（QFII）、合格境内机构投资者（QDII）等。

2005年7月，人民币汇率形成机制进一步改革，实行以市场供求为基础，参照一篮子货币进行调节的有管理的浮动汇率制度，人民币汇率弹性和灵活性显著增强，外汇市场加快发展。

同时，我国还加强了外汇资金流入管理。这一时期，对外汇资金实行流入流出均衡管理的原则和制度逐步确立，资本项目可兑换进程稳步推进，贸易投资外汇管理不断便利化。

2008年8月修订实施的《外汇管理条例》，突出了均衡管理原则和国际收支应急保障制度，外汇管理法治化建设迈入新阶段。

2009年，我国提出外汇管理理念和方式的“五个转变”，全面推进简政放权。2012年，实施货物贸易外汇管理制度改革，取消货物贸易外汇收支逐笔核销制度，贸易便利化程度大幅提升。

（四）第四阶段（2013年至今）

统筹平衡贸易投资自由化便利化和防范跨境资本流动风险，在维护外汇市场稳定尤其是成功应对2015年底至2017年初外汇市场高强度冲击的同时，我国外汇领域改革开放取得历史性成就。

2013年，我国改革服务贸易外汇管理制度，全面取消服务贸易事前审批，所有业务直接到银行办理。扩大金融市场双向开放，先后推出“沪港通”（2014年）、内地与香港基金互认（2015年）、“深港通”（2016年）、“债券通”（2017年）等跨境证券投资新机制，陆续设立丝路基金、中拉产能合作基金、中非产能合作基金，积极为共建“一带一路”搭建资金平台。

2015年，我国将资本金意愿结汇政策推广至全国，大幅简化外商直接投资外汇管理，实现外商直接投资基本可兑换。

2016—2017年，我国完善全口径跨境融资宏观审慎管理，推动银行间债券市场双向开放，建立健全开放、有竞争力的境内外汇市场。2018年，进一步增加QDII额度，取消了QFII资金汇出比例限制和QFII、RQFII锁定期要求，扩大合格境内有限合伙人（QDLP）和合格境内投资企业（QDIE）试点。

2015年底至2017年初，我国外汇市场经历了两次高强度冲击，外汇管理部门在党中央、国务院坚强领导下，综合施策、标本兼治，建立健全跨境资本流动宏观审慎管理，不断改进外汇市场微观监管，我国日益开放的外汇管理体制经受住了跨境资本流出冲击的考验，有效维护了国家经济金融安全。

三、我国外汇管理的目标

外汇资源短缺曾是长期制约我国经济发展的瓶颈之一。与之相适应，外汇管理的主要目标是保障国家对这种稀缺资源的计划和支配，在管理理念和制度安排上奉行“宽进严出”原则。告别外汇短缺时代后，我国外汇管理进入了一个新的历史时期，主要目标转变为通过对外汇资金流入和流出的均衡管理，促进国际收支平衡、维护国家金融安全和服务经济发展。

（一）促进国际收支平衡

国际收支平衡也称外部平衡，其基本含义是国际收入等于国际支出。如国际支出大于收入，即为逆差；如国际收入大于支出，即为顺差。一国的国际收支状况不论是从一个时期来看还是从某一时刻来看，总是处于不平衡状态，不平衡是经常的、绝对的，平衡则是偶然的、相对的。

国际收支持续不平衡会对一国经济产生不利影响。持续的、大规模的逆差会导致外汇储备大量流失，本币汇率下跌，国际资本大量外逃，引发货币危机。持续逆差还会导致获取外汇的能力减弱，影响经济发展所需生产资料的进口，抑制国民经济增长，影响充分就业。

持续的、大规模的顺差给货币供给量带来压力，管理不善可能为通货膨胀和资产泡沫制造温床。较大顺差是汇率升值预期的重要原因之一，套利资金可能大量流入，使国际收支顺差进一步扩大。大进往往孕育着大出，将来形势稍有波动，就可能出现资金的集中流出。顺差也意味着没有充分合理地利用经济资源，大量资金没有用于国内投资和消费，而用于出口部门，不利于产业结构优化和动态调整。

外汇管理是调节国际收支平衡的重要措施。面对国际收支较大规模的不平衡，外汇管理可以通过严格审核国际收支交易真实性来防范虚假外汇资金流出流入，可以通过调整外债、证券投资等资本项目收结汇、购付汇等政策，以及建立健全跨境资金流动监测监管体系，防控异常资金流入和流出，促进国际收支平衡。应当说明的是，国际收支平衡状况是国民经济，特别是对外经济整体运行的结果，要保持国际收支相对平衡，优化经济结构是根本。

（二）维护金融安全

开放程度越高，一国维护金融安全的责任和压力就越大。跨境资本异常流动是一国金融安全的重大隐患。外汇管理可以通过如下方式，防范跨境资金异常流动，维护金融安全：

其一，外汇管理如同“筛子”。

通过各种制度安排，筛出那些没有真实交易背景以及尚未放开的资本项目外汇资金异常流入流出。1999年初，我国正式实施了进口报关单联网核查制度，要求所有进口项下对外付汇均必须有真实交易背景，基本堵住了货到付款项下假报关单进口骗汇的漏洞。近些年，外汇管理部门还加大了资本流入管理，如2008年实施了出口收结汇联网核查等制度，防控出口多收汇，发挥了外汇管理筛出异常资金流入的功能。

其二，外汇管理如同“防火墙”。

外汇管理可在境内和境外资本之间筑起流出流入和汇兑转换的“防火墙”，有助于为国内经济结构调整及各项改革顺利推进创造条件。国际经验也表明，小型新兴市场经济国家频频发生的金融危机，在不同程度上都与本国资本项目的无序开放有关。防范和化解全球化风险，需适应经济发展阶段和金融监管水平，发挥外汇管理隔离风险的“防火墙”作用。

其三，外汇管理如同“蓄水池”。

外汇管理可以根据国内外经济金融情况，收紧或放宽对境内机构和居民保留或自由支配外汇的比例或额度，间接调控外汇资源在国家和民间的持有比例。例如，当面临资本外逃或大规模资本流出时，外汇管理可以要求境内机构和个人及时调回境外外汇，抑制资本外流，做大国家外汇储备资金池，威慑或抵御投机性资本攻击。

（三）服务经济发展

服务经济发展始终是外汇管理的出发点和归宿。外汇管理部门适应对外经济发展的需要，不断改进进出口核销手段，在满足监管需求的前提下，尽最大可能地便利企业经营，支持企业提升国际竞争力。不断简化利用外资和对外投资外汇管理手续，推动国内企业充分地利用两种资源、两个市场，提高生产要素的配置效率。

四、我国现行外汇管理框架

根据《外汇管理条例》和《国务院办公厅关于印发国家外汇管理局主要职责内设机构和人员编制规定的通知》，外汇管理部门负责监督检查经常项目外汇收支的真实性、合法性；实施资本项目外汇管理，研究逐步推进人民币资本项目可兑换；负责国际收支、对外债权债务统计和监测；培育发展外汇市场，承担结售汇业务监管，提供制定人民币汇率政策的建议和依据；实施外汇监督检查，对违法行为进行处罚；承担国家外汇储备、黄金储备和其他外汇资产经营管理的责任等。在上述框架下，已建立了一个涵盖居民、非居民、自然人和法人等各类主体的侧重于功能监管的外汇管理制度体系。

（一）经常项目外汇管理

1.我国经常项目外汇管理原则

我国经常项目外汇管理主要包括货物贸易、服务贸易、个人外汇管理及经常项目外汇账户管理，国际收支统计上的“收益”及“经常转移”主要体现在个人外汇管理和服务贸易外汇管理中。

近年来，我国大幅削减经常项目用汇审批及核准，逐步取消对国际经常往来的支付及资金转移限制，有效满足了企业和个人的用汇需求。根据经常项目可兑换要求，同时顺应外汇收支形势和国家涉外经济安全需要，经常项目外汇管理主要坚持以下原则：

一是真实性审核原则。

人民币经常项目可兑换前，经常项目外汇管理主要体现为对企业和个人经常项目下用汇进行审批；可兑换后，主要体现为对经常项目外汇收支及汇兑环节进行真实性管理，包括两种方式：由金融机构按规定进行单证审核、由国家外汇管理局进行现场和非现场监管。需要说明的是，真实性审核并不构成对经常项目可兑换的限制，因为经常项目可兑换的前提是经常项目外汇收支具有真实、合法的交易基础，并有相应的商业单据和凭证予以证明。如交易本身不属经常项目，而是资本项目或是虚假、违法的交易，其外汇收支应受到管制甚至处罚。

二是便利化原则。

促进便利化是可兑换原则的必然要求。近年来经常项目围绕便利化原则，通过改进管理手段、提高管理技术、简化管理环节、规范管理流程等措施不断降低企业经营成本、改善企业经营环境、提高企业经营效率，为企业和个人提供灵活、便捷、高效、顺畅的服务。同时，积极清理和整合法规，构建简明清晰的经常项目外汇管理法规体系，以方便企业和个人了解政策，提高法规的透明度。

三是均衡监管原则。

针对国际收支持续顺差的形势，经常项目改变“宽进严出”的管理理念，对资金流出、流入实施均衡监管，构筑资金流出入管理两道“防火墙”。如在货物贸易方面建立“进口报关单联网核查系统”和“出口收结汇联网核查系统”，在服务贸易方面建立售付汇管理制度和收结汇管理制度，在个人外汇管理方面，规定个人结汇、购汇适用同样的年度总额等。

2.经常项目外汇管理改革思路与方向

为更好地实现促进国际收支平衡、维护涉外经济安全、保障国民经济健康发展的外汇管理总体目标，经常项目将继续推进制度创新和体制改革，坚持“主体便利、有效管理、数据清晰、风险可控”的经常项目外汇管理改革原则，大力促进贸易便利化，落实均衡管理，提升非现场监管手段，不断完善跨境资金流动监管。

今后，经常项目外汇管理将逐步实现从重审批向重监测分析转变，从重事前监管向重事后监管转变，从重行为监管向重主体监管转变。其中，“重监测分析”是指利用各类信息化管理系统，对经常项目外汇收支总体情况进行统计分析，对异常交易情况进行监测预警；“重事后监管”是指将管理“关口”由企业和个人办理业务前，后撤至办理业务后，弱化直至取消事前管理，以体现“无罪推定”的管理理念；“重主体监管”是指突破对逐笔交易行为进行监管的传统模式，不再拘泥于企业和个人的具体交易行为，而是对其本身的信用等级进行综合判断、分类后实施不同的监管政策。

为有效贯彻上述管理思路，需要从制度建设和系统建设两方面开展工作：

一是加强法规清理与整合工作。2006年底出台的《个人外汇管理办法》及其实施细则已对47项法规进行整合，正在制定的货物贸易、服务贸易、外汇账户管理法规共对100余件相关法规进行了整合。整合后，将形成以《货物贸易外汇管理办法》《服务贸易及收益和经常转移外汇收支真实性审核监督管理办法》《个人外汇管理办法》《外汇账户管理办法》四大法规为核心的经常项目外汇管理法规框架。

二是加大系统建设。建立健全贸易收付汇核查系统、服务贸易外汇业务非现场监管系统、外汇账户管理系统，完善个人结售汇管理系统，利用高效的电子信息平台和科学的监管手段，完善非现场监管的框架、体系和流程，并根据非现场监测信息进行跟踪、指导和检查，不断提高监管水平和效率。

（二）资本项目外汇管理

1. 我国资本项目外汇管理的手段

资本项目外汇管理有行政手段和市场化手段。行政手段主要通过政府立法，限制部分资本项目交易和汇兑。

市场化手段主要通过干预市场，对利率、汇率等价格因素进行调节，引导资本流动。

我国目前是以行政手段为主，辅以市场化手段。随着政府职能转变和监管能力的提升，对确需保留的资本项目管制，将越来越多采用市场化手段进行监管。

2. 资本项目外汇管理的原则

（1）均衡管理原则。

资本项目的均衡管理指在推进资本项目可兑换的过程中，要将跨境资金流动的“引进来”和“走出去”相结合，从管理政策上鼓励跨境资金双向有序流动，加速开放对外直接投资、对外证券投资等原来限制较多的领域，限制投机性资金流入。

（2）稳步开放原则。

资本项目管理以有序稳步放松资本项目交易限制、引入和培育资本市场工具为主线，在风险可控的前提下，依照循序渐进、统筹规划、先易后难、留有余地的原则，分阶段、有选择地逐步推进资本项目可兑换，促进国民经济全面、协调、可持续发展。

（3）便利化原则。

在改革开放理念上，要顺应市场需求，从经济主体的实际需要出发，进一步消除影响主体经营的贸易投资便利化的体制障碍，增强市场主体的竞争活力和自主能力，帮助企业提高国际竞争力，发挥市场机制在更大的范围内合理配置资源的基础性作用，完善内外联动、互利共赢、安全高效的开放型经济体系，促进我国在更广领域和更高层次谋划和完善全球生产要素格局配置，实现跨越式发展。

（4）国民待遇原则。

一方面，长期以来，为吸引外资，我国在许多领域对外资存在超国民待遇；另一方面，部分行业对外资的市场准入壁垒森严。超国民待遇的存在，导致企业为了追逐经济利益而产生行为扭曲，如返程投资问题、假外资问题等。低于国民待遇，又不符合对世贸组织的承诺。资本项目管理需要不断调整管理思路，在各个领域贯彻落实国民待遇原则。

（三）金融机构外汇业务管理

我国对金融机构外汇业务的监管由外汇管理、银行业监督管理等部门分别负责。《中国人民银行法》《商业银行法》《外汇管理条例》等规定，人民银行履行银行结售汇业务的市场准入管理职责，具体由外汇管理部门负责。商业银行其他外汇业务，如外汇与外汇间的买卖等，由银行业监督管理部门负责。

外汇管理部门还负责保险经营机构、证券公司、财务公司等非银行金融机构外汇业务的资格审批。非银行金融机构外汇业务的范围包括外汇保险、发行或代理发行外币有价证券、买卖或代理买卖外币有价证券、即期结售汇业务等。

此外，对金融机构监管的另一类重要内容是其为客户办理外汇收支业务的合规性考核制度。金融机构在外汇监管框架中的特殊地位，其是否能够切实履行职责，直接关系到外汇管理政策的执行效果。外汇管理部门通过设定考核指标、考核方法等加强对金融机构办理外汇业务的监管，同时，对其违法行为进行检查和处罚。

（四）国际收支统计与监测

根据国际收支统计情况，我国定期编制国际收支平衡表（Balance of Payments，BOP），同时把历年的统计结果等进行汇总，编成国际投资头寸表（International Investment Position，IIP）。

BOP是流量统计，是对特定时期内国际收支交易的统计；IIP是存量统计，是对特定时点一个经济体对外金融资产负债情况的统计。

目前，我国每季度对外公布国际收支平衡表和国际投资头寸表。

中国国际收支平衡表各项目的指标解释和数据来源见表8-2。

表8-2　中国国际收支平衡表各项目的指标解释和数据来源

项目	指标解释和数据来源
一、经常项目	
A.货物和服务	
a.货物	商品所有权变化的货物进出口。贷方表示货物出口，借方表示货物进口。以海关总署编制的贸易统计数据为基础。此外，“货物修理”和“在港口购买的货物”等项目的数据使用国际收支统计申报数据
b.服务	包括运输、旅游、通信、建筑、保险、金融服务、计算机和信息服务、专有权使用费和特许费、各种商业服务、个人文化娱乐服务以及别处未提及的政府服务。贷方表示服务出口（即服务收入），借方表示服务进口（即服务支出）
1.运输	指与运输有关的服务收支，包括海、陆、空运输，太空和管道运输。运输收入（贷方）来自国际收支统计申报数据；运输支出（借方）来自海关编制的进口统计数据（按进口货物的4%计算运输支出）和国际收支统计申报数据
2.旅游	指对在我国境内停留不足1年的外国旅游者和港澳台同胞（包括因公、因私）提供货物和服务获得的收入以及我国居民出国旅行（因公、因私）的支出。旅游收入（贷方）来自文化和旅游部的抽样调查数据，旅游支出（借方）根据公安部出入境管理局以及我国主要出境旅游目的地国家或地区相关数据测算得出
3.通信服务	包括（1）电信，指电话、电传、电报、电缆、广播、卫星、电子邮件等；（2）邮政和邮递服务。通信服务收入和支出均来自国际收支统计申报数据
4.建筑服务	指我国企业在经济领土之外完成的建筑、安装项目，以及非居民企业在我国经济领土之内完成的建筑、安装项目。建筑服务收入和支出均来自国际收支统计申报数据

续表

项目	指标解释和数据来源
5.保险服务	包括各种保险服务的收支，以及同保险交易有关的代理商的佣金。保险收入（贷方）来自国际收支统计申报数据，保险支出（借方）来自海关编制的进口统计数据（按进口货物的1%计算运输支出）和国际收支统计申报数据
6.金融服务	包括金融中介和辅助服务收支。金融服务收入和支出均来自国际收支统计申报数据
7.计算机和信息服务	包括计算机数据和与信息、新闻有关的服务交易收支。计算机和信息服务收入和支出均来自国际收支统计申报数据
8.专有权利使用费和特许费	包括使用无形资产的专有权、特许权等发生的收支。专有权利使用费和特许费收入和支出均来自国际收支统计申报数据
9.咨询	包括法律、会计、管理、技术等方面的咨询服务收支。咨询服务收入和支出均来自国际收支统计申报数据
10.广告、宣传	包括广告设计、创作和推销，媒介版面推销，在国外推销产品，市场调研等的收支。广告宣传服务收入和支出均来自国际收支统计申报数据
11.电影、音像	包括电影、电视节目和音乐录制品的服务以及有关租用费用收支。电影音像服务收入和支出均来自国际收支统计申报数据
12.其他商业服务	指以上未提及的各类服务交易的收支，驻华机构办公经费（不含使领馆）也在此项下。其他商业服务收入和支出均来自国际收支统计申报数据
13.别处未提及的政府服务	指在前面分类没有包括的各种政府服务交易，包括大使馆等国家政府机构的所有涉外交易。别处未提及的政府服务收入和支出均来自国际收支统计申报数据
B.收益	包括职工报酬和投资收益两部分。贷方表示获取收益（收入），借方表示支付收益（支出）
1.职工报酬	指我国个人在国外工作（1年以下）而得到并汇回的收入以及我国支付在华外籍员工（1年以下）的工资福利。职工报酬收入和支出均来自国际收支统计申报数据
2.投资收益	包括直接投资项下的利润利息收支和再投资收益、证券投资收益（股息、利息等）和其他投资收益（利息）。直接投资收益收入来自国际收支统计申报数据和商务部编制的相关数据估算，直接投资收益汇出主要来自国际收支统计申报数据。其他投资收益收入和支出的数据来自银行和国家外汇管理局的外债统计
C.经常转移	包括侨汇、无偿捐赠和赔偿等项目，包括货物和资金形式。贷方表示外国对我国提供的无偿转移（收入），借方表示我国对外国提供的无偿转移（支出）。经常转移收入和支出的数据均来自国际收支统计申报数据
1.各级政府	指国外的捐赠者或受援者为国际组织和政府部门

续表

项目	指标解释和数据来源
2.其他部门	指国外的捐赠者或受援者为国际组织和政府部门以外的其他部门或个人
二、资本和金融项目	
A.资本项目	包括资本转移如债务减免、移民转移等内容。贷方表示外方对我国提供的资本转移等（收入），借方表示我国对外提供的资本转移等（支出）。资本项目收入和支出数据均来自国际收支统计申报数据
B.金融项目	包括我国对外资产和负债的所有权变动的所有交易。按投资方式分为直接投资、证券投资和其他投资；按资金流向构成的债权债务分为资产、负债，其中直接投资分为外国在华直接投资（视同于负债）和我国在外直接投资（视同于资产）。贷方表示金融资产减少或者负债增加，借方表示金融资产增加或者负债减少
1.直接投资	以投资者寻求在本国以外运营企业获取有效发言权为目的的投资。包括外国在华直接投资和我国在外直接投资两部分。直接投资流入数据以商务部和国家外汇管理局收集的有关外资企业（即其股权的10%或10%以上由非居民出资的居民企业）的信息为基础。有关各年度直接投资包括股本流入和收益再投资带来的直接投资股本增加。中国对外直接投资数据主要来自商务部和国家外汇管理局的相关统计
1.1　我国在外直接投资	借方表示我国对外直接投资汇出的资本金、母子公司资金往来的国内资金流出；贷方表示我国撤资和清算以及母子公司资金往来的外部资金流入
1.2　外国在华直接投资	贷方表示外国投资者在我国设立外商投资企业的投资，包括股本金、收益再投资和其他资本；借方表示外商企业的撤资和清算资金汇出我国
2.证券投资	包括股本证券和债务证券两类证券投资形式。有关股票余额数据来自中国证券监督管理委员会和国家外汇管理局，有关对外债券余额和合格境外机构投资者（QFII）投资数据来自国家外汇管理局，有关对外证券投资的数据来自中国人民银行和国家外汇管理局
2.1资产	借方表示我国持有的非居民证券资产增加；贷方表示我国持有的非居民证券资产减少
2.1.1　股本证券	包括以股票为主要形式的证券
2.1.2　债务证券	包括中长期债券和1年期（含1年）以下的短期债券和货币市场有价证券，如短期国库券、商业票据、短期可转让大额存单等
2.2　负债	贷方表示当期我国发行的股票和债券筹资额，借方表示当期股票的收回和债券的还本
2.2.1　股本证券	包括我国发行、非居民购买的境内外上市外资股
2.2.2　债务证券	包括我国发行的中长期债券和短期商业票据等

续表

项目	指标解释和数据来源
3.其他投资	除直接投资和证券投资外的所有金融交易。分为贸易信贷、贷款、货币和存款及其他资产负债四类形式。其中长期指合同期为1年以上的金融交易，短期为1年及以下的金融交易。其他投资数据来自中国人民银行和国家外汇管理局国际收支统计申报数据和国家外汇管理局的其他来源
3.1　资产	借方表示资产增加，贷方表示资产减少
3.1.1　贸易信贷	借方表示我国出口商对国外进口商提供的延期收款额，以及我国进口商支付的预付货款。贷方表示我国出口延期收款的收回
3.1.2　贷款	借方表示我国金融机构以贷款和拆放等形式的对外资产增加；贷方表示减少
3.1.3　货币和存款	包括我国金融机构存放境外资金和库存外汇现金的变化，借方表示增加，贷方表示减少
3.1.4　其他资产	包括除贸易信贷、贷款、货币和存款以外的其他资产
3.2　负债	贷方表示负债增加，借方表示负债减少
3.2.1　贸易信贷	贷方表示我国进口商接受国外出口商提供的延期付款贸易信贷，以及我国出口商预收的货款。借方表示归还延期付款
3.2.2　贷款	我国机构借入的各类贷款，如外国政府贷款、国际组织贷款、国外银行贷款等。贷方表示新增额，借方表示还本金额
3.2.3　货币和存款	包含海外私人存款、银行短期资金及向国外出口商和私人借款等短期资金。贷方表示新增额，借方表示偿还额或流出额
3.2.4　其他负债	其他类型的外债
三、储备资产	指我国中央银行拥有的对外资产，包括外汇、货币黄金、特别提款权、在基金组织的储备头寸。有关储备资产变化的数据来自中国人民银行
3.1　货币黄金	指我国中央银行作为储备持有的黄金
3.2　特别提款权	是国际货币基金组织根据会员国认缴的份额分配的，可用偿还国际货币基金组织债务、弥补会员国政府之间国际收支赤字的一种账面资产
3.3　在基金组织的储备头寸	指在国际货币基金组织普通账户中会员国可自由提取使用的资产
3.4　外汇	指我国中央银行持有的可用做国际清偿的流动性资产和债权
3.5　其他债权	
四、净误差与遗漏	平衡表采用复式记账法，由于统计资料来源和时点不同等原因，造成借贷不相等。如果借方总额大于贷方总额，其差额记入此项目的贷方；反之，记入借方

资料来源：国家外汇管理局。

中国国际投资头寸表各项目的指标解释和数据来源见表8-3。

表8-3　**中国国际投资头寸表各项目的指标解释和数据来源**

项目	数据来源
净头寸	
A.资产	
1.对外直接投资	中国对外直接投资数据主要来自商务部、国家外汇管理局以及金融监管当局
2.证券投资	有关股票余额数据来自中国证券监督管理委员会和国家外汇管理局，有关对外债券余额和合格境外机构投资者（QFII）投资数据来自国家外汇管理局统计，有关对外证券投资的数据来自中国人民银行和国家外汇管理局
3.其他投资	有关数据来自中国人民银行和国家外汇管理局国际收支统计间接申报系统以及国家外汇管理局的其他数据来源
4.储备资产	有关储备资产余额的数据来自中国人民银行
B.负债	
1.外国来华直接投资	外国来华直接投资数据主要来自商务部、国家外汇管理局以及金融监管当局
2.证券投资	有关股票余额数据来自中国证券监督管理委员会和国家外汇管理局，有关对外发行债券余额和合格境外机构投资者（QFII）投资数据来自国家外汇管理局统计，有关对外证券投资的数据来自中国人民银行和国家外汇管理局
3.其他投资	有关数据来自中国人民银行和国家外汇管理局国际收支统计间接申报系统以及国家外汇管理局的其他数据来源

资料来源：国家外汇管理局。

专栏8-3

国家外汇管理局解读为何“国际收支平衡表货物贸易与海关进出口存在差异”

专栏8-4

跳出“资本外逃”之争看净误差与遗漏

（五）外汇储备管理

外汇储备管理是我国外汇管理部门的重要职责。

《中国人民银行法》第4条规定，中国人民银行履行持有、管理、经营国家外汇储备、黄金储备的职责。

《外汇管理条例》第10条进一步规定，国务院外汇管理部门依法持有、管理、经营国家外汇储备，遵循安全、流动、增值的原则。

自2001年起，我国外汇储备建立了以投资基准为核心的管理模式。投资基准确定了货币、资产、期限和产品分布的结构和比例，是投资管理过程中衡量某项资产或投资组合构成和收益的重要参照指标。按照既定的投资基准进行操作，可以有效进行投资决策和管理投资风险，还有利于客观评估经营业绩。在按照投资基准经营的同时，允许经营人员对基准进行适度偏离，可以发挥经营人员的主观能动性，积极捕捉市场机会，在既定风险之下，创造超出基准的收益。这一模式既借鉴了国际经验，也具有自身特色。

（六）人民币汇率和外汇市场管理

1994年外汇体制改革后，我国形成了外汇零售市场与外汇批发市场。

外汇零售市场是指银行与企业、个人等客户之间进行柜台式外汇买卖所形成的市场，这是一个分布广泛的分散市场。银行在与客户之间进行外汇买卖中，会产生买卖差额，形成外汇头寸的盈缺。由于外汇市场上汇率千变万化，银行保留外汇头寸敞口存在很大的汇率风险，因此，银行要对多余头寸进行抛出，对短缺头寸进行补进，于是形成了银行间外汇市场，即中国外汇交易中心组织运营的电子化交易平台。

在外汇零售市场，银行经营此类业务须事先经外汇管理部门批准，取得结售汇业务市场准入资格；须遵照结售汇综合头寸限额管理规定，对超限额的结售汇头寸及时通过银行间外汇市场进行平盘；须按照汇价管理有关规定制定并公布挂牌汇价，为客户办理结售汇业务；须建立独立的结售汇会计科目，履行结售汇统计、结售汇综合头寸统计、大额交易备案以及其他相关统计义务。

在外汇批发市场，《外汇管理条例》规定，该市场交易的币种、形式等由外汇管理部门规定。

外汇市场的改革推动了人民币汇率形成机制的完善。1994年1月1日，人民币官方汇率与外汇调剂价格正式并轨，我国开始实行以市场供求为基础的、有管理的浮动汇率制度。2005年7月21日，我国开始实行以市场供求为基础、参考一篮子货币进行调节、有管理的浮动汇率制度；人民银行授权中国外汇交易中心于每个工作日上午9时15分对外公布当日人民币兑美元、欧元、日元、港币和英镑汇率中间价，作为当日银行间即期外汇市场以及银行柜台交易汇率的中间价。

（七）外汇管理检查与处罚

依据《外汇管理条例》的规定，外汇查处的违规行为主要包括逃汇，非法套汇，资金非法流入或非法结汇，违反外债管理规定，非法经营外汇业务，非法买卖外汇，金融机构违反收付汇、结售汇、外汇市场管理等规定；境内外机构、个人违反国际收支统计申报、报送报表、提交单证、外汇登记等规定。对这些违规行为处罚的幅度、程序等依照《行政处罚法》《外汇管理条例》等进行，如做出处罚决定之前应制作行政处罚告知书，告知当事人所认定的违法事实、法律依据、处罚内容及依法享有的权利等。外汇管理机关还建立了办案程序、案件集体审议等内控制度，以确保依法行使检查职权，保护当事人合法权益。

当前及未来一段时期，我国各项改革正处于关键时期。外汇管理法治要以科学发展观为指导，重点保障推进以下几个方面建设：继续完善经常项目可兑换管理，不断提高贸易便利化水平；有序可控地拓宽资本流出入渠道，充分满足企业和个人投资需求，逐步实现人民币资本项目可兑换；积极培育和发展外汇市场，夯实人民币汇率形成的市场基础，进一步完善有管理的浮动汇率制度；完善跨境资金流动的监测管理，注重防范风

专栏8-5

“海淘”带动我国跨境电子商务外汇收支快速增长

险，维护国家经济金融安全；坚持依法行政，进一步整顿和规范外汇市场秩序。

本章小结

对外贸易行政管理手段是国家经济管理机关凭借行政组织权力，采取发布命令，制订指令性计划及实施措施，规定制度程序等形式，按照自上而下的组织系统对对外贸易经济活动进行直接调控的一种手段。对外贸易行政管理对象包括对外贸易经营管理、货物进出口管理、货物进出口环节管理等。对外贸易行政管理具有同一性、速效性、强制性、纵向性和规范性等特点。

对外贸易行政管理非常具有必要性，体现在：对外贸易行政管理是市场经济体制下宏观调控的必要手段之一；对外贸易行政管理是实施经济手段的保障；对外贸易行政管理可促进我国对外贸易持续稳定发展；规范化对外贸易行政管理是与国际规则接轨的内在要求。

我国对外贸易行政管理的内容包括对外贸易资格管理、进出口许可证和配额管理、进出口商品检验管理、海关管理和外汇管理等。

我国对从事货物进出口或者技术进出口的对外贸易经营者实行备案登记式管理。按照《货物进出口管理条例》的规定，我国对部分货物进出口实行国营贸易管理与指定经营管理。

我国把货物进出口管理划分为禁止或限制进出口货物、自由进出口货物、特殊进出口货物三类，分别进行管理。我国实施货物进出口管理的主要手段是进出口许可证、进出口配额管理。

进出口商品检验行政管理是国家商检机关等经济管理部门凭借行政组织权力，采取发布命令，制订指令性计划及实施措施，规定制定程序等形式，按照自上而下的组织系统对商品检验活动进行的直接管理。中国进出口商品检验工作主要有四项任务：法定检验、监督管理、公证鉴定以及认证工作。

中国海关的职责是货运监管、征收关税、查缉走私和编制海关统计。

我国外汇管理的目标是：促进国际收支平衡、维护金融安全、服务经济发展。我国现行外汇管理框架是：经常项目外汇管理、资本项目外汇管理、金融机构外汇业务管理、国际收支统计与监测、外汇储备管理、人民币汇率和外汇市场管理、外汇管理检查与处罚。

关键术语

外贸行政管理手段　对外贸易经营资格　国营贸易管理　指定经营管理　进出口许可证管理　进出口配额管理　进出口商品检验管理　海关监管　外汇管理　经常项目管理　资本项目管理

思考题

1. 中国对外贸易行政管理的对象和特点是什么？
2. 禁止和限制进出口货物的商品范围有哪些？
3. 我国对限制进出口和自由进出口的货物分别采取了何种管理措施？
4. 简述我国进出口商品检验的内容和依据。
5. 外汇管理的必要性有哪些？
6. 何为海关估价制度？
7. 简述中国外汇管理的原则和内容。
8. 分析中国目前外汇管理的特点。

第九章 对外贸易与国际直接投资

扫码查看课件

学习目标

通过本章学习，在掌握对外贸易与国际直接投资相互关系理论的基础上，加深理解国际直接投资的贸易效应；根据贸易与投资相辅相成的关系在中国的实践分析，进一步领会和掌握中国的外资政策与战略措施。

第一节 对外贸易与国际直接投资关系的理论

一、国际直接投资发展概况

（一）国际直接投资（FDI）深受世界经济波动影响

20世纪90年代是FDI增长最为活跃的时期，2001年以后FDI流动明显降温。FDI流量下跌的主要原因是：世界多数地区经济增长缓慢和复苏前景暗淡。股市价值不断缩水、公司利润率降低、一些行业企业整顿速度放缓以及一些国家的私有化渐渐停顿也起了重要作用。

2003年，国际直接投资在连续2年大幅下降后首次微量回升，标志着全球投资已开始走出低谷。

全球外国直接投资流入量经过4年的连续增长，2007年再增30%，达到18 330亿美元，远远高于2000年创下的历史最高水平。尽管2007年下半年开始出现金融和信贷危机，但在三大类经济体——发达经济体、发展中经济体以及转型经济体（东南欧国家和独立国家联合体）中，外国直接投资的流入量都在继续增长。在某种程度上，以美元计算的外国直接投资水平创下新高也反映了美元对其他主要货币的大幅贬值。不过，即使以当地货币计算，2007年全球外国直接投资流量仍然增长了23%。由于全球直接投资在世界范围内遭受到经济和金融危机的严重影响，流入量从2008年的1.7万亿美元下降到2009年的1.1万亿美元。

2013年，FDI流量恢复上升趋势。全球FDI流入增长了9%，达到1.45万亿美元。2013年，各主要经济体——发达经济体、发展中经济体和转型经济体FDI流入均有所增长。全球FDI存量增长9%，达到255 000亿美元。2013年国际生产继续增长，就海外经营扩张而言，来自发展中和转型经济体的跨国公司比来自发达国家的竞争对手更快，但二者的国内经营比率大致相同，因此总体上维持在一个稳定的国际化指数水平。

2017年全球FDI流量下降了23%，由2016年的1.87万亿美元降至1.43万亿美元（见表9-1）。发达经济体和转型经济体跨境投资大幅下降，发展中经济体增长接近于零。

表9-1 **1990—2017年某些FDI和国际生产指标** 金额单位：10亿美元

项目	1990年	2005—2007年 金融危机前 平均水平	2015年	2016年	2017年
FDI流入量	205	1 415	1 921	1 868	1 430
FDI流出量	244	1 452	1 622	1 473	1 430
FDI流入存量	2 196	14 487	25 665	27 663	31 524
FDI流出存量	2 255	15 188	25 514	26 826	30 838
内向型FDI收入	82	1 027	1 461	1 564	1 581
内向型FDI收益率（百分比）	5.4	9.2	6.8	7.0	6.7
外向型FDI收入	128	1 101	1 394	1 387	1 553
外向型FDI收益率（百分比）	7.8	9.5	6.1	5.8	6.2
跨国并购	98	729	735	887	694
国外分支机构销售额	6 755	24 217	27 559	29 057	30 823
国外分支机构产品增加值	1 264	5 264	6 457	6 950	7 317
国外分支机构总资产	5 871	54 791	94 781	98 758	103 429
国外分支机构雇员（千人）	27 034	57 392	69 683	71 157	73 209
备注：					
GDP	23 433	52 383	74 407	75 463	79 841
固定资产形成总额	5 812	12 426	18 561	18 616	19 764
专利使用费及特许费收入	31	174	299	312	333
货物和服务出口额	4 414	14 957	20 953	20 555	22 558

注：按当年价格计算。

资料来源：根据UNCTAD.世界投资报告的数据整理。

近年来，全球FDI流量呈现持续下滑趋势，全球投资活动始终未真正复苏。但我国FDI流入稳步增长，2023年达到1 891.3亿美元（见表9-2）。

表9-2 2019—2023年我国FDI概况 金额单位：10亿美元

项目	2019年	2020年	2021年	2022年	2023年
FDI流入量	141.23	149.34	163.25	180.96	189.13
FDI流出量	136.91	153.71	178.82	163.12	147.85
FDI流入存量	1 769.49	1 918.83	3 633.32	3 496.38	3 659.63
FDI流出存量	2 198.88	2 580.66	2 785.15	2 754.81	2 939.10
FDI流入量占流入存量百分比	7.98	7.78	4.49	5.18	5.17
FDI流出量占流出存量百分比	6.23	5.96	6.42	5.92	5.03
FDI流入量占总资本形成百分比	28.94	30.75	48.6	46.37	48.54
FDI流出量占总资本形成百分比	2.24	2.46	2.39	2.16	1.96
FDI流入量占世界百分比	9.48	19.72	9.50	10.36	9.54
FDI流出量占世界百分比	8.17	15.17	11.16	13.95	12.26

注：按当年价格计算。

资料来源：根据 Foreign direct investment：Inward and outward flows and stock，annual（https：//unctadstat.unctad.org/datacentre/dataviewer/US.FdiFlowsStock）数据整理。

（二）跨国并购是FDI流动的主导方式

20世纪90年代后期，跨国并购成为跨国公司对外扩张的主要方式，其交易额急剧增长，在世界FDI流出和流入总额中的比例迅速上升（见表9-3）。

表9-3 国际直接投资与全球跨国并购

年份	国际直接投资总流量（亿美元）	全球跨国并购交易额（亿美元）	全球跨国并购交易额所占国际直接投资比重（%）
1995	3 287	2 290	69.70
1996	3 589	2 750	76.40
1997	4 643	3 420	73.70
1998	6 439	4 110	63.80
1999	6 850	7 200	83.20
2000	13 000	11 430	87.90
2001	7 350	5 940	80.80
2002	6 510	3 700	56.84

续表

年份	国际直接投资总流量（亿美元）	全球跨国并购交易额（亿美元）	全球跨国并购交易额所占国际直接投资比重（%）
2003	5 600	2 970	53.04
2004	6 480	3 810	58.80
2005	9 460	7 160	75.69
2006	13 070	8 800	67.33
2007	19 790	10 310	52.10
2008	16970	7 070	41.66
2009	11 850	2 500	21.10
2010	12 440	3 390	27.25
2011	17 000	5 560	32.71
2012	13 300	3 320	24.96
2013	14 520	3 490	24.04
2014	12 600	3 840	30.48
2015	17 620	7 210	40.92
2016	18 680	8 870	47.48
2017	14 300	6 940	48.53
2018	13 000	8 167	62.82
2019	15 400	4 900	31.82
2020	10 000	4 750	47.50

资料来源：根据UNCTAD发布的世界投资报告数据整理。

近年来，随着国际FDI的下降，跨国并购也随之大幅减少，但是从跨国并购所占比重来看，并未改变其在FDI中占有的主导地位。跨国并购在2016年达8 870亿美元，同比增长19%，创2008年以来最高水平。

（三）全球直接投资有半数流入发展中经济体和转型经济体，流出收缩较为缓和

20世纪70年代以来，世界FDI的地理格局日趋“三极化”，即无论其流出和流入都主要在美、欧、日三者之间进行。然而，目前全球直接外资有半数流入发展中经济体和转型经济体。

在经历了6年的连续增长之后，流入发展中经济体和转型经济体的直接外资2009

年下滑并分别降至4 780亿和700亿美元。虽然直接外资出现收缩，但是发展中经济体和转型经济体表现出的危机抗御能力强于发达经济体，其下降幅度低于发达国家。它们在全球直接外资流入量中所占份额持续上升：

发展中经济体和转型经济体有史以来第一次吸收了半数全球直接外资流入量。

受全球经济疲软、政策不确定性和地缘政治风险等影响，2014年全球外国直接投资较2013年下降8%，降至约1.26万亿美元。

贸发会议报告的数据显示，2014年流入发达经济体的外国直接投资同比下降14%，约为5 110亿美元。受跨国公司回购交易等因素影响，美国在全球外国直接投资流入排名中下滑至第三位，吸引的外国直接投资降至约860亿美元，仅相当于2013年的三分之一。

相比较而言，发展中经济体的外国直接投资流入保持较强的活力，超过7 000亿美元，占全球外国直接投资的56%左右，创下有史以来最高水平。贸发会议称，主要原因是作为全球最大外国直接投资流入地的亚洲发展中经济体吸引的外资继续保持增长。

在最大的直接外资接受国中，中国于2009年升至第二位，位居美国之后。2023年，在直接外资位居前十位的目的地中，有半数为发展中经济体或转型经济体（见表9-4）。

表9-4　**接受外国直接投资最多的十个国家和地区**　单位：10亿美元

排名	国家/地区	2023年	2019年	2007年	2000年
1	美国	310.95	229.93	215.95	314.01
2	中国	163.25	141.23	83.52	40.72
3	新加坡	159.67	97.53	42.61	14.75
4	中国香港	112.68	73.71	58.40	54.58
5	巴西	65.90	65.39	34.59	32.78
6	加拿大	50.32	50.54	116.82	66.80
7	法国	42.03	20.43	63.50	27.50
8	英属维京群岛	39.89	39.10	37.16	8.07
9	德国	36.70	52.68	80.21	198.28
10	墨西哥	36.06	34.62	32.39	18.25

注：按当年价格计算。

资料来源：根据Foreign direct investment：Inward and outward flows and stock，annual（https://unctadstat.unctad.org/datacentre/dataviewer/US.FdiFlowsStock）数据整理。

继连续5年呈上升趋势之后，流出发展中经济体和转型经济体的直接外资2009年收缩了21%。但是，随着这些经济体的跨国公司的崛起，直接外资的收缩与发达经济体相比也较为缓和，而发达经济体的直接外资流出量则锐减。在发展中经济体，直接外资的反弹也更迅速。2023年，在外向投资方面，中国、中国香港跻身全球投资经济体前十名（见表9-5）。

表9-5　对外直接投资最多的十个国家和地区　单位：10亿美元

排名	国家/地区	2023年	2019年	2007年	2000年
1	美国	404.32	35.06	393.52	142.63
2	日本	184.02	232.63	73.55	31.56
3	中国	147.85	136.91	26.51	0.92
4	瑞士	104.95	-46.66	51.60	44.67
5	中国香港	104.29	53.20	64.17	54.08
6	德国	101.25	151.08	169.32	57.09
7	加拿大	89.58	77.49	64.63	44.68
8	法国	72.36	51.46	110.64	161.95
9	新加坡	63.00	67.78	40.88	6.85
10	瑞典	47.50	16.29	39.08	40.91

注：按当年价格计算。

资料来源：根据Foreign direct investment：Inward and outward flows and stock，annual （https：//unctadstat.unctad.org/datacentre/dataviewer/US.FdiFlowsStock）数据整理。

（四）FDI流动主要集中在服务业和技术密集型行业

20世纪90年代中期以前的跨国投资主要集中在传统制造业。随着全球化浪潮的发展，各国服务贸易领域的市场开放度越来越大，服务贸易领域的跨国投资越来越多，已占到投资总额的50%以上。

二、对外贸易与国际直接投资相互关系的理论溯源

新古典理论将FDI对国际贸易的影响分为两种：替代效应和互补效应。

所谓替代效应，是指商品的国际流动与资本的国际流动之间是一种此消彼长的相互替代关系。

所谓互补效应，则是指商品和资本的国际流动可以相互促进、共同发展。

（一）外商直接投资与国际贸易的替代关系

对于资本流动和贸易关系的研究始自蒙代尔（Mundell，1957）。蒙代尔在H-O模型的基础上引入了贸易政策变量，分析了贸易与资本流动的关系。他认为，贸易障碍（关税）在一定条件下会导致资本的国际流动或直接投资，关税引致投资表现为投资对贸易的替代，会减少东道国与投资母国的贸易总量。蒙代尔是在对20世纪前半个世纪FDI增长速度超过国际贸易增长速度这一现象进行研究的基础上提出以上论点的。

弗农（Vernon）则从动态角度阐述了FDI对贸易的替代效应。弗农认为，企业对外直接投资是伴随产品生命周期运动展开的，是对企业出口贸易方式的替代。在产品生命周期运动中，由于产品和技术的标准化，市场竞争转向以生产成本为基础的价格竞争，企业在国外的市场便会受到当地企业的竞争压力，这时企业就会考虑进行对外直接投资来替代出口，利用国外相对廉价的生产要素进行生产，以保护企业在国外的市场。

（二）新贸易理论关于外国直接投资与对外贸易互补共存说

1.小岛清的边际产业扩张论

小岛清认为国际分工原则和比较成本原则是一致的，即国际分工既能解释国际贸易，也能解释国际直接投资，因此国际直接投资和国际贸易可以在国际分工原则的基础上统一。

小岛清运用比较优势原理，并根据对日本和美国企业跨国投资的实证分析，进一步提出如何实现与贸易互补的对外直接投资。小岛清将其称为边际产业扩张论。边际产业扩张论的基本思想是：投资国的对外直接投资应从本国比较优势小或已处于比较劣势的边际产业开始依次进行，由于这些产业与东道国的技术差距较小，技术就容易为东道国所吸收和普及，进而就可以把东道国潜在的比较优势挖掘出来；通过产业转移，投资国可以集中力量创造和开发出新的技术和比较优势，使两国间的比较成本差距扩大，为更大规模的贸易创造条件。

可见，国际直接投资并不是对国际贸易的简单替代，而是存在着一定程度上的互补关系；在许多情况下，国际直接投资可以创造和扩大对外贸易。

2.李普西等人进一步论证贸易与直接投资是互相促进、互相补充的

20世纪80年代以来，贸易和直接投资的实证研究取得了突破性的进展。李普西和韦斯（Lipsey and Weiss，1981）、胡弗鲍尔等（Hufbauer et al.，1994）、格拉汉姆（Gramham，1996）的研究结果表明：第二次世界大战后的资本流动，尤其是国际直接投资的迅速增加，并没有影响到国际贸易的发展；相反，大量的经验统计显示，贸易与直接投资是互相促进、互相补充的。与此同时，许多学者关于日本、德国以及瑞典等国的实证研究也得出了类似的结论。

三、国际直接投资的贸易效应

（一）国际直接投资对资本输出国（母国）的贸易效应（见表9-6）

表9-6 国际直接投资对贸易的效应

国际直接投资对贸易的效应		举例说明
出口引致效应	海外生产基地建设工厂所需要的生产设备以及生产所需要的原材料和零件，从投资国进口，增加投资国的出口	如作为初始投资的设备等的输出，原材料和零部件等中间投入品的输出

续表

国际直接投资对贸易的效应		举例说明
出口替代效应	海外分公司产品在当地销售并被出口到第三国，引起的总公司的出口减少	如将原出口型产业通过对外直接投资的方式转移到国外，替代了本国该产业的出口
反向进口效应	海外分公司在当地生产的产品返销到投资国，引起投资国进口增加	如通过对外直接投资的方式将某产品的生产基地转移到国外，再从国外进口该产品
进口转移效应	随着生产设备向国外转移，对生产所需的进口中间投入品的需求减少，从而引起投资国的进口减少	如将需进口原材料的产品的生产基地转移到国外，减少本国原材料的进口

1.出口引致效应

出口引致效应指由于对外直接投资而导致的原材料、零部件或设备等出口的增加。

2.出口替代效应

出口替代效应指由于对外直接投资而导致的出口减少。

3.反向进口效应

反向进口效应指由于对外直接投资而导致的进口增加。

4.进口转移效应

进口转移效应指由于对外直接投资而导致的进口减少。

（二）国际直接投资对东道国的贸易效应及其机制

从东道国的角度看，FDI的流入产生进口替代效应、进口引致效应和出口创造效应，其总效应取决于这几个效应的力量对比。

1.进口替代效应

由于投资国的跨国公司将某产品的生产基地转移到东道国后，东道国当地企业通过技术扩散或模仿，也开始生产该产品，从而减少该产品的进口。

2.进口引致效应

由于东道国吸引外国直接投资在当地投资建厂，导致其对生产该产品所需的原材料、零部件或设备等进口需求的增加。

3.出口创造效应

由于跨国公司在东道国投资办厂，促进东道国生产能力的提高和生产的扩大。跨国公司利用自己遍布世界各地的销售网，将产品输送到国际市场，从而带动东道国的产品出口，形成出口创造效应。

进口引致效应属于贸易创造效应范畴。一般来说，成本导向型FDI有利于增加东道国出口，市场导向型FDI有利于提高东道国生产能力，满足国内需求，与同类国产和进口产品形成竞争关系，从而减少进口。当然，这两种类型的FDI只要它们在生产过程中依赖国外生产设备和原材料，就会增加东道国对这些生产设备和原材料的进口。

第二节 对外贸易与外商直接投资相互关系的实践

吸收外商投资是中国对外开放基本国策的重要内容，是邓小平理论的重要组成部分，是建设中国特色社会主义经济的伟大实践。1978年召开的党的十一届三中全会重新确立了解放思想、实事求是的思想路线，实现了全党工作重点的历史性转变，制定了以经济建设为中心的基本路线，做出了改革开放的伟大决策。1979年第五届全国人民代表大会第二次会议通过了《中华人民共和国中外合资经营企业法》，作为对外开放基本国策之重要内容的利用外资工作开始起步。

经过40多年的努力，中国在外商投资法律体系和管理制度逐步完善的同时，吸收外资规模不断扩大，水平不断提高，取得了举世瞩目的成绩，有力地促进了国民经济持续快速健康发展。

一、中国吸收外商直接投资的发展历程

（一）起步阶段（1979—1986年）

这段时期，外商直接投资不仅数量不多、规模较小、主要来自中国港澳台地区且集中分布在四个经济特区，而且外商的投资项目追求短期回报的特征十分明显（见表9-7）。

表9-7 1979—1996年我国利用外商直接投资情况 金额单位：亿美元

年度	外商投资项目累计（个）	年均项目数（个）	协议金额	年均协议规模	实际金额	年均实际规模
1979—1986	7 819	977.38	191.59	23.95	65.95	8.24
1987—1991	34 208	6 841.60	331.79	66.36	167.53	33.51
1992—1996	241 317	48 263.40	416.98	833.60	1 515.36	303.07

资料来源：根据历年《中国统计年鉴》整理。

（二）稳步发展阶段（1987—1991年）

外商投资额有较大幅度增长，投资结构有较大改善，投资的区域和行业也有所扩大。

1986年10月，国务院发布了《关于鼓励外商投资的规定》及若干实施办法，改善了外商投资企业的生产经营条件，并对外商投资企业中的产品出口企业和先进技术企业给予更多优惠待遇；1987年12月，国家有关部门制定了指导吸收外商投资方向的有关规定；1988年，辽东半岛、山东半岛及其他沿海地区的一些市、县相继被辟为沿海经济开放区，国家批准海南建省及设立海南经济特区；1990年，国家又决定开发和开放上海浦东新区。上述规定和一些重大政策与措施的出台，旨在框定一个适当的外资产

业、地区投资范围和构筑一个较为宽松的外国直接投资环境，从而带来了外国对华直接投资的持续稳步增长。按年平均指标衡量，1987—1991年外商投资的年均项目数是1979—1986年的7倍；年均协议投资金额是1979—1986年的2.77倍；年均实际投资金额是1979—1986年的4.19倍。从外商投资的发展速度看，1987年外国投资实际金额（流量）为23.14亿美元，此后持续稳步增加到1991年的43.66亿美元，5年间增长了88.7%。

（三）持续快速发展阶段（1992—1996年）

外商直接投资出现了突飞猛进的发展，不仅投资额大幅度增长，一些跨国公司开始向中国投资，平均项目规模扩大，而且投资领域不断扩展，中西部地区利用外资步伐也逐渐加快。利用外资总体格局出现了历史性的转变，即吸引外商直接投资超过对外借款，成为中国利用外资最主要的方式。

自1993年开始，中国连续多年保持世界第二大受资国的地位，是仅次于美国的第二大外国直接投资东道国和发展中国家中最大的外国直接投资吸纳国。

（四）调整阶段（1997—2000年）

1997—2000年，面临国内外环境的极为严峻的挑战，我国利用外商直接投资的增速明显放慢，甚至出现了负增长（见表9-8）。

表9-8　1997—2000年我国利用外商直接投资情况

年份	项目数（个）	协议外资金额（亿美元）	实际外资金额（亿美元）	实际外资金额增长率（%）
1997	21 001	510.0	452.6	8.5
1998	18 746	512.3	455.8	0.7
1999	17 101	415.4	404.0	-11.4
2000	22 532	626.6	407.7	0.9

资料来源：根据商务部统计数据计算而得。

（五）新的发展阶段（2001年以后）

2001年以后，由于国内外形势的变化，特别受我国入世的影响，利用外商直接投资恢复了快速增长的态势（见表9-9）。政策要求等方面更加符合国际规则，扩大开放领域和改革外商投资管理方式等政策效应，使中国利用外资进入一个新的发展阶段。

表9-9　2001—2022年中国利用外资统计

年份	项目数（个）	实际金额（亿美元）	实际增长率（%）
2001	26 140	468.8	15.0
2002	34 171	527.4	12.5

续表

年份	项目数（个）	实际金额（亿美元）	实际增长率（%）
2003	41 081	535.1	1.4
2004	43 664	606.0	13.3
2005	44 001	603.3	-0.5
2006	41 496	727.2	20.5
2007	37 892	835.2	14.9
2008	27 537	1 083.1	29.7
2009	23 435	900.3	-2.6
2010	27 406	1 057.4	17.4
2011	27 712	1 160.1	9.7
2012	24 925	1 117.2	3.7
2013	22 773	1 175.9	5.3
2014	23 778	1 195.6	1.7
2015	26 575	1 262.7	5.6
2016	27 900	1 260.0	-0.2
2017	35 652	1 310.4	4.0
2018	60 533	1 349.7	3.0
2019	40 888	1 381.4	2.3
2020	38 570	1 443.7	4.2
2021	47 643	1 734.8	20.1

资料来源：中国投资指南网。

二、中国吸收外商直接投资的发展特点

（一）规模大幅增长

自1992年起，中国已连续32年成为吸收外资最多的发展中国家。2009年，在全球吸收FDI下降30%的情况下，中国只下降了2.6%，达到了900亿美元的规模（见表9-10），在全球排第二，仅落后于美国。2015年1月29日，联合国贸易和发展会议公布的《全球投资趋势报告》显示，2014年中国成为全球外国投资的第一大目的地国，也是中国自2003年以来首次超越美国跃居世界第一。同时该报告中称，由于受到消费需求低迷、汇市震荡以及地缘政治不稳定等因素影响，2014年全球外商直接投资（FDI）

规模同比下降8%，至1.26万亿美元，为2009年以来的最低水平，而中国外商直接投资则增长3%，达到1 280亿美元。

商务部新闻发布会公布的数据显示，2024年我国实际使用外资8 262.5亿元人民币，从行业看，制造业实际使用外资2 212.1亿元人民币，服务业实际使用外资5 845.6亿元人民币。高技术制造业实际使用外资962.9亿元人民币，占全国实际使用外资的11.7%。医疗仪器设备及仪器仪表制造业、专业技术服务业、计算机及办公设备制造业实际使用外资分别增长98.7%、40.8%和21.9%。

联合国贸易和发展会议发布的《2024年世界投资报告》显示，全球外国直接投资接受国（地区）前20名中，有一半是发展中国家（地区）和转型国家（地区）。美国仍然是全球最大的外国直接投资接受地，其次是中国、中国香港和新加坡。

（二）外商投资结构持续优化

改革开放以来，外商对我国的直接投资主要集中在第二产业尤其是工业部门，对第一产业的投资比重很低，对第三产业的投资比重也相对偏低。在过去的30多年中，绝大多数外商在华投资的行业主要集中在第二产业，协议投资金额达到了全部协议金额的60%左右，第三产业仅占20%~30%。然而，进入21世纪后，服务业外商直接投资总体上保持上涨趋势，投资规模逐步扩大。2013年，服务业实际使用外资614.51亿美元，同比增长14.15%，在全国总量中的比重为52.3%，首次占比过半。根据联合国贸易和发展会议的资料，2017年中国吸收外资增长主要体现在服务业领域，已占到将近总量的80%，而制造业领域的投资则下降到19.5%。在2018年以后，制造业领域的投资比例又有所回升，而第一产业投资占比呈现逐年下降的趋势（见表9-10）。

表9-10 外国直接投资在我国三大产业间的分布情况（%）

年份	第一产业	第二产业	第三产业
1983	3.10	66.43	30.47
1985	4.18	36.40	59.42
1987	2.11	41.71	56.18
1989	1.36	62.44	36.20
1990	1.80	84.40	13.80
1991	1.80	81.50	16.70
1992	1.20	60.10	38.70
1993	1.10	49.40	49.40
1994	1.20	56.00	42.70
1995	1.90	69.60	28.50
1996	1.60	71.60	26.80

续表

年份	第一产业	第二产业	第三产业
1997	1.39	71.97	26.64
1998	1.37	68.91	29.72
1999	1.76	68.90	29.34
2000	1.66	72.64	25.70
2001	1.92	74.23	23.85
2002	1.95	74.83	23.22
2003	1.87	73.23	24.90
2004	1.84	74.98	23.18
2005	1.19	74.09	24.72
2006	0.95	67.45	31.60
2007	1.24	57.33	41.44
2008	1.29	57.64	41.07
2009	1.59	55.61	42.80
2010	1.81	50.94	47.25
2011	1.73	50.65	47.62
2012	1.90	49.90	48.20
2013	1.53	46.17	52.30
2014	1.30	43.30	55.40
2015	0.80	24.00	75.20
2016	1.00	22.70	76.30
2017	0.70	19.50	79.80
2018	0.51	34.89	64.58
2019	0.31	29.90	69.78
2020	0.28	24.47	75.24
2021	0.29	23.39	76.30

注：由于数据统计口径的差异，1997年前FDI在三大产业间的分配使用投资协议额计算而得，1997年及以后使用实际投资额计算而得。

资料来源：根据《1979—1991年中国对外经济统计大全》、历年《中国统计年鉴》、《中国对外直接投资统计公报》计算得到。

（三）服务业成为外商新的投资热点

我国兑现加入WTO的承诺，对外资大幅度开放服务市场，目前，按WTO分类的160个服务业部门中，中国已开放了100余个，与发达国家的水平相近，远高于发展中国家的平均水平。

中国还签署了内地与香港和内地与澳门的更紧密经济关系安排（CEPA）；“十一五”期间，中国-东盟自由贸易区、中国-智利自由贸易区、中国-澳大利亚自由贸易区以及中国-新西兰自由贸易区的服务贸易与投资协定完成谈判并加以实施。上述因素推动了外商对我国服务业直接投资的增长（见表9-11）。

表9-11　　入世以来中国服务业吸引FDI金额及年增长率

年份	金额（亿美元）	年增长率（%）
2001	142.6	4.8
2002	143.3	0.5
2003	152.3	6.3
2004	160.0	5.1
2005	168.0	5.0
2006	218.8	30.2
2007	325.0	48.5
2008	407.5	25.4
2009	378.7	-7.1
2010	487.1	28.7
2011	552.4	13.4
2012	538.4	-2.6
2013	614.5	14.1
2014	662.3	7.8
2015	771.8	16.5
2016	841.7	9.1
2017	893.0	6.1
2018	923.5	3.4
2019	1 002.6	8.5
2020	1 121.5	11.8
2021	1 368.2	21.9

资料来源：国家统计局．中国统计年鉴［M］．北京：中国统计出版社，2001—2021.

（四）在华跨国公司追加投资剧增

在中国建立的外商直接投资企业中，中国港澳台中小企业一直占绝大多数，所占比重超过80%。但近年来，大型跨国公司在华投资大幅增加。投资主体正由中国港澳台的中小资本转变为国际著名的跨国公司。

世界500强跨国公司中已有480多家来华投资或设立机构，跨国公司以各种形式设立的研发中心超过1 200家。已经在华投资的跨国公司纷纷追加投资，扩大投资规模，许多跨国公司已将其地区总部迁至或准备迁至中国。一些跨国公司还扩大了在中国的采购，全球最大的跨国公司沃尔玛在中国的采购金额早已突破每年100亿美元，许多跨国公司为了扩大在华采购，正在中国建立采购中心。

（五）外商独资企业超出合资企业

外商对华直接投资方式主要包括中外合资企业、中外合作企业、外资企业、外商投资股份制企业和合作开发等。

在各种外商直接投资方式中，合资企业曾在若干年里占有绝对优势。随着时间的推移，这三种方式所占的比重出现重大变化。1979—1985年，以合作企业为主，项目数、合同外资金额和实际使用金额都高于合资企业和独资企业。按项目数量、合同外资金额和实际使用金额，合作企业分别占61%、68%和62%。

1986—1987年，合资企业发展较快，在项目数量、合同外资金额和实际使用金额中所占的比重分别为61%、52%和62%，超过合作企业而居主导地位，这种状况一直持续到1998年前后。

1998年以后，外商独资企业进入快速发展期，1998年首次在项目数量方面超过合资企业，1999年独资企业的合同外资金额也超过合资企业，2000年实际到账外资也首次超过合资企业。截至2008年，外商独资企业的实际外资金额为4 603.25亿美元，在所有利用外资方式中所占比重为51.20%，两项指标都超过合资企业。截至2017年，外商独资企业的实际外资金额为12 444.0亿美元，在所有利用外资方式中所占比重高达61.9%。

（六）外商投资正在逐渐形成产业配套群

中国吸收外商投资结构发生了可喜的变化。许多跨国公司从全球产业结构调整的需要出发，将它们的生产制造基地移至中国，充分利用中国廉价的优秀人才和充裕的加工制造能力，面向全球进行生产，越来越多的跨国公司和为其配套的中小企业将中国作为其投资的重点区域，在IT、IC产业建立了配套产业群，逐渐形成了完整的产业生产链条，这在中国的华东地区表现得非常明显。

（七）外商直接投资来源多元化

外资来源日趋多元化，已遍布180多个国家和地区，其中来自中国港澳台的资金最多。

（1）在中国的外商直接投资中，亚洲国家和地区占绝大部分，但东南亚金融危机后有下降的趋势，而来自欧盟、美国的投资持续增长。

（2）2001年以后又出现了欧盟、北美等发达地区的投资呈现下降，亚、非、拉、大洋洲及太平洋岛屿中的一些新兴工业国家及发展中国家和地区的投资呈较大幅度增长的趋势。

（3）中国香港、日本、中国台湾、美国仍是中国外商直接投资的主要来源地。

（八）外商直接投资地区结构不均衡

中国吸引外商直接投资主要集中在东部沿海地区，中西部地区吸收的外资非常有限。

三、外商直接投资对我国对外贸易的作用

（一）外商投资直接促进了中国对外贸易规模的迅速扩大

1.弥补了我国生产要素的不足，为进出口的增长提供了必要的物质补充

出口贸易主要受国内生产要素供给的制约和世界市场需求的影响。我国作为一个发展中国家，资本、技术短缺是长期存在的制约因素，外国直接投资的流入大大增加了我国生产要素的供给，改善了生产资源的配置，扩大了生产能力。

2.外商投资企业是我国对外贸易的生力军

我国外商投资企业的进出口总额已超过国有企业，并在自20世纪90年代后期开始的20多年时间里呈现逐年上升的趋势。外商投资企业的进出口贸易对我国对外贸易发展的促进作用已超过国有企业。这进一步说明外商投资企业对我国扩大对外贸易规模的重要作用。

3.对我国对外贸易市场的扩大产生积极作用

通过与外商举办合资合作企业，国内企业借助外商原有的国际销售网络和先进的销售经验与技巧，能使合资企业商品较快进入国际市场，从而扩大出口规模。

4.对我国整体进出口的平稳发展产生了积极作用

在相当多的年份里外商投资企业进口规模大于出口规模，进口规模占全国的比重较高。1986—1997年的发展趋势显示出外商投资企业的进出口差距正在缩小。1998年外商投资企业出口首次超过进口，实现贸易顺差42.45亿美元；2022年外商投资企业进出口额为13.82万亿元人民币，占中国进出口总额的32.9%，对我国对外贸易的均衡、健康发展无疑产生了积极影响，促进了我国对外贸易的健康发展。

（二）外国直接投资优化了我国对外贸易商品结构

1.推动我国出口商品结构的改善和优化

从外商投资企业出口结构与中国总体出口结构的比较来看，外商投资企业与中国出口商品结构变动趋势有很强的一致性。

我国出口贸易结构的迅速优化升级是伴随着外国直接投资的迅猛增长而产生的，而且外商投资的产业分布与我国出口产业分布的重叠较显著，我国出口结构变化与外国直接投资产业流向呈现跟踪性变化。

从外商投资企业有关出口商品在我国出口商品构成中的重要性来分析，外商投资企业出口商品在科技含量高、附加价值高的出口商品类别中的份额日趋提高。

2.改善与优化我国进口商品结构

随着外商对华直接投资的不断发展，外商投资企业的进口规模扩大，占我国总进口的比重也呈上升趋势，对我国进口商品的构成也产生了重大影响，提高了中间产品在进口中的地位，使其成为我国进口的主要商品。

（三）外商直接投资促进了我国对外贸易方式的多样化

外商直接投资改变了我国长期以一般贸易为主的格局，极大地带动了加工贸易的发展，使加工贸易占据了我国对外贸易的半壁江山。

（四）外商直接投资推动了我国外向型经济的发展

外商投资企业的对外贸易活动还通过间接方式对我国对外贸易的总体发展产生积极的外部经济效应。

（1）带动国内配套及相关产业产品出口，提高相关产品出口的竞争力。

（2）有助于扩大国内产品出口的国际市场规模、拓展销售渠道。

（3）促进国内企业深化内部改革，提高经营管理水平。

（4）为国内企业提供营销经验示范效应。

第三节　中国企业的海外投资

中国企业对外直接投资活动可以追溯到20世纪50年代中国政府在境外建立的一批贸易、金融和远洋运输企业，但对外直接投资的真正发展还是改革开放以后。1978年以来，中国在吸引外商直接投资的同时，国内的企业也走出了国门，对外进行投资，从事跨国经营活动。对外直接投资经过了几十年的发展历程，从无到有，取得了一定的成绩。

一、中国对外直接投资发展历程

（一）初步发展阶段（1949—1978年）

从中华人民共和国成立到实行改革开放政策的近30年间，我国企业在国外仅开展了少量对外直接投资活动。

在这期间，为了开拓国际市场，国有专业外贸公司先后在巴黎、伦敦、汉堡、东京、纽约等国际大都市设立了国外分支机构，建立了一批贸易企业；同时，一些与贸易相关的企业也在国外投资兴办了一批远洋运输和金融等方面的专业企业，这些国外企业投资规模小，分布在世界上著名的港口和大城市，主要从事贸易活动，基本上属于贸易性的对外投资，为新中国对外贸易事业的发展做出了一定的积极贡献。

（二）多领域探索发展阶段（1979—1985年）

我国实行改革开放政策以后，国内企业到国外投资办企业有了较迅速的发展。1979—1985年，我国政府共批准在国外开办非贸易性的合资、合作、独资企业180家，中方投资1.77亿美元。这些企业分布在40多个国家和地区，涉及的领域主要有资源开发、加工生产装配、承包工程、金融、保险、航运服务和中餐馆等。这些国外企业的建立，对于扩大我国对外经济技术合作领域、探索新的合作方式起到了积极的作用。由于这批企业多属于非贸易性企业，因此，这一时期的国外投资标志着我国非贸易性国外投资的起步和发展。

（三）加快发展阶段（1986—1992年）

在这一阶段，我国对外直接投资有了较快的发展，主要表现在参与国外投资的国内企业类型增加，不仅对外经贸企业到国外投资，而且工业企业、商贸企业、科技企业以及金融、保险企业等也参与到国外投资中；国外投资领域进一步拓展，在服务业、工农业生产加工、资源开发等多个行业都有国外企业设立。截至1992年底，国外非贸易性企业达到1 360家，贸易性企业达到2 600家，中方投资总额达到40多亿美元；大型项目增多，有的项目中方投资超过了1亿美元，例如，首钢在秘鲁铁矿项目中投资达1.2亿美元。分布的国家和地区更加广泛，到1992年底，我国已在世界上120个国家和地区设立了国外企业。

（四）调整发展阶段（1993—1998年）

由于整个国民经济存在着经济发展过热、投资结构不合理、物价上涨过快等现象，从1993年起，中央政府开始实行宏观调控，促使经济软着陆。与此相适应，我国对外投资也进入了清理和整顿时期。这6年中我国对外直接投资12.78亿美元，批准设立国外企业1 500家左右。

通过对以往国外投资经验教训的总结和对我国企业国际竞争力现实状况的分析，在这一阶段后期，我国政府提出了发展国外投资的新战略方针：鼓励发展能够发挥我国比较优势的对外投资，更好地利用两个市场、两种资源；组织跨行业、跨部门、跨地区的跨国经营企业集团；在积极扩大出口的同时，要有领导、有步骤地组织和支持一批有实力、有优势的国有企业走出去，到国外办厂，主要是到非洲、中亚、中东、东欧、南美等地投资办厂。新的国外投资战略方针的提出预示着国外投资出现新一轮快速发展。

（五）积极推进阶段（1999—2016年）

从1999年开始，为了推动出口贸易的发展，加快产业结构的调整，向国外转移国内成熟的技术和产业，我国政府提出了鼓励有实力的国内企业到国外投资，通过开展境外加工装配，就地生产、就地销售或向周边国家销售，带动国产设备、技术、材料和半成品的出口。

2001年我国加入WTO后，在外国企业和产品进入中国市场的同时，我国企业抓住国际经济环境改善的良机，扬长避短，走出去发展壮大自己，提升中国企业的国际竞争力，我国对外直接投资进入高速发展阶段。同年，“走出去”战略被写入《中华人民共和国国民经济和社会发展第十个五年计划纲要》，成为我国开放型经济发展的三大支柱之一，其战略思想和方针自此开始不断深化和拓展。中国对外直接投资规模也由此开始飞速扩张，对外投资的区域和产业分布越来越广泛，对外投资管理也不断改革和优化。

在这个高速发展的过程中，中国对外投资不断实现对发达国家的超越，截至2016年底中国对外投资分布在全球190个国家和地区，超过全球国家和地区总数的80%；对外投资产业覆盖了国民经济所有行业类别，制造业和高科技产业的对外投资额不断创新高。

2013年提出的“一带一路”倡议对沿线对外投资发展也起到明显的带动作用，2017年我国对“一带一路”共建国家非金融类对外投资为143.6亿美元，占总流量的12%，截至2016年底，我国在“一带一路”共建国家的投资存量占总存量的9.5%。

（六）稳步发展阶段（2017年至今）

鉴于之前几年对外投资快速发展中存在的问题，有关部门自2016年底采取相关政策进行调整和指导。

2017年非金融类对外直接投资共计1 200.8亿美元，同比下降29.4%，政策对投资的引导效果比较显著。

截至2022年，租赁和商务服务业、制造业及批发和金融业是三大主要投资流向行业，占同期总流量的56.9%。中国对外直接投资逐渐转回理性发展的轨道，对外投资产业结构不断优化。

二、我国对外直接投资的作用

（一）利用国外资源，弥补国内资源不足

随着我国经济的快速发展，国内能源、资源供需的总量和结构矛盾日益突出，有必要通过对外直接投资，建立稳定的国外能源、资源供应渠道，开发国外资源为我所用，利用国外资源弥补国内资源的短缺。

（二）学习和引进国外先进技术和管理经验，提高企业生产能力和经营管理水平

借助国外投资企业，能以优惠的价格和优质的服务为国内企业引进先进的技术、设备和关键零部件，推进国内企业的技术改造，增强国内企业新产品的开发能力和出口能力，增强企业的国际竞争力，而且我方人员可以通过参与对外投资企业的管理，学到一些先进的管理经验，促进企业管理水平的提高。

（三）有助于实施市场多元化战略

改变我国出口市场过分集中的状况，实现出口市场多元化，是保证我国对外经济贸

易持续稳定发展的重要条件之一。为此，通过对外直接投资，在新的出口市场建立一些贸易企业及零部件组装和加工企业，可以提高我国商品在该地区的竞争力。

（四）取得经济效益和社会效益

从对外投资企业的微观角度来讲，对外直接投资取得了一定的经济效益；从国家整体经济发展的宏观角度来讲，对外投资企业还产生了一定的社会效益，例如，保证能源供应、实现产业转移等。

第四节 “走出去”战略

根据国际政治经济环境的变化和国内经济发展对战略性资源需求加大的形势，党的十五大上提出了“鼓励能够发挥我国比较优势的对外投资，更好地利用两个市场、两种资源”的战略方针。

1999年2月，国务院办公厅转发外经贸部、国家经贸委、财政部《关于鼓励企业开展境外带料加工装配业务的意见》，从指导思想、基本原则、工作重点、有关鼓励政策、项目审批程序、组织实施五个方面提出了支持我国企业以境外加工贸易方式“走出去”的具体政策措施。随后，国务院各有关部门又分别制定了具体实施的配套文件。这标志着我国“走出去”开放战略的启动。

2001年，实施“走出去”战略正式写入我国“十五”计划，成为我国“十五”计划期间对外开放的一项重大措施，也将我国对外开放推向一个新阶段。

“走出去”战略的核心内容是国家鼓励各类有条件的国内企业，积极地以不同形式“走出去”，开展战略资源开发和能够发挥我国比较优势的对外投资，开拓市场，扩大工程承包和劳务合作，带动产品、设备和技术出口，弥补国内资源不足，促进经济结构调整，拓展我国经济发展的空间，同时发展我国具有国际竞争力的跨国公司。

一、中国在全球资本流动中的地位

实施“走出去”战略以来，我国对外投资合作持续快速发展。2013年，我国对外直接投资首次突破千亿美元，对外直接投资流量连续两年位列世界第三位。截至2014年底，对外直接投资存量为7 700多亿美元，境外企业超过2.5万家，分布在全球184个国家和地区，年末境外企业资产总额近3万亿美元。外国直接投资（FDI）受实体经济与虚拟经济共同作用，表现出周期性波动的新特点。在对外投资的诸多方面，中国作为世界第三大对外投资母国，在全球资本流动中展现出独有的特点。

（一）中国对外投资增速快于全球

2013年，全球FDI流量扭转了2012年的下滑局面，呈现出恢复上升趋势。联合国贸发会议《2014年世界投资报告》显示，2013年全球FDI（流出）流量为1.41万亿美元，同2012年的1.35万亿美元相比，增长了4.5%。截至2013年末，全球FDI流出存量为26.31万亿美元。

商务部、国家统计局和国家外汇管理局联合发布的《2022年度中国对外直接投资统计公报》显示，2022年中国对外直接投资的流量为1 631.2亿美元，连续7年占全球份额超过一成。

（二）中国对外投资流量连续11年位列全球前三

中国对外投资流量连续11年位列全球前三，继续保持发展中国家对外直接投资第一的地位（如图9-1所示）。2022年中国对外直接投资的流量为1 631.2亿美元，居全球第二（如图9-2所示）。

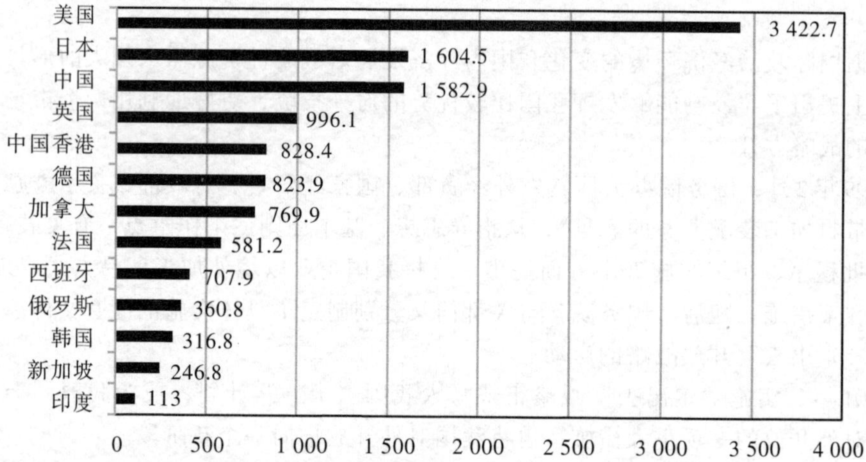

图9-1 2022年全球FDI流出量国家（地区）排名（单位：亿美元）

资料来源：根据联合国贸发会议《2023年世界投资报告》绘制。

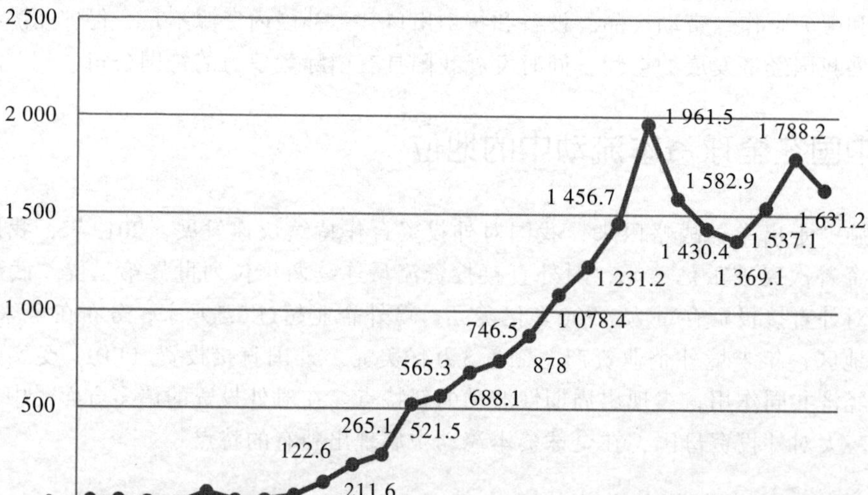

图9-2 1997—2022年中国对外直接投资流量情况表（单位：亿美元）

资料来源：商务部外资统计。

截至2022年末，中国对外直接投资存量达2.75万亿美元，较上年末的2.79万亿美元下降了1.4%，连续6年位列全球前三。美国以80 481亿美元的对外直接投资存量继续位居全球第一（如图9-3所示）。

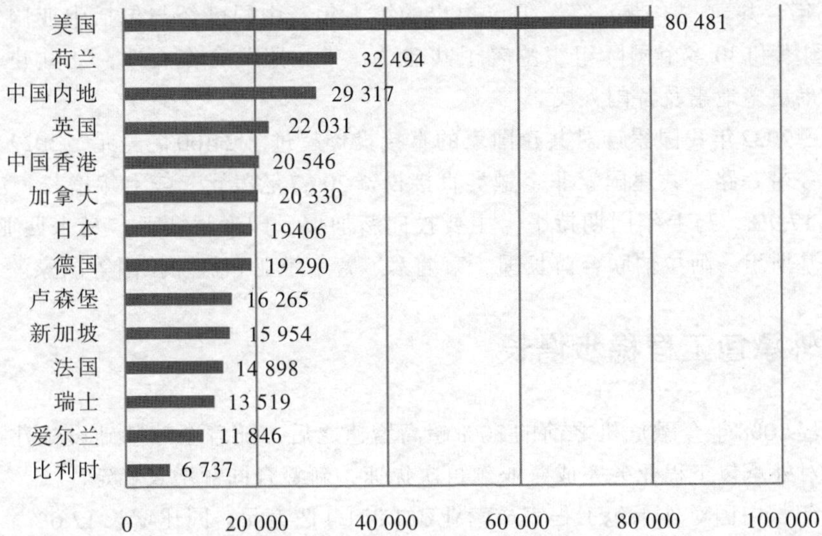

图9-3 2022年全球FDI流出存量前14位国家（地区）（单位：亿美元）

资料来源：根据商务部、国家统计局和国家外汇管理局《2022年度中国对外直接投资统计公报》以及联合国贸发会议《2023年世界投资报告》绘制。

（三）超七成投资流向亚洲地区，对北美洲、大洋洲投资快速增长

从中国对外直接投资流量的地区分布看，2022年北美洲和大洋洲是中国投资流量增长最快的地区，亚洲依然是中国对外直接投资最主要的目的地。2022年，流向亚洲的投资为1 242.8亿美元，比上年下降3%，占当年对外直接投资流量的76.2%，较上年提升4.6%。其中对中国香港的投资为975.3亿美元，较上年下降3.6%，占对亚洲投资总额的78.5%；对东盟10国的投资为186.5亿美元，较上年下降5.5%，占对亚洲投资总额的15%。

流向北美洲的投资为72.7亿美元，比上年增长10.5%，占当年对外直接投资总额的4.5%。其中加拿大为1.5亿美元，较上年增长83.9%：百慕大群岛为-1.7亿美元。流向大洋洲的投资为30.7亿美元，比上年增长44.8%，占当年对外直接投资总额的1.9%。投资主要流向澳大利亚、巴布亚新几内亚、新西兰等国。流向拉丁美洲的投资为163.5亿美元，比上年下降37.5%，占当年对外直接投资总额的10%。投资主要流向英属维尔京群岛、开曼群岛、墨西哥、秘鲁、巴西、智利、巴拿马等国家（地区）。

（四）对外直接投资主要流向租赁和商务服务业

从产业流向看，2022年中国对外直接投资主要流向租赁和商务服务业。《2022年度中国对外直接投资统计公报》显示，2022年中国对外直接投资流向租赁和商务服务业434.8亿美元，占当年流量总额的26.7%，投资主要分布在英属维尔京群岛、美国、荷

兰、英国、瑞典、越南、马来西亚等国家和地区。

（五）共建“一带一路”成为投资重点

2023年，共建“一带一路”倡议提出的第十年，中国已经与包括中亚国家在内的150多个国家和30多个国际组织签署了共建“一带一路”合作文件，让共建“一带一路”的成果更多地惠及各国人民。

专栏9-1

联想集团：海外并购迈步国际化

2013—2022年我国累计对共建国家的直接投资超过了2 400亿美元。2022年，我国企业在“一带一路”共建国家非金融类直接投资209.7亿美元，较上年增长7.7%，占同期总额的17.9%，与上年同期持平，主要投向新加坡、印度尼西亚、马来西亚、泰国、越南、巴基斯坦、阿拉伯联合酋长国、柬埔寨、塞尔维亚和孟加拉国等国家。

二、对外承包工程稳步增长

在历经2008年金融危机之前的30%超高增速之后，随着全球基础设施建设高峰再起，中国对外承包工程业务完成营业额再次提速，新签合同额增长稳定。

2013年，中国对外承包工程完成营业额1 371.4亿美元，同比增长17.6%，提前2年实现“十二五”规划目标；新签合同额达1 716.3亿美元，同比增长9.6%，接近“十二五”规划目标。

截至2019年，我国对外承包工程业务新签合同额和完成营业额保持稳中有升的增长态势，2020年与2021年因面对严峻复杂的国际形势，特别是新冠肺炎疫情的严重冲击有所下降（见表9-12）。2022年，中国对外承包工程新签合同额为2 530亿美元，完成营业额1 550亿美元，业务遍及190个国家和地区。

表9-12　中国对外承包工程业务新签合同额和完成营业额规模变化（2008—2022）

金额单位：亿美元

年份	完成营业额	增长率（%）	新签合同额	增长率（%）
2008	566	39.4	1 046	34.8
2009	777	37.3	1 262	20.7
2010	922	18.7	1 344	6.5
2011	1 034	12.2	1 423	5.9
2012	1 166	12.7	1 565	10.0
2013	1 371	17.6	1 716	9.7
2014	1 424	3.9	1 918	11.8
2015	1 540	8.1	2 101	9.5

续表

年份	完成营业额	增长率（%）	新签合同额	增长率（%）
2016	1 594	3.5	2 440	16.1
2017	1 685	5.7	2 653	8.7
2018	1 690	0.3	2 418	-8.8
2019	1 729	2.3	2 602	7.6
2020	1 559	-9.8	2 555	-1.8
2021	1 549	-0.6	2 584	1.2
2022	1 550	4.3	2 530	-2.1

资料来源：根据商务部历年《中国对外承包工程、劳务合作业务统计年报》整理。

中国在铁路、电力、通信、建材、工程机械等行业具有比较优势，可以灵活地采取投资、工程建设、技术合作等多种方式与世界各国开展广泛的互利合作。

美国麦格劳-希尔建筑信息公司（McGraw-Hil Construction）发布的2023年度Engineering News-Record（ENR）250强中，我国内地上榜企业81家（前10名见表9-13），同比增加2家；国际营业收入总额达到1 179.3亿美元，同比增长了4.4%。亚洲市场保持稳定，非洲、欧洲市场出现下滑，拉美市场快速增长。

表9-13　　入选2023年ENR最大国际承包商中国企业名录前10名

编号	排名		公司名称	2022年完成国际营业额（百万美元）
	2023年	2022年		
1	3	3	中国交通建设集团有限公司	23 526.5
2	6	7	中国建筑股份有限公司	14 304.8
3	8	6	中国电力建设股份有限公司	11 346.6
4	9	10	中国铁建股份有限公司	9 761.0
5	13	11	中国中铁股份有限公司	6 528.0
6	16	20	中国化学工程集团有限公司	5 934.2
7	17	17	中国能源建设股份有限公司	5 310.7
8	31	30	中国石油集团工程股份有限公司	3 453.8
9	33	28	中国机械工业集团有限公司	3 382.8
10	39	47	中国冶金科工集团有限公司	2 762.2

资料来源：根据商务部《中国对外投资合作发展报告》编制。

三、对外劳务合作稳步增长

2015—2016年，我国对外劳务合作派出人员连续两年减少，2017年止跌回升，当年共派出各类劳务人员52.2万人，较上年增加2.8万人，增幅达5.7%。其中承包工程项下派出22.2万人，同比派出规模有所下降；劳务合作项下派出30万人，同比派出规模有所上升。

本章小结

吸收外商投资是中国对外开放基本国策的重要内容，经过40多年的努力，在中国外商投资法律体系和管理制度逐步完善的同时，吸收外资规模不断扩大，水平不断提高，取得了举世瞩目的成绩，有力地促进了国民经济持续快速健康发展。

2001年以后，中国利用外资进入一个新的发展阶段。我国连续十几年吸收外资在发展中国家里排名第一，2009年在全球排第二，仅落后于美国。2014年，我国成为第一大外商直接投资东道国。在规模扩大的同时，我国外商投资的产业结构也在不断优化。

外商直接投资对我国具有重要意义。外商直接投资促进了中国对外贸易规模的迅速扩大；优化了我国对外贸易商品结构；促进了我国对外贸易方式的多样化；推动了我国外向型经济的发展。

2001年，实施“走出去”战略正式写入我国“十五”计划。“走出去”战略的核心内容是：国家鼓励各类有条件的国内企业，积极地以不同形式“走出去”，开展战略资源开发和能够发挥我国比较优势的对外投资，开拓市场，扩大工程承包和劳务合作，带动产品、设备和技术出口，弥补国内资源不足，促进经济结构调整，拓展我国经济发展的空间，同时发展我国具有国际竞争力的跨国公司。

我国对外直接投资的作用：利用国外资源，弥补国内资源不足；学习和引进国外先进技术和管理经验，提高企业生产能力和经营管理水平；有助于实施市场多元化战略；取得经济效益和社会效益。

关键术语

国际直接投资　边际产业扩张理论　出口引致效应　出口替代效应　进口替代效应　“走出去”战略　跨国并购

思考题

1. 国际直接投资与国际贸易的区别是什么？
2. 说明国际直接投资与对外贸易发展的关系。
3. 国际直接投资对投资母国的贸易效应何在？
4. 国际直接投资对投资东道国的贸易效应何在？
5. 简述外商直接投资对我国对外贸易的促进作用。
6. 简述“走出去”战略的内涵。
7. 阐述我国对外投资的发展特点。
8. 对外直接投资对我国的意义何在？

第十章 服务贸易

扫码查看课件

学习目标

通过本章学习，明确国际服务贸易的一些基本概念；了解国际服务贸易及中国服务贸易的发展特点；领会中国发展服务贸易的意义及实施服务贸易自由化的影响；掌握国际服务贸易政策与措施，中国进一步发展服务贸易及应对服务贸易自由化的对策。

第一节 国际服务贸易概述

一、国际服务贸易的基本概念

（一）国际服务贸易的含义

1.服务的含义

服务是相对于产品的一个经济学概念，是指以提供活劳动形式满足他人某种需要并取得报酬的活动。

2.国际服务贸易的定义

国际服务贸易是指服务提供者从一国境内向他国境内，通过商业现场或自然人的商业现场向服务消费者提供服务并获得外汇收入的过程。

（二）国际服务贸易的特征

1.服务贸易标的一般具有无形性

作为服务贸易标的的服务本身在空间形态上不固定，不直接可视，这决定了服务贸易的无形性，即服务贸易几乎不存在可观测的有形的商品货物流入或流出，而更多地反映为服务提供者、服务消费者或其他服务贸易要素的跨境流动。

2.服务贸易过程与服务生产、消费具有同步性

这一特性也仍然是从服务的特性之一即“生产消费同时性”派生而来的。服务价值的形成和使用价值的创造过程，与服务价值的实现和使用价值的让渡过程，以及服务使用价值的消费过程往往是在同一时间同一地点完成的。服务的这一特性决定了服务贸易的发生必须具备服务提供者与服务消费者物理接近的条件。

3.服务贸易与生产要素的跨国界移动密切相关

服务是一个过程，一般来说服务贸易是不含所有权转移的特殊交易方式，因此，服务贸易更多地依赖于生产要素的国际移动和服务机构的跨国设置，国际服务交换无论采取什么形式，它都与资本、劳动力和信息等生产要素的跨国界移动密切相关。

4.服务贸易不是通过边境措施，而是通过国内相关立法和规定来进行监管

服务是一种无形的产品，因此服务的进出口或者跨国界流动，不像货物那样都必须经过海关，征收关税后放行进入进口国，而有相当一部分服务是在提供方境内或者在消费者境内进行的，有的甚至是在第三国境内提供的。这个特征决定了服务贸易的壁垒不同于货物贸易，服务贸易自由化的关键是要逐步取消各国管理模式和法令上的限制。

5.服务贸易的统计数据在各国国际收支平衡表中显示，而在各国海关进出口统计上没有显示

从国际收支结构的角度看，服务贸易与货物贸易不同的是，货物贸易被列入贸易收支项下，而服务贸易被列入非贸易收支项下。但需要说明的是，世贸组织定义的服务贸易不仅包括国际收支平衡表中的部分，还包括一国对外投资形成的经济实体在当地的经营活动，这是国际收支表所不能统计的。

上述的特殊性，是就服务贸易的一般情况而论的，由于服务门类众多，形式差异很大，所以上述特性都有例外现象的存在。

（三）国际服务贸易的供应模式

《服务贸易总协定》界定了服务贸易主要分为跨境交付、境外消费、商业存在和自然人流动四种方式（见表10-1）。

表10-1 **国际服务贸易的四种供应模式**

方式	特征	举例
1.跨境交付（占比35%）	它类似于传统意义上的货物贸易，即交付产品时，消费者和供应商依然留在各自领土	通过电话、传真、互联网或其他计算机媒体的联结，或是通过邮件或信使方式发送文件、软盘、磁带等；支持货物贸易的运输服务，非脱产课程和远距离诊断
2.境外消费（占比10%~15%）	消费者迁出其本国领土并在另一国家消费服务	旅游活动、非居民人员的医疗以及在境外学习语言课程、境外船只维修等
3.商业存在（占比50%）	在外设代表处和分支机构。这种服务贸易往往与对外直接投资联系在一起	外资医院提供的医疗服务，外资学校提供的课程以及外国银行的一个国内分行或附属机构提供的服务

续表

方式	特征	举例
4. 自然人流动（占比 1%~2%）	由服务供应商通过在任何其他成员领土中一个成员的自然人存在方式提供服务	外国医生或教师的短期就业、公司内部的工作人员调动；国外分支机构中的外籍员工的短期就业；建筑工人或有偿家政服务人员的短期就业

1. 跨境交付

服务提供者自成员领土向任何其他成员领土提供服务，如金融、电信、邮递服务等。

2. 境外消费

服务提供者在一成员领土内向来自任何其他成员的服务消费者提供服务，如旅游、教育服务等。

3. 商业存在

一成员的服务提供者通过在任何其他成员领土内设立商业机构或专业机构，为后者领土内的消费者提供服务。

4. 自然人流动

一成员的服务提供者在任何其他成员领土内以自然人的存在提供服务，如通过设立分支机构或代理机构提供银行、保险、证券承销、法律咨询等服务。

（四）国际服务贸易的分类

根据世贸组织统计和信息系统局提供的国际服务贸易分类表，可以将国际服务贸易分为 11 大类 142 个服务项目（见表 10-2）。

表 10-2　**国际服务贸易分类一览表**

类别	主要项目
商业性服务	专业服务、计算机及有关服务、研究与开发服务、房地产服务、无经纪人介入的租赁服务、其他的商业服务
通信服务	邮政服务、快件服务、电信服务、视听服务
建筑和相关工程服务	建筑物的一般建筑工作、民用工程的一般建筑工作、安装与装配工作、建筑物的完善与装饰工作
销售服务	代理机构服务、批发贸易服务、零售服务、特约代理服务、其他销售服务
教育服务	初等教育服务、中等教育服务、高等教育服务、成人教育服务、其他教育服务
环境服务	污水处理服务、废物处理服务、卫生及其相关服务、其他环境服务
金融服务	所有保险及与保险有关的服务、银行及其他金融服务
健康与社会服务	医院服务、其他人类健康服务、社会服务、其他健康与社会服务
旅游及相关服务	宾馆与饭店服务、旅行社及旅游经纪人服务、导游服务
文化、娱乐及体育服务	新闻机构服务、图书馆、档案馆、博物馆及其他文化服务、体育及其他娱乐服务
交通运输服务	海运服务、内河航运服务、空运服务、空间运输服务、铁路运输服务、公路运输服务、管道运输服务、所有运输方式的辅助性服务

二、国际服务贸易发展概况

（一）国际服务贸易发展特点

美国在《1974年贸易法》中首次使用“世界服务贸易”的概念，服务贸易概念从此正式诞生。

从20世纪80年代起服务贸易出现迅速增长的势头，服务贸易在国际贸易发展中的地位已经发生深刻变化。

1.国际服务贸易迅速发展

（1）国际服务贸易规模不断扩大

世界服务贸易总额1980年为7 622亿美元，1990年为16 026亿美元，2022年则上升为136 531亿美元（见表10-3）。

表10-3　**世界服务贸易额及增长率**

年份	贸易额（亿美元）			增长率（%）		
	出口	进口	总额	出口	进口	总额
1990	7 830	8 196	16 026	—	—	—
1991	8 259	8 503	16 762	5.7	3.1	4.4
1992	9 241	9 442	18 683	11.9	10.3	11.1
1993	9 419	9 579	18 998	1.9	1.5	1.7
1994	10 380	10 433	20 813	10.2	8.9	9.6
1995	11 887	12 008	23 895	14.5	15.1	14.8
1996	12 752	12 700	25 452	7.3	5.8	6.5
1997	13 251	13 093	26 344	3.9	3.1	3.5
1998	13 441	13 329	27 770	1.4	1.8	1.6
1999	13 921	13 867	27 788	3.6	4.0	3.8
2000	14 807	14 722	29 529	6.4	6.2	6.3
2001	14 827	14 872	29 699	0.1	1.0	0.6
2002	15 786	15 611	31 397	6.5	4.9	5.7
2003	17 626	17 427	35 053	11.7	11.6	11.6
2004	21 795	21 328	43 123	23.7	22.4	23.0
2005	24 147	23 613	47 760	10.8	10.7	10.8

续表

年份	贸易额（亿美元）			增长率（%）		
	出口	进口	总额	出口	进口	总额
2006	27 108	26 196	53 304	12.3	10.9	11.6
2007	32 572	30 591	63 163	20.2	16.8	18.5
2008	37 313	34 690	72 003	14.6	13.4	14.0
2009	33 116	31 145	64 261	−0.1	−0.1	−0.1
2010	36 650	35 050	71 700	8.0	9.0	11.6
2011	42 780	37 395	80 175	11.0	6.7	11.8
2012	43 470	42 050	85 520	1.6	12.0	6.3
2013	46 250	43 400	89 650	6.4	3.2	4.8
2014	48 192	45 440	93 632	4.2	4.7	4.4
2015	47 500	44 950	92 450	−1.4	−1.1	−1.3
2016	47 700	46 450	94 150	0.4	3.3	1.8
2017	51 516	50 166	101 682	8.0	6.0	8.0
2018	61 167	58 428	119 596	18.7	16.4	17.6
2019	63 085	60 479	123 565	3.1	3.5	3.3
2020	52 244	49 627	101 872	−17.1	−17.9	−17.5
2021	61 994	57 276	119 270	18.6	15.4	17.0
2022	70 955	65 575	136 531	14.4	14.4	14.4

资料来源：根据WTO历年《世界贸易发展报告》编制。

（2）国际服务贸易增长速度快于货物贸易增长速度

1980—1991年，货物出口贸易年均增长率为5.42%，服务出口贸易则以每年7.95%的速度增长；货物进口贸易年均增长率为5.52%，而服务进口贸易则以每年7.49%的速度增长。

1992—2003年，货物出口贸易年均增长率为6.71%，服务出口贸易以每年6.61%的速度增长；货物进口贸易年均增长率为6.13%，而服务进口贸易则以每年6.23%的速度增长。

2004—2009年，货物出口贸易年均增长率为6.52%，服务出口贸易以每年13.58%的速度增长。

2010—2014年，货物出口贸易年均增长率为9.18%，服务出口贸易年均增长率为6.24%。

2014年以来，货物出口贸易和服务出口贸易均有所滑落（见表10-4）。

表10-4 世界服务出口与货物出口增长率比较

年份	服务出口（%）	货物出口（%）
1992	11.9	7.14
1993	1.93	0.29
1994	10.2	14.5
1995	14.5	19.3
1996	7.28	4.46
1997	3.91	3.5
1998	1.43	-1.5
1999	3.57	3.84
2000	6.36	12.9
2001	0.14	-3.9
2002	6.47	4.54
2003	11.7	15.5
2004	23.7	22.4
2005	10.8	10.7
2006	12.3	8.5
2007	20.2	5.5
2008	14.6	4
2009	-0.1	-12
2010	8.0	21.9
2011	11.0	20.0
2012	1.6	0.0
2013	6.4	2.0
2014	4.2	2.0
2015	-1.4	-13.2
2016	0.4	-3.2
2017	8.0	10.6
2018	18.7	10.1
2019	3.1	-2.6
2020	-17.1	-7.1
2021	18.6	26.8
2022	14.4	10.3

资料来源：WTO国际贸易统计数据库（International Trade Statistics Database）。

（3）服务贸易在世界贸易中的份额稳步上升

据世贸组织统计，1970年服务贸易在世界贸易中所占比重为22.5%，到2001年增加到23.98%。2001年以后这一份额下降，2009年开始有回升迹象，但到了2010年又有所下降，2014年再次出现回升迹象（见表10-5）。

表10-5　世界服务贸易发展概况　金额单位：亿美元

年份	世界出口总额（货物+服务）	服务贸易出口总额	服务贸易出口总额占世界出口总额的比例（%）
1970	3 150	710	22.5
1980	19 906	4 020	20.2
1985	19 578	4 050	20.7
1990	34 700	8 110	24.6
1995	60 600	12 300	20.3
2000	62 201	14 350	23.1
2001	61 761	14 807	23.98
2002	63 940	14 827	23.2
2003	74 503	15 786	21.2
2004	91 200	17 626	19.3
2005	127 181	21 795	17.1
2006	147 938	27 108	18.3
2007	170 983	32 572	19.1
2008	195 313	37 313	19.1
2009	156 999	33 116	21.1
2010	189 030	36 650	19.4
2011	224 950	42 780	19.0
2012	226 700	43 470	19.2
2013	234 373	46 250	19.7
2014	232 661	48 192	20.7
2015	212 689	47 500	22.3
2016	207 987	47 700	22.9
2017	228 815	51 516	22.5

续表

年份	世界出口总额（货物+服务）	服务贸易出口总额	服务贸易出口总额占世界出口总额的比例（%）
2018	253 516	61 167	24.1
2019	250 265	63 085	25.2
2020	226 225	52 244	23.0
2021	282 721	61 994	21.9
2022	314 562	70 955	22.5

资料来源：世界贸易组织统计。

2.国际服务贸易领域不断拓宽

信息技术的飞速发展，使新的服务贸易门类不断产生，新兴服务贸易发展速度超过传统服务贸易的发展速度。

第二次世界大战以后，第三次产业革命，电信、金融以及各种信息产业、高新技术产业得以迅速崛起并快速进入服务贸易领域，从而使世界服务贸易的结构不断发生变化。以旅游和运输为代表的传统服务项目所占的比重从1990年的60.6%下降至2008年的51.4%；而以通信、计算机和信息服务、金融、保险、专有权使用和特许为代表的其他商业服务类型占比则从39.4%逐步增长到48.6%。

3.国际服务贸易发展不平衡

全球服务贸易发展极不平衡，发达国家和发展中国家差距巨大。

（1）从服务贸易规模看

发达国家和地区的服务贸易出口占全球的80%以上，在全球服务贸易出口中占主导地位。

从国际服务贸易的进出口排名来看，位居世界服务贸易前列的国家大多是发达国家。在进出口前10名中只有中国、印度两个发展中国家，其余都是发达国家和地区。

美国是世界上服务贸易最发达的国家，进口和出口均居世界第一位，并且是世界上唯一一个进出口占比均超过10%的国家。

（2）从服务贸易结构看

在服务贸易结构上，发达国家主要输出技术、知识和资本密集型服务，而发展中国家则主要发展劳动密集型服务，劳动力输出是其最主要的服务贸易方式。

4.国际服务贸易自由化程度远不如国际货物贸易

乌拉圭回合达成的《服务贸易总协定》，在很大程度上推进了世界服务贸易的自由化进程，但由于发达国家和发展中国家的服务业及国际服务贸易发展水平具有较大差距，加上服务市场的开放会涉及国家主权与安全、政治与文化等敏感问题，因此国际服务贸易市场显示出很强的垄断性，国际服务贸易领域的保护程度远远超过了国际货物贸易领域。

（二）国际服务贸易迅速发展的原因

1.新科技革命是推动国际服务贸易迅速发展的基本动因

（1）高新技术被广泛地应用于服务产业，使许多原先“不可贸易”的服务转化为“可贸易”的服务。

（2）信息和通信技术的发展，促使银行、保险、商品零售等可以通过计算机网络在全球范围内开展业务，为跨国服务创造条件。

（3）科技革命加快了劳动力和科技人员的国际流动，特别是促进了专业科技人员和高级管理人才的跨国流动，使服务输出的发展发生了质的飞跃。

（4）科学技术的进步，使生产资料的投入越来越少，而技术性服务越来越多，因而在第二次世界大战后货物贸易发展的同时，服务贸易也相应不断扩大。

2.产业结构的调整是促进国际服务贸易迅速发展的主要原因

随着科技革命的发展，生产力水平的提高，各国产业结构调整持续进行，产业结构升级的必然结果是服务业的比重不断上升，对国际服务贸易的发展发挥着重要作用。

3.国际货物贸易量的增加是国际服务贸易迅速发展的基础

货物贸易的急剧扩张是服务业产生和发展的重要前提条件，因为货物贸易需要服务业的进入才能得以完成，最典型的例子就是货物进出口离不开运输、通信、保险业务。

4.各国服务业的比较优势差异是服务贸易发展的前提

由于服务部门是多种多样的，它的技术含量的差异很大，这就使发展程度不同的国家都可能在某些服务的生产上拥有比较优势。各国输出具有比较优势的服务，进口本国处于劣势的服务，形成了巨大的服务需求与供给，加速了服务贸易市场体系的发育。

第二节　国际服务贸易政策与措施

一、国际服务贸易壁垒

（一）国际服务贸易壁垒的含义

国际服务贸易壁垒指一国政府对国外生产的服务销售所设置的有障碍作用的政策措施，以增加国外服务生产者的成本从而达到限制外国服务进入的目的。

（二）国际服务贸易壁垒的主要形式

对国际服务贸易的限制可以分为两类：一类是市场准入限制；另一类是经营限制。具体可以将国际服务贸易壁垒划分为以下几种形式：

1.服务产品移动的壁垒

服务进口国规定服务进口的最高限度，当外国供应者提供的服务超过此限度时，进口国完全阻止外国服务进入本国市场。

2.人员流动的壁垒

主要是通过各种措施对外国劳动力进入本国工作或就业进行限制。

3.资本流动的壁垒

服务进口国通过外汇和投资管制等措施对外国服务提供者进行限制。

4.服务提供者开业权的壁垒

限制或禁止外国服务提供者以商业存在的形式进入本国服务市场。这方面的壁垒同服务业的市场准入原则有联系，是开展国际服务贸易的最大阻碍。

目前开业权壁垒的形式主要有：

（1）不允许外国服务提供者在特定服务领域设立经营机构；

（2）限制外国服务提供者在本国的企业形态；

（3）限制外国服务提供者在企业中的股份、权益和投票权；

（4）对外国公司的活动进行限制等。

5.与服务贸易相关的货物流转的壁垒

服务及其成果往往要借助一定的有形物体（即货物）来完成和体现，很多国家即通过对这些货物流转的限制，达到对外国服务销售设置障碍的目的。

（三）国际服务贸易壁垒的特点

（1）以国内法律、法规和规章制度为主而不是以关税为主。

（2）以对人（自然人、法人及其他经济组织）的资格与活动的限制为主而不是以对商品的数量、质量等为主。

（3）不仅以商业利益为目标，还以国家安全、政治稳定为目标。

（4）灵活隐蔽、选择性强，而不是固定公开、统一透明。

二、国际服务贸易自由化

（一）国际服务贸易自由化的含义

国际服务贸易自由化，是指减少以至消除各国妨碍服务贸易自由、公平进行的法律、法规，提高本国服务市场的准入程度，最终使服务业在各国和各地区间无障碍地自由流动。

（二）国际服务贸易自由化的进程

（1）早在关贸总协定东京回合谈判中，就开始推动把服务贸易纳入多边贸易谈判的范畴。

（2）1986年9月开始的关贸总协定乌拉圭回合多边贸易谈判中，服务贸易被列入了谈判议题，经过长达7年多的谈判，于1993年12月15日达成了《服务贸易总协定》（以下简称《总协定》）。

(3) 乌拉圭回合后，各成员方就一些服务行业的贸易自由化进行了进一步的磋商与谈判，作为《总协定》的后续谈判成果，于1997年通过了三项行业协议，即《基础电信协议》、《金融服务协议》和《信息技术协议》。

上述协议文件规定了各成员方在国际服务贸易中应遵循的原则与规则，旨在解决服务业的开放和服务贸易自由化的问题。

(三)《服务贸易总协定》简介

1.《总协定》的法律地位

《总协定》是世界贸易组织第一个有关国际服务贸易的框架性法律文件，是为消除国际服务贸易壁垒、实现服务贸易自由化而达成的多边法律规范，它将成员方政府对服务贸易的管理措施置于国际纪律约束之下。

2.《总协定》的宗旨和目标

宗旨：为服务贸易建立一个多边框架，在有透明度和逐步实现贸易自由化条件下扩大服务贸易，促进所有贸易伙伴和发展中国家的经济增长和发展。《总协定》的最终任务是使服务贸易自由化。在各国服务业发展不平衡的时候，实现服务贸易自由化的目标只能是逐步的。

目标：建立一套包括服务贸易各项原则和规则的多边贸易框架，借以在有透明度和逐步实现自由化的条件下扩大服务贸易，作为促进所有贸易伙伴和发展中国家经济增长和发展的一种手段。《总协定》的最终目标是要在服务贸易自由化中各成员方能够获取经济增长和提升世界福利。

3.《总协定》的框架和主要内容

《总协定》由条款本身、附件和具体承诺表三部分构成（见表10-6）。

表10-6 《总协定》的框架和主要内容

基本框架	主要内容
条款本身（分为6个部分，由29个条款组成）	规定了服务贸易自由化的原则和规则，具体涵盖的主要内容包括：《总协定》的宗旨，服务贸易的定义与范围，服务贸易的一般义务和纪律，具体承诺的义务，逐步自由化原则，以及争端解决机制、组织机构设置等
附件（包括8个附件）	规定了处理具体服务贸易部门所适用的规则，主要包括最惠国待遇例外附件、根据《总协定》自然人移动提供服务附件、空运服务附件、金融服务附件、金融服务的第二附件、海运服务谈判附件、电信服务附件、基础电信谈判附件等
具体承诺表	明确了各参加方在双边谈判的基础上承担的关于国民待遇和市场准入的义务

4.《总协定》的主要原则

(1) 普遍义务原则

普遍义务是各成员方都应该无条件遵守的义务，主要原则如下：

第一，最惠国待遇原则。

在《总协定》覆盖范围内，各成员给予任一成员的服务和服务提供者的待遇，应无条件地不低于给予任何其他成员相同的服务或服务提供者的待遇，即意味着要平等地对待所有成员伙伴。《总协定》的最惠国待遇原则适用于除被各成员列入豁免清单外的所有服务贸易部门。

第二，透明度原则。

除非在紧急情况下，各成员应迅速将所有涉及或影响本协定实施的有关措施，最迟在它们生效以前予以公布；如果它是涉及或影响服务贸易的国际协定的签字国，该项国际协定也必须予以公布。根据《总协定》，各成员必须公布所有相关法律和规定，并建立咨询点，以便其他成员可获得相关服务部门的法律、法规信息。

第三，发展中国家更多参与原则。

各缔约方通过对承担特定义务的协商，使发展中国家在国际服务贸易领域能更多地参与，《总协定》特别关注到了最不发达国家的服务贸易发展。不足的是没有太多硬性规定来保证这一原则的实施。

（2）特定义务或具体承诺原则

特定义务是各成员通过列举清单的方式遵守的义务，主要包括下列原则：

第一，市场准入原则。

各成员应以低于其在减让表中已经同意提供的待遇，给予其他成员的服务和服务提供者，是各成员通过谈判作出并约束各自市场开放的承诺。

第二，国民待遇原则。

成员在减让表中记载的服务部门，对本国服务和服务提供者给予的各种条件和资格要给予任何其他成员的服务和服务提供者，不能实行差别待遇，即对本国国民和外国人给予同样的待遇。在《关贸总协定》中它是一条普遍义务和原则，但在《总协定》中仅仅用在列举在清单中的部门，所以它被列入具体承诺中。

第三，例外和豁免原则。

考虑到服务贸易发展的不平衡性和独特性，作为一般义务的最惠国待遇原则的特殊情况可以列举豁免清单，同样，市场准入和国民待遇也可以有例外。

5.《总协定》的意义

（1）确定了服务贸易各成员方共同遵守的国际规则

《总协定》的签署，使参与服务贸易的国家有了一个共同认可和相互遵循的国际准则，使国际贸易体制更加完善。

（2）为服务贸易自由化提供了法律基础

《总协定》所奉行的基本原则，如最惠国待遇、透明度、市场准入、国民待遇、发展中国家更多参与、逐步自由化等原则，构成了国际服务贸易的行为准则，为促进国际服务贸易自由化提供了法律依据和体制上的保障。

（3）促进发展中国家服务贸易的发展

《总协定》考虑了发展中成员服务贸易的现状和国内经济的发展需要，对发展中国家在服务贸易自由化进程方面作出了很多保留和例外，给予发展中国家特别待遇和一些特殊利益。这些规定显然有助于发展中国家提高服务贸易的实力和国际竞争力，更多地参与国际服务贸易。

(4) 有利于国际投资的发展

《总协定》所涉及的服务贸易范围十分广泛，除规范了服务业国际交易的基本原则外，还规定了成员方关于商业存在方式服务的措施。这些措施大部分和投资措施有关，在很大程度上减少了国际投资中的障碍。

第三节　中国服务贸易

改革开放以来，我国的服务业得到了快速发展，服务业产值在国内生产总值中的比重不断上升，也推动了对外服务贸易的发展。

一、中国服务贸易总体情况

中国服务贸易与货物贸易一样，改革开放以来发展迅速。服务贸易进出口总额从1984年的54.1亿美元增加到2008年的3 044.5亿美元，其中，出口额从1984年的27.8亿美元增加到2008年的1 465亿美元；进口额从1984年的26.3亿美元增加到2008年的1 580亿美元。

受金融危机影响，2009年，中国服务贸易进出口规模出现自2001年以来的首次缩减，比上年下降6%。2010年，中国服务贸易实现恢复性增长，进出口总量创历史新高，贸易逆差明显缩减，出口和进口世界排名双双攀升。

近年来，中国服务贸易呈现显著增长态势（见表10-7），呈现规模持续扩张、结构优化升级、新动能加速形成的特征。2024年服务进出口总额达7.5万亿元人民币，首次突破1万亿美元大关，稳居全球第二。

表10-7　　1984—2022年中国服务贸易进出口情况　　金额单位：亿美元

年份	中国出口额	占世界比重（%）	世界出口额	中国进口额	占世界比重（%）	世界进口额	中国进出口额	占世界比重（%）	世界进出口额
1984	28	0.8	3 656	26	0.7	3 963	54	0.7	7 619
1985	29	0.8	3 816	23	0.6	4 011	52	0.7	7 827
1986	36	0.8	4 478	20	0.4	4 580	56	0.6	9 058
1987	42	0.8	5 314	23	0.4	5 439	65	0.6	10 753
1988	47	0.8	6 003	33	0.5	6 257	80	0.7	12 260
1989	45	0.7	6 566	36	0.5	6 855	81	0.6	13 421
1990	57	0.7	7 805	41	0.5	8 206	98	0.6	16 011
1991	69	0.8	8 244	39	0.5	8 510	108	0.6	16 754
1992	91	1.0	9 238	92	1.0	9 471	183	1.0	18 709

续表

年份	中国出口额	占世界比重（%）	世界出口额	中国进口额	占世界比重（%）	世界进口额	中国进出口额	占世界比重（%）	世界进出口额
1993	110	1.2	9 413	116	1.2	9 596	226	1.2	19 009
1994	164	1.6	10 332	158	1.5	10 438	322	1.6	20 770
1995	184	1.6	11 849	246	2.0	12 015	430	1.8	23 864
1996	206	1.6	12 710	224	1.8	12 697	430	1.7	25 407
1997	245	1.9	13 203	277	2.1	13 056	522	2.0	26 259
1998	239	1.8	13 503	265	2.0	13 350	504	1.9	26 853
1999	262	1.9	14 056	310	2.2	13 883	572	2.0	27 939
2000	301	2.0	14 922	359	2.4	14 796	660	2.2	29 718
2001	329	2.2	14 945	390	2.6	14 941	719	2.4	29 886
2002	394	2.5	16 014	461	2.9	15 793	855	2.7	31 807
2003	464	2.5	18 340	549	3.0	18 023	1 013	2.8	36 363
2004	621	2.8	21 795	716	3.4	21 328	1 337	3.1	43 123
2005	739	3.1	24 147	832	3.5	23 613	1 571	3.3	47 760
2006	914	3.4	27 108	1 003	3.8	26 196	1 917	3.6	53 304
2007	1 216	3.7	32 572	1 293	4.2	30 591	2 509	4.0	63 163
2008	1 465	3.9	37 313	1 580	4.6	34 690	3 045	4.2	72 003
2009	1 286	3.9	33 116	1 582	5.1	31 145	2 868	4.5	64 261
2010	1 702	4.6	37 000	1 922	5.5	34 946	3 624	5.1	71 059
2011	1 821	4.4	41 386	2 370	6.1	38 853	4 191	5.2	80 596
2012	1 905	4.4	43 296	2 801	6.8	41 191	4 706	5.6	84 036
2013	2 105	4.6	46 250	3 291	7.6	43 400	5 396	6.0	89 650
2014	2 222	4.6	48 304	3 821	8.1	47 173	6 043	6.2	98 007
2015	2 882	6.1	47 500	4 248	9.5	44 950	7 130	7.7	92 450
2016	2 546	5.3	47 700	4 921	10.6	46 450	7 467	7.9	94 150
2017	2 816	5.5	51 516	5 177	10.3	50 166	7 993	7.9	101 682
2018	2 668		61 167	5 250		58 428	7 919	7.0	119 596

续表

年份	中国出口额	占世界比重（%）	世界出口额	中国进口额	占世界比重（%）	世界进口额	中国进出口额	占世界比重（%）	世界进出口额
2019	2 836	4.6	63 085	5 014	8.6	60 479	7 850	6.3	123 565
2020	2 806	5.6	52 244	3 810	8.0	49 627	6 617	6.8	101 872
2021	3 942	6.5	61 994	4 270	7.8	57 276	8 212	7.2	119 270
2022	4 241	5.9	70 955	4 650	7.0	65 575	8 891	6.5	136 531

注：遵循WTO有关服务贸易的定义，中国服务贸易数据不含政府服务。

资料来源：WTO数据库。

二、中国服务贸易发展的特点

（一）服务贸易出口增速高于全球增速

中国服务出口和世界服务出口增速比较见表10-8。

表10-8 **中国服务出口和世界服务出口增速比较** 金额单位：亿美元

年份	中国出口额	增速（%）	世界出口额	增速（%）
1984	28	12.0	3 656	3.2
1985	29	3.6	3 816	4.4
1986	36	24.1	4 478	17.4
1987	42	16.7	5 314	21.9
1988	47	11.9	6 003	13.0
1989	45	-4.3	6 566	9.4
1990	57	26.7	7 805	18.9
1991	69	21.1	8 244	5.6
1992	91	31.9	9 238	12.1
1993	110	20.9	9 413	1.9
1994	164	49.1	10 332	9.8
1995	184	12.2	11 849	14.7
1996	206	12.0	12 710	7.3
1997	245	18.9	13 203	3.9
1998	239	-2.5	13 503	4.1

续表

年份	中国出口额	增速（%）	世界出口额	增速（%）
1999	262	9.6	14 056	4.1
2000	301	14.9	14 922	6.2
2001	329	19.8	14 945	0.2
2002	394	19.8	16 014	7.2
2003	464	17.8	18 340	14.5
2004	621	33.8	21 795	10.8
2005	739	19.0	24 147	10.8
2006	914	23.7	27 108	12.3
2007	1 216	29.2	32 572	20.2
2008	1 465	20.5	37 313	14.6
2009	1 286	−12.2	33 116	−11.3
2010	1 702	32.4	37 000	11.7
2011	1 821	7.0	41 386	11.9
2012	1 905	4.6	43 296	4.6
2013	2 105	10.5	46 250	6.8
2014	2 222	5.6	48 304	4.4
2015	2 882	29.7	47 500	−1.4
2016	2 546	−11.7	47 700	0.4
2017	2 816	10.6	51 516	8.0
2018	2 668	−5.2	61 167	18.7
2019	2 836	6.3	63 085	3.1
2020	2 806	−1.0	52 244	−17.1
2021	3 943	40.5	61 994	18.7
2022	4 241	7.6	70 955	14.4

资料来源：WTO世界贸易统计。

1982—2007年，中国服务贸易出口额从25亿美元增长到1 216亿美元，25年增长近36倍，年均增长16.2%，是同期世界服务贸易平均出口增速8.7%的2倍。

2008年中国服务贸易进出口额同比增长21%，增速高于全球服务贸易同期增速10

个百分点，中国已经成为全球服务贸易的重要组成部分。

受国际金融危机的影响，2009年中国服务贸易进出口额由上年增长21.3%转为下降6%，回落27.3个百分点。其中，出口同比下降12.2%，进口同比增长0.1%，这是2001年以来中国服务贸易进出口规模的首次缩减。

在经历2009年的低谷之后，2010年中国服务贸易实现恢复性增长，进出口总量创历史新高，比上年增长26.4%，超过世界服务进出口平均增幅18个百分点，出口和进口世界排名双双攀升。

2011年，中国服务进出口规模扩大，同比增长15.6%，超过世界服务进出口平均增幅5个百分点。

2014年，中国服务进出口总额为6 043.4亿美元，同比增长12.6%，增速远高于全球服务贸易的平均水平。

2024年，我国全年服务进出口总额首次突破1万亿美元，规模创历史新高。中国全年服务进出口总额为75 238亿元人民币，同比增长14.4%。其中，出口31 755.6亿元，同比增长18.2%；进口43 482.4亿元，同比增长11.8%。

（二）服务贸易额占全球比重逐年提高

“十一五”期间，我国出台了《国务院关于加快发展服务业的若干意见》，明确提出扩大服务业对外开放，大力发展服务贸易，促使我国服务贸易规模迅速扩大。

2008年，我国服务贸易进出口额已经达到3 045亿美元，同比增长58.8%。其中，出口额1 465亿美元，同比增长60.3%；进口额1 580亿美元，同比增长57.5%。我国服务贸易在世界服务贸易中的排位也不断提高。

2008年，我国服务贸易出口额居世界第5位，进口额仍稳居第5位。

2009年，受金融危机的影响，我国服务贸易增速有所减缓，进出口规模出现自2001年以来的首次缩减，但市场份额及世界排名仍基本与2008年持平。商务部公布的数据显示，当年，中国服务贸易进出口总额为2 868亿美元，比上年下降6%，占世界服务贸易进出口总额的比重为4.5%，比2008年的4.2%略有提升。其中，出口1 286亿美元，同比下降12.2%，占世界服务贸易出口总额的比重为3.9%，与2008年持平；进口1 582亿美元，同比增长0.1%，占世界服务贸易进口总额的比重为5.1%，比2008年的4.6%提高了0.5个百分点。2009年中国服务贸易出口和进口分别位居世界第5位和第4位，与2008年相比，出口的世界排名相同，进口排名提高了1位。

2014—2022年，中国服务进出口总额与进口额世界排名一直稳居第2位，出口额排名则从第5位升至第3位（见表10-9）。

（三）发达国家和地区为我国主要服务贸易伙伴

“十一五”期间，我国前五大服务贸易伙伴依次为中国香港、美国、欧盟、日本和东盟，与该五大伙伴之间的服务贸易额占服务贸易总额的68%。其中，中国香港、美国、欧盟、日本、东盟为我国前五大服务贸易出口伙伴，中国香港、欧盟、美国、日本和东盟为我国服务贸易前五大进口伙伴。

表 10-9 1997—2022 年中国服务进出口世界排名

年份	进出口	出口	进口
1997	13	15	11
1998	12	14	12
1999	13	14	10
2000	12	12	10
2001	13	12	10
2002	9	11	9
2003	9	9	8
2004	9	9	8
2005	9	9	7
2006	8	8	7
2007	6	7	5
2008	5	5	5
2009	4	5	4
2010	4	4	3
2011	4	4	3
2012	3	5	3
2013	3	5	2
2014	2	5	2
2015	2	5	2
2016	2	5	2
2017	2	5	2
2018	2	5	2
2019	2	5	2
2020	2	4	2
2021	2	3	2
2022	2	3	2

资料来源：根据商务部中国服务贸易统计数据整理。

目前，我国主要服务贸易伙伴包括以下国家和地区：美国、东盟、RCEP成员、欧盟、中东、中亚及东欧等。

（四）服务业在国民经济中的比重较低

服务贸易的产业基础主要是第三产业。根据北京市课题组1995年的测算，我国服务贸易与第三产业之间的有关相关系数均在0.8以上，说明其在数量上有很强的依存关系。

1997—2008年，中国第三产业获得较快发展，就业人数达到1/3水平，而产值份额超过了40%，但是与发达国家的70%水平相比，甚至与发展中国家的50%左右的水平相比，第三产业在我国国民经济发展中的地位仍有待提高。2009—2017年，中国第三产业进一步发展，目前，就业人数和产值已超过四成。

同时，考察服务贸易与第三产业之间的比例关系可以发现，中国服务贸易输出入额占第三产业产值的份额平均为19.23%，其中，服务贸易输出额占第三产业产值的份额平均为8.72%，服务贸易进口额占第三产业产值的份额平均为10.51%。这表明中国第三产业发展有待进一步扩大开放程度，提高国际竞争力，支撑国际服务贸易加快发展。

（五）服务贸易结构继续优化

1.高附加值服务出口较快增长

2013年，中国高附加值服务出口继续呈现稳步增长势头，成为服务贸易结构调整的重要推动力。其中，金融服务出口增速居首，达54.2%，咨询出口比上年增长21.2%，计算机和信息服务出口增长6.8%，保险服务出口增长20%。2024年我国知识密集型服务进出口额达到了28 965.2万亿元人民币，占服务贸易进出口比重达到41.4%。

专栏10-1

我国知识产权贸易国际竞争力稳步提升

2.传统服务出口占比小幅下降

运输服务、旅游、建筑服务出口总额较高，其中，旅游出口总额居各类服务之首。在国家优化服务贸易结构的政策导向下，贸易附加值较高的服务项目得到较快发展，金融服务、通信服务、建筑服务、计算机和信息服务贸易增长速度超过传统服务贸易项目。

三、中国发展服务出口贸易的必要性

（一）优化产业结构，保证国民经济持续增长

服务业是服务贸易发展的基础。长期以来，中国服务业发展滞后严重，影响了服务贸易的发展。中国服务业占GDP的比重远低于发达国家72%的水平，甚至低于发展中国家52%的平均水平。2001年以来在政府的高度重视和积极推动下，我国服务业快速发展，远远高于中国经济的平均增速，发展服务业已经成为我国一项重大而长期的战略任务。

对于中国来说，发展服务出口，最根本的目的是要以此加快本国的产业升级和结构

调整，进一步提高自身的经济素质和国际竞争力，从而保证国民经济持续、快速、健康发展。

（二）提高国际竞争能力，应对经济全球化的挑战

由于信息技术的发展，全球经济一体化的速度明显加快，中国经济国际化的趋势不可逆转。新科技革命推动新兴服务业迅速发展，世界各国的经济关系已从物质资源依赖型的货物贸易关系，转向依靠智力资源的投资、技术、服务贸易一体化的综合经济竞争关系。因此，加快发展服务业，尽快提高其国际竞争力，是中国全面参与经济全球化的重要措施。

（三）缓解就业压力，保持社会稳定

服务出口涉及的行业多，又以劳动密集型或劳动与资本密集结合型行业为主，所以就业带动效应较大。

中国正面临前所未有的就业压力，因此，发展服务业扩大服务出口，对缓解就业压力、保持社会稳定具有重要意义。

（四）有利于优化对外贸易结构

中国服务贸易企业没有同比例享受到货物贸易增长带来的好处。发展服务贸易，提高服务贸易在对外贸易中的比重，可有效改善我国对外贸易结构，改变货物贸易与服务贸易发展不平衡的局面。

货物贸易在我国对外贸易中长期居于主导地位，服务贸易的发展有利于货物贸易结构优化，以及质量和效益的提升，两者相互促进。此外，服务贸易自身也存在着出口结构不够合理的问题，运输、旅游等传统服务出口居主导地位，信息技术、金融、保险和专利使用等现代服务出口则占比偏低。

目前我国服务贸易领域已经形成一些优势产业，具有一定发展基础，旅游业、建筑业、其他商业服务业、运输业等在国际市场的份额排名都比较靠前。

特别是中国货物贸易已经排名世界第一，持续高速的货物贸易增长对与货物贸易相关的服务贸易的带动作用非常明显。

根据中国经济在世界经济中地位的大幅度提升和国际经验判断，中国在部分服务贸易领域已经进入快速发展的转折性阶段。

四、中国扩大服务出口贸易的可能性

（一）服务出口拥有国内服务业发展的支持

改革开放后，随着农业、工业的迅速发展，中国服务业中的运输、旅游、邮政、商业、餐饮、金融、保险和科教事业等，都有了迅速的恢复和发展，一些新兴的服务业也初具规模。

（二）服务出口具有广阔的外部市场

全球服务业的快速发展推动了服务贸易增长，中国服务出口占世界服务贸易额的比重较小，中国服务贸易整体上国际竞争力较弱，但从中国服务业所拥有的资源来看，服务出口仍存在比较优势和竞争优势，在发展劳动密集型服务行业、知识密集型服务行业以及相关贸易方面具有一定的优势。

五、服务贸易发展存在的问题

近年来，我国的服务贸易有了较快的发展，尽管面临着国际金融危机的严峻形势，我国服务贸易增长仍高于世界平均水平。当然，同货物贸易发展一样，我国服务贸易也存在一些影响和制约发展的潜在问题，具体表现为：

（一）在对外贸易中的地位不高

我国的服务贸易规模相对来说还比较小，实力不强，在对外贸易中的地位远远落后于货物贸易，这说明中国服务贸易与货物贸易的匹配程度大大低于世界水平。出口方面，我国服务贸易出口处于劣势，服务贸易出口的比较优势不如货物贸易出口；在进口方面，我国为服务贸易净进口国，且服务贸易逆差呈扩大趋势。这一方面说明我国服务贸易发展还较落后；另一方面也表明我国服务贸易发展空间巨大。

（二）服务进出口对象较为集中

我国服务贸易的贸易伙伴主要集中于发达国家和地区，对美国、欧盟、日本、韩国和澳大利亚服务贸易进出口额占我国服务贸易进出口总额的近70%。此外，主要行业也集中于发达国家和地区，中国香港是内地运输业第一大出口市场，占35%左右的份额，其次为美国，占20%左右；旅游出口主要集中于中国香港、中国台湾、韩国、日本等亚洲市场，约占市场份额的60%；美国和欧盟是我国计算机和信息服务的最大出口市场，我国对此地区的出口额占我国该行业出口总额的50%以上。这种进出口对象过于集中的现象，使得我国服务贸易的发展存在较大的风险，一旦这些主要贸易伙伴的经济出现问题，我国服务贸易的发展将受到极大影响。

（三）传统服务业仍占主导

目前，我国的服务贸易仍主要集中于运输、旅游、建筑等传统服务业上，而在全球贸易量最大的金融、保险、通信服务等技术密集和知识密集的服务行业上，仍比较落后。

2023年，我国服务贸易规模创历史新高。全年服务进出口总额为65 754.3亿元，同比增长10%，其中出口26 856.6亿元人民币、同比下降5.8%，进口38 897.7亿元人民币、同比增长24.4%。知识密集型服务贸易增长较快，进出口规模为27 193.7亿元人民币、同比增长8.5%。增长最快的领域为个人、文化和娱乐服务，增幅达61.7%。知识密集型服务贸易顺差3 676.7亿元人民币，同比扩大423.5亿元。旅行服务保持高速增长，进出口规模达14 856.2亿元，同比增长73.6%，其中出口增长59.2%，进口增长74.7%。

当前，世界服务贸易结构正朝着技术、知识密集型的现代服务业方向发展，与科技有关的服务业和以高科技为手段的服务贸易在世界服务贸易中所占的比重呈上升趋势，我国这种以传统行业为主的服务贸易结构显然已经落后于大趋势，应采取多种措施，实现服务贸易的跨越式发展。

（四）服务贸易管理滞后

服务贸易管理滞后主要表现为管理制度不够完善，相关法律、法规不够健全，服务贸易统计不够规范三个方面。管理制度方面，目前，我国服务贸易的管理和协调主要由商务部负责，但商务部管理服务贸易的部门及人员皆有限，许多问题难以顾及，同时，中央和地方在服务贸易的管理方面存在职责不明确，以及多头、交叉管理等现象；法律、法规方面，近年来我国先后颁布了《商业银行法》、《保险法》、《海商法》和《律师法》等法规，但尚没有一部关于服务业的一般性法律，已有的规定主要表现为各职能部门的规章和内部文件，不仅立法层次低且缺乏可操作性；统计方面，当前我国对服务贸易的统计还相当滞后，有关服务贸易的统计指标、口径、数据库及信息平台都亟待建立及完善。

（五）服务贸易人才缺乏

服务贸易是人力资源密集型行业，随着我国服务贸易的快速发展，对服务贸易的人才需求也急剧增加。由于我国服务贸易的发展还比较落后，对服务贸易的人才培养还不是很重视，服务贸易方面的人才储备严重不足，尤其是新兴服务业和知识型服务业所需要的外向型高级人才更是缺乏。当前，我国发展服务贸易不仅需要一批金融、保险、运输、旅游等方面的人才，更需要一批精通国际金融、国际运输、国际商法等领域的技术及专业人才。人才的缺乏，已成为当前制约我国服务贸易发展的重要因素。

六、中国扩大服务出口应采取的对策

（一）大力发展服务业

服务贸易是建立在发达的服务业基础上的，因此，中国必须大力发展服务业，提高服务业增加值占国内生产总值的比重和从业人员占全社会从业人员的比重，为进一步发展服务出口奠定雄厚的物质基础。

（二）优化服务产业结构

原国家计委关于《“十五”期间加快发展服务业若干政策措施的意见》为此做出了具体安排：优化服务业行业结构，强化对交通运输、商贸流通、餐饮、公用事业、农业服务等行业的改组改造，推进连锁经营、特许经营、物流配送、代理制、多式联运、电子商务等组织形式和服务方式的发展；积极发展房地产、物业管理、旅游、社区服务、教育培训、文化、体育等需求潜力大的行业；大力发展信息、金融、保险以及会计、咨询、法律、科技服务等中介服务行业。

（三）发挥比较优势与竞争优势

在优化中国服务出口结构的过程中，应注意处理好发挥比较优势与培养竞争优势的关系。

中国在服务贸易方面的比较优势在旅游等劳动密集型领域，但仅仅发挥比较优势是不够的，还应该以国际市场需求为导向，创造新的竞争优势，发展对中国总体国际竞争力有影响的战略性产业与行业，只有这样才能尽快缩短与发达国家之间的差距。

（四）多方式、多层次发展服务出口贸易

中国应该从发展服务业的角度，突破狭隘传统的服务贸易范畴，利用多种方式发展服务出口贸易。同时，中国还应多层次发展服务出口贸易。

（五）优化服务业企业组织结构

大力发展服务出口贸易，单靠某一经济成分和经营形式是不够的，应调动多种经济成分的积极性，实现服务出口主体多元化。

（六）提高服务出口质量

对于中国服务业企业来说，提高服务质量，最重要的是尽快掌握和推行国际先进服务标准，加快对国际服务技术标准以及服务对象国的服务技术标准的解读和适应，在新的服务技术标准下参与国际竞争。

（七）加强政府对服务出口的支持

在服务业高度发达的国家，服务业的发展得益于政府的一整套政策的支持。因此，中国政府也应根据国情和国际大环境，研究制定服务出口贸易发展战略的中长期规划，明确服务出口的发展方向与目标、区域和行业重点，加大政策引导和支持力度。

（八）重视人才培养

不同产业的企业，关键性的生产要素是不同的。对服务贸易企业来讲，人才是关键要素。

中国在服务贸易方面的竞争力，主要取决于人才的素质。中国应通过多种渠道，培养和提高国际服务贸易从业人员的教育和技术水平，以满足服务贸易快速发展的需要。

七、中国服务进口贸易

(一) 中国服务进口贸易发展概况

1.服务进口规模

从中国服务进口贸易发展进程看，20世纪80年代进展不大，90年代以后增长较快(见表10-10)。这一时期服务进口的绝对值虽然不断扩大，但在世界总进口中所占比重变化不大，一直徘徊在2%~2.5%，但在世界服务进口中的位次提升较快，2003年已居第8位。

表10-10　中国服务进口贸易发展状况

年份	进口额（亿美元）	增长率（%）
1982	18.40	—
1983	26.34	-1.30
1984	22.61	43.15
1985	20.25	-14.16
1986	23.35	-10.43
1987	33.26	15.30
1988	35.73	42.44
1989	18.65	7.43
1990	41.13	15.11
1991	39.37	-4.28
1992	92.07	133.86
1993	115.63	25.59
1994	157.81	36.48
1995	246.35	56.11
1996	223.69	-9.20
1997	277.24	25.94
1998	264.47	-4.53
1999	309.67	17.00
2000	358.58	15.79
2001	390.32	8.85

续表

年份	进口额（亿美元）	增长率（%）
2002	460.80	18.06
2003	537.57	16.65
2004	721.30	34.20
2005	837.96	16.20
2006	1 008.30	20.30
2007	1 293.00	28.20
2008	1 580.00	22.20
2009	1 582.00	0.10
2010	1 921.7	21.5
2011	2 370.0	23.3
2012	2 801.4	18.2
2013	3 290.5	17.5
2014	3 821.3	16.1
2015	4 248.0	11.2
2016	4 921.0	15.8
2017	5 177.0	5.2
2018	5 250.3	1.4
2019	5 014.0	−4.5
2020	3 810.8	−23.9
2021	4 270.0	12.0
2022	4 650.5	8.9

资料来源：世界贸易组织统计。

2013年，中国服务进口增速高于出口，当年实现服务进口总额3 290.5亿美元，同比增长17.5%，增幅与上年基本持平。

2022年，中国实现服务进口总额4 650.5亿美元，同比增长8.9%。

2.服务进口贸易结构

从中国服务进口结构看，旅游、运输及其他商业服务三项占到了总进口份额的80%以上。从近年来我国服务进口结构的变化看，专有权使用费和特许费、通信服务、计算机和信息服务是增长最快的服务项目，其次是保险和咨询服务。高附加值服务中的金融服务、计算机和信息服务、电影和音像服务进口增速显著，增幅加大。

（二）入世与中国服务业的开放

2001年11月中国在多哈签署了《加入世界贸易组织议定书》，其附件9（服务贸易减让表）就中国服务业的对外开放作出了广泛的承诺。

1.中国对服务业开放的承诺

（1）金融业

①银行服务

加入时，允许外资金融机构在华提供外汇服务，取消地域和服务对象限制。加入后5年内，逐步取消外资银行在中国经营人民币业务的地域限制；允许外资银行对中国居民提供人民币业务服务。

②保险服务

加入时，允许设立外资比例不超过50%的合资寿险公司；加入后2年内允许设立独资非寿险公司；加入后3年内取消地域限制；加入后4年内取消强制分保要求；加入后5年内允许设立独资保险经纪公司。

③证券服务

加入时，允许设立从事国内证券投资基金管理业务的合资公司，外资比例可以达到33%。加入后3年内，外资比例可以达到49%。

加入后3年内，允许外国证券公司设立合资公司，外资比例不超过1/3。合资公司可以直接从事A股的承销，B股和H股、政府和公司债券的承销和交易，基金的发起。

（2）批发零售业

①批发（包括佣金代理）服务

在经营范围方面，加入后1年内，允许设立合资企业，从事除盐和烟草外的批发及佣金代理业务；加入后3年内，外资批发企业可从事图书、报纸、杂志、药品、农药和农膜的分销业务；加入后5年内，可从事化肥、成品油、原油分销业务。在股权控制方面，加入后2年内，允许外资拥有合资批发企业的多数股权；3年内，外资可以成立独资批发企业，但经营化肥、成品油和原油除外；5年内取消限制后，外资才能成立经营这3类产品的独资企业。

②零售服务

在地域限制方面，加入时，外国服务提供者仅限于以合资企业形式在5个经济特区和北京等6个城市提供服务；第二年，开放所有省会城市；第三年，取消所有地域限制、数量限制、股权限制。

在经营范围方面，加入后1年内允许从事图书、报纸和杂志的零售；加入后3年内，允许从事药品、农药、农膜和成品油的零售；加入后5年内，允许合资企业从事化肥的零售。

（3）旅游业

①旅行社服务

加入时，符合条件的外国服务提供者可以在中国政府指定的旅游度假区及北京、上海、广州和西安开办中外合资旅行社；加入后3年内，允许外资在合资旅行社中控股；加入后6年内，允许设立外资独资旅行社并取消地域限制。

②饭店服务

入世后，外资可以占有合资饭店的多数股权，4年内准入不再受限制，且可由外资独资。

（4）电信业

①增值电信服务

自入世之日起，允许外国服务提供者在北京、上海、广州设立增值电信企业，外资比例不得超过30%，并在这些城市内提供服务；加入后1年内，开放地域将扩大到成都等14个城市，外资比例不得超过49%；加入后2年内，取消地域限制，外资比例不得超过50%。

②寻呼服务

自入世之日起，允许在上海、广州和北京设立中外合资企业，外资比例不得超过30%，并在3城市内及城市间提供服务；加入后1年内，开放地域将扩大到成都等14个城市，外资比例不得超过49%；加入后2年内，取消地域限制，外资比例不得超过50%。

③移动语音和数据服务

自入世之日起，允许外国服务提供者在上海、广州和北京设立中外合营企业，外资比例不得超过25%，并在这些城市内及之间提供服务；加入后1年内，地域将扩大至成都等14个城市，并在这些城市内及之间提供服务，外资比例不得超过35%；加入后3年内，外资比例不得超过49%；加入后5年内，取消地域限制。

④基础电信服务

加入WTO后3年内，允许外国服务提供者在上海、广州和北京设立中外合营企业，外资比例不得超过25%，并在这些城市内及之间提供服务；加入后5年内，地域将扩大至成都等14个城市，外资比例不得超过35%；加入后6年内，取消地域限制，外资比例不得超过49%。

（5）运输业

①铁路、公路运输服务

入世时，只允许设立合资企业，外资比例不超过49%；对于铁路运输，加入后3年内，允许外资控股；加入后6年内，允许设立外资独资子公司。对于公路运输，加入后1年内，允许外资拥有多数股权；加入后3年内，允许设立外资独资子公司。

②国际运输服务（货运和客运，不包括沿海和内水运输）

加入WTO时，允许设立注册公司，经营悬挂中华人民共和国国旗的船队；允许外国服务提供者在华设立合资船运公司，外资比例不超过49%。

③货运运输代理服务（不包括货检服务）

加入WTO时，允许有至少连续3年经验的外国货运代理在中国设立合资货运代理企业，外资比例不超过5%；加入后1年内，允许外资拥有多数股权；加入后4年内，允许设立外资独资子公司。

(6) 专业服务业

①法律服务

入世时，外国律师事务所可以在北京等19个城市设立代表处，提供法律服务。每一家外国律师事务所在华只能设立一个代表处，但不允许外国律师事务所驻华代表处雇用中国国家注册律师。加入后1年内，取消上述地域限制和数量限制。

②会计服务

只允许获得中国主管部门颁发的中国注册会计师执业许可证的人在华设立合伙会计师事务所或有限责任会计师事务所。允许外国会计师事务所与中国会计师事务所结成联合所，并与其在其他世贸组织成员的联合所订立合作合同。将在国民待遇的基础上向那些通过中国注册会计师资格考试的外国人颁发执业许可证。

③广告服务

入世时，只允许外国服务提供者在中国设立中外合资广告企业，外资比例不超过49%；加入后2年内，允许外资控股；加入后4年内，允许设立外资独资子公司。

④建筑设计、工程、集中工程、城市规划服务（不包括城市总体规划服务）

仅限于设立合资企业，允许拥有多数控股；加入后5年内，允许设立外资独资企业。

⑤教育服务

包括初等教育、中等教育、高等教育、成人教育及其他教育服务，加入时，只允许合作办学，允许外方拥有多数控制权。

⑥音像服务

在不损害中国审查音像制品内容权力的情况下，允许设立中外合作企业，从事除电影以外的音像制品的分销和录像带的出租。允许外商建设或改造电影院，外资比例不得超过49%。

⑦医疗和牙医服务

入世时，允许设立中外合资医院或诊所，允许外方控股。根据中国的实际需要，设有数量限制。允许具有其本国颁发的专业证书的外国医生，在获得卫生部（现国家卫生健康委员会）的许可以后，在中国提供短期的医疗服务，期限为6个月，并可以延长至1年。

2.对中国服务贸易减让的评估

(1) 从总体水平上看，中国对服务业的具体承诺与转型国家相似，明显高于发展中国家，而低于发达国家（见表10-11、表10-12）。

表10-11　　**中国与不同类型WTO成员对具体服务活动的承诺概况（%）**

经济体	对149种具体服务活动的承诺百分比	对149种具体服务活动如视听、邮政、通信、基础电信、运输服务外的承诺百分比
中国	55	63
发达经济体	64	82
转型经济体	52	66
发展中经济体	16	19

资料来源：中国的数据根据《中国加入世界贸易组织法律文件》附件9计算，其他数据引自世贸组织秘书处（2000）。

表10-12　　中国与不同类型WTO成员对服务活动具体承诺的部门覆盖比率（%）

项目	中国	高收入国家	其他所有国家	发展中国家
市场准入				
平均数（所列部门和方式占总数的比例）	51.7	53.3	15.1	29.6
平均覆盖比率（按照限制及约束范围因素加权平均后所列部门和方式占总数的比例）	35.2	40.6	9.4	17.1
没有限制的部门占总数的比例	18.6	30.5	6.7	40.9
国民待遇				
平均数（所列部门和方式占总数的比例）	51.5	53.3	15.1	29.9
平均覆盖比率（按照限制及约束范围因素加权平均后所列部门和方式占总数的比例）	41.9	42.4	10.2	18.8
没有限制的部门占总数的比例	32.4	35.3	8.5	14.6

资料来源：中国的数据根据《中国加入世界贸易组织法律文件》附件9计算，其他数据引自世贸组织秘书处（2000）。

（2）由于服务业在经济安全、竞争力和就业上的敏感性，因此，服务贸易壁垒仍然较高。这主要体现在：对商业存在和自然人流动的严格限制是市场准入的核心壁垒；承诺的广度和深度依然有限，尤其是“没有限制”的部门所占比例较低（见表10-13）。

表10-13　　中国与不同类型WTO成员对市场准入和国民待遇的限制情况

（做出承诺的服务活动占全部服务活动的百分比）

经济体	跨境交付			境外消费			商业存在			自然人移动		
	没有限制	有限制	不作承诺	没有限制	有限制	不作承诺	没有限制	有限制	不作承诺	没有限制	有限制	不作承诺
市场准入												
中国	21	21	57	52	3	45	1	52	46	0	55	45
发达经济体	65	11	25	87	12	2	39	60	1	0	100	0
转型经济体	32	11	37	79	11	10	37	61	12	0	99	1
发展中经济体	44	10	46	70	2	28	20	75	5	5	81	14
国民待遇												
中国	44	1	54	55	0	45	30	20	50	0	55	45
发达经济体	70	5	25	95	3	2	0	97	3	17	83	1
转型经济体	70	3	27	93	3	4	0	88	12	51	48	1
发展中经济体	52	3	45	66	1	33	28	63	9	45	34	21

说明：百分比之和由于四舍五入的原因，可能不一定为100，但误差不超过1。

资料来源：中国的数据根据《中国加入世界贸易组织法律文件》附件9计算，其他数据引自世贸组织秘书处（2000）。

（三）服务贸易自由化对中国的影响

1.积极影响

（1）对国民经济发展具有积极意义：

① 促进国民经济的迅速发展；

② 带动相关产业的发展；

③ 优化国民经济结构；

④ 改善外商投资环境。

（2）为服务业和服务贸易发展带来新的机遇：

① 有利于中国服务业企业公平参与国际服务市场竞争；

② 中国具有比较优势的服务出口将得到更多的机会；

③ 有利于打破国内部分行业的垄断局面，增强国内服务市场的竞争性，提高服务质量和水平；

④ 有利于引入新的服务种类。

2.消极影响

服务贸易自由化对国内技术和知识密集型服务部门、服务管理体制、国家宏观调控能力以及对国有服务企业制度、经营机制、管理水平都是巨大挑战。

（四）中国应对服务贸易自由化的原则及对策

1.实施服务贸易自由化应遵循的原则

（1）一国服务业的发展，大致可以分为成长、自由化和国际化三个阶段。

在服务贸易自由化上，也相应地分别实行保护主义原则、对等互惠原则和国民待遇原则。

（2）目前中国服务业的发展处于成长阶段，尚不具备全面实行国民待遇的条件，但也不应实行单纯的保护主义原则，比较现实和可行的办法应该是坚持以对等互惠为主、适度保护为辅的原则，并尽快向以国民待遇为主、对等互惠为辅的原则转变。

2.实施服务贸易自由化应采取的战略

中国作为发展中国家，应充分运用《总协定》关于发展中国家和不成熟产业的优惠条款，有选择、分步骤地开放国内服务市场。

（1）分行业有选择地开放。

① 选择具有国际竞争力的服务业对外开放；

② 对某些服务业可以有条件地予以开放；

③ 对某些服务业要禁止开放。

（2）分地区有选择地开放。

在服务业对外开放中，中国要考虑原有的地区发展差别，应由沿海经济特区和经济技术开发区逐步推向内地，由主要城市开始，再向广度和深度发展。

3.在《总协定》框架下对服务业进行合理保护

中国应当尽量利用《总协定》所允许的保护，将服务贸易自由化的成本降至最低。

（1）政府应对国内一些缺乏竞争力的幼稚服务业、高新技术服务业和战略性服务业进行有效保护。

（2）继续在互惠原则基础上加强政府间谈判与协作，以维护国家在世界服务贸易中的地位和权益。

（3）选择合理而有效的方式，规避世界贸易组织的某些限制，进行合法而有效的保护。

4.建立健全服务贸易法律、法规

（1）服务贸易主要是以法律手段来限制或鼓励人员、资本的流动，限制或鼓励贸易的范围和规模。

（2）《总协定》已确立了世界范围服务贸易的法律框架。

（3）中国服务贸易立法滞后，还存在许多立法空白和不足。

（4）中国在开放服务市场的同时，必须以法律的形式落实市场准入、国民待遇、最惠国待遇等原则。

5.进一步完善服务贸易管理体制

（1）建立服务贸易统一管理与协调机构，充分发挥政府的组织、协调和服务功能。

（2）明确各服务行业行政主管部门的职责。

（3）逐步淡化服务行业的行政管理色彩，建立健全服务贸易行业协会组织，充分发挥其对服务市场的协调管理作用。

6.提高国内服务企业的竞争力

（1）进行服务企业资源整合。

（2）提高服务企业经营管理水平。

（3）积极实施“走出去”战略。

（4）加强政府对服务企业的扶持。

本章小结

国际服务贸易是服务提供者从一国境内向他国境内，通过商业现场或自然人的商业现场向服务消费者提供服务并获得外汇收入的过程。

《服务贸易总协定》界定了服务贸易主要分为跨境交付、境外消费、商业存在和自然人流动四种方式。

国际服务贸易发展过程中呈现以下特点：国际服务贸易增长速度快于货物贸易增长速度；服务贸易在世界贸易中的份额稳步上升；国际服务贸易领域不断拓宽；国际服务贸易发展不平衡。

国际服务贸易自由化，是指减少以至消除各国妨碍服务贸易自由、公平进行的法律、法规，扩大本国服务市场的准入程度，最终使服务业在各国和各地区间无障碍地自由流动。1986年9月开始的关贸总协定乌拉圭回合多边贸易谈判中，服务贸易被列入了谈判议题，经过长达7年多的谈判，于1993年12月

15日达成了《服务贸易总协定》。乌拉圭回合后，世贸组织各成员方就一些服务行业的贸易自由化进行了进一步的磋商与谈判，作为《服务贸易总协定》的后续谈判成果，于1997年通过了三项行业协议。这些协议文件规定了各国在国际服务贸易中应遵循的原则与规则，旨在解决服务业的开放和服务贸易自由化的问题。

中国服务贸易发展的特点表现为如下几方面：服务贸易出口增速高于全球增速；国际服务贸易额占全球比重逐年提高；服务业在国民经济中的比重较低；服务贸易出口额占出口总额的比重偏低；国际服务贸易结构不合理；服务贸易逆差规模逐渐扩大；出口集中在东部沿海地区，进出口市场多元化分布；服务业缺乏比较优势，竞争力不强。

中国发展服务出口贸易的必要性在于：优化产业结构，保证国民经济持续增长；提高国际竞争能力，应对经济全球化的挑战；缓解就业压力，保持社会稳定。中国扩大服务出口贸易的可能性在于：服务出口拥有国内服务业发展的支持和服务出口具有广阔的外部市场。

中国服务贸易发展还存在一些问题，扩大服务出口应采取如下措施：大力发展服务业；优化服务产业结构；发挥比较优势与竞争优势；多方式、多层次发展服务出口贸易；优化服务业企业组织结构；提高服务出口质量；加大政府对服务出口的支持；重视人才培养。

从总体水平上看，中国对服务业的具体承诺与转型国家相似，明显高于发展中国家，而低于发达国家。服务贸易自由化对中国既有积极影响，也有消极影响。中国对服务贸易自由化应分别实行保护主义原则、对等互惠原则和国民待遇原则，应采取分行业有选择地开放和分地区有选择地开放的战略，而且要在《服务贸易总协定》框架下对服务业进行合理保护。

关键术语

国际服务贸易　《服务贸易总协定》　跨境交付　境外消费　商业存在　自然人移动　服务贸易壁垒　服务贸易自由化

思考题

1.说明服务贸易的含义、特征与方式。
2.国际服务贸易迅速发展的原因何在？
3.服务贸易壁垒与货物贸易壁垒有何区别？
4.《服务贸易总协定》的主要原则是什么？

5. 中国发展服务贸易的必要性何在？
6. 中国应如何扩大服务出口贸易？
7. 中国对服务业开放都作了哪些承诺？
8. 中国为应对服务业的开放采取的原则和措施是什么？
9. 试分析中国服务贸易存在巨大逆差的原因。
10. 简述中国发展服务贸易的现实意义。

第十一章

技术贸易

扫码查看课件

学习目标

通过本章学习，在明确技术贸易基本概念和发展成因的基础上，了解我国技术进出口的发展特点及对于国民经济发展的重要作用；重点掌握我国发展技术贸易的政策、原则和管理措施。

第一节　国际技术贸易概述

一、国际技术贸易的概念

（一）基本概念

国际技术贸易是指不同国家的企业、经济组织或个人之间，按一般商业条件，将其技术的使用权授予、出售或购买的一种贸易行为。一般情况是，一国的技术供给方向另一国的技术需求方提供所需的技术，承担某些义务，并从需求方取得一定的报酬。

（二）基本交易方式

国际技术贸易的交易方式主要有许可证贸易、技术服务、国际合作生产和国际工程承包等。

1.许可证贸易

许可证贸易是国际技术贸易中最常见、使用最广的交易方式。许可证贸易是技术许可方与技术接受方签订许可证合同或协议，许可方允许被许可人取得许可人所拥有的专利、商标或专有技术的使用权并得到相应的技术，被许可方则需支付技术使用费及其他报酬并承担保守技术秘密等义务。

2.技术服务

技术服务也称技术协助，是国际上广泛采用的一种技术贸易方式，由服务方以自己的技术知识为另一方提供有偿服务，以解决生产中的某个技术问题，如提供工厂的设计、布局、设备清单和说明、产品或生产工艺的资料及销售指南等。

技术服务的内容包括咨询服务和工程服务两个部分。咨询服务主要包括市场估计、产品诊断、产品设计、投资分析、原料供应、建议厂址、选择技术等。

工程服务主要包括工厂项目设计、设备器材的供应以及提供工程建设和生产指导。

3. 国际合作生产

国际合作生产是指两国企业根据签订的合作生产合同，合作完成制造某些产品。这种方式多用于机器制造业，特别是在制造某些复杂的机器时，引进方为了尽快掌握所引进的技术，以生产出产品，需要和许可方在一个时期内建立合作生产关系，按照许可方提供的统一技术标准和设计进行生产，引进方在合作过程中达到掌握先进技术的目的。这种合作生产的方式常常和许可证贸易结合进行。有时合作双方可以共同研究、共同设计、共同确定零部件的规格型号，互相提供技术，取长补短。利用国际合作生产来引进国外的先进技术，已成为各国的普遍做法。

4. 国际工程承包

国际工程承包也是国际技术贸易的一种方式。国际工程承包是通过国际招标、投标、议标、评标、定标等程序，由具有法人地位的承包人与发包人按一定的条件签订承包合同，承包人提供技术、管理、材料，组织工程项目的实施，并按时、按质、按量完成工程项目的建设，经验收合格后交付发包人的一项系统工程。

工程承包项目多是大型建设项目，一般都伴随着技术转让。在施工过程中，承包商将使用最新的工艺和技术，并采购一些国家的先进设备，有些项目还涉及操作人员的技术培训、生产运行中的技术指导以及专利和专有技术的转让。目前，国际上流行的交钥匙工程和BOT建设方式中技术转让的内容十分广泛，许多国家都希望通过国际工程承包来改善本国基础设施条件和推动本国企业技术改造。

（三）贸易对象

贸易对象包括软件技术和作为技术载体的成套设备、关键设备等资本货物。由于高新技术产品通常是高技术含量的产品，所以高新技术产品进出口贸易也归类于国际技术贸易。

二、国际技术贸易的特点

国际技术贸易是以技术作为交易内容，在国家间发生的交换行为，必然遵循商品交换的一般规律。但是，由于技术这类商品有自己的特点，在某些方面不同于物质商品，因此，技术贸易也不同于一般的商品贸易，形成了相对独立的国际技术市场。技术贸易与一般商品贸易有以下区别：

（一）交易标的不同

一般商品贸易的标的物是各种具体的物质产品，技术贸易的标的物是知识产品，是人们在科学实验和生产过程中创造的各种科技成果。

（二）所有权转移不同

商品所有权是指对商品的占有、使用、收益处分的权利。一般商品的所有权随贸易过程而转移，原所有者不能再使用、再出卖，而技术贸易过程一般不转移所有权，只转移使用权，绝大多数情况下是技术转让后，技术所有权仍属于技术所有人，因而一项技术不需要经过再生产就可以多次转让。这与技术商品的特点有关，因为技术商品的所有权与使用权可以完全分开，技术转让只是扩散技术知识，转让的只有使用权、制造权、销售权，而非所有权。

（三）贸易关系不同

一般商品贸易只是简单的买卖关系，钱货两清，贸易关系终结。技术贸易是一种长期合作关系：一项技术从一方转移到另一方，往往须经过提供资料、吸收技术、消化投产，最后才完成技术贸易行为。因此，技术交付不是双方关系的终结，而是双方关系的开始，技术贸易双方通常是“同行”，所以能合作，但也会存在潜在利益冲突和竞争关系。

（四）所涉及的问题和法律不同

技术贸易涉及的问题多、复杂、特殊，如技术贸易涉及工业产权保护、技术风险、技术定价、限制与反限制、保密、权利和技术保证、支持办法等问题。技术贸易中涉及的国内法律和国际法律、公约也比商品贸易多，因而从事技术贸易远比从事货物贸易难度大。

（五）政府干预程度不同

政府对技术贸易的干预程度大于对商品贸易的干预程度。由于技术出口实际上是一种技术水平、制造能力和发展能力的出口，所以出于国家安全和经济利益上的考虑，国家对技术出口审查较严。由于在技术贸易中，技术转让方往往在技术上占优势，为了防止其凭借这种优势迫使引进方接受不合理的交易条件，也出于国内经济、社会、科技发展政策方面的考虑，国家对技术引进也予以严格的管理。

三、国际技术贸易快速发展的原因

国际技术贸易在20世纪90年代得以迅速发展，主要原因包括：

（一）高新技术产业快速发展

以信息技术为代表的高新技术产业高速发展，使得世界高新技术贸易额逐年攀升，从根本上促进了技术进出口的迅速发展。

（二）跨国公司在全球高新技术产业中的作用日益提高

跨国公司在全球范围配置资源推动了生产全球化的发展，高技术产业成为全球化程度最高的产业，加快了国际技术贸易的发展。

（三）国际投资的产业结构发生急剧变化

传统制造业领域的投资比重大大下降，而与新经济相关的信息产业、生物工程等高科技产业跨国投资快速发展，带动了技术贸易的迅速发展。

（四）发展中国家大力发展高新技术产业

发展中国家也已经成为全球高新技术产业日益重要的制造基地，从而加速了国际技术贸易的发展。

第二节　中国引进技术

科学技术的进步始终是推动世界经济发展的最主要的源泉之一，它对世界各国经济发展具有巨大影响。

党的十五大报告明确指出，“科学技术是生产力，科技进步是经济发展的决定性因素”，要“把加速科技进步放在经济社会发展的关键地位，使经济建设真正转移到依靠科技进步和提高劳动者素质的轨道上来”。

在经济全球化和世界科技革命迅速发展的新时期，中国的技术贸易也实现了快速增长，成为加快中国技术升级和经济发展的重要因素。

一、中国引进技术发展回顾

（一）第一阶段（1950—1959年）

这一阶段，我国主要是从苏联和东欧国家引进技术和成套设备，其中包括156项大型项目，填补了机械、电力、汽车、能源、电信等部门的技术空白，为中国工业化奠定了基础。

1953年5月，中国与苏联签订的经济协定规定：“连同过去3年为我国设计的50个企业在内，到1959年为止，共引进大型的技术设备项目166项。”另外，中国还从东欧各国引进技术68项。全部技术引进共用汇27亿美元，其中成套设备用汇约占90%以上。

第一阶段技术设备引进的特点是：

1.引进的重点是加强重工业建设

20世纪50年代，我国引进技术设备的项目不但数量多，而且内容相当广泛，各个主要工业部门都有引进，但引进的重点是为了加强对重工业的建设。因此，引进的技术设备集中在冶金、动力、石油化工、矿山、机械、电子、汽车、拖拉机、飞机和军工等重工业部门。在156项重点项目中，机械工业项目数量最多，机械工业作为“一五”时期重点引进的内容之一，是为了填补我国机器制造业的空白，形成独立的机械工业体系。

2. 引进是多层次的

20世纪50年代的引进，虽然成套设备引进占了90%的用汇，但同时，也很重视软件技术的引进。整个20世纪50年代，我国从苏联、东欧国家引进科学技术的成果和生产经验方面的资料5 000多项。我国还聘请苏联、东欧国家的专家来华工作，派遣我方人员去苏联、东欧实习，以掌握引进设备的生产技术和管理。

3. 引进的经济效益较高

就国家财力所反映出的效益水平来看，“一五”时期的年平均增长速度是前6个五年计划中最高的，为12.9%。从1957年的全民所有制独立核算工业企业的主要财务指标来看，七大主要财务指标所反映出来的数值也是中华人民共和国成立以来最好的，其中，每百元固定资产原值实现的利润、每百元资金实现的利润和税金分别为23.8元和34.8元，比1952年增长25.56%和34.47%。另外，每百元销售成本为68.1元，是中华人民共和国成立以来最低的。

4. 引进技术设备与利用外资相结合

20世纪50年代我国引进技术设备共用汇27亿元美元，由于引进的时间基本集中于“一五”时期和“二五”时期的前2年，平均每年引进技术设备的用汇将近4亿美元。而“一五”期间，我国每年的出口总额仅13.66亿美元，我们必须用这笔有限的外汇进口大量急需产品，如钢材、化肥和汽车等。可以说，以我国当时的出口能力，负担不起巨额的技术设备的进口费用。因此，我国从苏联引进技术设备的费用，有相当一部分是利用记账外汇和贷款支付的。整个20世纪50年代，我国使用苏联的贷款共78亿旧卢布（当时折合19亿美元）。

5. 技术先进、投资总额高

20世纪50年代，中国是社会主义大家庭的一员，苏联、东欧国家在援助我们的技术引进过程中，把先进技术和先进的技术设备输送给我们。为了建设好苏联、东欧国家援助我们的这些技术设备，国家投入了巨额资金，以156项重点工程为例，在1953—1957年的5年中，投资总额达128亿元，占“一五”计划建设项目总投资的51%。

6. 建设周期短、速度快

在中华人民共和国刚成立不久的时期，引进大规模的现代化技术设备进行经济建设，困难是非常大的，但一些项目第一年开始建设，第二年就投入生产。据计算，全部156项重点工程的平均建设周期为3.69年。

7. 主要分布在内地

按全国一盘棋的精神统筹安排，在156项重点工程中，有一半以上的项目分布在内地和西北、西南地区。

（二）第二阶段（1960—1969年）

该阶段，我国开始转向从日本和西欧国家引进技术设备，主要是石油、化工、冶金、矿山、电子、精密机械、纺织机械等行业的关键性技术和设备，但1966年“文化大革命”开始后，技术引进一度被迫中断。

该阶段引进是在我国与苏联关系非常紧张、国家经济还很困难的情况下进行的。这一时期，受第二次世界大战后的第一次世界性经济危机的影响，一些西方国家对同中国开展贸易和技术合作表现出浓厚的兴趣。为配合搞好20世纪60年代初期的经济调整，我国开始从西方发达国家引进技术设备。

1963—1966年，中国先后与西方发达国家签订了80多项工程的合同，用汇2.8亿美元，其中成套设备56项，用汇2.6亿美元。此外，我国还从东欧引进设备，用汇2 200万美元。二者合计3.02亿美元，其中成套设备2.8亿美元，占这一时期用汇总额的91%。

第二阶段技术设备引进的特点是：第一，技术设备主要来源由社会主义的同盟国转变为资本主义国家。第二，主要引进填补空白的关键性生产技术。第三，规模小，但影响大。此外，引进重点开始由重工业转向解决“吃、穿、用”的轻工业项目，而且引进了一些中小型项目用于企业的技术改造，很少出现重复引进的现象。

（三）第三阶段（1970—1977年）

中国先后与日、德、英、法、荷、美等国厂商签订了310项新技术和成套设备项目合同，包括大型化肥设备、大型化纤设备、石油化工装置、数据处理、轧钢设备、发电设备、采煤机组等。

这一时期的背景如下：一是中华人民共和国成立20多年来，国民经济中的许多问题暴露出来，有从国外引进有关先进技术设备的必要性和迫切性。二是中国的对外关系发生重大转折，加上西方工业化国家发生严重经济危机，使中国处在卖方竞争的有利条件之下。

这一时期引进计划的总金额是51.4亿美元，由于采取分期付款方式，连本带息合计用汇52.22亿美元。到1977年年底，引进对外签约成交额共计39.6亿美元，其中成套设备用汇32.6亿美元。

第三阶段技术设备引进的特点是：第一，解决人民吃饭穿衣问题的项目占首位。第二，引进规模是三个阶段中最大的。第三，所引进的技术装置，具有大机组、大系统、高速、高效、自动控制、热能综合利用程度高等特点。第四，布局较为合理。第五，出现了“单项技术引进”的新形式。

（四）第四阶段（1978—1979年）

该阶段技术设备引进受到了当时经济工作中产生的急躁冒进思想的影响，1978年我国与外商签订了50多个引进技术设备的项目，协议金额为78亿美元，加上1979年的协议金额共为79.9亿美元，比1950—1977年我国引进技术设备累计完成金额65亿美元还多14.9亿美元。协议总金额中，冶金、化工项目占62%，其中上海宝钢等22个重点项目的协议金额为58亿美元，占总额的74%。

第四阶段技术设备引进的特点是：

第一，引进过急，没有经过认真的可行性研究，在极短的时间里突击签约达70多亿美元，投资后建设条件不落实，国内资源情况没有摸清，外部配套条件与设施还没有完全协调等等。

第二，项目大。仅宝钢所需外汇和投资，就占全部外汇和投资的1/3以上。

第三，重点是石化、冶金、电力等方面，占60%~70%。

（五）第五阶段（1980年以来）

改革开放以后，中国对技术引进战略进行了很大调整，技术引进方式呈现多元化发展态势，由过去的单一国有企业购买技术，变为通过外国政府贷款、国际金融机构贷款、出口信贷等渠道筹集资金引进技术，或将技术贸易与外商投资相结合。

1.技术进口合同数及进口额较快增长

1980年我国技术引进合同金额为78亿美元；2023年我国签订技术合同95万项，成交金额达6.15万亿元人民币，与前一年相比增长28.6%。

2.引进方式由原来以成套设备进口为主发展为许可证贸易等多种方式

2008年，我国技术进口中，专有技术进口额为117亿美元，占总进口的比例为42.5 %；技术咨询和服务进口额为71.2亿美元，占比为28.3%；而专利技术、成套设备和关键设备以及合资合作生产的占比分别为9.2%、6.4%和6.4%。从2003—2008年的数据看，专有技术许可占技术进口的总比例一直位居前列，分别为32.96%、29.81%、26.7%、42.8%、18.1%和42.5%。同时，技术咨询和服务占比也比较高，每年都接近30%（见表11-1）。

表11-1　**2003—2008年我国技术进口的主要方式**　金额单位：亿美元

年份	专利技术		专有技术		技术咨询和服务		成套和关键设备		合资、合作生产	
	金额	占比（%）	金额	占比（%）	金额	占比（%）	金额	占比（%）	金额	占比（%）
2003	13.25	9.85	44.33	32.96	35.44	27.09	—	—	—	—
2004	10.26	7.41	41.3	29.81	34.61	24.98	37.84	27.31	1.15	0.83
2005	12.78	6.7	50.95	26.7	47.36	24.9	53.33	28	17.23	9
2006	—	—	72.8	42.8	51.8	23.5	—	—	42.9	19.5
2007	16.83	6.6	85.9	18.1	64.9	26.5	66.33	31.2	8.58	3.4
2008	23.2	9.2	117	42.5	71.2	28.3	16.1	6.4	16.1	6.4

资料来源：中国服务贸易指南网（http：//tradeinservices.mofcom.gov.cn/index.shtml）。

可见，专有技术许可、技术咨询与服务是我国技术进口的主要方式。

3.引进国家（地区）集中在少数主要工业发达国家（地区）

2008年，我国技术进口的主要来源地的前五位分别是欧盟、日本、美国、韩国以及中国香港，其中从欧盟进口的占比为36.3%，从日本进口的占比为20.1%，从美国进口的占比为14.4%，而从韩国和中国香港进口的占比分别为16.8%和5.1%。从2003—2008年的数据看，欧盟、美国和日本等发达国家（地区）是我国技术进口的主要来源地（见表11-2）。

表11-2 2003—2008年我国技术进口的主要来源地区 金额单位：亿美元

项目		2003年	2004年	2005年	2006年	2007年	2008年
欧盟	金额	33.77	55.13	90.68	86.6	91	92.2
	占比（%）	25.1	39.79	47.6	39.3	35.8	36.3
日本	金额	35.15	29.38	38.55	52.4	44.4	50.6
	占比（%）	26.13	21.2	20.2	23.8	17.5	20.1
美国	金额	32.66	29.21	33.95	42.3	68.3	36.1
	占比（%）	24.28	21.08	17.8	19.2	26.9	14.4
韩国	金额	—	8.07	8.93	—	19.2	42.3
	占比（%）	—	5.83	4.7	—	7.5	16.8
中国香港	金额	—	4.89	6.78	—	3.5	12.8
	占比（%）	—	6.78	5.59	—	8.8	5.1

说明：2008年数值根据1—6月的数据乘2得到。资料来源：中国服务贸易指南网（http://tradeinservices.mofcom.gov.cn/index.shtml）。

4.外资企业和国有企业是技术进口的主体

2008年我国技术进口中，国有企业和外资企业进口占比分别达到26.9%和58.4%，集体企业和民营企业占比很小。从2003—2008年的数据看，外资企业和国有企业是我国技术进口的主体企业形式（见表11-3）。

表11-3 2003—2008年按企业性质划分技术进口情况 金额单位：亿美元

年份	国有企业		集体企业		外资企业		民营企业	
	金额	占比（%）	金额	占比（%）	金额	占比（%）	金额	占比（%）
2003	46.6	34.6	—	—	76.1	56.6	—	—
2004	62.1	44.8	0.6	0.43	66.9	48.3	2.8	2.03
2005	92.2	50	2.48	1.3	82.7	43.4	3.51	1.8
2006	89.9	40.8	—	—	113	51.3	—	—
2007	112.4	44.2	3.4	1.3	120.5	47.4	6.5	25
2008	67.8	26.9	1.07	0.4	147.1	58.4	9.3	3.7

资料来源：中国服务贸易指南网（http://tradeinservices.mofcom.gov.cn/index.shtml）。

二、引进技术对中国经济发展的作用

中国经过对引进技术的学习、消化和吸收，加速了自身技术能力的积累，实现了全行业技术水平的整体提高，缩短了与国外的技术差距。就企业而言，合理引进技术，并与自身或国内科研力量结合起来，建立技术开发体系，凭借技术进步可提高其在国内外的市场竞争力。

具体来讲，引进技术的作用体现在以下几方面：

（一）促进中国产业结构优化

产业结构的优化有赖于科学技术的发展。首先，科技进步可促进知识密集型、技术密集型的新兴产业（如计算机、生物工程、航空航天等产业）的崛起；其次，由于科学技术具有高效率和渗透性强等特点，因而可促进传统产业，诸如钢铁、汽车、纺织、机器制造业等的重振；最后，科技进步可加速某些陈旧产业的衰亡。科学技术的这些作用，无疑将促进产业结构的升级，提高一国产业的整体竞争力。

改革开放40多年来，我国通过引进国外的技术和设备来推动科技进步，无论是在传统产业的改造和升级方面，还是在跳跃式地发展新兴产业方面，都取得了显著的效果。

（二）缩小我国科技水平与世界水平的差距

据估计，一项较大的基础技术的发明，从研究、设计、试验到技术生产，一般需要10～15年。引进国外先进技术，可以直接使用现成的科研成果，一般从引进到投产，只需2～3年时间，大大节省了自己探索的时间。同时，引进国外的先进技术，可以提高我国科技发展水平，缩小了与世界水平的差距。

（三）促进企业的技术改造和行业的技术进步

企业的生存与发展，有赖于其竞争力的提高，而技术水平的提升，则是提高竞争力的必要保障。

企业通过直接购买国外的技术专刊、技术诀窍以及成套设备、生产线等，可以节约研究开发时间，在短期内提高企业技术装备及加工水平，加快企业发展，改变企业技术落后面貌，增强企业的竞争能力。

（四）提高我国产品的国际竞争力，优化出口商品结构

依靠技术引进，促进我国产业升级、科技水平提高和产品更新换代，能尽快提高我国产品在国际市场的竞争力，并能提升现有高技术产品和技术出口能力，有利于进一步优化出口产品结构。

第三节 中国技术出口

在知识经济时代，国际贸易产品的技术含量不断提高。通过扩大技术出口，可以增强出口创汇能力，改善贸易条件，扩大贸易规模，提高外贸对经济增长的推动作用，促进国民经济的高效益增长，从而使我国在世界经济发展和国际分工中处于有利地位。

我国技术出口始于20世纪80年代初，进入20世纪90年代以后发展加快，出口项目和金额逐年增加。尤其是21世纪初，高新技术产品出口增长较快，已成为带动我国对外贸易发展的重要力量。

一、中国技术出口发展回顾

（一）探索阶段（1981—1985年）

这一阶段属于缺乏国家宏观管理的自发阶段。尽管中国的外贸和科技人员按照国际技术转让惯例和国家的相关政策，成功地对外转让了一些技术，但是这一时期技术出口的主要特点是：凭机遇、无计划、自发地进行；出口主要以新技术、新工艺等软件技术为主；以工业发达国家为主要出口地区；国家没有明确的归口管理部门、管理法规及相应的鼓励、扶植政策；技术出口额很小，成交金额每年约1 000万美元。

（二）起步阶段（1986—1988年）

1986年国务院明确规定原对外经济贸易部、原国家科委为归口管理技术出口的部门，并发布了《关于开拓国外技术市场加强技术出口管理问题的批复》，规定了技术出口的政策；各省、自治区、直辖市、计划单列市和国务院有关部委、直属机构，根据该报告的精神成立了专门负责技术出口的机构。机构的健全和政策的制定有力地推动了中国技术出口的起步。

在这一阶段，中国技术出口的主要国家和地区中，有不少是发展中国家，但发达国家仍占相当大的比重。技术出口的内容和方式也在增加，除单纯转让“软件”技术外，成套设备出口、技术服务等技术贸易方式也被较多地采用。出口金额逐年增加，1987年达1亿美元，1988年增至2亿美元。

（三）初级阶段（1989—1997年）

1990年国务院批准了由原对外经济贸易部、原国家科委共同制定的《技术出口管理暂行办法》。该办法的颁布实施对发展中国技术贸易、促进技术和成套设备出口产生了积极的影响，使中国的技术出口走上了法治化管理轨道。据统计，1990—1997年，中国对外签订技术出口合同6 269项，合同总金额为203亿美元。这一阶段，中国技术出口呈现以下几个特点：

1.增长速度明显加快

1990—1997年，中国技术出口增长幅度较快，到“八五”时期最后一年的1995年，技术和成套设备出口增长的幅度首次超过了整个外贸出口增长的幅度。1995年中国外贸出口增长幅度为22.9%，而技术和成套设备出口增长的幅度为57.7%，高出前者34.8个百分点。

2.出口技术以成套设备为主

这一时期，以成套设备为载体的技术出口明显增多。1997年大型成套设备出口额占全国技术出口额的比重达55%，其中最高年份1995年高达94%，成套设备出口的优势不仅在于科技含量高、附加值大，而且还可带动各类工程、劳动力、资本的输出。

3.市场多元化取得进展

这一时期，中国技术出口呈现市场多元化的趋势，到1997年我国技术出口目的国（地区）已增至110个。其中，向发展中国家出口额技术明显增多，约占出口技术总额的70%~80%，说明中国技术出口市场目前主要在发展中国家。向发达国家出口的技术虽然所占比例降低，但其绝对数值仍在上升。

4.技术含量不断提高，技术出口已初具规模

随着引进技术消化吸收和中国机电工业整体水平的提高，中国成套设备出口由中小型成套逐步向大型成套发展，由集中在少数专业领域向多专业领域扩大。中国过去以出口小水电、小化肥、小水泥设备为主，现在，成套设备出口已向大型化发展，中国已能出口15万吨级船舶、32万千瓦的大型火电站、年产130万吨水泥和30万吨合成氨的设备等。目前，中国已建成了门类齐全、具有相当规模和较高水平的工业生产体系和科研体系，拥有多层次的技术资源。1997年，中国技术出口额55亿美元，占外贸出口总额的3%，占中国机电产品出口总额的9.2%，这标志着中国技术出口已初具规模。

（四）迅速发展的新时期（1998年以来）

高新技术产品成为我国出口增长的重要力量。1996年高新技术产品出口额为126.63亿美元，1997年增至163.1亿美元，1998年突破200亿美元大关，达到202.51亿美元，出口额比上年增长24.2%。1999年我国高新技术产品出口额为247.04亿美元，比上年增加22.0%。2000年我国高新技术产品出口表现出前所未有的增长势头，出口额高达370.43亿美元，比上年增长50.0%。高新技术产品的出口额占我国出口额的比重为14.9%，比上年提高2.2个百分点。2001年我国高新技术产品出口464亿美元，是实施科技兴贸战略前的1998年的2.3倍，占我国出口额的比重达到17.5%，比1998年提高了6.5个百分点。2008年我国高新技术产品出口额又增至4 156亿美元，比上年增长了13.1%，在我国出口额中的比重进一步上升为29.1%。2009年我国高新技术产品出口3 769.1亿美元，虽然比上年下降9.3%，但在我国出口额中的比重却进一步上升为31.4%，这充分反映了我国实施科技兴贸战略的成效。2021年我国高新技术产品出口

9 794.2亿美元，在出口总额中所占比重约为30%（如图11-1、图11-2所示）。

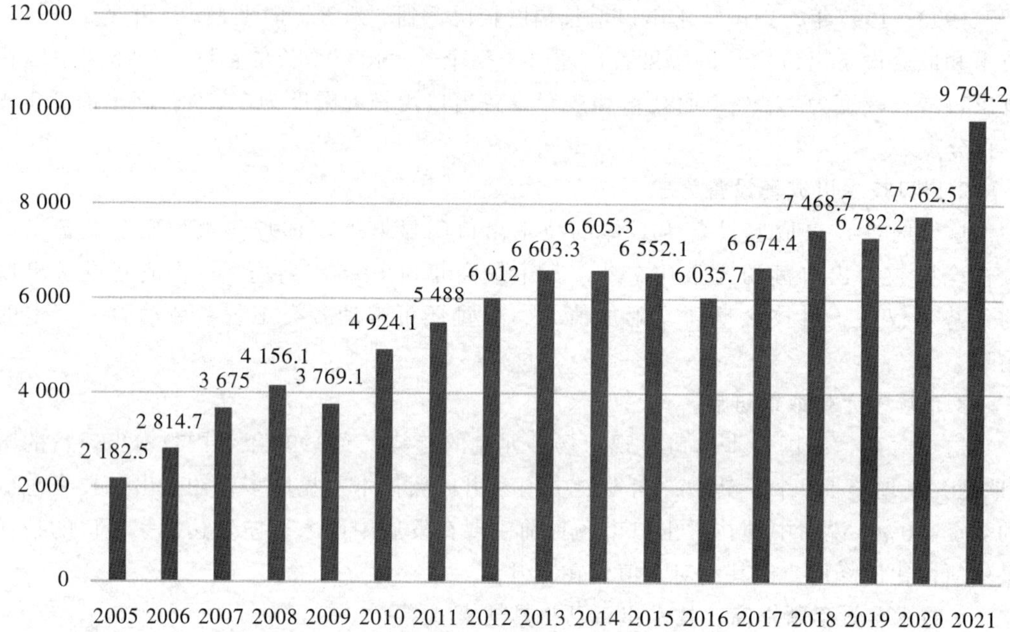

图11-1　高新技术产品出口额（单位：亿美元）

资料来源：根据中国海关统计数据绘制。

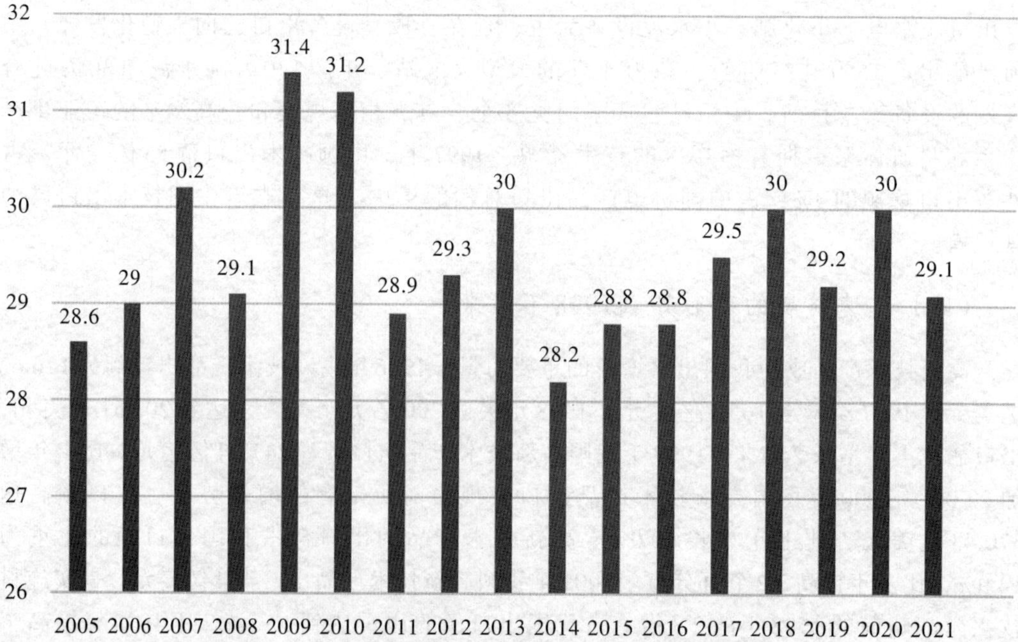

图11-2　高新技术产品出口在出口总额中所占比重（%）

资料来源：根据中国海关统计数据绘制。

二、中国技术出口的政策导向

（一）技术出口与科技兴贸战略

1.我国已成为世界贸易大国，但出口商品结构仍相对落后

与发达国家相比，我国无论在高技术产品的出口比例，还是在产品的技术高度上，都尚有很大差距。

当今的贸易强国大多也是制造业强国，也是机电产品、高新技术产品出口贸易强国。

我国在由贸易大国向贸易强国迈进的过程中，必须继续强化制造业、高新技术产业在出口贸易中的作用。

2.实施科技兴贸战略，向贸易强国转变

科技兴贸战略的内涵之一是采取切实有效措施，促进高新技术产品出口，以推动我国出口商品结构向高新技术产品方向的转变。实施科技兴贸战略，正是提高我国国际竞争力，从贸易大国迈向贸易强国的重要举措之一。

（二）技术出口政策

1.发展重点产业和技术领域的产品出口

我国相关技术出口管理部门应组织重点出口产品的关键技术开发，力争在软件、生物医药、通信产品等领域取得技术突破，提高高新技术产品和传统出口产品的国际竞争能力和持续出口能力。

2.加强对出口产品的高新技术支持

我国应该加快利用高新技术改造机电行业和纺织行业的重点出口企业，加快利用高新技术开发新产品、新材料，实现行业技术改造跨越式升级。

3.利用高科技手段开展高新技术贸易

我国应该加强信息技术在外贸领域的推广应用，率先在科技兴贸的重点城市、高新技术产品出口基地、高新技术产业开发区、重点出口企业和科研院所建立电子商务应用系统，推动我国电子商务应用的快速发展。此外，还要加快以信息化为基础的现代物流系统建设，提高对外贸易的物流效率，降低物流成本。

4.促进高新技术产品出口体制创新

我国应该借鉴国际通行做法，在投融资、海关监管、外汇管理、税收管理、进出口管理、人员进出管理等方面采取新的措施，在促进我国高新技术产业发展和产品出口方面进行符合国际通行规则的体制创新。

5.加强技术贸易法律、法规体系建设

《中华人民共和国技术进出口管理条例》及一系列配套技术贸易法律、法规的颁布和修订，对于促进技术出口有着重要的意义。

这些法律法规鼓励有较大出口市场和出口潜力的技术成果在国外申请专利；推动企

业开展国际质量认证、安全认证、环保认证等。

第四节　技术进出口管理

我国对技术进出口实行统一的管理制度，依法维护公平、自由的技术进出口秩序。

一、技术进出口管理的依据

为了规范技术进出口管理，维护技术进出口秩序，促进国民经济和社会发展，根据《对外贸易法》及其他有关法律的有关规定，我国制定了《技术进出口管理条例》(2001年公布，2019年、2020年修订)。据此，有关部门制定了《中华人民共和国禁止进口限制进口技术管理办法》《中华人民共和国禁止出口限制出口技术管理办法》《中华人民共和国技术进出口合同登记管理办法》《中华人民共和国禁止进口、限制进口技术目录》等一系列配套规章，形成了中国技术贸易管理的完整体系。上述法律、法规的制定和实施，对保护我国成熟的产业化技术出口，鼓励先进、适用的国外先进技术和设备进口，发展民族科技，促进我国的科学技术水平进入世界先进行列，起到了保障作用。

二、技术进出口管理的基本原则和管理措施

技术进出口应当符合国家的产业政策、科技政策和社会发展政策，有利于促进我国科技进步和对外经济技术合作的发展，有利于维护我国经济技术权威。

技术进出口管理的基本原则有技术进出口管理共同适用的原则，也有分别适用于出口和进口的原则。

(一) 实行有管理的自由进出口原则

除法律、行政法规另有规定的，国家准许技术的自由进出口。我国鼓励先进、适用的技术进口，也鼓励成熟的产业化技术出口；同时对危害国家安全或者社会公共利益的、危害人的生命或者健康的、破坏生态环境的以及违反国家缔结或参加的国际条约、协定规定的技术，禁止进口。

(二) 对进出口技术实行分类管理

我国将进出口技术分为禁止、限制、自由进出口三大类，按目录进行禁止、许可、登记管理。

《对外贸易法》在第3章“货物进出口与技术进出口”中，将进口或出口的技术分为“禁止进口或者出口、限制进口或者出口、允许自由进口或者出口”三大类，并依此分别制定禁止或限制进口货物与技术目录、禁止或限制出口货物与技术目录。

(1) 凡列入《禁止进口、限制进口技术目录》及《禁止出口、限制出口技术目录》中禁止进出口的技术，不得进出口。

(2) 对限制进口或者出口的货物与技术，实行许可证管理。要进出口限制进出口的技术，应当向国务院外经贸主管部门提出申请并附有关文件。技术进出口申请经批准的，由国务院外经贸主管部门发给技术进出口许可意向书。申请人取得技术进出口许可意向书后，方可对外进行实质性谈判，签订技术进出口合同。技术进出口经许可的，由国务院外经贸主管部门颁发技术进出口许可证。技术进出口合同自技术进出口许可证颁发之日起生效。

(3) 对属于自由进出口的技术，实行合同登记管理。属于自由出口的技术，合同自依法成立时生效，不以登记为合同生效的条件。申请人凭技术出口许可证或者技术出口合同登记证办理外汇、银行、税务、海关等相关手续。

从上述管理制度来看，我国对进出口技术采取的是一种宽严结合的管理模式，即在对进出口的技术进行分类的基础上，对属于禁止和限制类技术的进口或出口，采取了严格的禁止和审批或核准的做法；而对属于禁止和限制进口或出口技术以外的技术，则采取较为宽松的做法，仅对合同进行必要的登记。

（三）法律责任

(1) 进口或者出口属于禁止进出口的技术的，或者未经许可擅自进口或者出口属于限制进出口的技术的，依照《刑法》关于走私罪、非法经营罪、泄露国家秘密罪或者其他罪的规定，依法追究刑事责任。

(2) 尚不够刑事处罚的，区别不同情况，依照海关法的有关规定处罚，或者由国务院外经贸主管部门给予警告，没收违法所得。

(3) 变造或者买卖技术进出口许可证或者技术进出口合同登记证的，依照刑法关于非法经营罪或者伪造、变造、买卖国家机关公文、证件、印章罪的规定，依法追究刑事责任。尚不够刑事处罚的，依照《海关法》的有关规定处罚；国务院外经贸主管部门可以撤销其对外贸易经营许可。

（四）技术出口管制

为了保证国家秘密技术安全以及履行国际义务，我国对敏感物项和技术的出口实施出口管制。

敏感物项和技术是指《中华人民共和国核两用品及相关技术出口管制条例》《中华人民共和国生物两用品及相关设备和技术出口管制条例》《有关化学品及相关设备和技术出口管制办法》《中华人民共和国导弹及相关物项和技术出口管制条例》等相关出口管制法规所附“出口管制清单”中所涵盖的物项和技术。

（五）限制出口技术的审查管理

对限制出口的技术，实施出口许可管理，由商务部会同科技部进行贸易审查和技术审查，并决定是否准予出口。

1.贸易审查的主要内容

(1) 是否符合我国对外贸易政策，并有利于促进外贸出口。

（2）是否符合我国产业出口政策，并有利于促进国民经济发展。

（3）是否符合我国对外承诺的义务。

2.技术审查的主要内容

（1）是否危及国家安全。

（2）是否符合我国科技发展政策，并有利于科技进步。

（3）出口成熟的产业化技术是否符合我国的产业政策，并能带动大型和成套设备、高新技术产品的生产和经济技术合作。

（4）实验室技术，鼓励首先在国内开发，转变为产业化技术后再出口。国内暂不具备条件转化应用的，则应在国家利益不受损害并取得知识产权有效保护的前提下方可出口。

（5）出口的技术是否成熟可靠并经过验收或鉴定，未经验收或鉴定但已经生产实践证明的，应由采用单位出具证明。

（六）限制进口技术的审查管理

对《禁止进口限制进口技术管理方法》中涵盖的限制进口的技术，由国家主管部门分别对技术进口项目进行贸易审查和技术审查，并决定是否准予进口。

1.贸易审查的主要内容

（1）是否符合我国对外贸易政策，有利于对外经济技术合作的发展。

（2）是否符合我国对外承诺的义务。

2.技术审查的主要内容

（1）是否危及国家安全或社会公共利益。

（2）是否危害人的生命或健康。

（3）是否破坏生态环境。

（4）是否符合国家产业政策和经济社会发展战略，并有利于促进我国技术进步和产业升级、有利于维护我国经济技术权益。

（七）对技术进口合同限制性条款的规定

为了维护技术受让人的合法权益，在技术进口合同中，不得含有下列限制性条款：

（1）要求受让人接受并非技术进口必不可少的附带条件，包括购买非必需的技术、原材料、产品、设备或者服务。

（2）要求受让人为专利权有效期限届满或者专利权被宣布无效的技术支付使用费或者承担相关义务。

（3）限制受让人改进让与人提供的技术或者限制受让人使用所改进的技术。

（4）限制受让人从其他来源获得与让与人提供的技术类似的技术或者与其竞争的技术。

（5）不合理地限制受让人购买原材料、零部件、产品或者设备的渠道或者来源。

（6）不合理地限制受让人产品的生产数量、品种或者销售价格。

（7）不合理地限制受让人利用进口的技术生产产品的出口渠道。

本章小结

国际技术贸易是指不同国家的企业、经济组织或个人之间，按一般商业条件，将其技术的使用权授予、出售或购买的一种贸易行为。其基本交易方式主要有许可证贸易、顾问咨询、合作生产、工程承包和技术服务与协助等。贸易对象包括软件技术和作为技术载体的成套设备、关键设备等资本货物。由于高新技术产品通常是高技术含量的产品，所以高新技术产品进出口贸易也归类于国际技术贸易。

在经济全球化和世界科技革命迅速发展的新时期，中国的技术贸易也实现了快速的增长，成为加快中国技术升级和经济发展的重要途径。改革开放40多年来，中国通过引进国外的技术和设备，无论是在对传统产业的改造和升级方面，还是在跳跃式地发展新兴产业方面，都取得了显著的成果。

中国通过扩大技术出口，可以增强出口创汇能力，改善贸易条件，扩大贸易规模，提高外贸对经济增长的推动作用，促进国民经济的高效益增长，从而在世界经济发展和国际分工中处于有利地位。我国技术出口始于20世纪80年代初，进入20世纪90年代以后发展加快，出口项目和金额逐年增加。尤其是进入21世纪，高新技术产品出口增长较快，已成为带动我国对外贸易发展的重要力量。

我国对发展技术出口采取了一系列措施，比如：发展重点产业和技术领域的产品出口；加强对出口产品的高新技术支持；利用高科技手段开展高新技术贸易；加强信息技术在外贸领域的推广应用；促进高新技术产品出口体制创新；借鉴国际通行做法，在投融资、海关监管、外汇管理、税收管理、进出口管理、人员进出管理等方面采取新的措施，在促进我国高新技术产业发展和产品出口方面进行符合国际通行规则的体制创新；加强技术贸易法律、法规体系建设等。

关键术语

技术贸易　软件技术　硬件技术　高新技术产业　许可证贸易

思考题

1. 国际技术贸易迅速发展的主要原因是什么？
2. 技术进出口对中国经济发展的作用何在？

3. 中国引进技术的优先领域有哪些？

4. 中国技术进出口的基本原则和主要管理措施是什么？

5. 在我国的技术进口合同中不得含有哪些限制性条款？

第十二章 中国对外经贸关系

扫码查看课件

学习目标

通过本章学习，掌握我国对外经济贸易国别（地区）关系的基本政策和原则；了解我国同世界上主要国家（地区）的经济贸易关系的发展概况及特点，并运用所学理论对中国对外经贸关系进行剖析。

第一节 中国对外经贸关系概述

一、对外经贸关系的发展

中华人民共和国成立以来，我国对外经贸关系历经了一个曲折发展的过程。20世纪50年代，由于以美国为首的西方国家对我国实施封锁禁运政策，我国主要是同苏联和东欧国家发展经贸关系，60年代主要发展同亚非拉国家的经贸关系，70年代对日双边经贸关系开创了新局面，80年代主要发展了同日本、美国、欧洲共同体的双边和多边经贸关系，同时逐步恢复了与苏联和东欧国家的经贸关系，90年代以来，特别是2001年加入WTO之后，我国已经初步形成全方位的对外开放格局。我国对外经济贸易遍布全世界，几乎同所有国家和地区都有经贸关系。

（一）1950—1960年

中华人民共和国成立以后，我国首先大力发展了同苏联和东欧国家的经贸关系；在同以美国为首的主要资本主义国家的封锁禁运进行针锋相对斗争的同时，积极发展了同亚非拉国家的经贸合作，并打开了同一些西方国家的贸易渠道。这一时期，同我国有贸易往来的国家和地区由1950年的46个增加到1960年的118个。

（二）1961—1970年

进入20世纪60年代以后，我国同苏联关系恶化，苏联终止了同我国的经济合作，停止了对我国的经济援助；东欧一些国家也追随苏联疏远了同我国的关系。这一时期，我国与苏联和东欧国家的贸易额大幅度下降，对外经济贸易逐步转向第三世界国家，同时也发展了同日本、西欧等资本主义国家和地区的经贸关系，到1970年，同我国有经贸关系的国家和地区发展到130个。

（三）1971—1980年

进入20世纪70年代以后，我国外交关系获得了突破性进展。1971年10月，联合国大会通过决议，恢复了我国在联合国的合法席位。1972年2月，时任美国总统尼克松访华，中美发表联合公报；同年9月，中日实现邦交正常化；1979年1月，中美两国正式建立外交关系。所有这些，大大推动了我国对外经贸关系的发展，到1980年，同我国有经贸关系的国家和地区增至174个。

（四）1981—2014年

20世纪80年代以后，在改革开放总方针指引下，我国对外经济贸易采取了全方位协调发展的国别地区政策，使我国同世界各国和地区的经贸关系有了突飞猛进的发展，整个对外经贸格局也发生了显著的变化。我国继续巩固和发展了同日本和美国的经贸关系；进一步开拓了欧洲共同体（后发展为欧盟）等西方发达国家市场；积极恢复和发展了与苏联（1991年解体后为独联体国家）、东欧国家的经贸关系；与广大第三世界国家的经贸关系也有了长足的发展。2002年，我国已同世界上228个国家和地区建立了经贸关系。此外，我国还参加了包括世界银行、国际货币基金组织、亚太经济合作组织在内的许多多边国际经济组织。多边、双边经贸关系的发展，特别是2001年底我国加入世贸组织，为我国的改革开放和现代化建设提供了良好的外部环境。

截止到2014年底，我国已经同世界各大洲的所有国家建立了贸易往来，从发展中国家到发达国家，从传统市场到新兴市场，形成了多层次、多元化的对外贸易关系格局。亚洲及欧洲是我国最大的进出口市场，2014年，我国对亚洲、欧洲及北美洲的货物进出口占我国对外进出口总额的比重分别为52.9%、18.0%及14.2%，三者合计占我国对外贸易总额的85.1%。与其他各洲的贸易占我国对外贸易的比重分别为：非洲5.2%、拉丁美洲6.1%、大洋洲3.6%。

从发展趋势来看，我国对亚洲、欧洲的进出口贸易有下降趋势，而对非洲、拉丁美洲及大洋洲的进出口贸易皆呈上升趋势（见表12-1）。

表12-1　2000—2023年与世界各大洲贸易在我国进出口贸易中所占比重（%）

年份 / 洲别	2000	2010	2015	2019	2020	2021	2022	2023
亚洲	56.5	52.7	53.0	39.9	40.2	51.6	53.4	49.5
欧洲	19.2	4.3	4.5	3.5	3.2	4.3	4.7	4.8
北美洲	17.2	19.3	17.6	14.8	15.5	19.9	20.7	20.4

续表

洲别＼年份	2000	2010	2015	2019	2020	2021	2022	2023
非洲	2.1	6.2	6.0	5.4	5.4	7.6	8.2	8.2
拉丁美洲	2.9	14.2	15.5	10.2	11.0	14.1	14.3	12.7
大洋洲	2.0	3.3	3.4	3.3	3.3	4.5	4.3	4.4

资料来源：中华人民共和国国家统计局（http：//www.stats.gov.cn/sj/ndsj/）。

（五）2015年至今

我国对主要贸易伙伴进出口总体实现提升，在“一带一路”倡议（The Belt and Road Initiative）下的共建国家成为拉动我国外贸发展的新动力。2022年，我国对前四大贸易伙伴，东盟、欧盟、美国和拉丁美洲进出口额同比分别增长15%、增长5.6%、增长3.7%和下降6.5%。四个地区进出口额之和占进出口总值的45.2%。2013—2022年，我国与共建“一带一路”国家进出口总额累计19.1万亿美元，年均增长6.4%。2022年，我国对共建“一带一路”国家进出口增长19.4%，占我国外贸总值的32.9%，提升3.2个百分点；对RCEP其他成员国进出口增长7.5%。

党的二十大报告指出，推进高水平对外开放，提升贸易投资合作质量和水平，加快建设贸易强国，推动共建“一带一路”高质量发展，深度参与全球产业分工和合作，维护多元稳定的国际经济格局和经贸关系。中国积极推动进博会与“一带一路”倡议，使得参与各国货物和服务贸易持续增长。第六届进博会在2023年11月10日于上海成功举行闭幕仪式，其中此次进博会上，国家展区72个参展方中有64个是共建“一带一路”国家。中国国际进口博览会是我国着眼于新一轮高水平对外开放的重大举措。2020年，中国与东盟国家和日本、韩国、澳大利亚、新西兰等成功签署了以东盟为核心的《区域全面经济伙伴关系协定》（RCEP），该协定于2022年1月1日生效，为地区贸易和产业发展带来新的机遇。

专栏12-1

RCEP为世界经济带来利好

二、当前我国对外贸易关系存在的问题

（一）贸易伙伴高度集中

对外贸易地理分布可以反映一国与其他国家和区域集团之间贸易联系的程度以及一国参与国际分工的格局。目前，我国的外贸地理分布存在着较为严重的“二八”现象，即与全球20%的国家的贸易占据了我国对外贸易总额的80%左右，贸易伙伴集中于少数国家，尤其是发达国家。

（二）贸易摩擦增多

据WTO统计，自1995年WTO成立以来，成员方反倾销立案中涉及中国产品的

调查案件占总数的1/7左右，且中国已连续多年成为世界上遭受反倾销调查最多的国家，目前全世界1/3的反倾销案件针对中国，我国仍然是全球贸易救济调查的最大目标国。

三、中国对外经济贸易国别（地区）关系的基本政策

对外经济贸易作为一种国际双边或多边的商务活动，同国际政治和经济形势密切相关，因此，它必须在本国政府对外政策，尤其是对外经济贸易政策和原则的指导下进行。

早在中华人民共和国成立前夕，毛泽东同志就阐明了新中国发展对外经贸关系的基本政策："中国人民愿意同世界各国人民实行友好合作，恢复和发展国际间的通商事业，以利发展生产和繁荣经济。"这一政策在恢复和发展我国国民经济中取得了一定的成效。但是，在相当长的一段时间里，由于国内外条件的限制，此项政策在实行中遇到了重重障碍。

进入20世纪80年代后，从国际形势看，世界经济在不稳定中迅速发展，各国之间的联系日益密切，经济生活越来越走向全球化；从国内形势看，随着全党工作的重点转移到社会主义现代化建设上来，党中央制定了对外开放的基本国策。与此相适应，我国提出的对外经济贸易工作的基本方针是：独立自主、自力更生、平等互利、扬长补短，通过各种方式积极开展对外经济技术交流与合作，充分利用国际上一切有利条件，促进我国社会主义事业的迅速发展。这一基本方针是我们制定对外经济贸易政策所遵循的主要原则和根本依据。

改革开放以来，我国对外经济贸易的基本政策是：在改革开放总方针指引下，实行全方位协调发展的政策，即坚持平等互利原则，致力于同世界上所有国家和地区发展多种形式的多边、双边经贸关系。这为我国积极参与国际交换和国际竞争、加强国内经济与世界经济的联系、使国内经济与国际经济实现互接互补、促进国民经济发展创造了良好的条件。

习近平总书记在党的二十大报告中指出："推动货物贸易优化升级，创新服务贸易发展机制，发展数字贸易，加快建设贸易强国。"这是以习近平同志为核心的党中央站在新的历史起点上，统筹中华民族伟大复兴战略全局和世界百年未有之大变局作出的重大战略安排，为新时代新征程贸易强国建设指明了前进方向，提供了根本遵循。新发展格局绝不是封闭的国内循环，而是开放的国内国际双循环。构建新发展格局，要求以国内大循环为主体、国内国际双循环相互促进，一方面内循环牵引外循环，塑造我国参与国际经济合作和竞争新优势；另一方面外循环促进内循环，在参与国际循环中提升国内大循环效率和水平，实现内外循环的顺畅联通。对外贸易是我国开放型经济的重要组成部分，是经济增长的"三驾马车"之一，是畅通国内国际双循环的关键枢纽。加快建设贸易强国，就是要更好发挥贸易对商品和要素流动的载体作用，促进市场相通、产业相融、创新相促、规则相联，推进高水平科技自立自强，提升产业链供应链韧性和安全水平，提高综合竞争力，深度参与全球产业分工和合作，在更高开放水平上形成良性循

环，更好服务构建新发展格局。

四、中国对外经贸关系的主要原则

我国在贯彻对外经贸政策、积极发展同世界各国和地区经贸关系的过程中，应遵循下列主要原则：

（一）独立自主原则

独立自主是我国长期坚持的建国方针，也是我国发展对外经贸关系必须遵循的主要原则之一。其基本含义是：一国可以自主地解决和处理本国事务而不受别国的控制和干涉。

历史经验告诉我们，没有政治上的独立，就谈不上经济上的独立；而没有经济上的独立，政治上的独立也是不完全、不巩固的。只有自力更生地发展经济，赢得经济上的独立，政治上的独立才能得到巩固。我国是一个发展中的社会主义国家，还没有完全脱离技术、经济的落后状态，因此，我们必须在独立自主的基础上，自力更生地发展我国经济，建设我们的国家。但是，这绝不是说我们拒绝对外开放和国际经济合作，排斥国外市场、资源、先进技术和经验，闭关自守。

（二）平等互利原则

所谓平等，即国家不分大小强弱，不论政治制度和经济发展水平如何，在相互经贸关系中都应当尊重对方的主权和愿望，不应当要求任何特权。

所谓互利，即在相互的经济贸易中，要根据对方的需要和可能，互通有无，以促进彼此经济的发展，反对把对外经济贸易作为控制和掠夺别国的工具。

（三）互惠、对等原则

互惠、对等是世界贸易组织的基本原则之一。

互惠是指利益或特权的相互或相应让与，它是两国之间建立和发展经贸关系的基础。在国际经济贸易中，国家之间相互给予最惠国待遇、国民待遇通常都是以互惠为前提的。

对等是指经贸双方相互给予对方同等待遇：一是对等地给予同样的优惠待遇；二是对等地就对方给予自己的不平等或者歧视待遇，采取相应的报复措施。

（四）外贸、外交互相配合的原则

外经贸是外交工作的基础之一，对外交活动具有相当大的影响，外交为外经贸服务是理所当然的。但政治是经济的集中表现，外经贸又不能代表整个经济基础，为了整个国家的政治利益，外经贸又要为外交服务。因此，外经贸与外交二者是相互影响、相互作用又相互配合的。

国际经济关系是国家之间关系的最重要方面，因此，也是各国外交的主要工作之一。在许多情况下，由于经贸关系的发展，改善了国家之间的关系，促进了外交关系的建立。在外交关系建立以后，又要靠发展两国的经贸关系来巩固和发展国家关系。

第二节　中国与欧洲联盟的经贸关系

欧洲联盟（European Union，EU，简称欧盟），总部设在比利时首都布鲁塞尔，是由欧洲共同体（European Community，又称欧洲共同市场）发展而来的，主要经历了三个阶段：比荷卢三国经济联盟、欧洲共同体、欧盟。欧盟是一个集政治实体和经济实体于一身、在世界上具有重要影响的区域一体化组织。1991年12月，欧洲共同体马斯特里赫特首脑会议通过《欧洲联盟条约》，通称《马斯特里赫特条约》（简称《马约》）。1993年11月1日，《马约》正式生效，欧盟正式诞生。

当前欧盟共有27个成员国，包括原有的比利时、法国、德国、意大利、卢森堡、荷兰、丹麦、爱尔兰、希腊、西班牙、葡萄牙、奥地利、瑞典、芬兰、塞浦路斯、匈牙利、捷克、爱沙尼亚、拉脱维亚、立陶宛、马耳他、波兰、斯洛伐克和斯洛文尼亚、罗马尼亚和保加利亚，而克罗地亚则在2013年成为最新的成员国。欧盟是一个发育成熟的统一大市场，商品、科技、金融、劳务都非常发达，其整体实力在世界经济中占有重要地位。

一、中国与欧盟经贸关系的发展

欧盟成员国多数是我国的传统贸易对象，贸易历史悠久。1975年，中国和欧共体正式建立外交关系，为发展双边的贸易往来和经济合作奠定了基础。中国一贯主张积极发展同欧盟的经贸关系，欧盟也把中国视为潜在的巨大市场，在发展对华贸易上采取了一系列措施和行动。经过双方的共同努力，中国与欧盟的经贸合作关系取得了良好的进展，欧盟也是中国重要的贸易伙伴。

（一）双边贸易额不断增长

在双方正式建交前，我国与欧共体国家的贸易规模较小。1975年以后，尤其是我国与欧共体于1978年签订双边贸易协定以及1980年欧共体给予我国普惠制待遇以后，中欧贸易有了较大发展。1975年双边贸易额为24亿美元，1980年发展到49.4亿美元。1996年进一步增长为397亿美元，占我国当年外贸总额的13%以上，位于日本、美国、中国香港之后，居第四位。2004年，中欧双边贸易领域实现了历史性的突破，欧盟超过美国和日本成为中国第一大贸易伙伴，同时中国也成为仅次于美国的欧盟第二大贸易伙伴。

根据中方统计，2022年，中欧贸易额为8 473.25亿美元，占中国全球外贸总额的13.4%。其中，中国对欧出口额为5 619.70亿美元，占中国总出口额的15.6%；中国自欧进口额为2 853.55亿美元，占中国总进口额的10.5%。中国自欧进口增幅为-7.9%，中国对欧出口增幅为8.7%，欧盟是中国的第二大贸易伙伴。2024年，中欧贸易额为7 858.2亿美元（见表12-2、图12-1）。

表12-2　1981—2024年中国对欧盟贸易统计　单位：亿美元

年份	贸易总额	对欧出口	从欧进口	贸易差额
1981	53.0	25.3	27.7	-2.4
1982	44.2	22.0	22.2	-0.2
1983	59.3	25.2	34.1	-8.9
1984	58.8	23.5	35.3	-11.8
1985	83.6	22.5	61.1	-38.6
1986	116.5	39.9	76.6	-36.7
1987	111.5	38.9	72.6	-33.7
1988	128.7	47.2	81.5	-34.3
1989	235.1	87.6	147.5	-59.9
1990	221.0	93.2	128.4	-35.2
1991	116.1	53.7	62.4	-8.7
1992	174.0	76.0	98.0	-22.0
1993	261.0	116.9	144.1	-27.2
1994	315.2	145.8	169.4	-23.6
1995	403.4	190.9	212.5	-21.6
1996	396.9	198.3	198.9	-0.6
1997	430.0	238.1	191.9	46.2
1998	488.6	281.5	207.1	74.4
1999	556.8	302.1	254.7	47.4
2000	690.4	381.9	308.5	73.5
2001	766.3	409.0	357.2	51.8
2002	867.6	482.1	385.4	96.7

续表

年份	贸易总额	对欧出口	从欧进口	贸易差额
2003	1 252.2	721.5	530.6	190.9
2004	1 772.9	1 071.6	701.2	370.4
2005	2 173.1	1 437.1	736.0	701.0
2006	2 723.0	1 819.8	903.2	916.6
2007	3 561.5	2 451.9	1 109.6	1 342.3
2008	4 255.8	2 928.8	1 327.0	1 601.8
2009	3 640.9	2 362.8	1 278.1	1 084.7
2010	4 797.2	3 112.4	1 684.8	1 427.6
2011	5 672.1	3 560.2	2 111.9	1 448.3
2012	5 460.6	3 340.0	2 120.6	1 219.4
2013	5 589.6	3 389.0	2 200.6	1 188.4
2014	6 151.4	3 708.8	2 442.6	1 266.2
2015	5 647.5	3 558.8	2 088.7	1 470.1
2016	5 470.2	3 390.5	2 079.7	1 310.8
2017	6 169.2	3 720.4	2 448.8	1 271.6
2018	6 821.6	4 086.3	2 735.3	1 351.0
2019	8 768.3	4 997.5	3 770.8	1 226.7
2020	6 495.3	3 909.8	2 585.5	1 324.3
2021	8 281.1	5 182.5	3 098.7	2 083.8
2022	8 473.3	5 619.7	2 853.6	2 766.2
2023	5 505.9	3 522.6	1 983.3	1 539.3
2024	7 858.2	5 164.6	2 693.6	2 471.0

资料来源：1980—1984年数据为外贸业务统计；1985—2023年数据来自中华人民共和国国家统计局（http：//www.stats.gov.cn/sj/ndsj/）；2024年数据来自中华人民共和国海关总署（http：//www.customs.gov.cn/customs/302249/zfxxgk/2799825/302274/302277/6348926/index.html）。

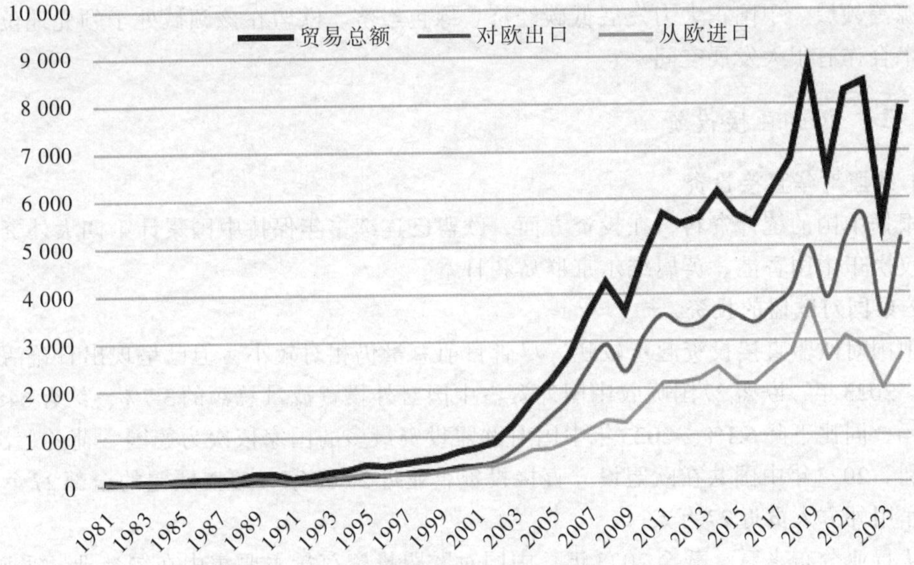

图12-1　中欧贸易发展曲线图（单位：亿美元）

中国与欧盟国家贸易分布情况：德国、荷兰、法国和意大利是中国在欧盟的主要贸易伙伴，其中，德国是中国与欧盟进出口贸易的最大伙伴国。从进出口的对比关系上看，以1997年为界可以分成两个阶段，之前我国对欧盟的贸易表现为逆差；自1997年开始，我国对欧盟贸易长期入超现象得以改变，顺差逐年增加。

2024年中国同欧盟及主要国家的进出口情况见表12-3。

表12-3　　2024年中国同欧盟的贸易关系　　金额单位：亿美元

地区/国别	进出口	占比（%）	同比（%）	出口	占比（%）	同比（%）	进口	占比（%）	同比（%）
全球	61 622.99	100	5.9	35 772.2	100	7.0	25 850.7	100	1.1
欧盟	7 858.2	14.44	0.4	5 164.6	14.4	3.0	2 693.6	10.4	-4.4
德国	201.9	16.5	-2.4	107.0	14.5	6.5	94.8	19.4	-10.7
荷兰	110.0	9.0	-6.1	91.2	12.3	-9.0	18.8	3.9	11.2
法国	79.6	6.5	0.8	44.5	6.0	6.9	35.1	7.2	-5.9
意大利	72.5	5.9	1.1	46.2	6.3	3.8	26.3	5.4	-3.2

资料来源：中华人民共和国海关总署网站（http：//www.customs.gov.cn/customs/302249/zfxxgk/2799825/302274/302277/302276/6325065/index.html）。

专栏12-2

中欧班列

（二）欧盟对我国技术设备出口领先于日美

欧盟是中国引进先进技术、设备的最大供应者。在技术合作方面，欧盟一直是中国累计最大技术引进来源地。2009年，中国自欧引进技术2 772项，合同金额为64.3亿美元，占中国引进技术总额的30%。中国自欧技术引进主要集中在铁路运输、电子设备、新能源等领域。中国正大力发展低碳经济、绿色经济，欧盟在该领域处于领先地位，中欧技术合作有很大发展空间。

（三）双边直接投资

1.欧盟对华直接投资

根据中国的统计资料，在投资方面，欧盟已连续多年保持中国累计第四大外资来源地，仅次于中国香港、英属维尔京群岛和日本。

2.中国对欧盟的投资

中国对欧盟直接投资起步较晚，尽管目前总量仍相对较小，但已呈现出日益活跃的态势。2023年，欧盟27国吸收中国外资占中国对外投资流量总额的3.7%，约合648 264万美元，同比下降6.1%。2023年中国对欧盟投资最多的国家依次为德国、荷兰、法国、意大利。2023年中国共在欧盟设立直接投资企业近2 800家，覆盖欧盟的全部27个成员国，雇用外方人员近27万人。

从行业分布来看，截至2023年，中国对欧盟投资存量主要集中在制造业、采矿业、金融业、租赁和商务服务业以及信息传输、软件和信息技术服务业等（见表12-4）。

表12-4　**2023年中国对欧盟直接投资的主要行业**　金额单位：万美元

行业	流量	所占比重（%）	存量	所占比重（%）
制造业	186 592	28.8	3 606 621	35.2
采矿业	20 814	3.2	1 836 708	17.9
金融业	252 215	38.9	1 710 451	16.7
租赁和商务服务业	54 340	8.4	868 267	8.5
信息传输、软件和信息技术服务业	−71 679	−11.1	616 899	6.0
批发和零售业	173 064	26.7	602 466	5.9
电力、热力、燃气及水的生产和供应业	9 789	1.5	238 887	2.3
科学研究和技术服务业	10 345	1.6	226 425	2.2
居民服务、修理和其他服务业	9 058	1.4	151 842	1.5
交通运输、仓储和邮政业	−5 260	−0.8	139 835	1.4
住宿和餐饮业	150	0.0	87 381	0.8
农、林、牧、渔业	−2 806	−0.4	59 824	0.6
建筑业	10 076	1.6	38 308	0.4
房地产业	203	0.0	26 264	0.3
文化、体育和娱乐业	38	0.0	14 172	0.1
其他行业	1 325	0.2	17 891	0.2
合计	648 264	100.0	10 242 241	100.0

资料来源：《2023年度中国对外直接投资统计公报》。

二、中国与欧盟经贸关系中存在的主要问题

纵观我国与欧盟经贸关系的发展，虽然取得了很大成绩，但也存在一些问题。

（一）欧盟对中国贸易的歧视性措施

欧盟对中国商品仍存在不少歧视性措施，而单方面配额设限就是其采用的主要手段之一。为此，我国曾与欧盟及其成员国多次谈判磋商，要求放宽对我国商品出口的配额限制，欧盟对此也采取了一些措施，取消了部分限额类别，增加了限额数量，但至今并无实质性的改善，对我国一些产品进入欧盟市场仍是较大障碍。

欧盟对中国实行的歧视性政策还表现在“反倾销”的运用上。

欧盟对中国产品采取歧视性的反倾销，阻碍了中欧贸易的正常开展。1998年以前，欧盟一直视中国为“非市场经济国家”，认为中国产品的价格是计划经济的产物，不是企业根据市场供求所做出的选择，因而选取第三国作为替代国。更为不合理的是，欧盟在将中国作为“非市场经济国家”的前提下，拒绝按涉案出口商各自不同的倾销幅度分别进行调查和裁定，而是按确定的某一家出口商的倾销幅度，对该行业或该产品征收统一的反倾销税，由此造成一家被裁定倾销，全行业受损的严重后果。1998年欧盟理事会虽然通过了将中国从其反倾销政策中的“非市场经济国家”名单中删除的议案，但仍然认为中国市场经济制度有待进一步完善。

（二）欧盟新的普惠制对中国出口产生消极影响

中国从1980年起开始享受欧盟提供的普惠制待遇。在给惠产品中有94种免税，226种按正常税率的40%左右征税；工业品519个税号中除1个税号外全部享受普惠制下免税待遇。上述种种优惠中虽然也设置了许多限制，但仍使中国出口获益匪浅。1995年开始，欧盟分三个阶段实施为期10年的新普惠制，推行这一制度的目的，旨在限制竞争力强的国家和地区享受免税待遇，而将这一待遇只提供给最穷的发展中国家。世界银行按人均国民总收入，已先后于2011年、2012年和2013年把中国、厄瓜多尔、马尔代夫和泰国归类为高收入或中高等收入国家。2013年12月31日，欧盟《官方公报》刊登欧洲委员会第1421/2013号条例，修订了欧盟的普惠制规例。在其生效1年后，中国（内地）、厄瓜多尔、马尔代夫和泰国将被剔出受惠国行列。由此，自2015年1月1日起，中国所有产品不再享受普惠制优惠待遇。这意味着大量的中国产品进入欧盟市场的关税大幅度提高，必将影响中国产品在欧盟市场的竞争力。

专栏12-3

普惠制简介

（三）中国出口商品对欧盟市场的适应性不强

首先，中国出口商品结构不适应欧盟进口结构的变化。近年来，在欧盟从区外进口总额中，食品、饮料及原料所占比重大幅度下降，机器与运输设备、能源及化工产品的比重在不断上升。可见，欧盟进口商品构成比例正在下降的商品，正是我国目前和今后一段时间内具有优势的出口商品，而欧盟进口比重上升的商品，则是我国现阶段生产的

技术较为落后、很难打入欧盟的商品。

其次，中国对欧盟出口商品大都属于中低档商品，不适应欧盟高消费市场的需求。特别是有些传统出口商品，因质量明显下降，而被欧盟禁止进口。

（四）欧盟技术性贸易壁垒的限制

技术性贸易壁垒又称“技术性贸易措施”或“技术壁垒”，通常以国家或地区的技术法规、协议、标准和认证体系（合格评定程序）等形式出现，涉及的内容广泛，涵盖科学技术、卫生、检疫、安全、环保、产品质量和认证等诸多技术性指标体系，运用于国际贸易当中，体现为灵活多变、名目繁多的规定。这类壁垒常常会披上合法外衣，成为当前国际贸易中最为隐蔽、最难对付的非关税壁垒。

我国向欧盟出口的部分农畜产品中，由于欧盟增加了检验项目，加强了检验，影响了这些产品对欧盟的出口。例如，欧盟大幅度扩大茶叶农残检测的范围，并提高对中国茶叶的农药残留检测标准，这就增加了中国茶叶向欧盟出口的难度。

三、中国与欧盟经贸关系发展前景

中欧经贸合作有着坚实的基础、强大的政治动力和良好的机遇。在经济危机的考验中，中欧双方在巩固已有合作基础的同时，积极开拓新的合作领域，寻找新的增长点。今后，在中欧全面战略伙伴关系的指引下，中欧经贸合作将进一步深化和巩固，经贸关系将更为紧密。

第三节　中国与美国的经贸关系

中国是世界上最大的发展中国家，美国是世界上最大的发达国家，发展中美经贸关系不仅对中美两国经济的发展具有重要意义，而且也是世界和平与稳定的重要因素。中美两国经历了曲折的历程，建立和发展了符合两国人民利益的关系，这对世界和平是有益的。在平等互利的基础上建立和发展长期稳定的、全面的经济贸易关系，对两国人民友好和各自经济的发展与繁荣、对追求世界和平和发展的目标，都有着十分重要的意义。

一、中美经贸关系发展概况

中美经贸关系源远流长。中华人民共和国成立前，中国是美国的重要出口市场、原料供应地和投资场所。中华人民共和国成立之初，中美两国继续保持着贸易关系。1950年6月美国发动侵朝战争，同时也对中国实行“禁运”，致使两国贸易关系完全中断。1972年，时任美国总统尼克松访华，中美联合发表《上海公报》。公报指出：“双方把双边贸易看作另一个可以带来互利的领域，并一致认为平等互利的经济关系是符合两国人民利益的。”从此开辟了中美关系的前景，也为中美贸易的恢复与发展奠定了基础。特别是1979年1月，中美两国正式建交，两国经贸关系由此进入了一个新的发展时期。

（一）中美贸易额迅速增长

1972年中美贸易几乎从零开始，到1979年两国建交时已达24亿美元，1988年突破100亿美元大关，1996年达到428亿美元。从1979年到1996年的18年中，双边贸易额累计为2 606亿美元。随着中美贸易额的迅速扩大，中美贸易在两国贸易中的地位不断上升。到1996年，美国已超过中国香港，成为仅次于日本的中国第二大贸易伙伴。

1978—2024年中美两国贸易状况见表12-5。

表12-5　**1978—2024年中美贸易状况统计表**　单位：亿美元

年份	贸易总额	对美出口	从美进口	贸易差额
1978	9.9	2.7	7.2	−4.5
1979	16.5	6.0	10.6	−4.6
1980	47.9	9.6	38.2	−28.6
1981	58.9	15.1	43.8	−28.8
1982	53.4	16.2	37.2	−21.0
1983	40.3	17.1	23.2	−6.1
1984	59.6	23.0	36.6	−13.6
1985	70.2	26.5	43.7	−17.2
1986	59.9	24.7	32.3	−10.6
1987	67.7	29.6	38.1	−8.7
1988	100.1	33.8	66.3	−32.5
1989	122.5	43.9	78.6	−34.7
1990	117.7	51.9	65.8	−14.9
1991	142.0	61.9	80.1	−18.1
1992	174.9	85.9	89.0	−3.1
1993	276.5	169.6	106.8	62.8
1994	354.3	214.6	139.7	74.9
1995	408.3	247.1	161.2	85.9
1996	428.5	266.9	161.6	105.3
1997	489.9	326.9	163.0	163.9
1998	693.7	379.7	314.0	65.7

续表

年份	贸易总额	对美出口	从美进口	贸易差额
1999	641.1	419.4	194.7	224.7
2000	744.6	521.0	223.6	297.4
2001	804.8	42.8	62.0	80.8
2002	971.8	699.5	272.3	427.2
2003	1 263.8	924.7	338.6	586.1
2004	1 696.3	1 249.5	446.8	802.7
2005	2 116.3	1 629.0	487.3	1 141.7
2006	2 626.8	2 034.7	592.1	1 442.6
2007	3 020.8	2 327.0	693.8	1 633.2
2008	3 337.4	2 523.0	814.4	1 708.6
2009	2 982.6	2 208.2	774.4	1 433.8
2010	3 853.4	2 833.0	1 020.4	1 812.7
2011	4 466.5	3 244.9	1 221.5	2 023.4
2012	4 846.8	3 518.0	1 328.9	2 189.1
2013	5 210.0	3 684.3	1 525.8	2 158.5
2014	5 551.2	3 960.8	1 590.4	2 370.5
2015	5 583.9	4 096.5	1 487.4	2 609.1
2016	5 196.1	3 852.0	1 344.1	2 507.9
2017	5 837.0	4 297.6	1 539.4	2 758.2
2018	6 335.2	4 784.2	1 551.0	3 233.3
2019	5 415.6	4 186.64	1 229.0	2 957.7
2020	5 869.8	4 517.3	1 352.5	3 164.8
2021	7 556.5	5 761.1	1 795.3	3 965.8
2022	7 594.3	5 817.8	1 776.4	4 041.4
2023	6 639.9	5 002.4	1 637.4	3 365.0
2024	6 882.8	5 246.6	1 636.2	3 610.3

注：因四舍五入，进出口数据加总和贸易总额数据可能不一致。资料来源：1980—1984年数据为外贸业务统计；1985—2023年数据来自中华人民共和国国家统计局（http：//www.stats.gov.cn/sj/ndsj/）；2024年数据来自中华人民共和国海关总署（http：//www.customs.gov.cn/customs/302249/zfxxgk/2799825/302274/302277/6348926/index.html）。

（二）中美贸易结构向多元化发展

中国对美国出口商品结构近年来发生了积极的变化。中国对美出口产品在传统的家具、纺织品、服装、鞋类、玩具的基础上，不断增加机电产品、运输设备等高新技术产品。在进口方面，过去中国从美国进口的农产品、化工原料和木材等原料性商品一直占很大比重，但近年来，为了适应我国工业现代化需要，从美国进口的机电产品、运输设备、化工产品以及光学、钟表、医疗设备等技术产品的比重迅速增加。中国已成为美国飞机、机电设备、纸及纸制品、化肥、谷物、化工产品、石油设备等的主要购买者之一。美国出口到中国的农产品近年来也大幅增加，美国已经成为中国农产品进口的最大来源地。中美进出口商品结构出现的这种多元化发展趋势，符合两国消费者的利益，也为进一步扩大双边贸易奠定了基础。

（三）商品贸易与直接投资相互促进

1.美国对中国的直接投资

20世纪90年代后，美国对华投资增长较快。中国一直是美国企业海外投资首选目的地之一，美国也成为中国外资最大的来源地之一。

2.中国对美国的直接投资

近年来，伴随着中国企业“走出去”步伐加快，美国也是中国企业海外投资的重要目的地。2020年，美国是中国对外直接投资的第四大投资目的地。据商务部统计，2020年，经商务部批准或备案，中国对美国直接投资总额为60.19亿美元，占当年中国对外直接投资总额的3.9%，占对北美洲投资总额的94.9%。中国公司在美国设立境外企业近5 000家，雇佣外方员工超过11万人。截至2020年末，中国对美国直接投资存量为800.48亿美元，主要集中在制造业、金融业、信息传输/软件和信息技术服务业、租赁和商务服务业、批发和零售业、采矿业、科学研究和技术服务业等，其中文化/体育和娱乐业及住宿和餐饮业存量减少。从存量行业分布情况看，制造业以234.18亿美元高居榜首，占对美投资存量的29.3%；金融业116.80亿美元，占14.6%；信息传输、软件和信息技术服务业93.08亿美元，占11.6%；租赁和商务服务业76.79亿美元，占9.6%；批发和零售业67.55亿美元，占8.4%；采矿业53.52亿美元，占6.7%；科学研究和技术服务业占4.3%；房地产业占4.2%；文化/体育和娱乐业占3.5%。

二、中美经贸关系的主要纠纷和障碍

中美经贸关系的迅速发展促进了两国经济的发展和繁荣，但这种发展并非一帆风顺，在中美两国关系中一直存在许多纠纷与障碍，必须妥善处理和解决。

（一）贸易不平衡问题

中美贸易不平衡问题由来已久，原因复杂，应全面客观地理性分析。

1. 中美贸易格局是经济全球化条件下国际产业分工的结果

半个多世纪以来，在发达国家主导的经济全球化进程中，美国产业结构不断向高端制造业和现代服务业升级，陆续把传统的劳动密集型产业转移到国外。这些产业的主要承接地先是日本、韩国，美国由此对上述经济体产生了大量贸易逆差。中国改革开放以后，相关产业进一步转移到劳动力成本更低的中国，中国从日本、韩国进口原材料和中间品，加工装配后出口到欧美发达国家。由此，中国对周边经济体逆差增加，而对美国顺差扩大，但同期美国对亚洲整体的逆差占其逆差总额的比重并未明显增加。

2. 美国对华逆差程度被明显高估

造成统计差异的主要原因：一是原产中国的货物通过其他经济体转口至美国过程中的增值部分被计算为中方顺差；二是在对美加工贸易出口中，中国企业通常只负责接单生产，不掌控设计、运输、销售等环节，美方进口报关价格高于中方出口报关价格，进而推高中方顺差。

3. 美国对华出口管制加剧了双边贸易不平衡

美国长期实行对华出口管制，2007年还将中国单列，专门增加了包括纤维材料、数控机床、部分集成电路设备在内的47个出口管制项目。严格的管制迫使很多中国用户放弃进口美国产品，转从他国进口。在美国优势产品出口受限的情况下，中美贸易差额不是双方竞争力的真实反映，依此调整两国经贸政策只能造成更大的扭曲。

4. 美国长期逆差与美元作为主要国际货币地位有关

早在20世纪60年代，美国耶鲁大学的特里芬教授就提出，美元作为主要的国际货币，要满足世界各国在贸易清算、债务清偿和国际储备等方面的需要，就必须通过国际收支逆差使美元流出。随着国际贸易和投资的扩大，全球对美元的需求增多，美国的逆差就会越大，但长期逆差又威胁美元币值的稳定，威胁美元的国际货币地位。“特里芬难题”是布雷顿森林体系解体的内在原因。当前，美元也仍然面临着既要通过经常项目逆差为世界提供流动性，又要确保美元稳定的两难窘境。

（二）关于美国限制进口中国商品的问题

美国一贯对我国输美的所谓“敏感性商品”采取进口限制政策，其中对我国对美重点出口商品——纺织品的限制尤为突出。中美建交不到半年，美国于1979年5月31日就单方面对中国5种纺织品实行限额。1980—2003年，中美先后签署了5个纺织品贸易协定，使中国对美国出口纺织品受到日益严格的限制，限额品种不断增加。从第三个纺织品贸易协定开始，还规定增设分组限额，使我国对美纺织品出口不仅要受分品种的特定限额限制，而且非配额品种也要受到分组总额限制。这样，我国对美出口纺织品90%以上的种类要受到严格限制。

我国加入世界贸易组织后，按照世界贸易组织《纺织品与服装协议》的规定和我国加入世界贸易组织议定书的有关条款，我国应享受在纺织品与服装领域的一体化待遇，其中包括设限国家和地区分别对我国出口的部分类别的产品取消配额限制。对此，原外经贸部于2001年12月4日公布了《关于对部分产品出口取消纺织品被动配额限制有关问题的公告》，并同时公布了取消配额限制的类别清单和取消时间。根据原外经贸部公布的上述资料，2002年度美国设限纺配类别共86个，较2001年的104个减少了18个。但是，新的贸易保护又开始阻碍纺织品与服装出口。2003年6月，美国商务部纺织品协议执行委员会（CITA）宣布启动对从中国进口纺织品采取特别限制措施程序。根据该程序，美国国内符合条件的纺织品及服装生产商或其代表可以提请对从中国进口的纺织品及服装实施限制措施。对华纺织品特别限制措施程序的颁布，为美国对华纺织品重新设限铺平了道路，这意味着中国输美纺织品面临着一个随意性很大的壁垒限制。2007年4月4日，以“市场扰乱威胁”为由，美国商务部宣布自行启动对我国三类纺织品——棉制衬衫、裤子和内衣 的“特保”程序，拉开了《多种纤维协定》废除后利用“特别”条款限制中国纺织品对外出口的序幕；5月18日，美国商务部纺织品协议执行委员会又以“市场扰乱威胁”为由，做出了对来自中国的化纤制针织衬衫、化纤制裤子、棉及化纤制梭织男衬衫和精梳棉纱采取纺织品特别限制措施的决定；美国商界始终关注我国纺织品相关情况，不仅收集我国纺织品相关信息，而且定期公布监控报告。

（三）关于美国出口限制问题

美国的出口限制是实行贸易歧视政策的手段。长期以来，美国通过出口许可证、管制货单和输往国别分组管制表的办法对我国出口所谓的“战略性物资”和敏感性商品进行十分严格的限制。

1994年4月巴黎统筹委员会宣布解散后，美国政府对于高新技术产品的出口管理体制进行了第二次世界大战结束以来最大的调整，如缩小高新技术产品出口许可证管理的范围，简化出口许可证申请和审评程序等。这些措施的实施部分地放宽了军民两用的高技术和高技术产品对中国的出口，但是对于用于军事目的以及有损于美国“国家安全”的高、精、尖技术和产品仍严加限制。

近年来，美国还通过取消贸易促进措施来限制对中国的出口。美国进出口银行的信贷支持、贸易开发署对可行性研究的资助、海外私人投资公司的保险项目都曾对双边贸易的发展发挥了巨大的促进作用，然而20世纪90年代以后，这些措施却被中止使用。这严重影响了美国公司参与中国市场竞争的热情。

（四）反倾销和“非市场经济国家”问题

美国对中国输美产品频繁实施反倾销措施。1980年美国首次发起对中国产品的反倾销调查，至今为止，美国是对华反倾销最为频繁的国家之一。美国反倾销中对中国商品的不公正性主要表现在仍视中国为“非市场经济国家”，继续采取“替代国”政策。用替代国数据指控中国产品存在倾销是不公平的，中国经过40多年的改革开放，经济的市场化程度已经远高于许多世界贸易组织成员。

（五）关于知识产权问题

中美知识产权纠纷是近年来中美经贸关系中的焦点问题，直接影响到中美经贸关系的发展。20世纪80年代以来，美国一直把加强知识产权的国际保护作为其贸易保护的手段之一。在这方面采取的主要措施是1988年8月美国国会通过的《美国综合贸易和竞争法案》，其中的“特别301条款”规定，美国贸易代表有权将没有对美国知识产权给予充分有效保护的国家列为侵权的“重点国家名单”，如果经过6个月的谈判，双方达不成协议，美国则实施贸易报复。

自该条款生效以后，美国无视我国在知识产权保护方面所取得的显著成绩，对我国的压力不断升级，以贸易报复相威胁。美国曾于1989年5月和1990年4月两次将我国列入“重点观察国家名单”，后又于1991年4月、1994年6月和1996年4月三次将我国列入“重点观察国家名单”，而且每次都单方面宣布对我国进行制裁的报复清单，涉及金额依次为15亿美元、28亿美元和30亿美元。虽然争端发生后，经双方共同磋商都能在最后达成协议，避免了一次又一次的双方都要付出巨大代价的贸易战，但是由于美国贸易保护主义日盛，“特别301条款”的调查又是每年举行一次，再加上中美两国政治、经济、文化和历史背景的不同，中美贸易摩擦会不可避免地不断出现。因此，中美知识产权问题难免会再现分歧。

三、客观看待中美经贸关系

实际上，中美经贸合作的总体利益关系基本平衡。中美经贸合作不仅给中国，也给美国带来巨大收益。简单地把中国在货物贸易中的顺差解读为中国受益、美国吃亏，是非常片面的。

（一）中国出口产品，惠及美国民众

中国对美国的出口大幅提高了美国消费者和生产者的福利。美国自华进口商品以日用消费品为主，纺织服装、鞋类、玩具、家具和箱包等占30%左右，电器及电子产品占45%左右。这些物美价廉的产品有效抑制了美国通胀，提高了美国消费者的实际购买力。按照摩根士坦利公司的研究结果推算，2009年自华进口为美国消费者节省了约1 000亿美元的开支。限制自华进口，只能以美国民众尤其是低收入群体的福利为代价。

（二）顺差在中国，利益在美国

中国对美国出口中加工贸易占60%左右，2009年加工贸易形成对美顺差1 176亿美元，占中美贸易顺差的82%。中国加工企业接单生产后出口，只获得少数加工费，而产品设计、运储和营销等环节的大量利润被包括美国企业在内的外国企业获得。一台在美售价约1 200美元的笔记本电脑，中国加工企业仅获取35美元加工费。英国《经济学人》杂志也曾引用过一个小例子，标有“中国制造”的iPod播放机的市场零售价为299美元，其中中国出口组装厂只赚取4美元的加工费，而160美元被美国设计、运销和零售企业获得。

（三）美国利益不仅在货物贸易

美国从对华投资和服务贸易中获取了巨大收益，在华经营的美资企业获取了可观的销售收入和利润。在服务贸易领域，美国长期保持对华顺差。美国会计、银行、保险、证券等服务贸易企业在华均有良好的经营业绩。

四、建设性地推动中美经贸关系健康发展

中美两国领导人提出中美要建设21世纪积极合作的全面伙伴关系。2009年时任美国总统奥巴马访华时，中美双方在联合声明中提出要共同努力促进更加可持续和平衡的贸易与增长，并共同致力于反对各种形式的保护主义。我们应当认真落实这些共识，避免中美经贸合作遭遇不必要的伤害。

（一）坚持对话与合作，妥善化解分歧

中美经贸合作规模巨大，出现一些不同意见不足为奇。中美在经贸问题上有畅通的沟通渠道，特别是已经建立了中美战略与经济对话、中美商贸联委会等重要机制，我们可以充分利用这些平台就各种问题进行开诚布公的讨论。如果一方因为国内政治需要向对方施加压力，动辄以贸易制裁相威胁，显然无助于问题的解决。

（二）采取建设性的积极行动，有效解决问题

中方并不回避中美贸易中美方逆差的问题，也在加快自身经济结构的调整。中国在应对危机的一揽子计划中，增加投资，刺激消费，扩大进口，为世界经济的复苏做出了重要贡献。毫无疑问，中国将继续实行进口促进政策，也要求出口国不对中国实行歧视性的出口管制政策，共同为世界经济增长提供动力。

（三）共同致力于全球贸易体制的建设与完善

开放的贸易和投资对中美两国经济和全球经济具有不言而喻的重要性。建设更加完善的多边贸易体制，既是建立合理的国际经济秩序的客观要求，也是促进全球经济平衡发展的重要途径。多哈回合谈判虽然一波三折，但已取得难能可贵的成果，我们应当在现有成果的基础上，拿出更大的诚意和决心，推动商品、资本在国家间有规则地自由流动，提高全球经济的协调与治理水平。

中美经贸关系是中美关系的重要基础。两国和则两利、斗则俱伤，对话比对抗好，合作比遏制好，伙伴比对手好。相信中美经贸合作一定能排除各种干扰，继续沿着互利共赢的正确方向不断前进。

五、中美经贸关系前景

在发展中美关系中出现一些问题是在所难免的，但正确对待存在的问题关系到两国

经贸发展的大局。2013年，习近平主席与时任美国总统奥巴马提出要共同致力于建设中美合作伙伴关系，积极构建新型大国关系。同年的第五轮中美战略与经济对话上，两国在推进双边投资协定的实质性谈判、加强宏观经济政策协调、开展能源合作等领域均取得了丰硕成果。

2017年特朗普执政后，美国以加征关税等手段相威胁，不断挑起与主要贸易伙伴之间的经贸摩擦。2018年7月6日，美国开始对价值340亿美元的中国商品加征25%的进口关税。作为反制，中国也于同日对同等规模的美国产品加征25%的进口关税。中美贸易战正式打响。此后，贸易摩擦不断升级，给中美两国及世界经济都带来了负面影响。

经过11轮高级别经贸磋商，现在中美贸易进入新的阶段，特别是在G20峰会中中美两国元首达成"在平等和相互尊重基础上重启经贸磋商"的重要共识，下一步的中美高级别经贸磋商奠定了良好的基调。中美两国有望妥善管控贸易领域的分歧与冲突，共同推进合作共赢的中美关系。

中国是最大的发展中国家，美国是最大的发达国家，两国在资源结构、产业结构、消费水平等方面的差异决定了两国经济具有很强的互补性，发展中美贸易和经济合作具有得天独厚的优越条件和广阔前景。只要中美双方从两国乃至世界经济发展的大局出发，妥善处理出现的问题和纠纷，就一定能推动双边经贸关系健康、稳步地向前发展。

第四节　中国与日本的经贸关系

中日两国是一衣带水的邻邦，贸易往来有着悠久的历史。中华人民共和国成立后，中日贸易是以民间贸易为基础逐步发展起来的。它经历了20世纪50年代的民间协定贸易时期，60年代的友好贸易和备忘录贸易时期。在此期间，由于受两国关系非正常化的影响，双边贸易规模很小，到复交前的1971年只有8.7亿美元；交换的商品种类也很有限，主要是肉类、农副产品、化工产品、冶金产品等。

自1972年中日邦交正常化后，特别是1979年我国实行对外开放政策以来，在良好的外交关系的指引下，中日贸易在深度与广度上都有了突飞猛进的发展。

一、中日经贸关系发展的特点

（一）双边贸易额大幅度增长

中日贸易额呈跳跃式增长，1972年突破10亿美元，1981年突破100亿美元，1991年突破200亿美元，1996年再创新水平，达601亿美元。2002年中日贸易额首次突破1 000亿美元大关，达到1 019.1亿美元，与30年前相比增加了100倍。

1993—2003年，日本连续10年成为我国的第一大贸易伙伴，但2004年日本降为我国第三大贸易伙伴，在我国对外贸易中占14.5%。2024年，中日双边贸易额为3 082.73亿美元，日本是中国第三大贸易伙伴（见表12-6、图12-2）。

表 12-6　　中日贸易状况统计表　　单位：亿美元

年份	贸易总额	对日出口	从日进口	贸易差额
1972	10.4	4.1	6.3	-2.2
1975	38.0	14.0	24.0	-10.0
1979	67	28	39	-11
1980	86	38	48	-10
1981	112	49	63	-14
1982	89	49	40	9
1983	100	45	5	-10
1984	139	54	85	-31
1985	211	61	150	-89
1986	172	48	124	-76
1987	165	64	101	-37
1988	189	79	110	-31
1989	189	84	105	-21
1990	166	90	76	14
1991	203	103	100	3
1992	254	117	137	-20
1993	391	158	233	-75
1994	479	216	263	-47
1995	574	284	290	-6
1996	600.5	308.7	291.8	17
1997	608.1	318.2	289.9	28.3
1998	578.9	296.9	282.0	14.9
1999	661.5	323.9	337.6	-13.7
2000	831.7	416.5	415.1	1.4
2001	877.5	449.5	427.9	11.6

续表

年份	贸易总额	对日出口	从日进口	贸易差额
2002	1 019.1	484.4	534.7	-50.3
2003	1 335.7	594.2	741.5	-147.3
2004	1 678.9	735.1	943.7	-208.6
2005	1 844.4	839.9	1 004.5	-164.6
2006	2 073.6	916.4	1 157.2	-240.8
2007	2 360.2	1 020.7	1 339.5	-318.8
2008	2 667.9	1 161.3	1 506.5	-345.2
2009	2 288.5	979.1	1 309.4	-330.3
2010	2 977.7	1 210.6	1 767.1	-556.5
2011	3 428.9	1 483.0	1 945.9	-462.9
2012	3 294.5	1 516.4	1 778.1	-261.7
2013	3 125.5	1 502.8	1 622.8	-120.0
2014	3 124.4	1 494.4	1 630.0	-135.6
2015	2 786.6	1 356.8	1 429.9	-73.1
2016	2 748.0	1 292.5	1 455.6	-163.1
2017	3 029.9	1 373.3	1 656.5	-283.2
2018	3 276.6	1 470.8	1 805.8	-335.0
2019	3 150.1	1 432.5	1 717.7	-285.2
2020	3 172.8	1 426.2	1 746.6	-320.4
2021	3 714.0	1 658.5	2 055.5	-397.0
2022	3 574.2	1 729.3	1 845.0	-115.7
2023	3 180.0	1 575.2	1 604.8	-29.5
2024	3 082.7	1 520.2	1 562.5	-42.4

资料来源：1972—1984年数据为外贸业务统计；1985—2023年数据来自中华人民共和国国家统计局（http：//www.stats.gov.cn/sj/ndsj/）；2024年数据来自中华人民共和国海关总署（http：//www.customs.gov.cn/customs/302249/zfxxgk/2799825/302274/302277/6348926/index.html）。

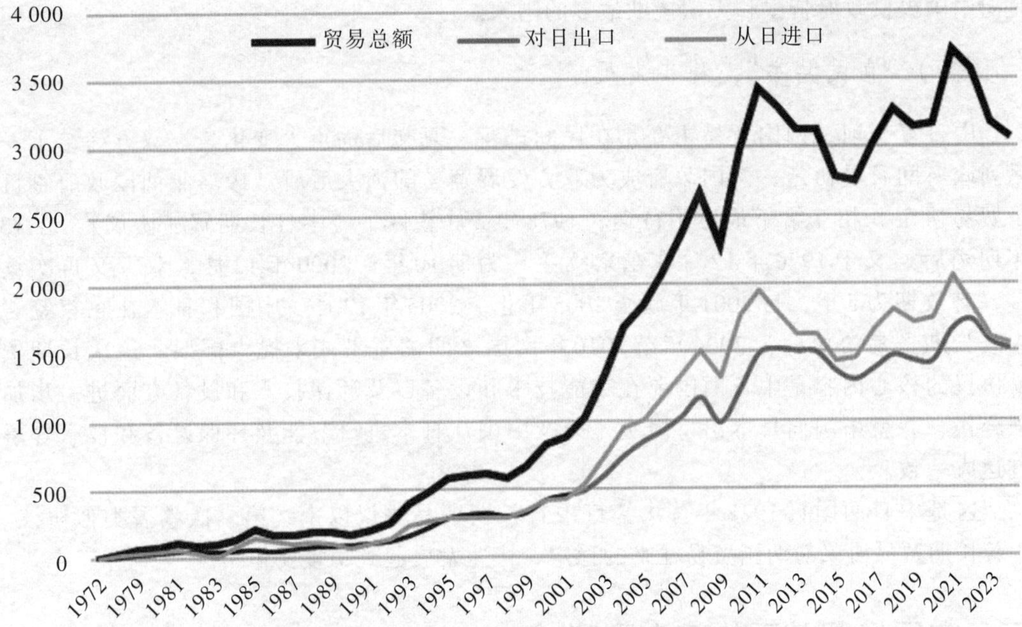

图12-2 中日贸易发展曲线图（单元：亿美元）

（二）商品结构发生明显变化

长期以来，中日贸易属于“垂直分工”，即中国对日出口以初级产品为主，自日进口以工业制成品为主。20世纪80年代中期以后，我国对日出口商品结构发生了巨大变化，纺织品、服装、家电等制成品出口迅速增加，原材料、矿物性燃料比重下降。20世纪90年代，制成品比重已超过70%。其中，机电类商品成为我国对日出口的第二大类商品。与此同时，对日进口商品也发生很大变化，增加了用于生产的机械类产品的进口，压缩了家电、小汽车等高档消费品的进口。这表明中日贸易正由“垂直分工”逐渐向一定程度的“水平分工”转变。据日本海关统计，日本对中国的主要出口产品是机电产品、机械产品和原材料，2020年出口额分别为565.4亿美元、331.9亿美元和235.6亿美元，中国是日本的第一大进出口国。

日本自中国进口的主要商品为机电产品、通用机械及化学制品，2022年进口额分别为328.5亿美元、311.4亿美元和253.7亿美元，占日本自中国进口总额的22.6%、21.4%和12.2%。在日本市场上，中国对日本车辆出口在经历2020年的负增长后2022年恢复了增长态势，玩具运动用品则从2020年开始连续三年保持快速增长。

（三）经贸联系不断扩大，形式多样化

20世纪80年代起，两国的经贸关系已从单纯的货物贸易扩大到包括货物贸易、技术贸易、相互投资、政府资金合作的全面经济合作，如加工贸易，综合性的长期补偿贸易，石油、煤炭等领域里的合作开发。这些新的合作方式，有力地促进了中日贸易的发展。日本不仅是中国的主要贸易伙伴，而且是中国吸收外资、引进技术的主要对象，也

是向中国提供政府贷款和无偿援助最多的国家。

（四）"官民共举"，稳步发展

中日复交前，两国贸易主要是在民间进行。复交后的重大变化是，双方缔结了一系列政府间贸易协定，两国政府成为双方发展贸易的强大后盾。1974年两国政府签订了贸易协定，相互给予最惠国待遇；1978年2月签订了《中日长期贸易协议》，在13年期满后，又于1990年12月在东京续签，为期10年。2000年12月，双方又再次续签，有效期为5年，自2001年起至2005年止。2005年12月，中国和日本在东京签署中日长期贸易协议，为2006年至2010年两国之间的贸易往来提供框架。这次长期贸易协议的核心内容是中日两国要在节能技术和设备以及环保技术和设备方面进一步加强合作，并就中国向日本出口煤炭，以及中国从日本进口节能及环保设备和技术等事宜达成一致。

这是中日两国自1978年首次签订中日长期贸易协议以来，第六次签署类似协议。中日长期贸易协议对两国贸易往来的稳定、快速发展起到了重要作用。

二、中日经贸关系的基本原则

自1972年中日邦交正常化以来，两国政府都十分重视发展睦邻友好关系和经济合作关系。1978年两国在中日联合声明基础上缔结了《中日和平友好条约》，用法律形式巩固了两国关系的政治基础。1983年两国政府首脑互访，确立了两国关系的基本原则，即和平友好、平等互利、相互依赖、长期稳定。和平友好，是以《中日和平友好条约》作保证，这深得两国人心；平等互利，是发展两国经贸关系的准则；相互依赖，是引导两个不同社会制度国家携手通往21世纪和世世代代友好下去的指导思想；长期稳定，一方面指不管世界上出现什么风云变幻，中日关系都可长期稳定，另一方面指在经济合作上，两国存在着相互补充的必要性和可能性。

三、中日经贸关系中存在的主要问题

自1972年中日邦交正常化以来，两国经贸关系获得了令人瞩目的发展，但也毋庸讳言，中日经贸关系中还存在着不少问题。

（一）日本对中国产品实施严格的技术性贸易壁垒

日本的《食品卫生法》《植物防疫法》《家畜传染病预防法》等对来自境外的农产品、畜产品及食品实行严格的检疫、防疫制度。复杂的检验手续和防疫措施大大增加了进口商和出口国的成本，成为阻碍我国农产品等进入日本市场的又一道不低的门槛。

应该指出的是，日本的技术性贸易壁垒对中国产品不仅严格，而且具有很大的歧视性，例如，无论从商品范围还是从检验项目来讲，对待中国产品、其他国家产品和日本本国产品，均采取了不同的标准，特别是对在日本市场占有较大份额的中国农产品实行更加严格的检验和检疫。

日本运用技术性贸易壁垒阻碍中国产品进口，已经偏离了保护消费者利益的目标，具有明显的贸易保护色彩，违背了世界贸易组织的有关原则。这将有碍于中日两国贸易的健康发展。

（二）日本对华技术出口限制较严

长期以来，日本政府严格执行“巴统”禁运规定，特别是1987年发生“东芝机械事件”之后，日本政府通过修改《出口贸易管理法》，对违反所谓“禁运”规定的日本企业实行更为严厉的惩罚条例，并且在技术产品方面采取强化出口审批和限制政策，给中日贸易投下巨大阴影。它不仅使我国同东芝机械公司签订的25个合同不能履行，给我国带来巨大的经济损失，而且大大限制了日本对华技术产品的出口，造成中日技术贸易连续4年下降的局面。

从1991年起，中日技术贸易虽然有所回升，但发展很不稳定。从我国经济建设的需要看，在相当一段时间内，引进外国的先进技术和设备将是外贸进口的重点，因此，中日技术贸易滞后的状况如不尽快改变，必然影响中日贸易，特别是自日本进口的发展。

（三）贸易摩擦增多，摩擦范围扩大

摩擦的范围已不限于农产品领域，我国生产的部分纺织品、轻工业品、钢材等都已成为日本以各种理由限制进口的产品。

例如，1995年，日本根据世贸组织《农业协议》第5条特殊保障条款对从中国进口的大蒜和生姜发难，经过双方协商，最终以中国实施出口配额管理和日本实行进口商申报管理而解决。

又如，1995年和1996年，日本曾两次对中国纺织品及服装实施紧急设限调查，由于双方互谅互让，最终都以日本放弃限制而告终。中国也从日本的要求和规范出口秩序考虑，建立了一系列新的出口管理办法。

再如，2001年4月，日本又对我国出口的大葱、鲜香菇、蔺草席实施“临时紧急进口限制”，为期200天。最后经过艰苦的谈判、磋商，双方终于取得共识，避免了贸易战升级。

2014年6月，中国对日本的农产品出口额为5.96亿美元，同比下降了1.31亿美元，降幅为18%，这主要是由于“肯定列表制度”不仅涉及的产品数量大幅增加，标准更是近乎苛刻，其中仅“暂定”标准一项就涉及734种农业化学品、51 392个限量标准、264种食品，分别是过去全部规定的2.8倍、5.6倍和1.4倍，从而严重削弱了中国对日本的农产品输出竞争力。

据海关统计，2024年，中国与日本农产品贸易总额112.2亿美元，比上年同期下降3%，占中国农产品贸易总额3.5%。其中，出口103.7亿美元，比上年同期增长2.1%，占农产品出口总额10.1%，是中国农产品第二大出口市场；进口8.5亿美元，比上年同

期下降39.5%，占中国农产品进口总额0.4%。贸易顺差92.3亿美元，比上年同期扩大8.7%。日本市场对中国农产品的依赖程度较高，但“肯定列表制度”的进口标准近乎苛刻，中国出口到日本的农产品多为经过严格质量检测的高品质产品，可以满足日本消费者对农产品的品质和安全性要求。此外日本的食品加工产业发达，对原料的需求较大，中国的一些初级农产品和加工农产品在日本市场具有一定的份额，尤其是在冷冻蔬菜、预制食品等领域。

另外，两国之间的贸易在地域上已延伸至第三国市场。例如，2000年1—8月，中国出口至印度尼西亚的电单车超过50万辆，这使日本厂商感到焦虑不安，它们以中国企业在电单车上使用的降压器“违反专利权”为名，无理要求印度尼西亚进口商停止进口中国的电单车，结果遭到印度尼西亚进口商的拒绝。从以上中日贸易摩擦的解决可以看出，最基本的经验在于双方都要遵循世贸组织的基本原则，构筑公平竞争环境，尽量避免采取限制措施。因为这种有悖于国际贸易发展潮流的措施不利于企业的公平竞争，反而会因贸易摩擦导致两败俱伤。

（四）双边贸易不平衡问题

贸易不平衡问题是多年来困扰中日贸易关系的一个主要问题。根据中国的统计，20世纪80年代各年度基本上是逆差，10年累计逆差313亿美元，相当于同期累计贸易额的21.4%。20世纪90年代中期至2001年基本为顺差，说明中日贸易平衡在20世纪90年代得到了明显改善。2002年以后再次转为逆差，且有逐年上升趋势。然而，在2010年达到峰值（556.46亿美元）之后，中国对日本的贸易逆差开始逐渐下降，2014年的逆差下降到135.55亿美元。

根据中国海关统计数据，2024年中国与日本双边货物进出口额为3 082.74亿美元，相比2023年减少了97.25亿美元，同比下降3%。其中中国对日本出口商品总值为1 520.19亿美元，减少了55.05亿美元，同比下降3.5%；中国自日本进口商品总值为1 562.54亿美元，相比2023年减少了42.21亿美元，同比下降2.6%。

随着中国在全球和区域供应链中的地位和重要性不断上升，中日之间由产业链上下游合作逐渐转向产业链主导权竞争，日本对华战略焦虑感和竞争意识日益增强。在日本经济产业省2024年7月发布的新版《贸易白皮书》中，日本政府提出将会继续加大补贴力度从而摆脱对中国的依赖，并通过与美国等同盟国家的政策协调来制定国际规则，强化包括“重要商品”在内的供应链以及经济安全。这种互信的缺失可能在未来继续阻碍中日经贸合作的进一步发展。

四、中日经贸关系的发展前景

展望未来，中日经贸关系仍将继续发展，日本对华经贸政策仍会以发展中日经贸关系为主导。中日经贸关系的继续发展不仅是两国经济发展的需要，也是亚洲乃至世界经济发展的需要。然而，中日之间存在着太多历史遗留问题，所以，中日两国应认真总结以往的经验教训，立足于长远发展，加强政府间的协作和信息交流，建立和健全双边贸易协调机制。唯有这样，才能进一步推动双边经贸关系的发展。

第五节　中国与其他单独关税区的经贸关系

党的二十大报告指出，推进粤港澳大湾区建设，支持香港、澳门更好融入国家发展大局，为实现中华民族伟大复兴发挥更好的作用。推进粤港澳大湾区建设是习近平总书记亲自谋划、亲自部署、亲自推动的重大国家战略。对澳门而言，国家的支持是澳门发展的坚实后盾，要把握澳门“一中心、一平台、一基地”的定位，紧紧抓住粤港澳大湾区、横琴粤澳深度合作区的机遇，促进澳门经济适度多元化发展。

党的二十大报告指出，我们坚持一个中国原则和“九二共识”，在此基础上，推进同台湾各党派、各界别、各阶层人士就两岸关系和国家统一开展广泛深入协商，共同推动两岸关系和平发展、推进祖国和平统一进程。

一、中国内地与中国香港地区的经贸关系

中国香港自1840年鸦片战争后被英国长期占领。1984年12月19日，中英两国关于中国香港问题的联合声明在北京正式签字，确认了我国在1997年恢复对中国香港行使主权。1997年7月1日，中国香港正式回归祖国。

（一）中国内地与中国香港地区经贸关系发展概况

中华人民共和国成立以来，内地与中国香港的经贸关系越来越密切。20世纪50年代内地与中国香港贸易额只有2亿美元左右，60年代增加到6亿美元，70年代增至约30亿美元。进入20世纪80年代，随着我国对外开放政策的实行，内地与中国香港的经贸关系进入了新的发展阶段。

1.两地贸易

两地贸易额从快速增长向平稳增长过渡，双方互为重要贸易伙伴。据中国海关统计，1992年，内地与中国香港的贸易额达580亿美元，比20世纪70年代增长了近20倍。2002年，内地与中国香港的贸易额已增至692.1亿美元，虽较1992年有所增长，但这10年的增长速度并不快。其原因：一是亚洲金融危机的影响；二是中国香港绝大部分制造业转移至内地，致使内地进口中国香港货物减少；三是中国香港的转口贸易增长速度放慢。2013年，内地与中国香港贸易额为4 010.1亿美元，是1996年的9.8倍，占内地对外贸易总额的9.6%。2024年，内地与中国香港贸易额为3 097亿美元，较2023年增加7.6%，占内地对外贸易总额的6.7%，其中内地对中国香港出口2 911.4亿美元，同比增加6.2%，自中国香港进口185.6亿美元，同比增加35.8%，贸易顺差为2 725.8亿美元（见表12-7）。2024年中国香港已经成为内地第三大贸易伙伴和第二大出口市场。

表 12-7　　中国内地与中国香港地区贸易统计　　单位：亿美元

年份	贸易总额	对中国香港出口	从中国香港进口	贸易差额
1980	49.2	43.5	5.7	37.8
1981	61.9	51.7	10.2	41.6
1982	60.8	49.8	11.1	38.7
1983	66.9	53.8	13.1	40.7
1984	89.6	54.8	34.8	20.0
1985	120.0	72.0	48.0	24.1
1986	153.9	97.9	56.10	41.8
1987	222.2	137.8	84.4	53.4
1988	302.4	182.7	119.7	63.0
1989	344.6	219.2	125.4	93.8
1990	409.1	266.5	142.6	123.9
1991	496.0	321.4	174.6	146.8
1992	580.5	375.1	205.4	169.7
1993	325.4	220.6	104.7	115.9
1994	418.0	323.6	94.4	229.2
1995	445.8	359.8	85.9	273.9
1996	407.3	329.1	78.3	250.8
1997	507.7	437.8	69.9	367.9
1998	454.1	387.5	66.6	321.0
1999	437.6	368.6	68.9	299.7
2000	539.5	445.2	94.3	350.9
2001	559.7	465.5	94.2	371.2
2002	692.1	584.7	107.4	477.2
2003	874.1	762.9	111.2	651.7
2004	1 126.8	1 008.8	118.0	908.0
2005	1 367.1	1 244.8	122.3	1 122.5
2006	1 661.7	1 553.9	107.8	1 446.1

续表

年份	贸易总额	对中国香港出口	从中国香港进口	贸易差额
2007	1 972.5	1 844.3	128.2	1 716.1
2008	2 036.7	1 907.4	129.3	1 778.1
2009	1 749.5	1 662.3	87.2	1 575.1
2010	2 305.8	2 183.2	122.6	2 060.6
2011	2 835.2	2 680.3	155.0	2 525.3
2012	3 414.9	3 235.3	179.6	3 055.7
2013	4 010.0	3 847.9	162.2	3 685.8
2014	3 760.9	3 631.9	129.0	3 502.9
2015	3 443.4	3 315.7	127.70	3 188.0
2016	3 052.5	2 883.7	168.8	2 714.9
2017	2 866.6	2 793.5	73.2	2 720.3
2018	3 105.6	3 020.7	84.9	2 935.8
2019	2 882.2	2 791.5	90.7	2 700.9
2020	2 795.6	2 725.8	69.8	2 655.9
2021	3 603.3	3 506.3	97.0	3 409.2
2022	3 053.9	2 975.4	78.5	2 896.9
2023	2 877.9	2 741.1	136.7	2 725.8
2024	3 097.0	2 911.4	185.6	2 725.8

资料来源：1980—1984年数据为外贸业务统计；1985—2023年数据来自中华人民共和国国家统计局（http：//www.stats.gov.cn/sj/ndsj/）；2024年数据来自中华人民共和国海关总署（http：//www.customs.gov.cn//customs/302249/zfxxgk/2799825/302274/302275/4794352/index.html）。

两地进出口商品范围不断扩大。20世纪50—70年代，内地对中国香港出口的主要是农副土特产品。20世纪80年代以后，随着内地工农业的发展，对中国香港出口的商品种类大大增多，由单一的农副土特产品发展到纺织、轻工、五矿、石化、机械设备等多种商品。内地从中国香港的进口，20世纪五六十年代主要是染料、化学原料、化肥及药剂等。20世纪70年代，以纺织纱布及其制品最多，其次为钟表、电讯设备、收录机、塑料制品等。进入21世纪后，双方出口商品有所变化。内地对中国香港的主要出口商品是服装及衣着附件，电力机械、器具及电器零件，纺纱、织物、制成品及有关产品。中国香港对内地的主要出口商品是服装及衣着附件，电力机械、器具及其电器零件，纺纱、织物、制成品及有关产品，办公用机械及自动数据处理设备，钟表。

转口贸易在两地贸易中占据重要地位。20世纪70年代后期以来，内地通过中国香港的转口贸易发展迅速，据中国香港方面统计，1978—1996年，双边转口贸易额年均增长率在40%左右。1979年中国内地还只是中国香港的第六大转口市场，但到1980年便超过美国，一跃成为中国香港最大的转口市场（见表12-8）。

表12-8 中国内地与中国香港转口贸易统计

年份	经中国香港转口内地			内地经中国香港转口		
	金额（亿港元）	在中国香港对内地出口中所占比重（%）	在中国香港转口出口中所占比重（%）	金额（亿港元）	在中国香港从内地进口中所占比重（%）	在中国香港转口进口中所占比重（%）
1992	2 121.1	77.4	30.7	4 037.8	53.3	58.4
1993	2 745.6	81.2	33.4	4 740.1	54.1	57.6
1994	3 228.4	84.1	34.1	5 458.3	53.7	57.6
1995	3 840.4	85.8	34.5	6 363.9	54.1	57.2
1996	4 177.5	87.1	35.2	6 835.1	54.5	57.6
1997	4 438.8	87.4	35.7	7 234.2	54.3	58.1
1998	4 073.7	63.3	35.1	6 912.2	54.3	59.6
1999	3 991.9	88.8	33.9	7 213.0	54.2	61.1
2000	4 888.2	90.0	35.1	8 495.2	54.3	61.0
2001	4 965.7	90.9	37.4	8 083.7	54.2	60.9
2002	5 718.7	93.3	39.9	8 639.7	54.6	60.4
2003	7 057.9	95.0	43.5	9 671.0	55.2	59.7
2004	8 506.45	95.7	45.0	11 354.69	55.3	60.0
2005	9 679.23	95.6	45.8	13 132.11	55.6	62.1
2006	11 159.41	96.5	48.0	14 612.92	55.1	62.8
2007	12 677.22	96.9	49.2	15 977.70	54.6	62.0
2008	13 356.87	97.5	48.9	17 076.96	54.8	62.5

资料来源：国家统计局。国家统计局自2008年后已不公布该数据。

2.两地资金合作

（1）吸收港资

中国内地与中国香港之间由单纯的商品交换发展到工业生产与贸易紧密结合。双边贸易中，大约有60%的商品与香港在内地的“三来一补”业务有关。目前中国香港电子工业的90%，成衣及钟表的80%，鞋类及玩具的70%都转入内地生产。香港是内地第一大投资者，内地也是中国香港制造业的第三大投资者。据商务部统计，2013年，内地共批准港商投资项目12 014个，同比下降4.7%，实际使用港资资金733.9亿美元，同比上升11.9%。2018年，内地共批准港商投资项目39 868个，同比上升120.7%，实际使用港资899.2亿美元，同比下降4.9%（见表12-9）。2021年底内地批准港资项目19 289个，实际使用港资13 17.6亿美元。港资占内地吸收境外投资总额的54.03%。

表12-9　中国香港对中国内地投资统计表

年份	项目		实际使用港资	
	个数	同比（%）	金额（亿美元）	同比（%）
2002	10 845	35.1	178.6	6.8
2003	13 633	25.7	177.0	−0.9
2004	14 719	8.0	190.0	7.3
2005	14 831	0.8	179.5	−5.5
2006	15 496	4.5	213.1	18.7
2007	16 208	4.6	277.0	30.0
2008	12 857	−20.7	410.4	48.1
2009	10 701	−16.8	460.8	12.3
2010	13 070	22.1	605.7	31.5
2011	13 888	6.3	714.1	17.9
2012	12 604	−9.2	655.6	−8.2
2013	12 014	−4.7	733.9	11.9
2014	12 169	1.3	812.7	10.7
2015	13 146	8.0	863.9	6.3
2016	12 753	−3.0	814.7	5.7
2017	18 066	41.7	945.1	16.0
2018	39 868	120.7	899.2	−4.9
2019	17 873	43.7	963.0	68.2
2020	15 602	40.4	1 057.9	70.8
2021	19 289	40.5	1 317.6	72.8

资料来源：商务部。

（2）中国内地对中国香港地区的直接投资

根据商务部、国家统计局、国家外汇管理局公布的《2023年度中国对外直接投资统计公报》显示，截至2023年底，内地对中国香港的直接投资流量为1 087.7亿美元，占当年我国对外直接投资流出量总额的61.4%；累计直接投资达17 525亿美元，占我国对外直接投资存量总额的59.3%。无论从直接投资的流量还是存量来看，中国香港都是中国进行对外直接投资、实现走出去战略的最重要的开放窗口。

3.对外经济合作

中国内地与中国香港的劳务合作始于1989年。

据商务部统计，2013年中国内地企业在中国香港新签承包工程合同164份，新签合同额为33.75亿美元，完成营业额30.28亿美元；当年派出各类劳务人员38 211人，年末在中国香港劳务人员共计33 820人。新签大型工程承包项目包括中国建筑工程总公司承建儿童专科卓越医疗中心、上海振华重工股份有限公司承建中国香港铺管船项目、华为技术有限公司承建中国香港电信等。2018年1—12月，内地在港承包工程合同共计289份，金额90.1亿美元，完成营业额59.3亿美元，在港劳务人员共计53 449人。截至2018年12月底，内地在港累计完成营业额673.3亿美元。内地输港劳务人员主要以普通劳务为主，也有专业管理人员等高级劳务，几乎遍及中国香港的各个行业，特别是以零售批发业、进出口贸易、酒店饮食业、制衣业、建筑业及工程承包、金融业相对集中。而在2021年中国内地企业在中国香港新签承包合同完成营业额为71.62亿美元，当年派出各类劳务人员48 055人，年末在中国香港劳务人员为41 897人。

（二）中国内地与中国香港发展经贸关系的重要意义

中国为适应经济全球化和加入世贸组织的新形势，在更大范围、更广领域和更高层次上参与国际经济技术合作和竞争，需要充分利用国际国内两个市场，优化资源配置，拓宽发展空间，以开放促改革促发展。同时，中国香港作为中国的特别行政区，要继续保持其经济的繁荣与稳定，充分发挥国际贸易中心、金融中心、航运中心、信息中心及旅游中心的优势。因此，进一步发展内地与中国香港的经贸关系具有十分重要的意义。

1.中国香港是中国同世界联系的重要桥梁和纽带

这一点突出表现在中国香港作为内地转口市场的重要性，据统计，内地经中国香港转口、转运的货物多年来都占我国出口额的一半左右，有力地推动了内地出口贸易的发展。同时，利用中国香港转口港的地位，内地还可以避免某些国家、地区对其进口商品的限制或歧视待遇，采购所需的紧缺物资和器材。

2.中国香港在充当祖国大陆与中国台湾之间经济联系的媒介上也扮演着日益重要的角色

它作为海峡两岸货物中转站，中国台湾到祖国大陆投资的跳板，提供咨询及信息服务的作用不断加强。中国香港是海峡两岸实现“三通”和祖国统一的纽带，其战略地位是内地其他城市或地区无法取代的。

3.中国香港既是我国出口创汇的一个重要基地，也是我国吸收外资的主要来源地

1952—2018年，内地对中国香港贸易一直处于顺差地位。在利用外资方面，中国香港是内地的最大投资者。

4.中国内地对中国香港有很大支持

在世界经济进行调整和国际竞争加剧的情况下，中国香港经济要保持长期的稳定和繁荣，巩固与发展其国际经济中心的地位和功能，也迫切需要内地的支持与合作。事实证明，在中国改革开放中，中国香港通过发展同内地的经贸关系也获得了相当大的实惠，从而使中国香港产品在激烈的国际竞争中仍然保持着相对的优势。

（三）内地与中国香港经贸关系应遵循的方针和政策

综上所述，把内地与中国香港的经贸合作关系推向更高的层次，既是今后发展的必然趋势，也是双方的共同需要。为此，我们必须在“一国两制”的方针指引下，根据《中华人民共和国香港特别行政区基本法》（以下简称《基本法》）和国际贸易规则与惯例，正确处理中国香港回归后内地与中国香港之间的经贸关系。

（1）根据“一国两制”方针和《基本法》的规定，中国香港特别行政区将保持现行体制，保持自由港地位，继续实现自由贸易政策，保障货物、无形资产和资本的自由流动。在经贸领域享有高度自治的行政管理权，自行制定、实施经济及贸易法律、政策和行政措施。

（2）根据“一国两制”的方针，内地同中国香港经贸关系的性质，是中国主体同其单独关税区之间的经贸关系，按照对外经贸关系处理，并遵循互不隶属、互不干预、互不替代的原则。

（3）两地贸易往来基本遵循国际贸易活动的规则和惯例，两地间出现的经济合同纠纷仲裁，参照国际惯例办理。

中国香港回归以来，在以上方针政策的指引下，通过双方的共同努力，两地经贸关系的发展很好，事实已经得到证明。

二、中国内地与中国澳门的经贸关系

中国澳门开埠已400余年，在历史上曾发挥过国际航运和贸易中心的重要作用。虽然其重要地位后来被中国香港取代，但作为自由港经济，中国澳门仍然具有独特的魅力。尤其是从20世纪70年代末起，中国澳门经济有了较迅速的发展，已逐步建立起一个以出口加工业、旅游博彩业、建筑地产业、金融业为支柱的外向型经济体系。中国澳门1887年被葡萄牙侵占，1999年12月20日重新回归祖国，成为中华人民共和国的特别行政区。

（一）两地贸易

中国澳门地区也是我国出口商品的传统市场，收取外汇的重要地区之一。它的生活必需品，特别是粮食、副食品和食用水，全部靠内地供应，内地供货占中国澳门进口的首位。内地对中国澳门出口商品主要包括电话机、电力、首饰及其部件、手提自动数据处理机、轻柴油、其他柴油、天然水、活猪；内地从中国澳门进口商品包括：干鱼、咖啡、小麦幼粉或混合麦幼粉、花生油、动物或植物油、沙甸鱼、鲍鱼、糖制品、包装食品。据商务部统计，2024年内地与中国澳门贸易额为40.1亿美元，同比上升4.4%，其中，内地对中国澳门出口额为39.4亿美元，同比增加4.7%，自中国澳门进口额为0.7亿美元，同比下降9.7%（见表12-10）。

表12-10 **中国内地与中国澳门贸易统计** 单位：亿美元

年份	贸易总额	对中国澳门出口	从中国澳门进口	贸易差额
1980	2.5	2.5	—	—
1981	2.8	2.8	—	—
1982	2.8	2.6	0.1	2.5
1983	3.0	2.8	0.2	2.6
1984	2.9	2.5	0.3	2.2
1985	3.0	2.5	0.5	2.0
1986	4.0	3.2	0.8	2.4
1987	5.4	4.3	1.1	3.2
1988	—	—	—	—
1989	6.2	4.7	1.5	3.2
1990	6.7	5.1	1.6	3.5
1991	7.0	5.3	1.7	3.5
1992	6.9	5.3	1.7	3.6
1993	6.8	5.3	1.5	3.7
1994	8.0	6.7	1.3	5.3
1995	9.2	8.0	1.3	6.6
1996	6.9	5.7	1.2	4.5
1997	7.7	6.4	1.2	5.2
1998	8.7	7.5	1.2	6.3
1999	7.4	6.4	1.0	5.4
2000	8.1	7.1	1.0	6.2
2001	8.63	7.4	1.2	6.3
2002	10.2	8.8	1.4	7.3
2003	14.7	12.8	1.9	11.0

续表

年份	贸易总额	对中国澳门出口	从中国澳门进口	贸易差额
2004	18.3	16.1	2.1	14.0
2005	18.7	16.0	2.7	13.3
2006	24.4	21.8	2.6	19.2
2007	29.2	26.4	2.8	23.6
2008	29.1	26.0	3.1	22.9
2009	21.0	18.5	2.5	16.0
2010	22.6	21.4	1.2	20.2
2011	25.2	23.6	1.6	22.0
2012	29.9	27.1	2.8	24.3
2013	35.7	31.8	3.9	27.9
2014	38.2	36.1	2.1	34.0
2015	47.8	45.9	1.9	44.0
2016	32.9	31.5	1.4	30.1
2017	32.7	31.6	1.1	30.5
2018	31.6	30.9	0.7	30.2
2019	31.1	30.4	0.7	29.8
2020	22.9	22.3	0.6	21.7
2021	32.9	32.1	0.8	31.3
2022	29.0	28.5	0.5	28.0
2023	42.6	41.8	0.8	41.0
2024	40.1	39.4	0.7	38.6

资料来源：1980—1984年数据为外贸业务统计；1985—2023年数据来自中华人民共和国国家统计局（http：//www.stats.gov.cn/sj/ndsj/）；2024年数据来自中华人民共和国海关总署（http：//www.customs.gov.cn//customs/302249/zfxxgk/2799825/302274/302275/4794352/index.html）。

（二）双边投资

根据中华人民共和国商务部公布的《中国外资统计公报2024》，截至2023年底，中国内地在澳门新设企业2 572家，占当年新设企业总数的4.8%；实际投资金额6.6亿美元，占总投资金额的0.4%；商务部、国家统计局、国家外汇管理局联合发布的《2023

年度中国对外直接投资统计公报》也显示，中国内地对澳门的直接投资存量为139.5亿美元、占存量总金额的0.5%，在中国对外直接投资存量最多的国家（地区）中位列第13名。

2021年内地批准澳资项目2 932个，增加6.2%；实际使用澳资21.9亿美元，较上年增长1.2%（见表12-11）。

表12-11　　2000—2021年中国澳门对中国内地投资统计表

年份	项目		实际利用澳资	
	个数	同比（%）	金额（亿美元）	同比（%）
2000	433	70.5	3.47	12.5
2001	458	5.8	3.21	-7.6
2002	518	13.1	4.68	45.9
2003	580	12.0	4.16	-11.1
2004	715	23.3	5.46	31.2
2005	707	-1.2	6.00	9.9
2006	868	22.8	6.00	0.41
2007	856	-1.4	6.4	-6.0
2008	435	-96.8	5.8	-9.4
2009	294	-32.4	8.1	40.1
2010	274	-6.8	6.6	-19.6
2011	283	3.3	6.8	3.8
2012	303	7.1	5.1	-25.7
2013	310	2.3	4.6	-8.9
2014	380	22.6	5.5	19.6
2015	566	48.9	8.9	61.8
2016	676	19.4	8.2	-7.7
2017	843	24.7	6.4	-22.0
2018	1 286	52.6	12.8	100.0
2019	1 083	2.6	17.4	1.2
2020	2 531	6.6	22.0	1.5
2021	2 932	6.2	21.9	1.2

资料来源：商务部。

（三）对外经济合作

2013年内地企业在中国澳门新签承包工程合同23份，新签合同额为8.66亿美元，完成营业额4.18亿美元；当年派出各类劳务人员54 263人，年末在中国澳门劳务人员共计89 152人。新签大型工程承包项目包括中国建筑工程总公司承建中国澳门外港新填海区地段项目、中国港湾工程有限责任公司承建中国澳门路凼酒店娱乐发展工程、中国路桥工程有限责任公司承建新城填海区A填土及堤堰项目等。2018年1—12月，内地在中国澳门承包工程合同数共计85份，金额为9.5亿美元，完成营业额25.1亿美元，2018年12月底在澳劳务人数为13.1万人。截至2018年12月底，内地在澳累计完成营业额191.2亿美元。

内地货物对中国澳门的充分供应，对稳定中国澳门经济，缓和通货膨胀，降低生产成本等都起着明显的作用。在西方经济不景气，中国澳门产品出口困难时，内地增加从中国澳门进口，对中国澳门经济起了雪中送炭的作用，并成为推动中国澳门对外贸易发展的强大动力。同时，中国澳门作为一个国际化城市，是中国内地仅次于中国香港的最主要出口地。随着中国澳门国际机场、深水码头的修建，会从根本上改善中国澳门的对外交通条件。这必将使中国澳门作为连接国内外市场的桥梁作用进一步加强。因此，内地与中国澳门经贸合作潜力很大，前景十分广阔。

三、祖国大陆与中国台湾的经贸关系

（一）祖国大陆与中国台湾经贸关系的基本方针与政策

从1949年国民党当局退居中国台湾一直到1978年，祖国大陆与中国台湾之间，约30年时间没有任何政治、经济以及通航、通邮方面的联系。

1979年1月，全国人大常委会发表《告台湾同胞书》，阐明和平统一祖国的大政方针，同时也提出了对台通商的基本方针，即发展贸易，互通有无，进行经济交流。1980年4月，海关总署发言人提出祖国大陆同中国台湾地区之间进行经济贸易联系的有关海关手续和征税办法，明确表明，祖国大陆同中国台湾的贸易是地区间的物资交流，对台贸易视同国内贸易，从中国台湾地区进口的商品免征关税（1983年初改为征收直接贸易调节税）。

1981年9月，国家领导人提出实现祖国统一的九条方针，建议举行国共两党对等谈判，两岸实现通邮、通商、通航。

1984年，邓小平进一步明确提出用“一个国家、两种制度”的构想来解决中国台湾同祖国大陆的统一问题，并表明中国台湾成为特别行政区后的“三个不变”，即中国台湾现行社会经济制度不变，生活方式不变，同外国的经济文化关系不变。

1988年7月，我国又发布了《国务院关于鼓励台湾同胞投资的规定》，保证不会将台资企业国有化，台资企业可享受外商投资企业的优惠待遇等等。

1991年7月，对外经济贸易部提出进一步促进两岸经贸交往的五项原则：直接双向、互利互惠、形式多样、长期稳定、重义守约。

1995年，江泽民在《为促进祖国统一大业的完成而继续奋斗》的讲话中又提出了“面向21世纪世界经济的发展，要大力发展两岸经贸交流与合作，以利于两岸经济共同繁荣，造福整个中华民族”的方针。

党的二十大报告强调，在坚持一个中国原则和“九二共识”基础上，推进同台湾各党派、各界别、各阶层人士就两岸关系和国家统一开展广泛深入协商，共同推动两岸关系和平发展、推进祖国“和平统一”进程。

以上方针与政策表明，我国对中国台湾回归祖国、实现祖国统一大业和发展经贸关系的决心和愿望。

（二）祖国大陆与中国台湾经贸关系发展历程

两岸经贸关系发展经历了四个阶段：

1.1979—1983年

由于祖国大陆的改革开放，鼓励两岸发展经贸关系，从而促进了中国台湾对祖国大陆转口输出的第一次高潮。

2.1984—1986年

在中国台湾工商界要求改善两岸关系和通商的呼声日益高涨的情况下，中国台湾当局被迫宣布对大陆转口输出采取不干预原则，从而使中国台湾商品输往大陆合法化，由此形成中国台湾商品输往大陆的第二次高潮。

3.1987—1991年

中国台湾当局进一步采取放宽措施，如开放27种大陆商品和500种大陆工农业原料的间接进口；开放中国台湾同胞赴大陆探亲，为赴大陆“间接”投资规定某些基本原则等，使两岸经贸关系有了突破性的进展。

4.1992年至今

1992年邓小平南方谈话后，大陆的经济开放程度进一步提高，在引进台资政策上出台了一系列新政策和优惠措施，对台经贸政策不断完善，并趋向法治化。1994年全国人大常委会通过的《中华人民共和国台湾同胞投资保护法》是第一部专门就台胞在大陆投资制定的法律，标志着大陆对台政策走上法治化轨道。

与此同时，中国台湾的经贸政策也进行了调整。1992年后在“台湾地区与大陆地区人民关系条例”（简称“两岸人民关系条例”）的基础上出台了一系列有关对大陆投资、贸易等领域的许可管理办法，从而步入法治化轨道，并逐步开放大陆产品进口与台商赴大陆投资的规模与范围。在两岸间接“三通”上也有一定进展。

政策上的支持必定带来两岸经贸的迅速发展，至此，两岸经济上的依赖程度越来越高，经济关系呈多元化发展。

（三）两岸经贸关系发展概况

1.双边贸易

伴随着台商对祖国大陆的投资及两岸产业分工与合作格局的形成与发展，两岸贸易增长迅速，两岸贸易额自2000年突破300亿美元后连年攀高，2024年两岸贸易总额达

2 929.7 亿美元，同比上升 9.4%。其中，祖国大陆对台出口 751.9 亿美元，同比上升 9.8%；自台进口 2 177.8 亿美元，同比上升 13.9%；大陆对台贸易逆差 1 425.9 亿美元（见表 12-12）。中国台湾是大陆的第五大贸易伙伴和第一大进口来源地，而祖国大陆是中国台湾最大的贸易伙伴和贸易顺差来源地。

表 12-12　祖国大陆与中国台湾贸易统计

年份	贸易总额（亿美元）	增长率（%）	对台出口（亿美元）	增长率（%）	从台进口（亿美元）	增长率（%）	贸易差额（亿美元）
1978	0.5	—	0.5	—	0	—	0.5
1979	0.8	67.4	0.6	21.7	0.2	—	0.4
1980	3.1	303.9	0.8	35.7	2.4	1019.1	-1.6
1981	4.6	47.6	0.8	-1.3	3.8	63.4	-3.1
1982	2.8	-39.4	0.8	12.0	1.9	-49.5	-1.1
1983	2.5	-10.8	0.9	7.1	1.6	-18.6	-0.7
1984	5.5	123.0	1.3	42.2	4.3	169.0	-3.0
1985	11.0	99.1	1.2	-9.4	9.9	131.8	-8.7
1986	9.6	-13.3	1.4	24.1	8.1	-17.7	-6.7
1987	15.2	58.7	2.9	100.7	12.3	51.3	-9.4
1988	27.2	79.5	4.8	65.7	22.4	82.7	-17.6
1989	34.8	28.0	5.9	22.5	29.0	29.2	-23.1
1990	40.4	16.1	7.7	30.4	32.8	13.2	-25.1
1991	57.9	43.3	11.3	47.1	46.7	42.4	-35.4
1992	74.10	23.9	11.20	-0.6	62.90	34.7	-51.70
1993	143.95	94.26	14.62	30.5	129.33	105.6	-114.71
1994	163.20	13.44	22.42	53.2	140.80	8.9	-118.40
1995	178.80	9.49	30.98	38.4	147.80	4.97	-116.80
1996	189.80	6.1	28.03	-9.6	161.80	9.5	-133.79
1997	198.38	4.5	33.97	21.2	164.42	1.6	-130.46
1998	204.98	3.3	38.70	13.9	166.30	1.1	-127.60
1999	234.79	14.5	39.50	2.1	195.29	17.4	-155.79
2000	305.30	31.1	50.39	27.6	254.90	30.6	-204.55

续表

年份	贸易总额（亿美元）	增长率（%）	对台出口（亿美元）	增长率（%）	从台进口（亿美元）	增长率（%）	贸易差额（亿美元）
2001	323.40	5.9	50.00	-0.8	273.40	7.2	-223.4
2002	446.20	38.1	65.90	31.7	380.30	39.3	-314.4
2003	583.69	30.7	90.00	36.7	493.69	29.7	-403.69
2004	783.2	34.2	135.5	50.4	647.8	31.2	-512.3
2005	912.3	16.5	165.5	22.2	746.8	15.3	-581.3
2006	1 078.4	18.2	207.4	25.3	871.1	16.6	-663.7
2007	1 244.8	15.4	234.6	13.1	1 010.2	16.0	-775.6
2008	1 292.2	3.8	258.8	10.3	1 033.4	2.3	-774.6
2009	1 062.3	-17.8	205.1	-20.8	857.2	-17.0	-652.1
2010	1 453.7	36.8	296.77	44.7	1 156.94	35.0	-860.17
2011	1 600.3	10.1	351.12	18.3	1 249.2	8.0	-898.08
2012	1 689.6	5.6	367.79	4.7	1 321.84	5.8	-954.05
2013	1 972.8	16.8	406.44	10.5	1 566.37	18.5	-1 159.93
2014	1 983.2	0.5	462.85	13.9	1 520.3	-2.9	-1 057.45
2015	1 885.6	-4.9	449.0	-3.0	1 436.6	-5.5	-987.6
2016	1 796.0	-4.5	403.7	-10.1	1 392.3	-2.8	-988.6
2017	1 993.9	11.3	439.9	9.3	1 554.0	11.9	-1 114.1
2018	2 262.4	13.2	486.5	10.6	1 776.0	13.9	-1 289.5
2019	2 281.2	0.8	551.1	13.3	1 730.1	-2.6	-1 179.0
2020	2 606.2	14.2	601.2	9.1	2 005.0	15.9	-1 403.8
2021	3 283.4	26	783.7	30.4	2 500.0	24.7	-1 716.2
2022	3 196.8	-2.5	815.9	4.2	2 380.9	-4.6	-1 565.0
2023	2 678.4	-15.6	684.9	-16.0	1 993.5	-15.4	-1308.6
2024	2 929.7	9.4	751.9	9.8	2 177.8	9.3	-1 425.9

资料来源：1978—1984年数据为外贸业务统计；1985—2023年数据来自中华人民共和国国家统计局（http：//www.stats.gov.cn/sj/ndsj/）；2024年数据来自中华人民共和国海关总署（http：//www.customs.gov.cn/customs/302249/zfxxgk/2799825/302274/302277/6348926/index.html）。

2.台商对大陆投资

祖国大陆良好的发展后劲吸引了台商对大陆的投资愿望。2023年1—12月，中国大陆共批准台商投资项目6 936个，同比增长26.8%；实际使用台资金额26.9亿美元，同比增加39.9%。2022年实际使用台资的同比增幅更是高达104.3%（见表12-13），新冠疫情也难以阻碍台商投资祖国大陆的高涨热情。

表12-13　**2000—2024年台商投资大陆统计表**

年份	项目数			实际使用台资金额		
	个数	同比（%）	占当年总数比重（%）	金额（亿美元）	同比（%）	占当年总额比重（%）
2000	3 108	24.4	13.9	23.0	−11.7	5.6
2001	4 214	35.6	16.1	29.8	29.8	6.4
2002	4 853	15.2	14.2	39.7	33.3	7.5
2003	4 495	−7.4	10.9	33.8	−14.9	6.3
2004	4 002	−11.0	9.2	31.2	−7.7	5.1
2005	3 907	−2.4	8.8	21.6	−31.0	3.6
2006	3 752	−4.0	9.1	21.4	−0.7	3.4
2007	3 299	−12.1	8.7	17.7	−20.4	2.4
2008	2 360	−28.5	8.6	19.0	7.0	2.1
2009	2 555	8.3	10.9	18.8	−1.0	2.1
2010	3 072	20.2	11.2	24.8	31.7	2.3
2011	2 639	−14.1	9.5	21.8	−11.8	1.9
2012	2 229	−15.5	8.9	28.5	30.7	2.5
2013	2 017	−9.5	8.9	20.9	−26.7	1.8
2014	2 318	14.9	9.8	20.2	−3.3	1.7
2015	2 962	27.8	11.1	15.4	−23.8	2.5
2016	3 517	18.7	12.6	19.6	27.7	3.0
2017	3 464	−1.5	9.7	17.7	−9.7	2.7
2018	4 911	41.8	10.1	13.9	−21.5	2.1
2019	5 252	6.9	12.8	15.9	14.4	1.1
2020	5 105	−2.8	13.2	10.0	−37.1	0.7
2021	6 595	29.2	13.8	9.4	−6.0	0.5
2022	5 470	−17.1	—	19.2	104.3	1.0
2023	6 936	26.8	—	26.9	39.9	1.6

资料来源：根据中华人民共和国商务部公布数据整理、计算。

根据中华人民共和国商务部公布的《中国外资统计公报2024》，截至2023年12月底，台商在大陆设立企业137 771家，占中国大陆累计设立企业数量的11.7%，其中2023年当年新设企业7 777家，占新设企业数量的14.5%；台商累计对祖国大陆投资727.3亿美元，占大陆累计实际吸收境外投资总额的2.6%。

（四）祖国大陆与中国台湾经贸关系中存在的问题

祖国大陆与中国台湾贸易发展的速度虽然很快，但也存在着两个较为突出的问题：

1.祖国大陆与中国台湾贸易基本上还没有突破间接贸易的格局

2.祖国大陆与中国台湾贸易严重不平衡

祖国大陆自1992年起便取代美国成为中国台湾第一大贸易顺差来源地。海关总署的统计数据显示，2023年两岸贸易总额为2 678.35亿美元，其中大陆对我国台湾出口684.85亿美元、进口1 993.49亿美元，我国台湾获得1 308.64亿美元的顺差；2024年两岸贸易总额为2 929.71亿美元，其中大陆对台出口751.89亿美元、进口2 177.82亿美元，两岸贸易中我国台湾从大陆获得了1 425.93亿美元的顺差。

（五）两岸经贸关系的发展前景

祖国大陆国民经济持续快速健康发展，有利于推动两岸经贸关系的持续发展。

2014年《海峡两岸经济合作框架协议》（ECFA）早期收获清单有效落实，两岸贸易平稳增长；台商对大陆投资平稳增长；两岸旅游往来持续增加，大陆居民赴台个人游继续保持快速增长势头。ECFA是属于两岸特殊性质的经济合作协议，不违背世界贸易组织（WTO）精神；只规范两岸经济合作事项，不涉及主权或政治问题，其基本原则是平等协商、互利双赢、彼此照顾对方的关切。

截至2020年底，台湾地区企业享受了累计约70亿美元的关税减免。但由于台湾地区违反《海峡两岸经济合作框架协议》规定，单方面对大陆产品出口采取歧视性的禁止、限制等措施，自2024年1月1日起国务院关税税则委员会办公室对原产于台湾地区的丙烯、对二甲苯等12个税目进口产品，中止适用协定税率的关税减让；自2024年6月15日起，对原产于台湾地区的润滑油基础油等134个税目进口产品中止适用该协议的协定税率，按现行有关规定执行。

祖国大陆在国民经济上的健康发展无疑是推动两岸经贸关系发展的强有力因素，但“台独势力”由于两岸政治问题的一些做法给两岸经贸关系的发展造成了障碍和损失。

第六节　中国与东盟国家的经贸关系

一、中国与东盟国家的经贸关系

（一）中国与东盟国家的贸易状况

东南亚国家联盟（简称东盟）由泰国、印度尼西亚、马来西亚、菲律宾、新加坡、文莱、越南、老挝、柬埔寨、缅甸十国组成，是我国的近邻，曾同我国有过密切的通商关系。

中华人民共和国成立后，由于种种原因，相互经贸关系发展十分缓慢。20世纪70年代以后，随着我国同东盟国家的陆续建交，以及我国实行对外开放政策，双方的经贸关系有了引人瞩目的发展。从我国与东盟国家的贸易额来看，1975年只有5.24亿美元，2024年已增加到9 823.3亿美元，其中，中国向东盟出口5 865.2亿美元，东盟向中国出口3 958.1亿美元（见表12-14）。中国和东盟互为第一大贸易伙伴。中国与东盟近十年来的共建“一带一路”扩大了双方共同利益，惠及了各自国家的根本发展利益，成为全球相关国家（地区）共建“一带一路”的典范，在中国—东盟自由贸易区建设、RCEP建设以及中国与东盟有关国家双边自由贸易区建设中提升了自贸区的生产力，扩大共赢。中国与东盟贸易额自2003年开始20年间增长16.8倍，截至2022年双方连续三年互为最大贸易伙伴。

表12-14　**1994—2024年中国与东盟十国贸易状况统计表**　单位：亿美元

年份	贸易总额	对东盟出口	从东盟进口	贸易差额
1994	143.4	71.6	71.8	-0.2
1995	203.7	104.7	99.0	5.8
1996	211.6	103.1	108.5	-5.4
1997	243.6	120.3	123.3	-3.0
1998	234.8	109.2	125.6	-16.4
1999	272.0	123.0	149.0	-26.0
2000	395.2	173.4	221.8	-48.4
2001	416.2	183.9	232.3	-48.4
2002	547.7	235.7	312.0	-76.3
2003	782.5	309.3	473.3	-164.0
2004	1 058.8	429.0	629.8	-200.8
2005	1 303.7	553.7	750.0	-196.3
2006	1 608.4	713.1	895.3	-182.2
2007	2 025.5	941.8	1 083.7	-141.9
2008	2 311.2	1 141.5	1 169.7	-28.3
2009	2 130.1	1 062.9	1 067.1	-4.2
2010	2 927.8	1 382.1	1 545.7	-163.6
2011	3 628.5	1 700.8	1 927.7	-226.9

续表

年份	贸易总额	对东盟出口	从东盟进口	贸易差额
2012	4 000.9	2 042.7	1 958.2	84.5
2013	4 436.1	2 440.7	1 995.4	445.3
2014	4 803.9	2 720.7	2 083.2	637.5
2015	4 721.6	2 777.0	1 944.6	832.3
2016	4 518.0	2 555.7	1 962.2	593.5
2017	5 147.7	2 790.8	2 356.9	433.8
2018	5 878.7	3 192.4	2 686.3	506.2
2019	6 416.9	3 595.1	2 934.7	660.4
2020	6 853.1	3 836.8	3 081.9	754.9
2021	8 782.1	4 837.0	3 945.1	891.8
2022	9 753.4	5 672.9	4 080.5	1 592.3
2023	9 117.2	5 236.7	3 880.4	1 356.3
2024	9 823.3	5 865.2	3 958.1	1 907.1

资料来源：1978—2018年数据来自中华人民共和国海关总署．中华人民共和国海关统计年鉴[M]．北京：中国海关出版社．2019—2024年数据来自中华人民共和国海关总署（http：//www.customs.gov.cn/customs/302249/zfxxgk/2799825/302274/302277/6348926/index.html）。

中国—东盟自贸区是中国对外商建的第一个自贸区，也是发展中国家间最大的自贸区。2002年11月，《中国—东盟全面经济合作框架协议》签署，自贸区建设正式启动。2004年1月，早期收获计划实施。2004年11月、2007年1月、2009年8月，双方先后签署《货物贸易协议》、《服务贸易协议》和《投资协议》。

2010年1月，中国—东盟自贸区全面建成，进一步加强双方业已密切的经贸合作关系，展现了发展中国家互利互惠、合作共赢的良好模式。

2015年11月，双方签署中国—东盟自贸区《升级议定书》，对原有协定进行进一步丰富、完善和补充，为双方经贸合作和经济发展提供新的助力。

2021年11月，双方同意开展联合可研，确定进一步提升中国—东盟自贸协定的其他可能领域，继续深化自贸区建设。中国与新加坡、柬埔寨等东盟国家先后签署了双边自贸协定。

从贸易结构看，我国对东盟出口的主要是原油、轻纺产品、土特产品、粮油、中成药等产品；从东盟进口的主要是橡胶、木材、化肥、原糖、化纤等产品。

近年来，双方互换商品增多，由传统的农副产品和低附加值工业品不断向工业制成品、高附加值机电产品、机械器具和数字化机械设备转型升级。中国拥有世界上规模最大、品类最全、配套最完备的制造业体系，是东盟国家生产原材料和机械设备的主要来源地之一。

（二）中国和东盟的相互投资

1.中国对东盟国家的直接投资

近年来，中国—东盟双向投资有两大趋势：一是中国在东盟投资增速明显快于东盟在华投资增速；二是中国投资占比在逐渐扩大。

根据《2023年度中国直接投资统计公报》，2023年中国对东盟直接投资流量达251.2亿美元，同比增长34.7%；中国对外直接投资存量前二十目的地中有6个是东盟国家，分别为新加坡、印度尼西亚、越南、马来西亚、泰国、老挝，中国2023年对这6个东盟国家的直接投资存量为1498.8亿美元，占当年我国对外直接投资存量的5.1%。

从投资存量的主要行业构成看，投向制造业568.6亿美元，占32.4%，主要分布在印度尼西亚、越南、新加坡、泰国和马来西亚等；批发和零售业299.3亿美元，占17%，主要分布在新加坡、马来西亚、泰国等；投向租赁和商务服务业267.3亿美元，占15.2%，主要分布在新加坡、印度尼西亚、老挝等；投向电力/热力/燃气及水的生产和供应业160.7亿美元，占9.1%，主要分布在新加坡、印度尼西亚、马来西亚、缅甸和老挝等；投向建筑业88.1亿美元，占5%，主要分布在印度尼西亚、柬埔寨、老挝、新加坡、马来西亚等；金融业87.5亿美元，占5%，主要分布在新加坡、泰国、马来西亚、印度尼西亚等；交通运输/仓储和邮政业69.4亿美元，占3.9%，主要分布在新加坡、老挝等；农/林/牧/渔业52.3亿美元，占3%，主要分布在老挝、新加坡、印度尼西亚、柬埔寨等；投向信息传输/软件和信息技术服务业48.4亿美元，占2.8%，主要集中在新加坡；投向采矿业45.9亿美元，占2.6%，主要分布在印度尼西亚、新加坡和缅甸等；投向科学研究和技术服务业21.4亿美元，占1.2%，主要分布在新加坡、印度尼西亚、马来西亚等。

新加坡占我国对东盟直接投资规模的首位，2023年我国对新加坡的直接投资流量为131亿美元，比上年增长57.9%，占对东盟投资流量的52.1%，主要投向批发和零售业、租赁和商务服务业、制造业等；其次为印度尼西亚31.3亿美元，下降31.1%，占12.5%，主要投向制造业等；越南位列第三，流量达25.9亿美元，增长52.3%，占10.3%，主要投向制造业等。

2.东盟对中国的直接投资

东盟对华大规模FDI始于1992年。据统计，1983年东盟对华直接投资为530万美元，1993年增长至10.1亿美元，10年间增长了近200倍。2023年，东盟在华投资新设企业2 887家，占我国新设外商投资企业数的5.4%；实际投资金额为102.9亿美元，占我国实际使用外资金额的6.3%。

根据《中国外资统计公报2024》，2023年底东盟在华投资金额前5位行业分别是制造业、租赁和商务服务业、房地产业、科学研究和技术服务业、批发和零售业；5个行业新设企业数占比为80.8%，实际投资金额占比为80.4%。

2012年由东盟发起，2020年11月15日由包括中国、日本、韩国、澳大利亚、新西兰和东盟十国共15方成员正式签订的《区域全面经济伙伴关系协定》的大背景下，中国和东盟的经贸合作日趋密切，不仅继2009年以来连续16年相互是最大的贸易伙伴，也成为相互投资最重要的合作伙伴。

二、中国与东盟国家发展经贸合作的影响因素

（一）有利因素

20世纪80年代以来，我国与东盟国家的政治关系有了明显的改善，加上自1975年起我国与东盟许多国家相继签订了贸易、航空、海运、投资保护等协定，相互给予最惠国待遇，这就为双边经贸关系的发展打下了良好的基础。尤其值得一提的是，在1997年的亚洲金融危机中，中国顶住了巨大的压力，承诺人民币不贬值，并给予遭受危机的东盟国家有力的金融援助，受到了国际舆论的广泛赞誉，也赢得了东盟各国的信任。它们认识到中国在政治上是维护东亚地区和平稳定的重要力量，在经济上也不仅是自己的竞争对手，更多的还是合作伙伴，因此开始调整战略，把发展与中国的经贸合作放在举足轻重的位置。

从2009年1月1日起，中国对原产于东盟十国的部分税目商品实施中国-东盟自由贸易协定税率，并实施第三步正常降税，降税后，实施协定税率的税目数约为6 750个，相对于最惠国税率，平均优惠幅度约80%。2009年，中国关税总水平仍为9.8%，而对东盟平均关税降到2.8%。2010年1月1日，中国与新加坡、文莱、印度尼西亚、马来西亚、菲律宾和泰国等东盟老成员国建成自由贸易区；越南、老挝、柬埔寨和缅甸等东盟新成员国则享受5年过渡期，2015年与中国实现自由贸易。在可以预见的未来，中国与东盟在经贸方面的相互依存将会得到进一步的提升。

（二）不利因素

我国与东盟国家经贸合作的不利因素主要表现在：

1.经济发展水平接近

我国与大多数东盟国家处于类似的经济发展水平，进出口商品结构的竞争性大于互补性。

2.东盟对我国的歧视性商品检验

东盟一些国家利用商品检验对我国向其出口的产品采取歧视性措施。

三、中国-东盟自由贸易区

中国-东盟自由贸易区的构想始于1999年在马尼拉召开的第三次中国和东盟国家领导人会议。当时，东盟各国刚从亚洲金融危机中恢复过来，对金融危机的危害及自身经济的脆弱性有切肤之痛，急需通过地区经济整合来抵御外来风险。而中国在亚洲金融危机中坚持人民币不贬值，不仅减弱了金融危机的冲击，而且树立起了一个负责任大国的国际形象。东盟国家普遍希望中国在地区经济合作中发挥更大的作用，中国领导人也提

出愿加强与东盟自由贸易区的联系，于是，中国与东盟加强经济合作的想法得到了双方的一致赞同。

此后，经过几个回合的磋商与谈判。2000年11月4日，时任中国总理朱镕基与东盟十国领导人共同签署了《中国-东盟经济合作框架协议》，标志着中国与东盟的经贸合作进入了崭新的历史阶段。根据《中国-东盟经济合作框架协议》，中国-东盟自由贸易区将包括货物贸易、服务贸易、投资和经济合作等内容。中国-东盟自由贸易区建成时间为2010年，此时间框架仅包含中国与东盟6国（泰国、印度尼西亚、马来西亚、菲律宾、新加坡和文莱，以下简称“东盟6国”）。东盟的4个新成员越南、老挝、柬埔寨和缅甸有5年的宽限期，即到2015年。中国与东盟的绝大多数产品将实行零关税，取消非关税壁垒，实现双方贸易自由化（见表12-15）。2023年6月25日中国—东盟自贸区3.0版第三轮谈判在中国云南开幕，中国-东盟自贸区3.0版建设，将全面提升中国东盟全面战略伙伴关系水平，通过加大双方在数字经济、绿色经济和供应链产业链方面的合作，助推双方经贸关系高质量发展，促进区域经济一体化进程。

表12-15　**中国-东盟自由贸易区部分关税消减时间表**

年份	关税税率	覆盖关税条目	参与的国家
2000	东盟内部平均关税3.87%	全部	东盟所有成员
2000	对所有东盟成员0~5%	85%以上	新加坡、印度尼西亚、马来西亚、泰国、文莱、菲律宾（以下简称东盟老成员）
2001	平均关税14%	全部	中国
2001	对所有东盟成员0~5%	90%	东盟老成员
2002	对所有东盟成员0~5%	全部	东盟老成员
2005	对所有WTO成员平均关税11%左右	全部	中国
2006	对所有东盟成员0~5%	82%以上	越南
2008	对所有东盟成员0~5%	82%以上	老挝、缅甸
2010	对所有东盟成员0~5%	82%以上	柬埔寨
2011	5%以下	全部	中国-东盟自由贸易区所有成员
2015	对所有东盟成员0%	全部	东盟老成员
2018	对所有东盟成员0%	全部	所有东盟成员
2020	5%以下	全部	对所有WTO成员

资料来源：商务部。

（一）中国-东盟自由贸易区为双方带来的机遇

1. 中国与东盟将互相提供巨大的市场

中国改革开放40多年来，经济一直高速发展，2001年中国的国内生产总值已达到95 933亿元，同年东盟十国的国内生产总值为5 738亿美元，相当于中国经济总量的一半。

中国有14多亿人口，是一个巨大的消费市场，东盟十国约5亿人口，市场也不小。随着货物贸易关税减让谈判的进行，中国与东盟各国之间的产品关税将进行大幅度的削减。

2015年，中国与东盟的绝大多数产品实行零关税，并取消非关税壁垒，实现双方贸易自由化。这极大地促进了双方之间的贸易的扩大，使自由贸易的福利效果最大化。

2. 中国与东盟国家的相互投资将会增加

投资合作是中国-东盟经贸合作的强大推动力。双方相互直接投资将进一步扩大，这得益于中国-东盟自贸区投资协议开始实施，双方开放投资市场，改善投资环境，降低投资壁垒，为双方企业创造更多投资机会。

东盟与日本、韩国、印度尼西亚等国已签署自由贸易协定并开始实施，而中国尚未与这些国家建立自由贸易关系；一些欧美国家对华部分产品进口设置贸易壁垒。对此，将有越来越多的中国企业到东盟投资，以开发日本、韩国、美国等国市场。与此同时，也会有越来越多的区域外企业到东盟投资，利用东盟与中国的“零关税”来开发中国市场。

（二）中国-东盟自由贸易区面临的挑战

1. 自由贸易机制的选择问题

中国-东盟自由贸易区是建成一个开放型的自由贸易区，还是建成一个相当紧密型的自由贸易区，是组建过程中要解决的一个难题。

2. 中国与东盟在出口商品方面将面临竞争

中国和东盟国家劳动力丰富，都具有出口劳动密集型产品的比较优势，而且出口市场都集中在美国，这就不可避免地造成了双方在国际市场上的竞争。

专栏12-4

亚太区域经济合作共识关键在落实

3. 中国与东盟在吸收外商直接投资方面也将面临竞争

4. 东盟成员国的经济发展水平差距很大，影响自由贸易区的进程

通过以上的分析可以看出，中国-东盟自由贸易区的建立，虽然将为双方带来很多机遇，但也将面临不少挑战，前进的道路并不平坦。建立中国-东盟自由贸易区是大势所趋，对双方来说是双赢之举。只要彼此能正视这些困难并努力设法解决这些困难，中国与东盟的经贸合作一定会迈向一个新阶段。

第七节　中国与韩国的经贸关系

中韩两国于1992年8月24日建立外交关系。建交30多年以来，两国经贸关系发展迅速，双方已经互为重要的经贸合作伙伴。

一、中韩经贸关系发展概况

（一）双边贸易额涨势迅猛

中韩两国建交以前，主要通过中国香港、新加坡等地进行间接贸易或通过双方民间机构开展民间方式的直接贸易。建立正式外交关系以后，中韩两国政府签订了贸易协定和投资保护协定，双边经贸关系开始迅速发展，贸易额由1992年的50.3亿美元增至2024年的3 280.8亿美元，共增长了64倍（见表12-16）。中韩双边贸易的发展，远远超过了中韩各自总体的对外贸易发展水平。

表12-16　　中国与韩国贸易状况统计表　　单位：亿美元

年份	贸易总额	对韩出口	从韩进口	贸易差额
1988	2.9	0.9	2.0	-1.1
1989	8.9	4.7	4.2	0.5
1990	19.4	12.6	6.8	5.8
1991	32.5	21.8	10.7	11.1
1992	50.3	24.1	26.2	-2.1
1993	82.2	28.6	53.6	-25.0
1994	117.22	44.0	73.2	-28.9
1995	169.83	66.9	102.9	-36.0
1996	199.93	75.1	124.8	-49.7
1997	240.56	91.3	149.3	-58.0
1998	212.64	62.7	150.0	-87.3
1999	250.3	78.1	172.3	-94.2
2000	312.54	128.0	184.6	-56.6
2001	359.1	125.2	233.9	-108.7
2002	440.71	155.0	285.7	-130.8
2003	632.31	201.0	431.4	-230.4
2004	900.7	278.2	622.5	-344.3
2005	1 119.3	351.1	768.2	-417.1
2006	1 343.1	445.3	897.8	-452.5

续表

年份	贸易总额	对韩出口	从韩进口	贸易差额
2007	1 599.0	561.4	1 037.6	-476.2
2008	1 861.1	739.5	1 121.6	-382.1
2009	1 562.3	536.8	1 025.5	-488.7
2010	2 071.7	687.7	1 384.0	-696.3
2011	2 456.3	829.2	1 627.1	-797.9
2012	2 563.3	876.8	1 686.5	-809.7
2013	2 742.5	911.8	1 830.7	-919.0
2014	2 904.9	1 003.4	1 901.5	-898.1
2015	2 759.0	1 013.8	1 745.2	-731.4
2016	2 524.3	935.4	1 588.9	-653.6
2017	2 802.8	1 027.7	1 775.1	-747.3
2018	3 134.3	1 087.9	2 046.4	-958.5
2019	2 845.3	1 109.7	1 735.6	-625.9
2020	2 855.8	1 124.8	1 731.0	-606.3
2021	3 623.5	1 488.6	2 134.9	-646.2
2022	3 622.9	1 626.2	1 996.7	-370.5
2023	3 106.9	1 489.8	1 617.1	-127.4
2024	3 280.8	1 463.7	1 817.17	-353.5

资料来源：1980—1984年数据为外贸业务统计；1988—2023年数据来自中华人民共和国国家统计局（http：//www.stats.gov.cn/sj/ndsj/）；2024年数据来自中华人民共和国海关总署（http：//www.customs.gov.cn/customs/302249/zfxxgk/2799825/302274/302277/6348926/index.html）。

随着中韩贸易的快速发展，两国相互成为对方最重要的贸易伙伴之一。据中华人民共和国海关总署公布的统计数据，2024年中国对韩出口1 463.7亿美元，比2023年下降了1.8%；自韩国进口1 817.2亿美元，比上一年度增长12.3%；中国对韩国的货物贸易逆差达到353.5亿美元，较2023年增长了177%。

（二）进出口商品结构不断优化

从出口产品结构来看，目前我国对韩国的出口产品集中在机电产品、钢铁及钢铁制品、矿物燃料、服装类产品、铝及铝制品、家具及谷物等。与中韩建交初期相比，这一结构发生了明显的变化：

一是机电产品跃升为我国对韩国出口的第一大商品，而且增速惊人，近几年的增长率都超过了30%。机电产品出口的增加，一方面得益于我国此类商品竞争力的增强；另一方面也得益于韩国对华投资的增加导致这类产品的加工贸易增加。

二是纺织原料及制品的出口地位下降，这在一定程度上说明我国的出口商品结构在不断优化，由以劳动密集型为主向以资本和技术密集型为主转变。

三是我国对韩国出口的钢铁持续增长，并超过了从韩国的进口，这说明中韩两国钢铁产业的差距在逐渐缩小。可以看出，我国对韩国的出口商品结构在不断从原料型向制成品、由低附加值向高附加值方向转变。

从进口产品结构来看，我国从韩国进口的产品集中在其具有竞争优势的液晶装置、光学仪器及器具、激光器、集成电路及微电子组件、电话电报设备及有机化工产品等。这些商品的进口额占我国从韩国进口额的绝大部分，这一方面说明了我国从韩国进口商品的集中度非常高，另一方面也说明了韩国在上述商品上具有非常明显的比较优势，而且近年来我国从韩国进口的这些商品都保持了快速增长，结构变化不大。

2024年，中国是韩国货物贸易最大的贸易伙伴、第一大进口来源和第二大出口市场，而韩国则是中国的第三大出口对象国和第一大进口来源国，也是第五大货物贸易逆差来源国。中国向韩国出口的商品主要包括石油制品、汽车、石化产品、机械、无线通信器材、半导体等；自韩国进口的商品包括无线通信器材、机械、钢铁产品、精密化学制品、纤维制品、液晶显示器等。

（三）韩国对华投资快速增长

1992年8月24日中国与韩国建交后，双方政府签订了贸易协议及民间投资保护协议，以及成立经济、贸易与技术合作联委会的协议，中韩两国在贸易、投资、技术等领域的合作迅速展开，韩资在中国外资中的比重也逐年增加。

2021年，韩国对华投资2 478个项目，比上年增长5.2%，中国实际使用韩资40.4亿美元，比上年增长2.2%（见表12-17）。截至2023年底，中国实际使用韩资35.1亿美元，与2022年相比增长2.2%。2023年，韩国和中国都互为第二大投资对象国。

表12-17 **韩国对华直接投资统计表**

年份	项目		实际使用韩资	
	个数	同比（%）	金额（亿美元）	同比（%）
2002	4 008	97.8	27.2	26.4
2003	4 920	22.8	44.9	65.1
2004	5 625	14.3	62.5	39.2
2005	6 115	8.7	51.7	−17.3
2006	4 262	−30.3	39.9	−22.7

续表

年份	项目		实际使用韩资	
	个数	同比（%）	金额（亿美元）	同比（%）
2007	3 452	-19.0	36.8	-7.9
2008	2 226	-35.5	31.4	-14.8
2009	1 669	-25.0	27.0	-13.9
2010	1 695	1.6	26.9	-0.3
2011	1 375	-18.9	24.4	-9.4
2012	1 306	-5.0	30.4	24.5
2013	—	—	29.2	-4.0
2014	—	—	39.7	36.0
2015	1 958	—	40.3	1.5
2016	2 018	3.1	47.5	17.9
2017	1 627	-19.4	36.7	-22.7
2018	1 882	15.7	46.7	27.2
2019	2 108	5.2	55.4	3.9
2020	2 014	5.2	36.1	2.4
2021	2 478	5.2	40.4	2.2
2022	—	—	66.0	3.5
2023	—	—	35.1	2.2

资料来源：商务部。

韩国对中国主要投资领域为纺织、服装、电子电器组装、制鞋、石油化工等制造业和饮食等服务行业。

二、中韩经贸关系中存在的主要问题

（一）贸易不平衡问题

中韩建交前的1990年和1991年，两国贸易中中方都是顺差，且顺差增长幅度比较大，1991年由1990年的5.8亿美元猛增至11.1亿美元，增长率为91.4%。但自1992年建交以后，情况发生了相反的变化，中方已经连续33年逆差。以2024年为例，中韩两国货物贸易额为3 280.8亿美元，中方逆差高达353.5亿美元，占双边贸易额的10.8%。

中韩贸易不平衡的原因主要有：

1.中国从韩国进口需求旺盛

中韩两国经济处于不同的发展阶段，在技术层次上存在差异。韩国是新兴工业化国家之一，相对于我国具有资金和技术上的优势，我国作为世界上最大的发展中国家，具有劳动力廉价、资源相对丰富的特点，这决定了两国贸易结构的互补性。我国向韩国主要出口初级产品或低技术含量、低附加值的劳动密集型工业制成品。出口产品数量虽多，但总金额不大，高新技术产品等高附加值产品的比重较低，而韩国则主要向我国出口附加值高的技术和资本密集型工业制成品。这种建立在比较优势基础上的商品结构使中韩双边贸易本身就存在不平衡的因素，结果是逐渐拉大了我国对韩国的贸易逆差。

2.韩国对华投资企业带动大量机器设备、零部件和原材料的进口

我国劳动力成本相对较低，中韩两国交通便利，再加上我国对加工贸易的优惠政策吸引了大批韩国制造业企业来华投资设厂。据韩国财政经济部统计，进入外国市场的韩国制造业企业中，有1/3的企业选择了在中国投资。目前我国已经超过美国，成为韩国最大的海外投资目的国。这些企业往往从韩国进口核心零部件和关键技术，在我国加工组装，然后返销到韩国或出口到第三国。韩国贸易协会的调查表明，韩国对华投资企业对韩原材料的进口依赖度达40%，而把产品返销到韩国的比率只有16%左右。这说明这些韩国企业不仅大大拉动了我国从韩国的进口，而且把韩国对其他国家的顺差转移到中国。

3.韩国对我国产品采取歧视性贸易政策

韩国采取调节关税、关税配额和特殊保障措施等限制我国具有比较优势的农林产品、水产品、中成药等资源性和劳动密集型产品进口。

（二）贸易摩擦问题

随着中国经济体量不断壮大，国际经济秩序也在不断发生变化。根据国际货币基金组织（IMF）公布的数据，2024年中国GDP排名仅次于美国，连续12年稳居世界第二大经济体，韩国列第12位。中国经济的崛起及其发展趋势，在心理上和现实上都对中美、中日、中韩、中美日、中美韩、中日韩等多双边关系具有巨大的影响，使得中国与美、日、韩等国的贸易摩擦不断增多，其中尤以中美贸易摩擦为甚。多极化的国际政治秩序和全球化的国际经济秩序面临空前挑战，变本加厉的保护主义、单边主义正强烈冲击着业已形成的多边主义和多边贸易体制。在此背景下，中韩两国经济竞争风险持续加大。如何在产业结构趋同、平行分工趋势越发明显的情况下突出各自优势、寻找差异化发展路线是两国未来经贸发展面临的共同课题。

2025年，全球经济阴云密布，中韩贸易关系骤然紧张，成为地缘政治与经济博弈的最新缩影。这场以钢铁和化工产品为战场的贸易战，其背后是两国在中美对抗的夹缝中谨慎试探。韩国此前已宣布对中国进口的不锈钢厚板征收21.62%的反倾销税，有效期五年，理由是中国产品价格过低，对韩国本土钢企造成冲击。商务部于2025年6月30日发布公告，宣布自7月1日起继续对来自韩国、欧盟、英国和印尼的不锈钢钢坯和热轧板卷征收反倾销税，税率范围为23.1%至高达103.1%，同样为期五年。与此同时，中国还延长了对韩国苯乙烯的反倾销税，税率维持在6.5%~25.5%之间。

中国此举的背后，是维护国家经济命脉的战略考量。钢铁和化工产业关系着无数就业岗位和产业链条的稳定。韩国低价产品的长期涌入，将严重挤压国内企业生存空间，引发订单缩水、利润下滑甚至倒闭裁员的连锁反应，最终危及整个制造业的根基。苯乙烯作为塑料和橡胶的重要原料，钢铁作为汽车和建筑业的基石，其价格波动和供应链安全对中国经济影响深远。反倾销税在此背景下，成为保护国内产业、促进自主创新和产业升级的重要屏障。

此次征税对韩国经济的影响不容忽视。中小钢铁和化工企业将面临高昂的出口成本和市场份额萎缩，甚至倒闭的风险。大型企业如乐天化学和LG化学也将承受利润缩减的压力。韩国企业将被迫寻求自救，如优化生产、转移生产基地、开拓新市场或转型升级，但这些都需要时间和巨额投资。

对中国而言，反倾销税则为国内产业提供了喘息和发展的机会。减少来自韩国的低价竞争，将有助于国内企业扩大市场份额、提高利润，并进一步投入技术研发和设备升级。长远来看，这将提升中国相关产业的竞争力和自主性，减少对外依赖。贸易结构也将发生变化，中韩双方的贸易产品组合将可能发生调整。

三、中韩经贸关系的发展前景

专栏12-5

中韩自贸协定的签署

目前中韩两国经贸关系中尽管存在着一些问题，但发展前景仍然是美好的。这是因为：第一，两国经济有一定的互补性；第二，双方都有进一步发展经贸合作的愿望；第三，两国经济的发展为扩大双边经贸合作创造了条件。随着2015年6月中韩自贸协定的正式签署，中韩双边经贸关系会有更为紧密的发展空间。

第八节　中国与俄罗斯的经贸关系

俄罗斯是中国的友好邻邦。1991年底苏联解体以后，中俄两国以新的认识共建睦邻友好关系。

30多年来，中俄关系经历了从相互视为友好国家、建立建设性伙伴关系直至确立战略协作伙伴关系的历史进程，两国通过共同努力，政治互信日益加深，经贸合作逐渐扩大，人民之间的友谊和了解不断加强。

一、中俄经贸关系发展概况

（一）双边贸易

中俄建交以后的前几年，双边贸易发展迅速，1993年就达到76.8亿美元，超过了中国和苏联的贸易规模。之后由于各种原因，经历了数年的滑坡和徘徊阶段，1999年开始恢复，2000年上升至80亿美元，2001年突破100亿美元大关，达到106.7亿美元。

2008年双边贸易额又较上年上升18.0%，达到568.3亿美元，俄罗斯已成为我国的第八大贸易伙伴。

据中国海关统计，2018年，中俄双边贸易总额为1 070.57亿美元，首次超过1 000亿美元，创历史新高，增幅达到27.3%，增速在中国前十大贸易伙伴中位列第一；2024年，中国对俄罗斯出口1 155.0亿美元，同比上升4.1%，自俄罗斯进口1 293.2亿美元，与2023年持平；中方逆差138.2亿美元（见表12-18）。中国对俄罗斯出口以机电产品为主，自俄罗斯进口主要集中在原油、煤、锯材等能源资源类产品。中国是俄罗斯最大的贸易伙伴，而俄罗斯在我国主要贸易伙伴中列第5位。

表12-18 **1992—2024年中俄贸易增长状况** 金额单位：亿美元

年份	贸易额	同比（%）	出口额	同比（%）	进口额	同比（%）
1992	58.6	50.3	23.4	28.6	35.2	69.2
1993	76.7	30.9	26.9	15.0	49.8	41.5
1994	50.8	−33.8	15.8	41.3	34.95	−29.7
1995	54.6	7.6	16.6	5.3	37.99	8.7
1996	68.5	25.3	16.9	1.69	51.5	35.6
1997	61.2	−10.5	20.3	20.2	40.9	−20.7
1998	54.8	−10.5	18.4	−9.5	36.4	−10.9
1999	57.2	4.4	14.97	−18.6	42.2	15.93
2000	80.0	39.9	22.3	49.2	57.7	36.6
2001	106.7	33.3	27.1	21.4	79.6	37.9
2002	119.3	11.8	37.0	36.5	84.1	5.6
2003	157.6	32.1	60.4	63.1	97.3	15.7
2004	212.3	34.7	91.0	50.8	121.3	24.7
2005	291.0	37.1	132.1	45.2	158.9	31.0
2006	333.9	14.7	158.3	19.8	175.5	10.5
2007	481.7	44.3	284.9	79.9	196.8	12.1
2008	568.3	18.0	330.1	15.9	238.2	21.0
2009	388.0	−31.8	175.1	−47.1	212.8	−10.7
2010	554.5	42.9	296.1	69.1	258.4	21.4
2011	792.5	42.9	389.0	31.4	403.5	56.2
2012	881.6	11.2	440.6	13.2	441.0	9.3

续表

年份	贸易额	同比（%）	出口额	同比（%）	进口额	同比（%）
2013	892.1	1.2	496.0	12.6	396.2	-10.2
2014	952.9	6.8	536.8	8.2	416.1	5.0
2015	680.65	-28.6	348.0	-35.2	332.6	-20.1
2016	695.26	2.2	373.0	7.2	322.3	-3.1
2017	840.71	20.9	428.8	15.0	412.0	27.8
2018	1 070.6	27.3	479.75	11.9	590.8	43.4
2019	1 109.4	3.6	497.5	3.7	611.9	3.6
2020	1 081.9	-2.5	505.0	1.5	576.9	-5.7
2021	1 468.9	35.8	675.7	33.8	793.2	37.5
2022	1 902.7	29.3	761.2	12.8	1 141.5	43.4
2023	2 402.4	26.4	1 109.1	46.6	1 293.2	13.1
2024	2 448.2	1.9	1 155.0	4.1	1 293.2	0.0

资料来源：1992—2023年数据来自中华人民共和国国家统计局（http://www.stats.gov.cn/sj/ndsj/）；2024年数据来自中华人民共和国海关总署（http://www.customs.gov.cn/customs/302249/zfxxgk/2799825/302274/302277/6348926/index.html）。

（二）双边投资

据商务部统计，2020年，中国对俄罗斯的投资流量为5.70亿美元，占中国对外投资流量总额的0.4%，占中国对欧洲投资流量总额的4.5%。从行业分布情况看，投资主要集中在采矿业（2.16亿美元）、科学研究和技术服务业（1.64亿美元）、建筑业（0.65亿美元）、农/林/牧/渔业（0.5亿美元）、租赁和商务服务业（0.48亿美元）。

2020年末，中国对俄罗斯的投资存量为120.71亿美元，占中国对外直接投资存量总额的0.5%，占中国对欧洲地区投资存量总额的9.9%；共在俄罗斯设立境外企业近1 000家，雇用外方员工2.2万人。从存量的主要行业分布情况看，采矿业49.95亿美元，占41.4%；农/林/牧/渔业27.72亿美元，占23%；制造业15.69亿美元，占13%；租赁和商务服务业6.43亿美元，占5.3%；科学研究和技术服务业5.23亿美元，占4.3%；金融业4.97亿美元，占4.1%；批发和零售业3.32亿美元，占2.7%；房地产业3.11亿美元，占2.6%。

（三）经济技术合作

中俄两国的经济技术合作主要有两大项目：

（1）根据1992年12月18日签订的关于俄罗斯向中国提供25亿美元贷款的协定，俄罗斯帮助我国在江苏省连云港市建设核电站。

（2）2003年5月28日，中国石油天然气集团公司和俄罗斯尤科斯石油公司签署了《关于“中俄原油管道原油长期购销合同”基本原则和共识的总协议》，中俄原油管道项目是两国重要的能源合作项目。

专栏12-6

中俄原油管道

此外，在实施大型工程承包、合作开发资源等项目中，为增强获利能力，股权投资开始出现。除经济技术合作外，中俄两国还有劳务合作，主要是建筑工程承包、林业采伐和农业劳务合作等。

二、中俄经贸关系中存在的主要问题

中俄是世界上最大的邻国，得天独厚的地缘优势使中俄一直互为贸易伙伴。然而中俄双方贸易发展的具体数字揭示了以下几方面的问题：

（一）中俄经贸合作水平与两个大国的实力和潜力极不相称

双边贸易额在中国外贸总额的比重有下降趋势。1990年，在中国外贸总额中，中俄贸易额所占比重为3.7%，而2009年却降到1.8%。在俄罗斯外贸总额中，双边贸易额也只占9.8%。

目前，俄罗斯的主要贸易伙伴是独联体和欧美国家。中国的主要贸易伙伴为欧盟、美国、日本、东盟和韩国等。

（二）双边贸易不平衡，中国连年逆差

在中俄双边贸易中，中方存在较大逆差。1992—2009年，中方累计逆差已达459.44亿美元。

2013年开始，中方开始扭转变成顺差。2018年中方又出现逆差，随后仍以逆差为主（见表12-19）。

表12-19　　1992—2022年中俄贸易增长状况　　单位：亿美元

	贸易额	出口额	进口额	贸易差额
1992	58.6	23.4	35.2	-11.8
1993	76.7	26.9	49.8	-22.9
1994	50.8	15.8	34.95	-19.15
1995	54.6	16.6	37.99	-21.39
1996	68.5	16.9	51.5	-34.6
1997	61.2	20.3	40.9	-20.6
1998	54.8	18.4	36.4	-18
1999	57.2	14.97	42.2	-27.23

续表

	贸易额	出口额	进口额	贸易差额
2000	80.0	22.3	57.7	-35.4
2001	106.7	27.1	79.6	-52.5
2002	119.3	37.0	84.1	-47.1
2003	157.6	60.4	97.3	-36.9
2004	212.3	91	121.3	-30.3
2005	291	132.1	158.9	-26.8
2006	333.9	158.3	175.5	-17.2
2007	481.7	284.9	196.8	88.1
2008	568.3	330.1	238.2	91.9
2009	387.97	175.14	212.83	-37.69
2010	554.49	296.13	258.36	37.77
2011	792.5	389.04	403.46	-14.42
2012	881.59	440.58	441.01	-0.43
2013	892.13	495.95	396.18	99.77
2014	952.85	536.78	416.07	120.71
2015	680.65	348.01	332.64	15.37
2016	695.26	372.97	322.29	50.68
2017	840.71	428.76	411.95	16.81
2018	1 070.57	479.75	590.82	-111.07
2019	1 109.40	497.48	611.92	-114.44
2020	1 081.89	505.04	576.85	28.19
2021	1 468.87	675.65	793.22	-117.57
2022	1 902.72	761.23	1 141.49	-380.67

资料来源：中国海关统计。

（三）双边贸易结构不均衡

我国对俄出口商品仍以纺织品、鞋类为主，机电产品所占比重逐步提高，贸易结构有小幅改善。自俄进口中，受国内市场需求影响，资源和原材料等初级产品比重进一步上升，自俄军品进口减少，民用机电产品规模较小。

（四）双方经贸合作的方式和水平还比较滞后

主要贸易方式还是一般贸易，几乎没有加工贸易，相互投资不仅总体规模不大，而且无法带动双边贸易的发展，尚处萌芽状态。例如，俄罗斯对中国的木材出口已成为俄罗斯远东及西伯利亚地区财政收入的重要来源。俄罗斯希望提高木材成品出口的比例，但是俄罗斯林区的木材加工企业少，加工能力低，而且品种单一。

（五）中国国有企业仍是从俄罗斯进口的主体

中国从俄罗斯的进口55%都是由国企承担的，在对俄出口中，中国民营企业占2/3以上。虽然民营企业有开拓精神和灵活的经营机制，但其资金实力还较薄弱，深度开发能力不足，生产经营基本处于单打独斗阶段，这是中俄双方贸易结构比较单一，且附加值较低的主要原因之一。

三、中俄经贸关系发展前景

尽管目前中俄经贸合作的水平离两国经济发展和国际规范的要求还有较大差距，但这正好说明两国经贸关系的发展还有很大潜力。展望未来，中俄经贸合作具有广阔的发展前景。

（一）中俄经贸合作具有良好的政治环境

中国与俄罗斯具有良好的外交关系，双方政府具有进一步开展经贸合作的积极性。经过30多年的努力，双方已经建立了较为完善的合作机制，两国签署的条约和联合声明，为两国经贸关系持续稳定发展奠定了基础。

（二）中俄两国具有较强的经济互补性

中俄两国在商品、技术、劳动力、资源、产业结构诸方面有很大互补性，俄重工业、军事工业发达，但轻工业、农业落后，日用品、食品、蔬菜、肉制品自给率在48%以下。1992年以后，中国某些日用消费品的生产能力已经达到国际先进水平，如电子产品技术属世界一流，急于打开国际市场。

俄罗斯属于对外贸易依存度较高的国家，出口在国内生产总值中的比重高达40%。俄罗斯是一个资源丰富的国家，其人口虽占世界总人口的3%，却拥有极大丰富的自然资源和战略资源。例如，天然气开采量占世界总开采量的30%，石油开采量占世界总开采量的12%，煤开采量占世界总开采量的16%。中国拥有大量的劳动力资源和闲置的加工生产设备，具备利用自然资源合作生产的条件和优势。

（三）中俄两国经济快速增长，为扩大两国经贸合作创造了良好条件

改革开放以后，中国经济快速增长，对外经济合作不断扩大，投资潜力迅速上升，

中国成为世界上最大的潜在市场，这是中俄经贸合作发展的重要基础。

（四）西方制裁为中俄经贸合作提供了机遇

随着西方对俄制裁的逐步升级，俄罗斯通胀率上升、卢布贬值，这将进一步推动中俄的双边经贸合作，充分实现双方的经济互补性。

本章小结

中华人民共和国成立以来，我国对外经贸关系历经了一个曲折发展的过程。20世纪90年代以来，我国已经初步形成全方位的对外开放格局。我国对外经济贸易遍布全世界，几乎同所有国家和地区都有经贸关系。习近平总书记在党的二十大报告中指出："推动货物贸易优化升级，创新服务贸易发展机制，发展数字贸易，加快建设贸易强国。"这是以习近平同志为核心的党中央站在新的历史起点上，统筹中华民族伟大复兴战略全局和世界百年未有之大变局作出的重大战略安排，为新时代新征程贸易强国建设指明了前进方向，提供了根本遵循。通过搭建广交会、进博会、服贸会等国际经贸合作平台，中国积极参与全球经贸合作，推动贸易自由化、便利化，贸易规模不断取得新突破。截至2023年11月22日中国已与30个国家签署23个自贸协定。我国已经同世界各大洲的所有国家建立了贸易往来，从发展中国家到发达国家，从传统市场到新兴市场，形成了多层次、多元化的对外贸易关系格局。2022年1月1日正式生效的RCEP还涉及知识产权保护、电子商务、竞争政策、政府采购、经济与技术合作等方面贸易投资议题，对贸易促进和稳定发展作用将更为显著，并有助于中国从全球贸易价值链低端向区域贸易价值链高端转变。中国积极推进加入CPTPP和DEPA，逐渐改善在自贸区建设上存在的短板和薄弱环节，积极参与数字经济、绿色发展、产业链供应链等新兴领域高标准规则制定，以更高水平开放姿态推动中国外贸高质量发展。10年来，共建"一带一路"致力于构建涵盖陆、海、天、网的全球互联互通网络，有效促进了各国商品、资金、技术、人员的大流通。

我国对外经济贸易的基本政策是：在改革开放总方针指引下，实行全方位协调发展的政策，即坚持平等互利原则，致力于同世界上所有国家和地区发展多种形式的多边、双边经贸关系。

我国在贯彻对外经贸政策，积极发展同世界各国和地区经贸关系的过程中，遵循独立自主、平等互利、互惠对等原则以及外贸、外交互相配合的原则。

欧盟成员国多数是我国的传统贸易对象，贸易历史悠久。欧盟作为世界经济格局中的重要一极，在中国对外经贸关系中占有重要地位，是中国第一大贸易伙伴、第一大技术来源地和第四大外商直接投资来源地。

中美经贸关系源远流长。中华人民共和国成立前，中国是美国的重要出口市场、原料供应地和投资场所。随着中美贸易额的迅速扩大，中美贸易在两国贸易中的地位不断上升。

中日两国是一衣带水的邻邦，贸易往来有着悠久的历史。自1972年中日邦交正常化后，特别是1979年我国实行对外开放政策以来，在良好的外交关系的指引下，中日贸易在深度与广度上都有了突飞猛进的发展，都是过去所不能比拟的。

中华人民共和国成立以来，内地与港澳台的经贸关系越来越密切，同时加强了同东盟、韩国和俄罗斯的经贸合作。

关键术语

最惠国待遇　对外贸易地区结构　普惠制待遇　反倾销　非市场经济问题

思考题

1. 中国对外经济贸易的基本政策是什么？
2. 简述中国对外经贸关系的主要原则。
3. 中国与美国经贸关系具有哪些特点？
4. 试分析中美贸易不平衡的原因及解决途径。
5. 如何解决中日贸易摩擦？
6. 中国为何积极参与国际区域经济一体化建设？
7. 中国参与建设了哪些区域经济一体化组织？
8. 试述中美贸易战的原因及影响。

主要参考文献

[1] 黄汉民，钱学锋. 中国对外贸易教程［M］. 北京：高等教育出版社，2015.

[2] 龙永图. 世界贸易组织知识读本［M］. 北京：中国对外经济贸易出版社，2000.

[3] 王福明. 世贸组织运行机制与规则［M］. 北京：中国对外经济贸易出版社，2002.

[4] 廖庆薪，廖力平. 现代中国对外贸易概论［M］. 广州：中山大学出版社，2000.

[5] 王绍熙，王寿椿. 中国对外贸易经济学［M］. 北京：对外经济贸易大学出版社，1998.

[6] 克鲁格曼. 市场结构和对外贸易［M］. 尹翔硕，等译. 上海：格致出版社，2014.

[7] 王新奎. 国际贸易与国际投资中的利益分配［M］. 上海：上海人民出版社，2014.

[8] 赵春明，等. 非关税壁垒的应对及运用［M］. 北京：人民出版社，2001.

[9] 江小涓，等. 中国对外经贸理论前沿Ⅲ［M］. 北京：社会科学文献出版社，2003.

[10] 黄晓玲. 中国对外贸易概论［M］. 北京：对外经济贸易大学出版社，2009.

[11] 徐复. 中国对外贸易概论［M］. 天津：南开大学出版社，2012.

[12] 海闻. 国际贸易［M］. 上海：上海人民出版社，2003.

[13] 赵春明. 国际贸易学［M］. 北京：石油工业出版社，2003.

[14] 孙玉琴. 中国对外贸易史［M］. 北京：清华大学出版社，2013.

[15] 金哲松. 中国对外贸易增长与经济发展［M］. 北京：中国人民大学出版社，2008.

[16] 彭红斌. 论中国对外贸易的可持续发展［M］. 北京：北京大学出版社，2005.

[17] 岑维康. 关税理论与中国关税制度［M］. 上海：上海人民出版社，2006.

[18] 裴长洪. 中国对外经贸理论前沿（4）［M］. 北京：社会科学文献出版社，2006.

[19] 李平. WTO与国际贸易［M］. 北京：社会科学文献出版社，2006.

[20] 王平. WTO与中国对外贸易［M］. 武汉：武汉大学出版社，2011.

[21] 曲如晓. 中国对外贸易概论［M］. 5版. 北京：机械工业出版社，2024.